KONRAD GÖTZ

Freizeit-Mobilität im Alltag
oder
Disponible Zeit, Auszeit,
Eigenzeit – warum wir in der
Freizeit raus müssen

Soziologische Schriften

Band 79

Freizeit-Mobilität im Alltag oder Disponible Zeit, Auszeit, Eigenzeit – warum wir in der Freizeit raus müssen

Von

Konrad Götz

Duncker & Humblot · Berlin

Der Fachbereich Gesellschaftswissenschaften
der Johann Wolfgang Goethe-Universität Frankfurt am Main hat diese Arbeit
im Jahre 2004 als Dissertation angenommen.

Bibliografische Information der Deutschen Nationalbibliothek

Die Deutsche Nationalbibliothek verzeichnet diese Publikation in
der Deutschen Nationalbibliografie; detaillierte bibliografische Daten
sind im Internet über http://dnb.d-nb.de abrufbar.

D 30
Alle Rechte vorbehalten
© 2007 Duncker & Humblot GmbH, Berlin
Fremddatenübernahme: L101 Mediengestaltung, Berlin
Druck: Berliner Buchdruckerei Union GmbH, Berlin
Printed in Germany

ISSN 0584-6064
ISBN 978-3-428-12203-5

Gedruckt auf alterungsbeständigem (säurefreiem) Papier
entsprechend ISO 9706 ∞

Internet: http://www.duncker-humblot.de

Für Manijeh Akhawan

Vorwort

Es wirkt schon beinahe etwas anachronistisch, über Freizeit und Freizeitmobilität zu schreiben, wenn heute, obwohl sich Arbeit praktisch vor unserer Nase in elektronische Mechanismen auflöst, in Umkehrung eines 130-jährigen Trends wieder länger gearbeitet werden soll. Vielleicht ist es aber auch genau der richtige Augenblick darüber nachzudenken, welches wertvolle Gut disponible Zeit ist, dass sie nicht automatisch in „praktische Freiheit" umspringt[1], dass dies Zeitabgrenzungsaktivitäten verlangt und – wie die hier vorgelegte Arbeit deutlich macht – auch Raumabgrenzung und dass diese „Verräumlichung von Zeit" Mobilität, also Beweglichkeit braucht.

Die vorliegende Arbeit über Freizeitmobilität wurde an der Johann Wolfgang Goethe-Universität Frankfurt am Main als Dissertation angenommen. Marianne Rodenstein, Professorin am Fachbereich Gesellschaftswissenschaften, hat diese Arbeit betreut und nicht nur jede Version schnell und genau gelesen, sondern mir durch ihre konstruktiven, nach vorne gerichteten Ratschläge immer sehr praktisch geholfen – dafür bin ich ihr dankbar.

Egon Becker, Physiker und bis zu seiner Pensionierung Professor für Wissenschafts- und Hochschulforschung an der Universität Frankfurt am Main, Mitbegründer des Instituts für sozial-ökologische Forschung (ISOE), war Zweitgutachter und hätte es besser gefunden, wenn diese Arbeit die disziplinären Grenzen der Soziologie überschritten hätte und im Rahmen der Theorie gesellschaftlicher Naturverhältnisse[2] geschrieben worden wäre – aber gerade durch seine konsequent interdisziplinäre Haltung konnte er entscheidende Impulse zur begrifflichen Weiterentwicklung geben.

Thomas Jahn hat es mit seinen Entscheidungen als Leiter des ISOE ermöglicht, dass die Arbeit vom Institut, wann immer nötig, unterstützt wurde. Edith Steuerwald danke ich für ihre gründliche, mitdenkende Arbeit am Buchmanuskript – sie hat, zusammen mit Harry Kleespies dafür gesorgt, dass so manche verkrampfte Formulierung noch entdeckt und durch lesbare Alternativen ersetzt wurde. Nathalie Hahn danke ich für ihr fröhliches Engagement bei der Erstellung der ersten Abgabefassung.

---

[1] Negt (1984); S. 177.
[2] Vgl. dazu Becker/Jahn (Hg.) (2006): Soziale Ökologie – Grundzüge einer Wissenschaft von den gesellschaftlichen Naturverhältnissen. Frankfurt am Main.

Schließlich denke ich auch an die freien Mitarbeiterinnen und Mitarbeiter, die an der Erhebung im Feld, an der Erstellung der Transkripte, aber auch an der Verdichtung des Materials beteiligt waren.

Auch wenn meine Zeit in der Marktforschung immer mehr verblasst – die Lehrzeit am Sinus-Institut in Heidelberg ist unvergessen – den Kolleginnen und Kollegen ebenso wie den interessanten Projekten dort verdanke ich es, ein begeisterter Sozialforscher geworden zu sein.

Aber es ist die spezielle Atmosphäre am Institut für sozial-ökologische Forschung, die mich, den schon Älteren, dazu gebracht hat, mich noch einmal gründlicher mit einer neuartigen wissenschaftlichen Einbettung meines Lieblingsthemas zu beschäftigen – der sozialwissenschaftlichen Mobilitätsforschung.

Frankfurt am Main, im Herbst 2006   *Konrad Götz*

Inhaltsverzeichnis

A.	**Einleitung**	13
	I. Problemstellung und Ziele	13
	II. Aufbau der Arbeit	15
	III. Forschungskontext	15
B.	**Freizeit**	17
	I. Zur Begriffsgeschichte	17
	II. Sozialgeschichtliche Aspekte der Freizeitentstehung	18
	1. Tabus und Feiertage	18
	2. Die Muße	20
	a) Muße als sinnvolle Kontemplation	20
	b) Muße als Lebensform der Herrschaftsklassen	20
	c) Muße als Kritik der Arbeitsgesellschaft	22
	d) Zwischenresümee	23
	3. Zeitverwendungsformen im Mittelalter	24
	4. Industrialisierung/Kapitalismus	27
	5. Arbeitszeitbegrenzung	31
	6. Moderne Freizeit	31
	7. Nationalsozialismus: „Kraft durch Freude"	32
	8. Resümee	33
	III. Stationen der sozialwissenschaftlichen Diskussion über Freizeit und Arbeit	34
	1. Die Kritische Theorie und ihr Freizeitbegriff	35
	2. Die analytische Freizeitsoziologie	37
	3. Der Konsens der Freizeitpädagogik	39
	4. Haus-, Erziehungs- und Versorgungsarbeit (Reproduktionsarbeit)	40
	5. Zwischenresümee	44
	6. Erosion der Erwerbs-Arbeitsgesellschaft	45
	7. Alltag als Arbeit	49
	IV. Resümee	50
	V. Empirische Freizeitaktivitäten-Forschung	51
	1. Deskriptive Empirie der Freizeitaktivitäten	51
	2. Typologisierung des Freizeitverhaltens	54
	3. Freizeittrends	56

VI.	Definition von Freizeit	58
	1. Freizeit als Konfliktfeld	59
	2. Freizeit als Auszeit	60
VII.	Resümee	62

C. Mobilität und Verkehr ... 65

I.	Zur Genese des Erkenntnisinteresses	65
II.	Begriffsgeschichte	69
III.	Erklärungsansätze zu Mobilität und Verkehr	72
	1. Verkehrserzeugungsmodelle	72
	2. Deskriptive Analyse des Verkehrsverhaltens	73
	a) KontiV	73
	b) Mobilität in Deutschland (MiD)	75
	c) Wegezwecke und deren Anteile im Freizeitverkehr	76
	d) Freizeitwege und Verkehrsleistung	78
	3. Verhaltenshomogene Gruppen	78
	4. Bestimmungsgrößen des Verkehrsverhaltens	82
	5. Geschlechtsspezifische Faktoren des Verkehrsverhaltens	83
	6. Rational Choice	86
	a) Rational Choice als Spieltheorie	86
	b) Rational-Choice-Theorie der Umweltgüter	90
	7. Theorie des geplanten Verhaltens	91
	8. Psychoanalytische Erklärungsansätze	92
	9. Gesellschaftstheoretische Zugänge	95
	a) Analyse der sozio-ökonomischen Bedeutung des Automobils	95
	b) Verkehr als funktionale Notwendigkeit der Moderne	98
	c) Die Automobilisierung als Prozess technologischer Integration und sozialer Vernetzung	100
IV.	Resümee	103

D. Eigener Zugang: Mobilitätsstile ... 106

I.	Mobilitätsstile in der Stadt	106
II.	Mobilitätsstile in der Freizeit	109
	1. Freizeitaktivitäten	112
	2. Freizeitverkehrsverhalten	113
III.	Weitere Forschungen zu Mobilitätsstilen	113
IV.	Resümee	114
V.	Ein adäquates Raumverständnis	115
	1. Raum als Widerstand, Verkehr als Fluss	116
	2. Raum und Zeit	117
	3. Raum als formale Syntheseleistung	118
	4. Raum als soziale Konstruktion	119
	5. Orte und Plätze des „verdinglichten Sozialraums"	122

Inhaltsverzeichnis

	6. Ausschließlichkeit des Raums	123
	7. Drehpunkte und Felder	124
	8. Resümee – Soziale Erreichbarkeit und soziokulturelle Zugänglichkeit	125
VI.	Ein erweiterter Mobilitätsbegriff	127
VII.	Folgerungen für die qualitative empirische Analyse	128
VIII.	Untersuchungshypothesen und Fragestellungen	129
	1. Disponible Zeit/Eigenzeit	129
	2. Systematik von Freizeitmobilität	130
	3. Typologie der Freizeitmobilität	130

E. Ergebnisse der qualitativen Untersuchung zur Freizeitmobilität ... 131
    I.   Methodische Vorbemerkungen ... 131
        1. Projektkontext ... 131
        2. Auswahlverfahren ... 131
        3. Untersuchungsthemen ... 133
        4. Auswertung ... 133
    II. Ergebnisse ... 134
        1. Herstellung und Abgrenzung von freier Zeit/Eigenzeit ... 134
            a) Abgrenzung hinsichtlich der Erwerbsarbeit ... 134
            b) Übergangsrituale ... 135
            c) Abgrenzung hinsichtlich der Versorgungs- und Haushaltsarbeit ... 136
            d) Haus- und Versorgungsarbeit als Motiv für Freizeit außer Haus ... 141
            e) Abgrenzung hinsichtlich Arbeitslosigkeit/Frühverrentung ... 142
            f) Nichtabgrenzung wegen Überlastung ... 144
            g) Zwischenresümees ... 147
        2. Varianten der Freizeitmobilität ... 148
            a) Zielorientierte Freizeitmobilität ... 149
            b) Wege- und bewegungsorientierte Freizeitmobilität ... 165
        3. Raumstruktur, Raumwahrnehmung und -nutzung ... 184
            a) Die näräumliche Sozialstruktur ... 185
            b) „Ruhe" – gemeinsamer Nenner des Wohnens außerhalb der Stadt ... 188
            c) Relative Ruhe – Wohnen in der Stadt ... 190
            d) Zwischenresümees ... 192
            e) Versorgungsinfrastruktur ... 192
            f) Zwischenresümees ... 194
            g) Verkehrsinfrastruktur ... 194
            h) Naturnähe ... 197
            i) Zwischenresümees ... 199
            j) Freizeitangebot ... 199
        4. Fazit ... 202
            a) Sozial-räumliche Konstellationen ... 203

5. Typologie 204
   a) Lebensstile 205
   b) Kriterien, Elemente und Methode der Typologisierung 207
   c) Systematik zur Beschreibung des Typus 209
   d) Theoretical Sampling/Hypothetical Sampling 209
   e) Freizeitmobilitätsstile 210

F. Schluss 254
   I. Disponible Zeit, Eigenzeit, Freizeit 254
   II. Freizeitmobilität als Verräumlichung von Zeit 255
   III. Bewegungs- und zielorientierte Freizeitmobilität 255
   IV. Soziale Erreichbarkeit – soziokulturelles Distanzverhalten 256
   V. Praktische Folgerungen: Sozial und soziokulturell unterschiedliche
      Raumsensibilitäten und Verhaltensvariabilitäten 258
      1. Nahräumlich-benachteiligt 259
      2. Nahräumlich-pragmatisch 259
      3. Nahräumlich-autofixiert 259
      4. Raumheterogen-individualisiert 260
      5. Weiträumig-spannungsorientiert 260
   VI. Ausblick 260

Anhang: Qualitativer Leitfaden 263

Literaturverzeichnis 281

Sachwortverzeichnis 300

A. Einleitung

I. Problemstellung und Ziele

Freizeitverkehr[3] ist räumlich dispers, zeitlich diskontinuierlich und hinsichtlich seiner Ursachen stärker an Motive, Wünsche und Lebensstile gebunden als an Notwendigkeiten. Er kann nicht – wie das Verkehrsaufkommen für Arbeit und Ausbildung – aus der Funktionsverteilung im Raum und der sozialen Situation der Akteure einfach abgeleitet werden.

„Verkehrspolitik und Planung stehen einer neuen Herausforderung gegenüber. Je intensiver sie sich um Lösungen für die sog. Zwangsverkehre" (wie Berufs-, Ausbildungs- und Wirtschaftsverkehr) bemühen, desto stärker wachsen die sog. „Wunschverkehre" (Heinze/Kill 1997, S. IX). Zwar hat sich die Wachstumsprognose inzwischen relativiert[4] und zu Mobilität im Zusammenhang mit disponibler Zeit gibt es einen gewissen Bestand an Forschungsergebnissen[5] – aber es fällt auf, dass eine soziologische Betrachtung des Problems fehlt.

Sollte es sich bei Freizeitmobilität tatsächlich um „Wunschverkehr" handeln, dann muss untersucht werden, welche Wünsche es eigentlich sind, die im Freizeitverkehr befriedigt werden und ob diese Wünsche innerhalb eines sozialwissenschaftlichen Konzepts analysiert und verstanden werden können. Damit ist bereits das erste Ziel dieser Arbeit benannt.

Dieses Ziel, also ein genaueres und tieferes Verständnis des sozialen, soziokulturellen und motivationalen Hintergrunds von Freizeitmobilität, kann mit den in der Verkehrsforschung üblichen Vorannahmen und Methoden nicht erreicht werden. Dazu bedarf es einer verstehenden, rekonstruierenden Methode, die das empirische „Eintauchen in eine Lebensform" leistet (Giddens 1984, S. 199). Qualitative Methoden sollten jedoch nicht, wie so häufig, in Konkurrenz zu standardisiert-repräsentativen Methoden gesehen werden. Es wird vielmehr behauptet – dies ist das Ergebnis vieler Jahre Forschungsarbeit – dass Daten für repräsentativ-standardisierte Erhebungen überhaupt erst sinnvoll erhoben und interpretiert werden können, wenn das

---

[3] Auf die Unterschiede zwischen Verkehr und Mobilität, ebenso wie auf eine sinnvolle Definition von Freizeit, wird weiter unten eingegangen.

[4] Vgl. dazu Gstalter 2003; Götz et al. 2003, S. 17–22.

[5] Vgl. u. a.: Heinze/Kill 1997, Lanzendorf 2000, Gather/Kagermeier 2002, Götz et al. 2003, Hautzinger 2003; bezogen auf Zielgruppen-Ansätze: Zahl 2001.

Problemfeld zuvor mit induktiv arbeitenden, qualitativen Methoden in den Blick genommen worden ist. Aber neben dieser wechselseitigen Ergänzung qualitativer und quantitativer Methoden gibt es noch ein Erkenntnisinteresse, das *allein* mit qualitativen Methoden verfolgt werden kann. Dabei handelt es sich um den Sinn, den die Handelnden ihren Handlungen geben – also die von ihnen mitteilbaren Zwecke, Gründe und Motive des Handelns.

Das Thema „Freizeitmobilität im Alltag" soll also erstmals, und dies nicht als Vorstufe einer Quantifizierung, mit den Methoden der interpretativen Soziologie untersucht werden. Nur sie kann jene „doppelte Hermeneutik" leisten, die Aufgabe der sozialwissenschaftlichen Forschung ist. Die erste Stufe dieser Hermeneutik leistet das Begreifen des Bedeutungsrahmens, wie ihn sich „die handelnden Laien" bei der „Produktion des gesellschaftlichen Lebens" konstruieren – zunächst müssen also deren Deutungsschemata erhoben und verstanden werden. Die zweite Stufe bezieht sich auf die Übersetzung dieses Materials „in den neuen Bedeutungsrahmen der wissenschaftlichen Begriffsschemata" (Giddens 1984, S. 95).

Es fällt auf, und damit ist ein weiteres Ziel der Arbeit skizziert, dass die vorliegenden Analysen zur Freizeitmobilität die Erkenntnisse und die Kontroversen der sozialwissenschaftlichen Freizeitforschung nicht oder nur am Rande einbeziehen. Das kann nicht sinnvoll sein. Denn ein Teil des Mobilitätsbedürfnisses in der Freizeit – und es könnte sich gerade um die unberechenbaren, nicht direkt aus Raumdistanzen ableitbaren Anteile handeln – ist unmittelbar mit Alltags-Bedeutungen, die ‚Freizeit' für die Alltagsakteure hat, verbunden. Es geht also auch um die Verknüpfung der sozialwissenschaftlichen Debatte über disponible Zeit mit den Erkenntnissen über Mobilität.

Ohne ein Verständnis von Raum gibt es kein Verständnis von Mobilität. Deshalb erscheint es unumgänglich, dass eine adäquate Begrifflichkeit von Mobilität und Raum erarbeitet wird. Es soll in dieser Arbeit also auch geklärt werden, welchen Beitrag zu einer begrifflichen Schärfung die Sozialwissenschaft leisten kann, wenn es um „Mobilität", „Raum" und „Erreichbarkeit" geht. Das Einbringen eines sozialwissenschaftlichen Verständnisses dieser Begriffe hat nicht die Aufgabe, die eine Disziplin an die Stelle der anderen zu setzen. Vielmehr soll die Analyse aus sozialwissenschaftlicher Perspektive einen eigenständigen, aber integrierbaren Beitrag zur Aufklärung dieser Phänomene leisten.

Zusammengefasst geht es in der Arbeit also um die bisher noch nicht geleistete interpretative, empirische Rekonstruktion von sozialen und soziokulturellen Ursachen, Gründen und Motiven der Freizeitmobilität im Alltag mit Hilfe eines Freizeit- und Mobilitätsforschung integrierenden Zugangs.

Wenn hier von der *alltäglichen* Freizeit die Rede ist, dann bedeutet das die Eingrenzung der Arbeit auf jenen Teil der disponiblen Zeit, der jenseits der Urlaube, also an den Werktagen und Wochenenden bleibt. Das weite Feld der Urlaubsreisen, also die gesamte Tourismusforschung ist somit nicht Thema dieser Arbeit (zur Tourismusforschung vgl. z. B. Opaschowski 1996, Mundt 1998 oder Götz/Seltmann 2005).

II. Aufbau der Arbeit

In Kapitel B. I. geht es zunächst um die Begriffsgeschichte, in B. II. um sozialhistorisch wichtige Etappen zum Verständnis der modernen Freizeit.

In Abschnitt B. III. werden die wichtigsten Stationen der sozialwissenschaftlichen Debatte über Freizeit sowie Zusammenhänge mit der Versorgungs- und der Erwerbsarbeit dargestellt. In Abschnitt B. IV. werden Schlüsse hinsichtlich einer analytischen, nicht-normativen, empirisch verwendbaren Freizeitdefinition gezogen.

Kapitel C bildet den Übergang zum Thema Mobilität. C. I. liefert eine erste Annäherung an die Begriffe Verkehr und Mobilität, in C. II. folgt ein kurzer Abriss der Genese des sozialwissenschaftlichen Erkenntnisinteresses an Verkehrsfragen. In C. III. werden die wichtigsten theoretischen und empirischen Zugänge zur Erklärung von Mobilität und Verkehrsverhalten dargestellt und kritisch reflektiert. In Teil C. IV. werden daraus Schlüsse für einen eigenen Zugang gezogen.

Bei diesem eigenen Zugang handelt es sich um das Forschungskonzept der Mobilitätsstile. Das Konzept wird in Kapitel D vorgestellt, anhand vorliegender Ergebnisse des bereits abgeschlossenen quantitativen Projektteils. Anschließend wird eine mit diesem Ansatz vereinbare Mobilitäts- und Raumbegrifflichkeit erarbeitet, die soziale und soziokulturelle Faktoren von Beweglichkeit integriert.

In Kapitel E, dem inhaltlichen Kern der Arbeit, werden Methoden und Ergebnisse der qualitativen empirischen Untersuchung zu Freizeitmobilität im Alltag dargestellt.

Im Schlusskapitel werden Folgerungen aus der Arbeit gezogen.

III. Forschungskontext

Das in Kapitel E verarbeitete qualitative empirische Material wurde im Rahmen eines Forschungsprojekts im Auftrag des Umweltbundesamts mit dem Titel „Minderung der Umweltbelastungen des Freizeit- und Tourismusverkehrs" erhoben. Das Projekt wurde im Bereich „Mobilität und

Lebensstilanalysen" des Instituts für sozial-ökologische Forschung (ISOE), Frankfurt am Main durchgeführt. Das Auftragsprojekt bestand aus einer qualitativen und einer standardisiert-quantitativen Phase mit dem Ziel, dem Umweltbundesamt sowohl Grundlagenwissen als auch praktische Hinweise für eine Politikberatung in Richtung zielgruppenspezifischer Maßnahmen zur Reduzierung der Umweltbelastung durch den Freizeitverkehr zu liefern. Die Studie war insofern innovativ, als die Sozialforschung Leitwissenschaft war und die Befunde der Zielgruppenanalyse erstmals mit Modellen zur Emissionsberechnung verbunden wurden.

Die Ergebnisse dieses verkehrsökologischen, interdisziplinären Projekts sind in Götz et al. (2003) bereits veröffentlicht. Die quantitativen Ergebnisse des Projekts müssen komplementär zu der hier durchgeführten, eigenständigen Interpretation und Systematisierung des qualitativen Materials verstanden werden – deshalb wird es im Ergebnisteil immer wieder Querverweise auf die quantitativ-repräsentativen Ergebnisse geben.

Der entscheidende Unterschied zu der bereits veröffentlichten Studie ist der theoretische Rahmen und die Funktion der qualitativen Empirie. In dem abgeschlossenen Projekt hatte die Sozialwissenschaft vor allem die Aufgabe, optimale Erhebungsmethoden für Befunde bereitzustellen, die dann innerhalb einen verkehrswissenschaftlichen und verkehrsökologischen Rahmens interpretiert wurden. In der hier vorgelegten Arbeit geht es um die Systematisierung und Interpretation qualitativer Befunde innerhalb eines sozialwissenschaftlichen Rahmens, der sich auf Theorien und Erkenntnisse über Freizeit und Mobilität bezieht. Während in der abgeschlossenen Studie die qualitative Analyse primär eine vorbereitende Funktion hatte, hat sie hier eine eigenständige Funktion der Erkenntnisgewinnung, die mit anderen Methoden nicht geleistet werden könnte.

B. Freizeit

Bevor es im zweiten Teil der Arbeit um Verkehr und Mobilität geht, soll zunächst ein adäquates Verständnis von „Freizeit" erarbeitet werden. Dazu werden in einem ersten Schritt sozialgeschichtlich relevante Formen und Vorformen der Freizeit beschrieben, soweit sie für die folgende Definition von Bedeutung sind. Danach sollen wichtige Stationen der Freizeitdebatte diskutiert werden, um schließlich zu einer Definition von Freizeit/disponibler Zeit/Eigenzeit zu kommen.

Ziel dieses Abschnitts ist die Entwicklung eines definitorisch und theoretisch gestützten Analyserahmens zur Einordnung und Segmentierung des empirischen Materials.

I. Zur Begriffsgeschichte

Im Wörterbuch der Soziologie von 1969 heißt es noch: „Daß sich im deutschen Sprachgebrauch die Bezeichnung Freizeit durchgesetzt hat und nicht wie im angelsächsischen der Begriff ‚Muße' (‚leisure' anstelle von ‚spare time'), ist folgenreich; denn oft wird Freizeit mit Ansprüchen bemessen, die nur dem letzten angemessen sind" (Blücher 1969).[6]

Hier, wie in vielen anderen Erörterungen zur Freizeit, wird Muße klar von Freizeit unterschieden und mit einem positiven Bedeutungshof versehen, der auf die griechische und römische Klassik Bezug nimmt. Ein solches Verständnis von Muße hatte in der Freizeitdiskussion der 1970er Jahre häufig die Funktion, als Vorbild für eine sinnvolle Verwendung von freier Zeit zu dienen. Aber auch der viel nüchternere Freizeitbegriff hat seine historischen Wurzeln. Die Etymologie des Wortes Freizeit verweist auf „Freiheit von etwas" – Freiheit im Sinne der Stadtluft, die frei macht. „Der Begriff Freizeit geht auf den mittelalterlichen Rechtsbegriff ‚freyzeyt' zurück, der in der Bedeutung ‚Marktfriedenszeit' erstmals um 1350 in der deutschsprachigen Literatur auftauchte. Die ‚freyzeyt' begann am Tage vor Maria Geburt zur Vesperzeit, also am 7. September, und endete mit dem Remigiusfest am 1. Oktober. Die ‚freyzeyt' gewährte den zum Markt Rei-

---

[6] So entstehe eine Unklarheit des Begriffs, weil Freizeit von einigen Autorinnen und Autoren als die gesamte berufsarbeitsfreie Zeit, von anderen als der Bereich der Selbstbeschäftigung, von wieder anderen als *Muße* im Sinne von *Zerstreuung, Kontemplation* und *sinnvollem Tun* aufgefasst werde.

senden und vom Markt Heimkehrenden sicheres Geleit. Der Marktfrieden hatte die Bedeutung eines persönlichen Schutzbannes ... Die freyzeyt garantierte allen Marktbesuchern Sicherheit gegen Gewalt und Störungen aller Art ... In dieser freyzeyt stellte der Markt eine Art ‚Bann- und Friedensbezirk' dar, in dem das Immunitätsprivileg galt." (Opaschowski 1970, S. 21) Zwangshandlungen wie Vorladungen und Verhaftungen waren ausgeschlossen. Wer dieses Gesetz verletzte, wurde doppelt bestraft (ebd., S. 21). Freyzeyt in dieser Fassung hat also in einem sehr spezifischen Sinne mit raum- und zeitspezifischer Handlungsfreiheit in der Feudalgesellschaft zu tun. Diese Herkunft ist wichtig, spricht sie doch gegen die These, der Begriff Freizeit sei nur in der Verwobenheit mit der Erwerbsarbeit denkbar und Freizeit sei „industriegesellschaftlichen Ursprungs" (Blücher 1969).

Dies trifft allerdings für den modernen Freizeitbegriff zu. „Freizeit in der heutigen Bedeutung ist eine Wortprägung Friedrich Fröbels, der 1823 (...) die ‚Zeit zu freier Beschäftigung', die den Schülern ‚zur Anwendung nach ihren persönlichen und individuellen Bedürfnissen freigegeben' war, als ganz freie Erholungszeit, als Muße, als freie Zeit, kurz als Freizeit bezeichnete" (Opaschowski 1991, S. 80).

II. Sozialgeschichtliche Aspekte der Freizeitentstehung

1. Tabus und Feiertage

Dass in der christlich-jüdischen Kultur der siebte Tag geheiligt werde, ist an zahlreichen Stellen des Alten Testaments festgelegt. Nicht weniger als 14 Mal wird im 2. und 3. Buch Mose auf das Arbeitsverbot des siebten Tages hingewiesen. Mal eher menschen-, fremden- und tierfreundlich: „... der siebte Tag ist ein Ruhetag, dem Herrn, deinem Gott, geweiht. An ihm darfst du keine Arbeit tun: du, dein Sohn und deine Tochter, dein Sklave und deine Sklavin, dein Vieh und der Fremde, der in deinen Stadtbereichen Wohnrecht hat." (Das Alte Testament, Ex 20,10). Mal eher drohend: „Sechs Tage darf man arbeiten; der siebte Tag ist heilig, Sabbat, Ruhetag für den Herrn. Jeder, der an ihm arbeitet, soll mit dem Tod bestraft werden." (Das Alte Testament, Ex 35,2).

In Israel geht der Streit auch heute noch um die Frage, ob die Vorschriften dogmatisch oder modern interpretiert werden: So sind handgreifliche Auseinandersetzungen um die Tätigkeitsverbote am Sabbat durchaus alltäglich.[7]

---

[7] Wer am Sabbat in Jerusalem mit dem Auto in das Orthodoxenviertel Mea Shearim fährt, riskiert noch heute, mit Steinen beworfen zu werden.

II. Sozialgeschichtliche Aspekte der Freizeitentstehung

Arbeits- und Tätigkeitstabus waren ein Bestandteil aller kulturellen Rituale. Selbst die frühesten regelmäßig wiederkehrenden Festtage waren durch ein Verbot der Arbeit charakterisiert – so z.B. in einem ägyptischen Kalender aus dem Jahr 1200 v.Chr., der für jeden Tag und sogar für jede Tageszeit eine Liste verbotener Tätigkeiten definierte. Sowohl in den Kulturen Mesopotamiens wie auch in der griechischen Antike und in Europa finden sich Feier- und Tabutage, bei denen sich die Angesprochenen bestimmter Tätigkeiten – aber vor allem mühevoller Arbeit – enthalten sollten.[8] Bei den Ägyptern war an insgesamt 70 Tagen im Jahr jegliche Arbeit untersagt. „Die Athener feierten jährlich 50–60 Festtage, doch in einigen wohlhabenden griechischen Stadtstaaten war diese Zahl mehr als dreimal so hoch. Bei den Römern gab es zur Zeit des Augustus (27. v.Chr.–14 n.Chr.) jährlich 66 arbeitsfreie Tage, doch bis zum 4. Jahrhundert erhöhte sich diese Zahl auf 175 (…) und in einigen Teilen Galiziens, wo religiöse Feiertage sowohl nach dem griechischen als auch nach dem römischen Kalender begangen wurden, ist für das Jahr 1909 eine Zahl von mehr als 200 arbeitsfreien Tagen überliefert" (Rybczynski 1993, S. 51).

Tabuisierte freie Tage, an denen Arbeit verboten ist, bestraft wird oder angeblich Unglück und Tod bringt, müssen von Tagen unterschieden werden, an denen zwar ebenfalls keine Arbeit, dafür aber Feiern, Spaß, Freude und vor allem gutes Essen erwünscht war bzw. ist. So zum Beispiel noch heute am Ende des Ramadan, wenn beim ersten Blick auf die Mondsichel das Fasten beendet und ein Fest begonnen wird.[9]

Auch die „Griechen der Antike feierten zwar nicht den Sonntag, doch es gab bei ihnen zahlreiche regelmäßige Festtage, die Plato als Atempause bezeichnete; er behauptete, die Götter hätten diese Tage festgesetzt – aus Mitleid mit der geplagten Menschheit. Die Römer hielten es damit ähnlich. ‚An den geheiligten Festtagen lasst jeden Streit enden', schrieb Cicero, ‚und die Sklaven sollen sich ihrer bei verminderter Arbeit erfreuen'" (ebd., S. 49). Dass diese Festtage bereits mit viel, wie man heute sagen würde, „Feiertagsverkehr" verbunden waren, wird am Beispiel der alle vier Jahre zu Ehren Zeus veranstalteten, überregional besuchten olympischen Spiele der Griechen deutlich. Es handelte sich durchaus um sensationelle Anziehungspunkte, zu denen Zehntausende Auswärtige kamen: „Die Ereignisse, die in diesem Zeitalter die allergrößten Menschenmassen anzogen, waren die lu-

---

[8] Die Freizeit des Sonntags – dies solis – steht heute, ausgerechnet in einer Zeit, in der der Gesellschaft in zunehmenden Maße die Arbeit ausgeht, zur Disposition. Dass in Deutschland der Vorstoß zur Verlängerung der Ladenöffnungszeiten auch an Sonntagen in den neuen Bundesländern gestartet wurde, hängt sicherlich mit der „Entkonfessionalisierung" der östlichen Bundesländer zusammen (zur Entkonfessionalisierung in den neuen Bundesländern vgl. Hoffmann-Dietrich 1997).

[9] Mündliche Mitteilung von Manijeh Akhawan.

xuriösen Schauspiele, die die Kaiser in Rom veranstalteten. Im 2. Jahrhundert n.Chr. waren 130 Tage des Jahres Festtage mit verschwenderischen öffentlichen Unterhaltungen, darunter Wagenrennen, Boxen, Theateraufführungen" und blutigen Gladiatorenspielen (Casson 1976, S. 159).

2. Die Muße

Die verschiedenen historischen und kulturellen Varianten der Tätigkeitstabus, des Pausierens und des kultischen Innehaltens an Feiertagen müssen von der Muße als Lebensweise und als Statussymbol der Freien (Männer) in der Antike unterschieden werden. Diese ist aus ganz unterschiedlichen Perspektiven beschrieben und analysiert worden:

a) Muße als sinnvolle Kontemplation

Es gibt die Darstellung der Muße als noch heute gültiges Ideal einer kreativen Zeitverwendung: Im „ursprünglichen Verständnis wie es die griechische Philosophie vermittelt, meint Muße das Freisein von ablenkenden Geschäften und die ruhige Schau der Dinge, in der der Mensch ganz in sich selbst ruht. In dieser Gelassenheit und inneren Anteilnahme nimmt er teil an Spiel, Kult, Fest, Feier, in denen sich ihm die Ordnung des Seins symbolisch erschließt" (Becher 1990). Muße ist in dieser Lesart die zweckfreie, unbelastete Zeit, die Gelegenheit gibt, schöpferische Kräfte zu entfalten. Das klassische Ideal der Zeitverwendung als Entfaltung des eigenen Selbst wurde nicht nur Bestandteil der Emanzipationsvorstellungen der Aufklärung. Auch ein Teil der Kritik am modernen Freizeitverhalten speist sich aus dem Bild der Muße als freier Zeit der persönlichen Bildung und der kulturellen Erfahrung und für bestimmte, milieuspezifische Verwendungsformen freier Zeit ist die antike Vorstellung von Muße immer noch Vorbild. Auch manche Thesen über die Entstehungsbedingungen von Kunst – z.B. der Begriff der schöpferischen Pause – bzw. die Kritik an einer in kommerzielle Kontexte eingespannten Kunst, hat Vorstellungen von Kontemplation zum Hintergrund, die der antiken Idee von Muße folgen.

b) Muße als Lebensform der Herrschaftsklassen

Die ideologiekritische Geschichtsschreibung bezieht hier eine andere Position. Sie muss feststellen, dass der idealisierende Blick auf die antike Muße gleich mehrere Herrschaftsverhältnisse ausblendet: die Unterwerfung der Sklaven, die Verachtung der Plebejer und den Ausschluss der Frauen. Die Perspektive einer Alltagsgeschichtsschreibung „von unten", entschleiert das

II. Sozialgeschichtliche Aspekte der Freizeitentstehung

altertümliche Lob der Muße als Ideologie zur Legitimation von Herrschaft. Die Verachtung der Arbeit durch die Mußeklassen sei gleichbedeutend mit der gesellschaftlichen Verachtung derer gewesen, die die Arbeit tun – also der Sklaven, der Bauern, der Krämer, der Lohnabhängigen und der Hausarbeiterinnen.[10] „Eine wohleingerichtete Stadt ist Platon zufolge jene, in der die Bürger sich von der Feldarbeit ihrer Sklaven ernähren und die Ausübung von Berufen den kleinen Leuten überlassen. Das ‚tugendhafte' Leben, das Leben eines Menschen von Rang, kann nur das Leben im ‚Müßiggang' sein" (Veyne 1989, S. 123). Noch schärfer, aber eben aus Sicht später entstandener Gleichheitsideale, formuliert derselbe Autor: „Das Altertum rühmte den Mann, der Leben konnte, ohne zu arbeiten, mit derselben Schamlosigkeit, mit der das vorrevolutionäre Frankreich jeden Nichtadeligen für einen Bettler hielt. Eine Klasse reicher, mehr oder weniger gebildeter Notabeln, die unbehelligt an den Schalthebeln der Macht hantieren wollten, erhob ihren Lebensstil zur Vorbedingung einer ‚liberalen' Kultur und einer öffentlichen Laufbahn. Die Arbeiter, meinte Aristoteles, verstünden nicht, das Gemeinwesen zu lenken, und er fügte hinzu, dass sie es auch schwerlich könnten, es nicht sollten und auch nicht daran dächten." (Ebd., S. 124 ff.).

Bei dieser harten Bewertung geht es nicht nur um die Kritik an der idealisierenden Überhöhung des Mußespiels der Eliten; in Frage gestellt wird hier auch eine bei den antiken Autoren festgestellte Verallgemeinerung, die so empirisch nicht haltbar ist: Anhand archäologischer Funde kann nämlich nachgewiesen werden, dass es durchaus wohlhabende Mittelschichten gab, die aus den produzierenden Klassen aufgestiegen waren und die ihr Selbstbewusstsein eben nicht aus dem Privileg der Muße, vielmehr aus ihrer nützlichen Tätigkeit als Handwerker zogen. Aber den schreibenden Angehörigen der Muße-Klassen gelang es eben, die Selbstrechtfertigung der eigenen Lebensform als beste, höchste, freieste und anzustrebende im Sinne einer hegemonialen Leitidee gesellschaftlich zu verankern und philosophisch zu begründen.

Ob dieser von Veyne formulierte Universalisierungsverdacht tatsächlich auf die Autoren der Antike bezogen werden darf, oder ob diese ihre Wertvorstellungen einfach für die eigene Schicht formulierten und die Tendenz zur Universalisierung vielmehr ein Fehler der modernen Rezeption der Antike ist, muss hier offen bleiben.

---

[10] Auch der Handel war aus Sicht von Cicero etwas Schmutziges, ebenso wie es alle handwerklichen Tätigkeiten sind. Die freien Professionen wie Architektur und Medizin galten gerade noch als ehrbar, aber auch sie schicken sich nicht für die Herrschaftselite der Gesellschaft (Veyne 1989, S. 127).

c) Muße als Kritik der Arbeitsgesellschaft

Eine stärker auf die Gegenwart bezogene Kritik-Perspektive analysiert die historischen Formen der Muße mit dem Ziel, die heute herrschende Arbeitsverherrlichung zu relativieren. „Dass mit Arbeit von Anfang an die Vorstellung von schwerer Mühe und Unglück verbunden war, macht die Etymologie des deutschen (wie übrigens auch des griechischen und lateinischen) Wortes deutlich". Arbeit geht zurück auf das altgermanische *arbejo* und bedeutet so viel wie *bin ein verwaistes und deshalb zu mühevoller Arbeit verdingtes Kind*. „In der Gleichsetzung von Arbeit und (unwürdiger) Mühsal lebt die von Tacitus ... bezeugte Gesinnung: der Freigeborene ... überlässt die tägliche Arbeit den Unfreien" weiter (Fetscher 1977, S. 7). Wenn es stimmt, dass die Muße-Klassen das höchste Sozialprestige hatten, dann musste von damals bis heute ein sehr einschneidender Wandel der Werte stattfinden, bis – mit dem Aufstieg des Stadtbürgertums, des Handels- und Handwerkerstands – sich die Wertschätzung von Arbeit, Beruf und Pflicht kontinuierlich veränderte und die Prestigesymbolik sich zwar nicht vollständig, aber doch grundsätzlich verändert hat.[11]

Damit soll nicht nur deutlich gemacht werden, welch fundamentale Umwälzung der Weg hin zur Arbeitsgesellschaft war, sondern auch, dass deren Werte relativ, also auch wieder veränderbar sind. Warum soll – wenn der stetige Rationalisierungsprozess immer mehr Arbeit unnötig macht – ein solch rigides Arbeitsregiment bestehen bleiben?

Auch die Analyse von Hannah Arendt in „Vita activa oder vom tätigen Leben" relativiert die neuzeitliche Verherrlichung der Arbeit, wie sie mit der Industriegesellschaft begonnen habe. Ausgehend von der höchst aktuellen Diagnose, dass der Arbeitsgesellschaft die Arbeit ausgehe, dass dies jedoch auch ein Segen sein könne, fragt sie sich, ob unsere Gesellschaft überhaupt noch eine von der notwendigen Arbeit abweichende Vorstellung sinnvoller Tätigkeit habe. Gemeint ist damit eine sinnvolle Tätigkeit jenseits des Robotens[12] im Job und des automatischen Funktionierens. Ihre Rekonstruktion der Vorstellung von Muße in der griechischen Polis soll hier vor allem den Bedeutungskern von Muße – unverstellt von den Fehlinterpretationen späterer Epochen – herausarbeiten: „Aristoteles hatte drei Le-

---

[11] Zwar haben Zeichen der Termingestresstheit in Top-Positionen der Politik und Wirtschaft ein hohes Sozialprestige (ein Präsident wie Bush, der vier Wochen Urlaub macht, löst ironische Zeitungs-Kommentare aus), andererseits hat sich aber nichts daran geändert, dass diejenigen, die durch nichtselbständige Handarbeit ihren Lebensunterhalt verdienen müssen, in der gesellschaftlichen Prestigeskala ganz unten angesiedelt sind.

[12] Arbeit und Roboter haben den gleichen Wortstamm, der jeweils auf Knechtsarbeit, Mühsal, Bedrängnis, Not verweist (Kluge 1967, S. 28 f.).

bensweisen ... unterschieden, zwischen denen ein freier Mann, d.h. ein Mann, der unabhängig war von den Notdürften des Lebens und den von ihnen geschaffenen Verhältnissen, wählen konnte. Da es sich um Lebensweisen der Freiheit handelte, schieden alle Berufe aus, die dem Leben selbst und seiner Erhaltung dienten, also vor allem die Arbeit, die als Lebensweise der Sklaven einem doppelten Zwang unterlag, nämlich dem Gezwungenwerden durch das Leben selbst und durch die Befehle des Herrn; aber auch die herstellende Lebensweise des freien Handwerkers und das auf Erwerb gerichtete Leben des Kaufmanns kamen nicht in Betracht. Es schieden somit alle diejenigen aus, die freiwillig oder unfreiwillig, zeitweilig oder während der gesamten Lebenszeit, sich nicht frei bewegen oder betätigen konnten, die nicht in jedem Augenblick ihres Lebens Herr ihrer Zeit und ihres jeweiligen Aufenthaltsortes waren" (Arendt 1981, S. 19).[13]

Das Tätigsein ist hier unmittelbar mit einer Vorstellung von Freiheit verknüpft. Die Eliten der Polis begreifen sich in ihrer philosophischen, ästhetischen und politischen Kreativität nicht eingebunden in Pflicht oder Notwendigkeit, vielmehr fallen ästhetische Kontemplation, politisches Philosophieren mit Freiheit in Muße zusammen.

Dieses Bild wird nicht notwendig durch den ideologiekritischen Einwand in Frage gestellt, die Muße hätte nur auf Basis der Sklavenhalterei funktioniert. Denn wenn der heutigen Gesellschaft tatsächlich so die Arbeit ausginge, dass die technische Rationalisierung die Sklavenarbeit übernimmt, dann könnten – nach einer Utopie, die von Marx formuliert wurde – Formen der Muße wieder in eine zukünftige Welt mit hineingenommen werden.

d) Zwischenresümee

Für die weitere Analyse wichtig ist zum einen die im Verständnis der (antiken) Muße enthaltene Freiheits- und Autonomievorstellung. Auch wenn sie nicht geteilt wird, so muss doch konstatiert werden, dass sie die kritische Freizeitdiskussion stark beeinflusst hat (z.B. bei Adorno und Habermas). Auf die Frage, wie und ob „Freiheit" bei einer adäquaten Definition von Freizeit eine Rolle spielen soll, wird weiter unten noch einmal eingegangen.

Zum anderen prägt das Bild der Muße das Freizeitverständnis eines Teils der kritischen Sozialwissenschaften – zuweilen als verächtliche Kritik am alltäglichen Freizeitverhalten der einfachen Leute, zum Beispiel im klein-

---

[13] „Die drei Lebensweisen, die nach der Eliminierung übrig bleiben, haben miteinander gemein, dass sie sich alle im Bereich des ‚Schönen' abspielen, das heißt in der Gesellschaft von Dingen, die nicht notwendig gebraucht werden, ja nicht einmal zu irgend etwas Bestimmtem nütze sind" (Arendt 1981, S. 19).

bürgerlichen Milieu.[14] Warum eigentlich, so muss man sich fragen, ist Heimwerken weniger wertvoll als Hausmusik?

Außerdem wichtig und heute aktueller denn je ist die kritische Relativierung der Arbeitsgesellschaft. Einen Arbeitsplatz zu haben und abhängig arbeiten zu dürfen, wird gerade in dem Moment, wo sichtbar wird, dass die Arbeitsgesellschaft im alten Sinne nicht mehr fortbestehen kann, stärker fetischisiert denn je. Nur indem die Fiktion eines Fortbestands der Arbeitsgesellschaft als Hintergrund aufrecht erhalten bleibt, kann es gelingen, Arbeitslosigkeit als individuelles Problem zu definieren. Wie sich diese Problematik für die von Arbeitslosigkeit Betroffenen stellt, wird das empirische Material zeigen.

3. Zeitverwendungsformen im Mittelalter

Die sozialen und räumlichen Konstellationen des frühen Mittelalters entstehen durch Mobilität: kriegerische Mobilität, Fluchtmobilität, Reproduktionsmobilität auf der Suche nach bebaubarem Land – der so genannten „Völkerwanderung".

Die mittelalterliche Feudalgesellschaft konstituiert sich aus einer eigenartigen Verschmelzung von Resten des römischen Rechtssystems mit germanischen Traditionen der Gefolgschaftstreue (Wehler 1987, S. 36 f.). Die Rechtsform der Landvergabe durch Lehen, verbunden mit der Leibeigenschaft, erzeugt eine hierarchische Gesellschaftsschichtung, in der die Feudalherren sich ihren Wohlstand und ihren Müßiggang von den Leibeigenen ermöglichen lassen. Im Vergleich zum römischen Reich verschwindet die Macht aus der Öffentlichkeit, wird privatisiert und familialisiert (vgl. Duby 1990, S. 31–45).

Wie und ob freie Zeit erlebt wird, hängt entscheidend von der Position innerhalb der feudalen Machthierarchie ab. Es gehört zu einem etwas unscharfen wissenschaftlichen Konsens, dass im Mittelalter die Zeitsphären und die Subsysteme noch nicht ausdifferenziert waren. Es ist sicherlich richtig, dass Arbeitszeit, Arbeitspause und freie Zeit noch nicht klar getrennt waren, ebenso wenig wie Wohn- und Arbeitsraum oder private und öffentliche Sphäre. Diese räumliche Einheit von Produktion, Haus- und Versorgungsarbeit ist als „Ökonomie des ganzen Hauses" charakterisiert worden (Dörr 1996). Soweit sich daran die Vorstellung einer autarken, geschlossenen Subsistenzwirtschaft festmacht, ist diese Variante höchstwahrscheinlich auf eine kurze Phase der Spätantike beschränkt und sollte nicht allzu

---

[14] Z.B. bei Adorno, in seinem Essay über die Freizeit (Adorno 1997) und bei Anders' Ausführungen zu „Widerständen als Genussgegenstände" (Anders 1983, Bd. 1, S. 199 ff.).

konkret und schon gar nicht idyllisch verstanden werden.[15] „Die Mehrheit lebte in Stadt und Land vielmehr stets am Rande des Existenzminimums und von der Hand in den Mund. Der Kampf um die Subsistenz war ihre absorbierende Aufgabe." (Müller-Wichmann 1984, S. 131 f.)

Auch hinsichtlich der These, dass Arbeit und Freizeit noch nicht geschiedene Sphären waren, muss beachtet werden, dass es sich dabei um eine analytische Heuristik handelt. Noch-nicht-Ausdifferenzierung bedeutet nicht die Verwobenheit und Vermischung aller Tätigkeiten und Erlebnisse. Die schriftlichen Funde über das Alltagsverhalten – am detailliertesten die Niederschriften der Inquisitoren, deren Verhöre sozusagen qualitative Interviews darstellen – zeigen, dass der Alltag durchaus Kontraste zwischen Lust und Last, Freiheit und Verfolgung, Fremdheit und Vertrautheit hatte. Die bei diesen Schilderungen verwendeten Zeitbegriffe waren bildungsabhängig. Während die Schreiber der Inquisitoren schon im 14. Jahrhundert durchaus exakte Zeitdaten verwendeten – „2. April 1320" – bezogen sich die Zeitangaben der Befragten bzw. Angeklagten häufig auf konkrete Ereignisse, jahreszeitliche Naturzyklen, Feste oder saisonbedingte Tätigkeiten, die nur zum Teil mit Jahreszahlen verknüpft wurden. „Es war um die Zeit als die Ulmen gerade ihre Blätter entfaltet hatten", oder: „von der Weinernte des Jahres 1318 bis zum Fest des heiligen Lorenz im Jahr 1319" (Ladurie 1983, S. 301).

Die noch geringe Trennung von Arbeit und anderen Tätigkeiten zeigt sich an der Tatsache, dass die Kirchenglocken zwar schlugen, dass sie aber nicht Zeit-, sondern Gebetssignal waren. „Die Leute von Montaillou fürchteten harte Arbeit nicht und konnten fest zupacken, wenn sie mussten; aber feste Arbeitszeiten waren ihnen noch fremd, und sie brauchten nicht zu hören, was die Stunde geschlagen hatte, um zu wissen, wann sie fertig waren oder eine Pause machen durften. Gelegenheiten zu einem Schwätzchen mit einem Freund nahm man gern wahr und hieß Unterbrechungen im allgemeinen willkommen." (Ebd., S. 300) In den Berichten der Verhörten finden sich zahlreiche Belege dafür, dass die Arbeit liegen gelassen wurde, wenn jemand ruft, wenn ein anderes Ereignis wichtiger scheint – z.B. die Bitte einer wichtigen Person, zu kommen. „Die Arbeit war also nicht so fesselnd, dass man sich nicht von ihr hätte losreißen können, bei Gelegenheit. Die gelassene Arbeitsmoral war bezeichnend nicht nur für den tüchtigen Schuhmacher Arnaud Sicre, sondern allgemein verbreitet ... Pierre Maury, als

---

[15] Wehler bezeichnet diese Vorstellung als Legende: „Mit der Metapher vom ‚Ganzen Haus' wurde ein ideologisierter, auf die Sozialromantik harmonischen, da hierarchisch disziplinierten Gemeinschaftslebens fixierter Begriff des rechtskonservativen Kulturhistorikers Wilhelm Hinrich Riehl (1854) wieder aufgegriffen." (Wehler 1987, S. 82) Zur system- bzw. differenzierungstheoretischen Sicht des Haushalts vgl. Luhmann 1998, S. 695 ff.

ausnehmend fleißiger Schäfer bekannt, war gleichwohl bei jeder Gelegenheit bereit, seine Herde stunden-, ja tage- und sogar wochenlang um irgendwelcher extracurricularen Aktivitäten willen in der Obhut seines Bruders oder eines Freundes zu verlassen. In Montaillou und um Montaillou herum ging man viel spazieren und pflegte ausgiebig der Ruhe, namentlich an heißen Tagen." (Ebd., S. 300) Es gab also eine Art von Muße der Landbevölkerung. Ein Schäfer weit ab vom Dorf in den Pyrenäen pflegte auf seine Art so etwas wie freie Zeit.

Weil sich die Unfreiheit des Leibeigenen direkt auf ein konkretes Stück Land und die Unfreiheit hinsichtlich der religiösen Haltung direkt auf den Körper bezogen, hatte Frei*heit* sehr viel mehr mit räumlicher An- oder Abwesenheit zu tun. Das zeigt auch die im Abschnitt über die Etymologie erwähnte ‚freyzeyt' als phasenweise Freiheit vom Zugriff der feudalen Gewalten in Zeiten des Marktfriedens in den Städten.[16]

Frei*zeit* bezog sich nicht auf die Abwesenheit von Arbeit, sondern auf die religiösen Feiertage: Diese erforderten zwar an den Fastentagen Entsagung, aber auch diese Regeln wurden nicht immer dogmatisch eingehalten, wie überhaupt der Glaube nicht allzu streng vom Vergnügen, Genuss und Eros getrennt war. „Im Mittelalter war der Sonntag sowohl kirchlicher Festtag als auch öffentlicher Feiertag. Arbeit war im allgemeinen untersagt, doch gab es andere Aktivitäten, zum Beispiel sportliche Wettkämpfe, Turniere, Theateraufführungen, Umzüge, Festspiele, öffentliche Gelage, Feste der Kirchgemeinde (wo das Bier in Strömen floss)" (Rybczynski 1993, S. 66).

Auf der anderen Seite, an der Spitze der feudalgesellschaftlichen Pyramide, standen die freien, bewaffneten Männer: Der vorherrschende Typus ist seit der Jahrtausendwende der ritterliche Lehensmann, dem durch die abhängigen Bauern seiner Grundherrschaft ein arbeitsfreies Leben ermöglicht wird – er kann sich dem Kriegshandwerk, der Jagd und dem ritterlichen Vergnügen widmen (Wehler 1987, S. 36). Es entsteht eine Lebensweise, die in Zeiten (oder Räumen) ohne Krieg starke Elemente von gepflegter Freizeitverwendung, aber auch von Zerstreuung und Spiel hat. Am Beispiel der Ritterschaft in Südfrankreich und anhand des für die jugendlichen Ritter geschrieben *Rosenromans* aus dem 13. Jahrhundert zeigt Georges Duby, welche Formen des höfischen Lebens systematisch gepflegt wurden. Mit der Substitution der als Einnahmequelle dienenden Raubzüge durch Grundherrschaft und der räumlichen Verlagerung von Kriegen nach außen (Kreuzzüge), ersetzt das Ritterspiel mehr und mehr die nahräumliche, kriegerische Auseinandersetzung. Die ritterlichen Tugenden können ohne Lebensgefahr

---

[16] Rybczynski (1993) berichtet von der die Zeit strukturierenden, aber auch kommunikativen Bedeutung der Markttage in sehr vielen Kulturen rund um den Globus (S. 62–66).

eingeübt werden. Dabei geht es nicht nur um die heldenhafte Tapferkeit, sondern um Zivilisierung in Form der neuen „Höflichkeit", die mit der zunehmenden Wichtigkeit der Frauen am Hof zu tun hat. Höflichkeit, die es bei diesen Spielen „seit Ende des 12. Jahrhunderts gebot, dass es den Damen überlassen blieb, den Sieger zu bestimmen und zu krönen" (Duby 1986, S. 72). Die Analysen der höfischen Kultur zeigen die Funktion der Spiele, der Lieder, der Musik für das Eintrainieren des nicht mehr so wilden, also raubritterhaften, sondern nun ritterlich-höfischen Habitus. So hat ein norwegisches Königsspiel von 1260, in dem sich der Sohn ganz ausdrücklich nach den Vergnügungen und Freizeitformen des Königs erkundigt, ebenfalls eine klare Sozialisationsfunktion. Als Antwort belehrt der Vater den Sohn, dass er sich unter Gottes Joch pflichtschuldigst um sein Reich und seine Untertanen zu sorgen habe, doch sei „es dem König nicht verboten, sich gelegentlich ein Vergnügen zu gestatten, mit Falken, Hunden, Rossen oder Waffen, damit er seine Gesundheit bewahre und im Waffengebrauch und in aller Kriegsführung gewandt bleibe" (Borst 1988, S. 466 f.). Hier findet schon eine Art Abgrenzung von Pflicht und Freizeit statt. Der Freizeitsport wird hier bereits in einer klaren Fitnessfunktion, als gesundheitliche Basis von Pflicht beschrieben.[17]

In Elias' Analysen zur höfischen Gesellschaft wird schließlich deutlich, dass das Vergnügliche so ausgeübt werden muss, dass es die Einübung der affektkontrollierten, distanzierten, würdevollen Haltung ermöglicht, die als Rationalisierung der Machtausübung in diesem komplexen Geflecht der persönlichen Abhängigkeitsbeziehungen analysiert worden ist (Elias 1983, S. 168 ff.).

4. Industrialisierung/Kapitalismus

Die Vorbedingung zur Entstehung dessen, was später Freizeit ausmacht, ist die Herausbildung von abhängiger Erwerbsarbeit und ein einschneidender Wandel der Arbeit. Durch den Geldlohn der Tätigkeit werden die Lohnabhängigen mobil. Sie können ihre Arbeitskraft dort verkaufen, wo es Arbeit gibt. Arbeit wird abstrakt in Zeit und Geld gemessen. Sie wird – im Übergang vom Verlagswesen zur zentralisierten Fabrik[18] – diszipliniert,

---

[17] Es handelt sich um einen in pädagogischer Absicht geschriebenen Text eines Geistlichen im Umfeld von König Hakon IV. „Der König versuchte, seine rauhe, trinkfreudige Gefolgschaft in einen kultivierten Hof westeuropäischen Musters zu verwandeln; seit etwa 1230 wurden französische Ritterepen ins Norwegische übersetzt, die Lehre vom höfischen Benehmen fasste allmählich Fuß" (Borst 1988, S. 468).
[18] Das ist eine idealtypische Beschreibung. Realhistorisch bestanden die unterschiedlichen Vor- und Zwischenformen der kapitalistischen Fabrik nebeneinander (Wehler 1987, S. 112 f.).

kontrolliert, zerlegt, effektiviert und durch einen höheren Anteil fixen Kapitals mechanisiert. Vor allem aber wird sie abstraktifiziert und formalisiert. Sie wird zu einem Handlungsbeitrag in einem arbeitsteiligen System, dessen fertiger Output auf dem Markt angebotene Waren sind. Diese Waren haben für die Käuferinnen und Käufer einen Nutzen (Gebrauchswert), für den kalkulierenden Unternehmer interessiert aber der Tauschwert.[19] Damit wird Arbeit „reduziert auf gleiche menschliche Arbeit, abstrakt menschliche Arbeit" (Marx 1971, S. 52). Sie wird nicht nur hinsichtlich des Tauschwerts, sondern auch im Sinne der darin steckenden Zeit abstrakt.

Der damit mögliche Primat der Produktivität, der die aufkommende Industrialisierung antreibt, braucht auf der Seite der Unternehmer eine völlig veränderte Einstellung zur Arbeit. Diese liefert der Protestantismus und seine Unterformen, die Max Weber als Geist des Kapitalismus analysiert: „Die kapitalistische Wirtschaftsordnung braucht diese Hingabe an den ‚Beruf' des Geldverdienens; sie ist eine Art des sich Verhaltens zu den äußeren Gütern …" (Weber 1922, S. 61). Es sei „eine der fundamentalen Eigenschaften der kapitalistischen Privatwirtschaft, dass sie auf der Basis streng rechnerischen Kalküls rationalisiert, planvoll und nüchtern auf den erstrebten wirtschaftlichen Erfolg ausgerichtet ist, im Gegensatz zu dem Von-der-Hand-in-den-Mund-Leben des Bauern, dem privilegierten Schlendrian des alten Zunfthandwerkers und dem ‚Abenteuerkapitalismus', der an politischer Chance und irrationaler Spekulation orientiert war" (ebd., S. 64).

Während sich also die aufsteigenden, neuen Herrschaftsklassen von der Muße ab und der Arbeit des Geldverdienens zuwenden, müssen sich die Abhängigen doppelt neu ausrichten. Als nicht mehr in die Grundherrschaft eingebundene, aber zugleich um ihre Subsistenzmittel gebrachte, vertragsfreie Individuen sind sie auf die Teilnahme am Geldverkehr angewiesen – ihr Überleben wird jetzt vom Lohn abhängig.

Auf der Ebene der Mentalität gelten sie nun als dem Müßiggang und dem Laster Frönende und müssen folglich umerzogen werden. Das verlangt eine Neukonstruktion der gesellschaftlichen Wirklichkeit. Die mit der politischen Macht verwobenen Wissenschaften und Wissensformen stellen Ordnungssysteme zur Kategorisierung der Menschen und zur Bewertung der Abweichung von Normen sowie zur Bestrafung der Abweichung bereit.[20] Es geht um die räumliche, symbolische und wissensbezogene Neubeschreibung und Segregation der verschiedenen Formen des Müßiggangs: Diskreditierung, Etikettierung und Delegitimierung des Bettelns als Broterwerb;

---

[19] Diesen Gedanken entwickelt Marx 1867 auf den ersten Seiten seiner Kritik der politischen Ökonomie „Das Kapital" (Marx 1971, S. 49–61).
[20] Vgl. z.B. die Physiognomik „zur Beförderung der Menschenkenntnis und Menschenliebe" (Lavater 1776).

II. Sozialgeschichtliche Aspekte der Freizeitentstehung

Entmischung, Institutionalisierung und Verwissenschaftlichung von Krankheit, Wahnsinn und Verbrechen; Schaffung einer räumlichen Ordnung in den totalen Institutionen der Arbeitshäuser, der Irrenhäuser und der Gefängnisse auf Basis neuer Wissenssysteme. Aus Sicht der soziologischen Systemtheorie findet lediglich eine historisch entscheidende „Ausdifferenzierung von Funktionssystemen" statt – aus einer anderen Perspektive beschreibt Foucault diesen Prozess als blutigen, gewalttätigen gesellschaftlichen Umbau (vgl. Foucault 1973 und 1977 sowie Luhmann 1998, S. 707 ff.).

Was in der historischen Analyse als „Trennung von Wohn- und Arbeitsplatz" beschrieben wird, rekonstruiert Marx als die „Expropriation des Landvolks von Grund und Boden" (Marx 1971, S. 744–761). Die künftige Arbeiterklasse wird gewaltsam von den Subsistenzmitteln getrennt, bevor der Totalzugriff auf die nun „doppelt freie" Arbeitskraft beginnt.

Was also in der Vorphase der Industrialisierung geschieht, ist zunächst nicht die Herausbildung von Freizeit, sondern die Vernichtung von Muße und Müßiggang. Es ist Arbeit als Qual, die abgetrennt von Muße, Fest, Palaver und religiösem Ritual zur alles dominierenden Zeitverwendungsform wird und Formen nicht bestimmter Zeit verdrängt.

Es geht um die Abschaffung und zugleich um die Neubeschreibung und (einsperrende) Raumzuordnung für die antiken oder mittelalterlichen Formen von Müßiggang, Feiern, Ausgelassenheit, Betteln, Verrücktsein und kultischer Langsamkeit. „So wurde das von Grund und Boden gewaltsam expropriierte, verjagte und zum Vagabunden gemachte Landvolk durch grotesk-terroristische Gesetze in eine dem System der Lohnarbeit notwendige Disziplin hineingepeitscht, – gebrandmarkt, – gefoltert", schreibt Marx 1867. „Dies vogelfreie Proletariat konnte unmöglich ebenso rasch von der aufkommenden Manufaktur absorbiert werden, als es auf die Welt gesetzt ward." (Ebd., S. 765) Andererseits konnten die plötzlich aus ihrer gewohnten Lebensbahn Herausgeschleuderten sich nicht ebenso plötzlich in die Disziplin des neuen Zustands finden. Sie verwandelten sich massenhaft in Bettler, Räuber, Vagabunden, zum Teil aus Neigung, in den meisten Fällen durch den Zwang der Umstände. Marx beschreibt in aller Ausführlichkeit, wie Ende des 15. und während des ganzen 16. Jahrhunderts in ganz Westeuropa eine Blutgesetzgebung wider Vagabundage auf den Weg gebracht wurde. „Heinrich VIII., 1530: Alte und arbeitsunfähige Bettler erhalten eine Bettellizenz. Dagegen Auspeitschung und Einsperrung für handfeste Vagabunden. Sie sollen an einen Karren hinten angebunden und gegeißelt werden, bis das Blut von ihrem Körper strömt, dann einen Eid schwören, zu ihrem Geburtsplatz ... zurückkehren und ‚sich an die Arbeit setzen' (...) Elisabeth, 1572: Bettler ohne Lizenz und über 14 Jahre alt sollen hart bestraft und am linken Ohrlappen gebrandmarkt werden, falls sie keiner für zwei Jahre in den Dienst nehmen will; im Wiederholungsfall, wenn über 18 Jahre alt, sollen sie – hingerichtet werden." (Ebd., S. 761–764)

Der aufkommende Kapitalismus mit seinem „Heißhunger nach Mehrarbeit" hat die Tendenz, die Arbeit 24 Stunden pro Tag anzueignen. Damit einher geht die Einübung eines kontrollierenden, rationalen Umgangs mit Zeit. Die Zeitstruktur wird zum neuen Mittel der Erziehung. In einer schwer erträglichen Schilderung eines Falles von Marter im Jahr 1757 einerseits und eines Zeitplans für Delinquenten von 1838 andererseits, zeigt Foucault die Entwicklung des bestrafenden Zugriffs: „Das eine Mal eine Leibesmarter, das andere Mal eine Zeitplanung" (Foucault 1977, S. 9–14).

Zeit wandelt sich auch im Alltag: „Von der ‚rechten Zeit' des Gebets nach dem Zeichen der Glocken, zur ‚genauen Zeit' nach den Uhren im Interesse der Betätigung" (Timm 1970, S. 14). Zeit wird zu einer formalen, abstrakten Maßeinheit. Sie kann berechnet, angezeigt und zerlegt werden; Arbeitsproduktivität wird messbar. Produktive und unproduktive Zeiten können sekundengenau voneinander geschieden werden. Die vom preußischen Militär entlehnte Disziplin „setzt auf das Prinzip einer theoretisch endlos wachsenden Zeitnutzung. Nicht nur Einsatz, sondern Ausschöpfung. Es geht darum, aus der Zeit immer noch mehr verfügbare Augenblicke und aus jedem Augenblick noch mehr nutzbare Kräfte herauszuholen. Man muss darum versuchen, die Ausnutzung des geringsten Augenblicks zu intensivieren, als ob die Zeit gerade in ihrer Zersplitterung unerschöpflich wäre und man durch eine immer feinere Detaillierung auf einen Punkt gelangen könnte, wo die größte Schnelligkeit mit der höchsten Wirksamkeit eins ist" (Foucault 1977, S. 198).

Der gewaltige gesellschaftliche Umbau hin zur Erwerbs-Arbeitsgesellschaft im 18. Jahrhundert ist mit einem Umbau der Bedeutungen in Richtung der neuen Arbeitsmoral verbunden. Arbeit (und Muße) werden neu codiert. „Dabei erhält über den Begriff ‚Pflicht' die neuartige Arbeitsauffassung Eingang in die alte auf Mußedemonstration eingestellte Herrenwelt" (Timm 1970, S. 17). Die neuen Eliten sind bürgerliche Berufsmenschen, deren „Lebensstil" (Weber 1922) sich von dem aller anderen abgrenzt, sich aber zugleich als Leitbild für die neue Epoche der „Marktgesellschaft" (Wehler 1995) verankert. Der Anspruch einer „sittlichen Lebensführung" verlangt nicht die Unterwerfung, sondern die Verinnerlichung, also die freiwillige Annahme einer kontrollierten, nichtgierigen Haltung zu den materiellen Gütern: selbstkontrolliert, planvoll, rational. Es entsteht das Ideal des affektkontrollierten, rationalen Habitus.

5. Arbeitszeitbegrenzung

In den folgenden Klassenauseinandersetzungen kämpft das Proletariat zunächst darum, das Überleben, die Reproduktion zu sichern – es geht um Arbeitszeitbegrenzung. 1833 wird in England die Kinderarbeit auf zwölf Stunden beschränkt. Im Kampf um den Normalarbeitstag, den Marx einen Bürgerkrieg nennt, entsteht jetzt erst eine neue Scheidelinie zwischen Arbeitszeit und sonstiger Lebenszeit, die zunächst nichts mit frei verwendbarer Zeit, sondern nur mit Reproduktionsnotwendigkeit zu tun hat.

„Die barbarischen Arbeitszeiten der frühen Industrialisierungsphase bis ca. 1860: vierzehn bis sechzehn Stunden täglich, achtzig bis fünfundneunzig wöchentlich, waren bis 1871 auf zwölf bzw. zweiundsiebzig Stunden verkürzt worden. 1890 wurden durchschnittlich elf bzw. sechsundsechzig verlangt, dank der Gewerbeordnungs-Novellen von 1891, 1906 und vor allem 1908 im letzten Friedensjahr durchschnittlich neuneinhalb bis zehn bzw. vierundfünfzig bis sechzig Stunden. Seit 1908 war als gesetzliche Norm eine zehnstündige Arbeitszeit mit zwei Stunden Pause fixiert, vor dem Weltkrieg dominierte wohl dieser Zehn-Stunden-Tag" (Wehler 1995, S. 780 f.). 1918/19 wird der Achtstundentag in der Sechstagewoche durchgesetzt. Bezahlten Urlaub wird es erst in der Weimarer Republik geben. Erst 1932 hat sich in Deutschland die 48-Stundenwoche als Regelarbeitszeit durchgesetzt.

Zwar summierten sich „die konkreten Auswirkungen der Arbeitszeitverkürzung (...) zu einer erheblichen physischen Entlastung" (ebd., S. 781), diese war aber mit einer Zunahme der psychischen Belastung verbunden. Der vermehrte Maschineneinsatz und die damit verbundene Zunahme der Arbeitsgeschwindigkeit erhöhten die Arbeitsintensität und damit den mentalen Druck auf die Arbeiter.

6. Moderne Freizeit

Freizeit für die Lohnabhängigen, die nicht allein der Wiederherstellung der Arbeitskraft dient, bildet sich erst zu Beginn des 20. Jahrhunderts heraus und ist mit mehreren Entwicklungen verbunden:

- mit einer weiteren Reduktion der Arbeitszeit, aber auch der Einführung von Urlaubszeiten: Ein Lederarbeiter in Baden hatte 1919 nach einem Jahr Betriebszugehörigkeit drei Tage und nach zehn Jahren Betriebszugehörigkeit zehn Tage Urlaub. 1939 hatten sich die entsprechenden Urlaubsrechte auf sechs bzw. zwölf Tage erhöht (Dussel/Frese 1989, S. 35);
- mit einem Anstieg der Real-Löhne
- und infolgedessen mit der Institutionalisierung eines Freizeit-, Bildungs- und Sportangebots in Vereinen und gemeinnützigen Organisationen für

die Arbeiterklasse, sowie mit der Entstehung von sporadischen Angeboten wie Vorträgen, Festen, Bällen, Konzerten und Theateraufführungen;
- mit der Urbanisierung und dem Angebot eines öffentlich zugänglichen, kommerziellen Freizeitangebots in den Städten;
- mit der Transformation der Geschlechterverhältnisse.

In den 1920er Jahren wird Freizeit als gegenüber der unmittelbaren physischen und psychischen Reproduktion abgegrenzte, disponible Zeit zu einer Errungenschaft auch der Lohnabhängigen (Männer). Denn es wäre verfehlt anzunehmen, „die Arbeitszeitverkürzung habe sich umstandslos in entsprechender Freizeitverlängerung niedergeschlagen" – die Forschungen über Haus- und Versorgungsarbeit zeigen in dieser Hinsicht ein überaus differenziertes Bild (vgl. Müller-Wichmann 1984, S. 111–154).

Dennoch bedeutet die Zeit zwischen den Kriegen hinsichtlich der „gesamtgesellschaftlich zur Verfügung stehenden Quantität an Freizeit und der Qualität ihrer Nutzungsstrukturen" eine Epochenwende (Dussel/Freese 1989, S. 147). Vor allem kollektive Formen der Freizeitnutzung erleben einen Aufschwung. Neben bürgerlichen und konfessionellen Freizeitorganisationen entsteht jetzt auch ein vielfältiges Vereinswesen, das zum Teil mit politischen Präferenzen gekoppelt ist. Am Beispiel der Kleinstadt Weinheim ist rekonstruiert worden, dass es am Ende der Weimarer Republik dort 187 Vereine gab. Nicht alle hatten Freizeitaktivitäten zum Inhalt. Aber von den 57 unmittelbar auf Freizeit bezogenen waren 43 bürgerlich-evangelisch, vier katholisch und zehn links-proletarisch (ebd., S. 98).

Als das kommerzielle Freizeitvergnügen das Angebot in den Städten zu bestimmen begann, verlor das Vereinswesen Mitglieder und Einfluss. „Außer den traditionellen und nun erweiterten Bildungsangeboten wie Theater, Bibliotheken, Museen, Konzerte, Veranstaltungen der Volkshochschulen, wurden Massenspektakel populär: Boxkämpfe und Sechstagerennen zogen Zuschauermengen an. Die neuen Kinopaläste, Varietés, Tanzsäle, Sportarenen waren Hochburgen der neuen Freizeitwelt." (Becher 1990, S. 175)

Dass Freizeitvergnügungen nun auch von den Lohnabhängigen gegen Bezahlung konsumiert werden können, bedeutet eine Teilkommerzialisierung von Freizeit. Damit wird aber auch die Finanzierung ganz neuer Kunstgattungen möglich – vor allem die mit großem Budget ausgestatteten Kinofilme.

7. Nationalsozialismus: „Kraft durch Freude"

In Deutschland wird dem proletarischen Vereinswesen jedoch nicht durch die Kommerzialisierung, sondern durch den nationalsozialistischen Doppelangriff auf die Arbeiter-Freizeit der Todesstoß versetzt. Die eine Seite des Angriffs erfolgt durch das Verbot aller marxistischen, proletarischen und irgendwie linken bzw. der Wohlfahrts-, Sport-, Turn-, Touristen- und Gesangsvereine. Die andere Seite des Zugriffs gelingt durch die Organisation des Freizeitvergnügens in den Institutionen der NS-Gemeinschaft „Kraft durch Freude".

Erst jüngst wurde die ambivalente Wirkung dieser auf das Proletariat zielenden Freizeitorganisation durch Günther Grass[21] literarisch thematisiert und sie ist in den Ruinen von Prora noch gut sichtbar.

KdF vermochte die Masse jener Deutschen, die nicht als Untermenschen definiert waren, „in einem bisher noch nie erlebten Ausmaß für seine Freizeitangebote zu mobilisieren". Das zentrale Amt „Feierabend", das für Konzerte und Theaterabende, Kabarett, Filme und vieles andere mehr zuständig war, organisierte 1934 noch 25.000 Veranstaltungen mit 9 Mio. Teilnehmern und Teilnehmerinnen, während zwei Jahre später bereits mit 90.000 Veranstaltungen die 30-Millionen-Grenze überschritten wurde. „1938 wurden 145.000 Veranstaltungen von 54,5 Mio. Teilnehmern besucht. Der Zweite Weltkrieg erweiterte den Aktionsraum des Amtes noch einmal deutlich, indem das ganze Feld der Truppenbetreuung hinzukam. Das Angebot von ca. 295.000 Veranstaltungen wurde von fast 110 Mio. Menschen wahrgenommen." (Dussel/Frese 1989, S. 91)[22]

8. Resümee

Wenn „freie Zeit" in einem weiteren, geschichtlichen Kontext betrachtet wird, dann kann festgestellt werden, dass es mehrere historische Vorformen gibt, deren Spuren bis in die Gegenwart reichen.

Zum einen die Muße, die häufig als Leitbild einer von profaner Überlebensarbeit entbindenden, sinnvollen und freien Tätigkeit angeführt wird – dabei stellt sich die Frage, ob ausgerechnet ein Freiheitsbegriff Vorbild für den freiesten aller Zeitvertreibe sein kann, der darauf beruht, dass Unfreie, also Sklaven, die Freien von jeglicher Mühsal, die ja als würdelos galt, entlasteten. Aber abgesehen davon: Vom antiken Begriff der Muße ist – gleichgültig worauf sich diese Vorstellung materiell stützt – mit in die heutige Zeit hinübergenommen worden, dass freie Zeit nur jene ist, die nicht in abhängiger Arbeit und in fremdbestimmtem Rhythmus verbracht wird.

---

[21] In seinem Buch „Im Krebsgang" beschreibt Grass als Vorgeschichte der weltweit größten Schiffskatastrophe, des Untergangs der Gustloff, deren Einsatz als KdF-Freizeitschiff und den Genuss dieser Ferienfahrten durch die Protagonistin Ursula Pokriefke (Grass 2002).
[22] Dusel/Freese beziehen sich auf die Forschungen von Buchholz (1976) zur nationalsozialistischen Gemeinschaft „Kraft durch Freude".

Der andere, in der modernen Freizeit ebenfalls enthaltene historische Strang, ist der der Feste und Feiern für die Götter, die sowohl im Altertum als auch im Mittelalter in bestimmten Phasen bzw. Regionen mehr als die Hälfte aller Tage ausmachten. Bis heute sind bestimmte Feiertage immer wieder umstritten und es flammt die Diskussion auf, ob sie tatsächlich ganz von Arbeit freigehalten werden sollen. Der historische Rückblick macht auch deutlich, dass „Mega-Events" wie der Papstbesuch, also die Zelebrierung bedeutender religiöser Feste, damals wie heute mit einem großen Verkehrsaufwand der von Ferne anreisenden Besucher verbunden waren.

Schließlich ein historischer Strang, der gewisse Parallelen zu den heutigen Freizeitritualen aufweist, sind die Spiele, Ausritte, Wettbewerbe und körperlichen Ertüchtigungsformen der Ritter. In der Phase ihrer höfischen Zivilisierung trainierten sie ihre kriegerischen Fähigkeiten, ohne wirklich Kriege und Raubzüge zu führen und sie übten sich im Angesicht der (höfischen) Frauen im Ausfechten von Konkurrenz.

Was jedoch die moderne Freizeit von allen historischen Vorformen unterscheidet, ist die Tatsache, dass es – in der Folge von Arbeitszeitbegrenzung und Arbeitszeitverkürzung – nicht mehr nur privilegierte Herrschaftsklassen sind, die die Freiheit selbstbestimmten Tuns besitzen, sondern dass die Lohnabhängigen eigene, individuell verwendbare, klar von der Arbeit abgegrenzte Zeit haben. Diese verbringen sie, wenigstens zum Teil, in der Öffentlichkeit – also außer Haus und damit mobil.

III. Stationen der sozialwissenschaftlichen Diskussion über Freizeit und Arbeit

Es war der Nationalsozialismus, dem es faktisch weitgehend gelang, die Vielfalt und Unberechenbarkeit der Freizeitorganisationen der 1920er Jahre zu beseitigen und sie in eine monolithische und kontrollierbare Massenhaftigkeit zu überführen. Begrifflich jedoch wurde *Masse* erst in der Nachkriegszeit im Zusammenhang mit Freizeit wissenschaftlich zum Thema.[23] Der Massencharakter[24] von frei nutzbarer Zeit schafft eine Problemdefinition, die Freizeitpädagogik, Kulturkritik und schließlich eine ganze Freizeitwissenschaft auf den Plan ruft. Es sollen deshalb kurz die hauptsächlichen

---

[23] Vgl. die Kapitelüberschriften in der „Soziologie der Freizeit" (Hg. v. Scheuch/ Meyersohn 1972): Die Entwicklung der Massenkultur (Leo Löwenthal), Die Massengesellschaft und ihre Kultur (Edward Shils) sowie Kommerzialisierung und Komplexität der Massenkultur (Rolf Meyersohn).

[24] In dem undifferenzierten Begriff der Masse steckt nicht nur die Enttäuschung der Eliten, ein Stratifikationsmerkmal verloren zu haben, sondern auch die Ignorierung der Unterschiede der Geschlechter und Sozialmilieus.

Argumentationslinien eines typischen Ausschnitts der Freizeitdebatte nachgezeichnet werden:
- die Argumentation der frühen Kritischen Theorie,
- Ergebnisse der empirisch orientierten Freizeitforschung,
- der Konsens der „kritischen Freizeitforschung".

1. Die Kritische Theorie und ihr Freizeitbegriff

Schon in den 1950er Jahren legte Habermas die Grundlagen für eine gesellschafts- und kulturkritische Perspektive der Freizeitdiskussion. Dabei wird der gesamte Freizeitbegriff als ideologischer Schein kritisiert. Was so erscheine, wie individuell frei verwendbare disponible Zeit, sei in Wirklichkeit ein „kunstvoll arrangiertes System von Regeln, die verbindlich einzuhalten sind" (Habermas 1958, S. 219). In dieser frühen Arbeit von Habermas, die vor der Entwicklung der Theorie des kommunikativen Handelns liegt, wird das moderne Freizeitverhalten erklärt als ein von Zwängen und Veränderungen der Erwerbsarbeit bestimmtes. Sie sei fremdbestimmt, eigentümlich abstrakt und – bei den maschinenkontrollierenden Jobs – unverhältnismäßig hinsichtlich ihrer eigentümlichen Spannung zwischen einerseits hohem Leistungs- und Verantwortungsanspruch, andererseits Entleerung (ebd., S. 224).

Hauptthese ist, dass unter den herrschenden Bedingungen Freizeit nichts anderes sei als die Fortsetzung stumpfsinniger und sinnentleerter Arbeit mit anderen Mitteln. Die Freizeit habe ihre regenerative Funktion aus der Phase der Frühindustrialisierung verloren – heute stehe ihre suspensive und kompensatorische Funktion im Zentrum. Es werden je drei Untertypen des suspensiven und des kompensatorischen Freizeitverhaltens beschrieben.

Für die suspensive Funktion stehen:
- Fortsetzung der gleichen Arbeit nach Feierabend (vor allem bei Intellektuellen),
- Versuche der Sinnerfüllung, z.B. in einer „reformhäuslerischen Fetischisierung der eigenen Gesundheit" (!),
- Regression auf vorindustrielle Formen der Beschäftigung in der Heimwerkerei und Bastelei.

Für die kompensatorische Funktion stehen:
- Regression in den kleinfamiliären Gruppenegoismus,
- Kulturkonsum in der vorgegebenen Form der modernen Kulturindustrie,
- Sport und Spiel („Sekundenschinderei als verbesserter Taylorismus").

Diese Art einer sehr umfassenden Kritik der Bedingungen, aber auch der Verhaltensweisen in der Freizeit ist typisch für die Kritische Theorie dieser Phase, findet sich ähnlich bei Adorno und hat die spätere Freizeitdiskussion stark geprägt. Die Argumentation baut gegen Ende auf eine Utopie, eine Vorstellung von Subjektivität und auf ein Bild von Freiheit, das sich dann wieder auf die Muße bezieht, da sie doch „am ehesten noch etwas von der ungekränkten Freiheit anklingen lässt" (ebd., S. 231).

Problematisch an dieser in der Konsumkritik sehr weitsichtigen und im historischen Teil lehrreichen Arbeit erscheint aus heutiger Sicht zweierlei: Die Grenzen zwischen Gesellschaftskritik, scharfer Beobachtung eigenartiger Freizeitformen und Entlarvung all dieser Formen als fremdgesteuert, verwischen. Letztlich erscheinen alle, die sich diesem Verblendungszusammenhang unterwerfen, als regredierte Mitläufer. Dem Freizeitverhalten großer sozialer Gruppen der Gesellschaft wird die „Irrationalität eines sowohl fremdgesteuerten wie abseitigen Verhaltens" bescheinigt (ebd., S. 228). Der kritische Blick auf kleinbürgerliches Mitläufertum kann angesichts der Erkenntnisse der Frankfurter Schule zum autoritären Charakter zwar nachvollzogen werden; problematisch erscheint aber die Unausweichlichkeit des Zusammenhangs, ebenso wie die Rettungsperspektive einer „Konsumaskese" (ebd., S. 231).

Den zweiten Einwand nennt der Autor selbst: „Untersuchungen, die dieses komplementäre Verhältnis des Arbeits- und des Freizeitverhaltens empirisch bestätigen und genau analysieren, fehlen bisher ganz. Wir sind deshalb auf einen grob schematisierenden Vergleich des Arbeits- und des Freizeitverhaltens angewiesen." (Ebd., S. 220) Der empirische Nachweis dieses Zusammenhangs fehlt eigenartigerweise bis heute.

Ähnliche Argumentationslinien der frühen Kritischen Theorie finden sich auch in dem 1969 verfassten Essay „Freizeit" von Adorno (1997). Auch hier wird eine kritische Position formuliert (und am Ende relativiert), deren Kern lautet, dass unter Bedingungen der fremdbestimmten Arbeit Freizeit nicht in Freiheit „umspringen" kann. Kontrastiert wird dieser Zustand mit der Aufklärungsvorstellung von Mündigkeit, in der die Menschen „wirklich frei über sich selbst" verfügen. Wenn sie daran durch ihr Eingesperrtsein in gesellschaftliche Funktionsrollen und damit in ihrer gesamten Existenz gehindert werden, warum sollte es dann in der Freizeit anders sein?

In diesem Zusammenhang werden folgende Phänomene der Freizeit analysiert: das Phänomen der Hobbys als Beschäftigungen, in die man sich „vernarrt habe, nur um die Zeit tot zu schlagen"; Tourismus und Camping, einst Ausbruch aus der Kleinfamilie, heute „um des Profits willen angedreht und organisiert"; das in der Sonne „Sich-braun-braten-Lassen" als Übertragung des Fetischcharakters der Ware auf die eigene Haut; die Langeweile als Folge des „Lebens unterm Zwang zur Arbeit und zur rigorosen Arbeitsteilung"; das Do-it-yourself als Pseudo-Aktivität, die ein „zurückgestautes Bedürfnis nach Änderung der versteinerten Verhältnisse vermuten" lässt; der Sport, dessen geheimer Zweck die Fitness für die Arbeit sei und schließlich die Kulturindustrie, bei der von der Hypothese ausgegangen werden müsse, „sie kontrolliere tatsächlich und durchaus das Bewusstsein und das Unbewusstsein derer, an die sie sich richtet" (ebd., S. 646–653).

In diesem Text wird genauer ausgeführt, worin die Freizeitkritik der Kritischen Theorie verwurzelt ist: in der Aufklärung Kants, in Freuds Theorie des Unbewussten und in Marx' Entfremdungstheorie. Die herrschende Freizeitpraxis setzt auch aus dieser Sicht die Unmündigkeit des Arbeitslebens fort. Der Angriff der Kulturindustrie auf die verbleibende Zeit manipuliere das Verhalten durch den Zugriff aufs Unbewusste. Der „Schwachsinn vieler Freizeitbeschäftigungen" treibe die Entfremdung auf die Spitze.

Der Text steht aber auch für eine eher essayistische Form, in der zur Kenntnis genommen wird, dass die schwungvoll entwickelte Fundamentalkritik im Lichte empirischer Ergebnisse nicht mehr uneingeschränkt haltbar ist. Eine weitere Studie des Instituts für Sozialforschung anlässlich der medialen Verarbeitung der Hochzeit von Prinzessin Beatrix mit Claus von Amsberg habe gezeigt, dass die Konsumenten der Klatschreportagen ihr kritisches Bewusstsein nicht ganz eingebüßt hätten. Offenbar wird das, was die Zuschauer atemlos am Fernsehschirm sehen, nicht als Realität geglaubt. Dies sei ein „Schulfall dafür, was kritisch-theoretisches Denken von der empirischen Sozialforschung lernen, wie es sich an ihr berichtigen kann" (ebd., S. 654).

2. Die analytische Freizeitsoziologie

Aus analytisch-empirischer Perspektive, die sowohl historisch als auch international-vergleichend arbeitet, bezieht Scheuch eine explizite Gegenposition zur Kritischen Theorie.[25] Die Frankfurter Kulturkritik sei nichts anderes als Sozialphilosophie bzw. Theologie. Der Blick in die Geschichte zeige, woher diese Schule ihre normativen Setzungen – Freizeit wertvoll im Sinne der Hochkultur zu verbringen – beziehe. Es handele sich um Ideale, die sich in ökonomisch wenig entwickelten Gesellschaften von Arbeit freigestellte Eliten leisten konnten – z.B. mittelalterliche Mönchsorden oder die Kollegien der frühen Universität (Scheuch 1977). Dem wird eine empirisch-analytische Perspektive gegenübergestellt.

---

[25] Dass es sich bei der Kontroverse einst um eine zwischen der eher „linken" und eher „rechten" Freizeitforschung handelt, spielt aus heutiger Sicht keine Rolle mehr. Zuweilen ist die Ideologiekritik der Ideologiekritik, die Scheuch leistet, wirklich erhellend, mitunter gerät er selbst in die Fallstricke elitärer Vorurteile.

Der vergleichende Blick auf die internationale Empirie zeigt folgende Tendenzen:
- Eine Abnahme der effektiven Arbeitszeit in allen westlichen Industriegesellschaften; auch hier verbunden mit dem Hinweis, dass – bei aller Unsicherheit der Kategorien und Messverfahren – erst nach dem Zweiten Weltkrieg ein Maß an Nichtarbeitszeit wieder erreicht worden sei, das mit dem des ausgehenden Mittelalters vergleichbar ist.

Die folgende Tabelle zeigt die durchschnittlichen effektiven Arbeitsstunden der Erwerbstätigen in den USA und in Deutschland. Die größten Zuwächse arbeitsfreier Zeit gab es bis zum ersten Weltkrieg. Danach machen sich die Zeitgewinne nicht mehr an der Tagesarbeitszeit, sondern an der Urlaubsdauer und am Rentenalter fest.[26]

	1850	1870	1890	1910	1938	1940	1960	1965	1967	1969	1972	1975
USA	72	66	60	54	44	40	38,5	38		38,5	38,0	37,6
D	85	78	66	59	48,5	49	46	44,1	42,3	42,8	42,8	40,5

Scheuch 1977, S. 7

- Eine Umverteilung der erwerbsarbeitsfreien Zeit hin zu Bevölkerungsgruppen ohne Führungspositionen bzw. Entscheidungsbefugnisse; während Freizeit vor der historischen Herausbildung des „Berufsmenschen" ein Privileg der herrschenden Klasse war, zeichnen sich die heutigen Machteliten durch die vollständige Abwesenheit einer solchen aus.[27] Dagegen kann bei allen anderen Gruppen ein gewaltiger Zuwachs an Disponibilität in den Lebensweisen beobachtet werden. Eine These, die sich bei genauer Analyse auf Basis der großen Zeitbudgetstudien empirisch nicht bestätigt hat (zur „Fragwürdigkeit der Umverteilungsthese" vgl. Müller-Wichmann 1984, S. 85 ff.).
- Das Vorhandensein und die Zunahme disponibler Geldbeträge
- Die Verlängerung der vitalen Lebensphasen[28]

---

[26] Der gegenwärtige Anspruch, trotz ständiger Rationalisierungsgewinne die Arbeitszeit wieder zu verlängern, zeigt, dass wirklich ein neues Zeitalter begonnen hat.

[27] Ob diese Tendenz tatsächlich aus der Zunahme nichtdelegierbarer, weil „nicht-evidenter Entscheidungskriterien" entsteht, muss in Frage gestellt werden (Scheuch 1977).

[28] Die Grundzüge der später von Beck (1986) weitergeführten Argumentationslinien zur Individualisierung werden hier von Scheuch bereits skizziert. Auch der Begriff Lebensstile in seiner pluralen, nach-weberschen Definition findet hier schon Verwendung.

III. Stationen der sozialwissenschaftlichen Diskussion über Freizeit und Arbeit 39

Auch die analytisch orientierte Freizeitforschung entwickelt eine (empirisch nicht abgesicherte) Kompensationsthese zur Qualität der Freizeitverwendung. Sie lautet: Wenn in der Wissens- und Informationsgesellschaft Arbeit immer mehr mit Symbolen und Zeichen verbunden ist und Erfolg und Misserfolg immer vermittelter und nicht mehr einsehbar wird, dann verlagert sich das Bedürfnis nach „reality testing" in die Freizeit (Scheuch 1977). Falls diese These stimmt, hätte in der Informations- und Wissensgesellschaft eine spezifische Verschiebung des Verhältnisses zur Arbeit stattgefunden, die bestimmte Formen der Freizeitnutzung hervorbringt – dann müssten soziale Gruppen, die abhängige Arbeit im Zentrum der Informationsindustrie leisten, eine hohe Affinität zu Freizeitaktivitäten aufweisen, die ein „reality testing" erlauben: z.B. zu den Risikosportarten, die Erfolg und Misserfolg sofort und in direktem Zusammenhang mit Körper- und Naturbeherrschung bringen.

Für diese These spricht, dass in den letzten Jahrzehnten eine große Vielfalt von Risiko- und Erlebnisportarten entstanden ist (siehe aber auch weiter unten den Abschnitt über Trends). Dagegen spricht die sozialgeschichtliche Analyse: Bestimmte Formen des Risikoerlebens und des „reality testings" waren ja bereits in der mittelalterlichen Ritterschaft verbreitet. Es ist eher wahrscheinlich, dass Mannbarkeitsriten, Mutproben und bewusst herbeigeführtes Risikoerlebnis historisch keine neuen und kulturell keine einzigartigen Phänomene sind.

Neu ist wahrscheinlich, dass heute mit Todesangst verbundene Schockerlebnisse in der spezifischen Kombination von scheinbarem Risiko in Verbindung mit TÜV-geprüfter Hochsicherheit in Achterbahnen und Bungee-Sprunganlagen per Ticket von jedem und jeder erlebt und beliebig oft wiederholt und dann auch noch in ihrem Erlebniswert sofort zurückgespiegelt werden können.[29]

3. Der Konsens der Freizeitpädagogik

Der Höhepunkt der Freizeitdiskussion liegt in den 1970er Jahren, in einer Zeit also, in der es zwar im Jahr 1973 einen ersten Konjunktureinbruch mit Arbeitslosigkeit gab, in der aber Massenarbeitslosigkeit noch kein Dauerphänomen war. Es gab zweistellige Lohnabschlüsse und die durchschnittliche Arbeitszeit war die bis heute kürzeste. Bei Fortschreibung der damaligen Trends – man beschäftigte sich damals viel mit Futurologie – verwundert es nicht, dass diskutiert wurde, die künftigen Gesellschaften seien

---

[29] Eine neuere Errungenschaft in dieser Hinsicht ist eine zweisitzige Bungeesprunganlage in Frankfurt/Main mitten in der Stadt, bei der eine auf die Gesichter der Springenden gerichtete Videokamera das Schockerlebnis aufzeichnet und das Ergebnis als Videofilm an der Kasse gleich erworben werden kann.

postindustrielle Freizeitgesellschaften. (Nahrstedt 1974, Bd. 1, S. 8) Die bis in die 1980er Jahre reichende Kontroverse über dieses Thema führte letztlich zu einer Art Konsens unter den kritischen Freizeitwissenschaftlern bzw. -pädagogen.[30]

- Die wichtigsten Thesen waren: „Die ‚Arbeitszeitverkürzung bzw. Freizeitverlängerung' habe ein Vakuum erzeugt. Indiz dafür sei die ‚Freizeitunfähigkeit', die sich in ‚Freizeitproblemen' wie Privatismus, Familismus, Dauermedienkonsum, Langeweile, Verlust der Muße, Leistungszwang, Schwarzarbeit, Freizeithektik etc. niederschlage". Gegenüber diesen Tendenzen müsse deshalb das Ziel sein, die „Menschen zu ‚Orientierungsfähigkeit und Selbstbestimmung' zu verhelfen, damit sie nicht ‚Fehlverhalten' anheim fielen." (Müller-Wichmann 1984, S. 24 f.)

Insbesondere die pädagogisch untermauerte Freizeitforschung hatte damit eine Problemdefinition erarbeitet, die den regulierenden Zugriff der Pädagogik auf Freizeit dringlich erscheinen ließ.

4. Haus-, Erziehungs- und Versorgungsarbeit (Reproduktionsarbeit)

Der Kern dieser Argumentation – die These vom Vakuum ebenso wie die Annahmen über die Zukunft – wurde in den 1980er Jahren aus feministischer Sicht mit starken Argumenten in Frage gestellt. Die methodenkritische Feinanalyse der wichtigsten länderübergreifenden Zeitbudgetstudie brachte quantitativ alles andere als ein Übermaß an Freizeit mit der Gefahr eines Vakuums als Ergebnis. Auch hinsichtlich der Qualität von Freizeit wurde zwar konstatiert, dass sicherlich so etwas wie sinnentleerte Freizeitverwendung beobachtet werden könne, dass sich aber mit Blick auf die Entwicklungen bei der Haus- und Versorgungsarbeit und anderer Zumutungen und Normierungen des Alltags andere Ursachen benennen ließen.[31]

---

[30] In ihrer Arbeit „Zeitnot" hat Christiane Müller-Wichmann (1984) die scheinbar gesicherten Ergebnisse dieser Phase der Freizeitforschung auf Basis einer Neuanalyse von Zeitbudgetdaten fundiert kritisiert und – auf Basis von Ergebnissen der Frauenforschung – neu interpretiert.

[31] „Die tatsächlichen Subjekte der freizeitpädagogischen Intervention – Kinder, Jugendliche, alte Leute, Urlauber – scheinen den Vakuum-Verdacht vollends zu bestätigen, nicht zu reden von fernsehsüchtigen Grünen Witwen und den eigentümlichen Männergesellschaften an den Bierbuden. Doch sie alle müssen Zeit totschlagen, weil häufig das Vakuum bloß die Kehrseite von Überlast ist: Überlast in anderen Phasen des Lebenszyklus, Überlast der gewünschten Interaktionspartner, Überlast durch Arbeit, die Taylor 1913 so zynisch wie realistisch für abgerichtete Affen konzipiert hat. Unter solchen Bedingungen entsteht nicht Freizeit, sondern die Zumutung, mit sinnlosen Zeiteinheiten etwas anfangen zu sollen: das Vakuum" (ebd., S. 151 f.).

III. Stationen der sozialwissenschaftlichen Diskussion über Freizeit und Arbeit 41

Im Zentrum der Argumentation auf Grundlage eines erweiterten Begriffs von Reproduktion stehen mehrere wichtige Erkenntnisse:

- Die Analyse führt zu einer Umkehrung der These vom Vakuum. Nicht das sinnentleerte Freizeitvakuum, sondern „Zeitnot", so auch der Titel der Analyse von Müller-Wichmann, sei das Problem.
- Die historische Analyse zeige, dass seit der Industrialisierung Reproduktionsarbeit nicht ab-, sondern zugenommen habe (ebd., S. 147). Der gesellschaftliche Wandel führe nicht etwa zu einer generellen Rationalisierung und Verkürzung der Hausarbeit, vielmehr sei diese durch generelle Anforderungszuwächse gekennzeichnet (ebd., S. 152).
- Bei makrosoziologischer Betrachtung, also gesamtgesellschaftlich, fände allenfalls ein Ausgleich statt. Die historische Verkürzung der Erwerbsarbeitszeit werde für die Bewältigung der neuen Anforderungen – einschließlich der Ableistung von so etwas wie Konsumarbeit – verbraucht. Mikrosoziologisch gelte jedoch: „Wo ... intrapersonal Erwerbsarbeit und Reproduktionsarbeit zu vereinbaren sind, ist strukturell Überlast", also Zeitknappheit gegeben (ebd., S. 153).[32]
- Mit dieser Zeitknappheit muss umgegangen, d.h. die verbliebene Restfreizeit muss strukturiert werden. Alle als sinnvoll erachteten und sozial hoch bewerteten Freizeitaktivitäten (z.B. Muße) verlangten einen spezifischen Rahmenaufwand (mentales Umschalten, Vorbereitung, Umkleidung, Körperpflege, Fahrt ...) und sie verlangen meist planbare, zusammenhängende größere Zeiteinheiten. Dies kann mit verbliebener, knapper und zerstückelter Restfreizeit nicht geleistet werden. Daher ist bei Zeitknappheit eine Tendenz zu jenen Freizeitaktivitäten nahe liegend, die diesen Aufwand nicht verlangen: „Das Resultat ist der Rückzug auf alles, was keine Koordination und keinen Auftritt in der Öffentlichkeit verlangt ...: Der beklagte Rückzug in die Familie, das inkriminierte Fernsehen auf dem häuslichen Sofa. Nichts hermachen müssen ..." (ebd., S. 180).
- „Zeit zur falschen Zeit ist nutzlos". Deshalb muss eine sinnvolle Freizeitnutzung organisiert werden. Es müssen Zeitstrukturierungsmechanismen – Planen, Terminieren, Befristen – zur Verfügung stehen. „Die entscheidende Leistung von Zeitstrukturierungsmechanismen liegt (...) in der Schaffung brauchbarer Einheiten. Relative Zeitautonomie ermöglicht, die unabdingbaren Anforderungen so im individuellen Zeithorizont zu platzieren, dass nicht planlos gestückelte Zeitreste zu sozial sinnlosen Zeiten übrig bleiben. Vielmehr entstehen subjektiv brauchbare Einheiten, und

---

[32] Vgl. aber auch die Bemerkungen zur Ausdehnung von Hausarbeit bei Hayn 1992, S. 56.

zwar disponibel dann, wenn die öffentliche Zeitstruktur und das Zeitbudget meiner Interaktionspartner erlauben, dieser Restzeit Sinn zu verleihen: zum Beispiel Freizeit daraus machen." (Ebd., S. 173) Der Zugang zu Zeitstrukturierungsmechanismen ist aber statusabhängig. Wer sich am Ende der hierarchischen Kette befindet, hat keine Macht zur Zeitstrukturierung und muss sich mit den Zeitresten zufrieden geben. Erst wenn Versorgungsarbeit mit dem entsprechenden Selbstbewusstsein strukturiert wird, kann auch freie Zeit wunschgemäß gestaltet werden.[33]

- Zu einem solchen, klar strukturierten Haushaltsmanagement sind alle gezwungen, die Kinder und Erwerbsarbeit miteinander vereinbaren wollen. Dazu sind viele nicht bereit. Deshalb ist einer der Mechanismen zur Gewinnung von Zeit, der Verzicht auf Kinder (ebd., S. 150). Damit wird nicht nur auf den Rückgang der Geburtenrate, sondern auch auf Lebensformen verwiesen, die sich jenseits der Kleinfamilie entwickeln: Ehen ohne Trauschein, Lebensgefährten-Beziehungen mit und ohne gemeinsame Wohnung, Lebensabschnitts-Beziehungen, Single-Situationen, Zeit-Ehen. Die Single-Rate ist in den Dienstleistungszentren (Frankfurt am Main, München) am höchsten. Hier sind aber auch die Erwerbschancen für Frauen am besten. Da aber die Männer (überwiegend) nicht bereit sind, die daraus folgenden Konsequenzen für die Haus-, Versorgungs- und Erziehungsarbeit zu tragen, gerät die Reproduktionsarbeit in die Krise (vgl. Rodenstein et al. 1996).

- Das Konzept „Krise der Reproduktionsarbeit" wirft ein neues Licht auf post-traditionelle Lebensweisen, Lebensformen und Lebensstile. Es besagt: Unter dem Druck der steigenden Erwerbsquote von Frauen und dem Wandel der Arbeitswelt, die das ermöglicht sowie Orientierungen, die diese Option zulassen, entsteht ein Kampf der Frauen darum, von den Aufgaben der Haus-, Versorgungs- und Erziehungsarbeit entlastet zu werden. Da dies nicht gelingt, entsteht die Krise der Reproduktionsarbeit. Es gibt sie in zwei Ausprägungen. Zum einen als „Aktualisierung bzw. Ausleben der Reproduktionsarbeitskrise" in den Varianten a) gelungene partnerschaftliche Lösung (eher selten), b) besondere Belastung der Frauen, c) Entscheidung gegen die eigene (angemessene) Erwerbsarbeit, d) be-

---

[33] „Ich manage das hier. Ich bin der Chef", berichtet eine Frau im qualitativen Interview. Sie führt zu dieser Zeit einen Sechs-Personen-Haushalt, promoviert und ist zugleich Halbtagsdozentin an der Uni. Das klingt nach Stress. Aber sie berichtet auch von Ruhephasen und von Zeiten nicht verplanten Familienlebens (vgl. Götz 1998b). Das neue Selbstbewusstsein des Familien-Managements wird neuerdings auch in einer Werbung widergespiegelt, in der eine Frau stolz und cool zugleich berichtet, dass sie ein erfolgreiches kleines Familienunternehmen führt – erst der Übergang zur Weitwinkel-Perspektive illustriert, was sie damit meint: den Betrieb einer Familie.

III. Stationen der sozialwissenschaftlichen Diskussion über Freizeit und Arbeit 43

wusste Reduzierung, e) Scheitern. Zum anderen die Variante „Vermeidung der Aktualisierung der Krise" in den unterschiedlichen Varianten von Lebensformen, die nicht mehr dem traditionellen Modell folgen: „Alleinleben, das Alleinerziehen von Kindern, nicht-eheliche Partnerschaften mit und ohne Kinder" (ebd., S. 33 f.).

- Es entstehen somit Lebensformen, die den Konflikt zunächst einmal nur suspendieren (Single-Haushalte, Double-Income-No-Kids-Beziehungen, Living-Apart-Together-Lösungen). Durch Konstellationen ohne Kinder wird der brisanteste Konfliktherd innerhalb der Reproduktionsarbeit, die Erziehungs- und Versorgungsarbeit für die Kinder, ruhig gestellt – mit den bekannten gesellschaftlichen Folgen.[34] Die verbreitete Interpretation des Entstehens dieser Lebensformen wird kritisiert: „Die bisherige Interpretation solcher Daten als Ausdruck zunehmender Individualisierung, Krise bzw. Wandel der Familie benennt unseres Erachtens den entscheidenden Kern dieser gesellschaftlichen Dynamik nicht: die Krise der Reproduktionsarbeit." (Ebd., S. 31)
- Bezieht man die Erkenntnisse von Rodenstein et al. auf die aktuelle Diskussion über demographischen Wandel, dann entsteht ein origineller neuer Erklärungshintergrund. Die Krise der Reproduktionsarbeit führt unmittelbar zur Krise der Sozialsysteme.

Der kritisch-feministische Blick hat, empirisch gestützt und theoretisch schlüssig, wichtige Annahmen der Freizeitforschung in Frage gestellt. Die Vorstellung der sich kritisch verstehenden sozialwissenschaftlichen und pädagogischen Freizeitforschung, eine Zunahme der disponiblen Zeit führe zu einer Art freizeitbedingter Regression, die pädagogisch bzw. per Aufklärung in Sinnvolles verwandelt werden müsse, erweist sich als nicht haltbar. Ein erweiterter Begriff von Arbeit und Tätigkeit im Haushalt hat zunächst empirisch belegt, dass zwar historisch zunehmend erwerbsarbeitsfreie Zeit entstanden ist, dass aber der Umfang der Haus-, Versorgungs- und Erziehungsarbeit eher zugenommen hat. Sobald nun auch die Frauen Anspruch auf Erwerbsarbeit erheben und damit ökonomisch unabhängig werden, ist es nicht mehr selbstverständlich, dass sie zugleich auch die Reproduktionsarbeit leisten. Disponible Zeit ist nun umkämpft. Es entsteht eine neue Zeitknappheit, die Folgen in zwei ganz unterschiedliche Richtungen haben kann.

In der ersten Variante gelingt es nicht, die Reste freier Zeit zu sinnvollen Freizeiteinheiten zusammenzufügen, weil dies aktive Strukturierung (Wis-

---

[34] Ähnlich wie in den Talkshow-Debatten über die Arbeitslosigkeit wird auch diese Problematik individualisiert und privatisiert, so als träfen immer mehr Individuen aus freien Stücken die Entscheidung, keine Kinder haben zu wollen – diesen Individuen müssten nun die finanziellen Folgen ihres egoistischen Handelns aufgebürdet werden.

sen, Bildung, Macht) verlangt, dann werden die Reste freier Zeit sozusagen sinnlos abgesessen oder verkonsumiert[35] – es entsteht das, was die Kritische Theorie das „regredieren ... aus freien Stücken" nennt (Habermas 1958, S. 226).

Die andere Variante lautet: Die Frauen nehmen sich die Macht zur Strukturierung der verbliebenen Zeit als sinnvolle Eigenzeit[36] – dann aber gerät die Reproduktionsarbeit in die Krise.

5. Zwischenresümee

Im Hinblick auf das Thema Freizeitmobilität war es wichtig, Ausschnitte der sozialwissenschaftlichen Freizeitdiskussion kennen zu lernen.

Erstens können so Argumente aus den Verkehrswissenschaften besser bewertet und relativiert werden, die häufig dann auf kulturkritisch angehauchte Argumentationen zurückgreifen, wenn das Verhalten – aus transportrationaler Sicht – allzu rätselhaft wird (vgl. etwa die Aufnahme der Kompensationsthese durch Heinze/Kill 1997, S. 49 ff.).

Zweitens kann das Erklärungsmodell für scheinbar sinnlose Freizeitaktivitäten auf Formen der Freizeitmobilität übertragen werden: Die These, dass der privatistische Rückzug in der Freizeit (z.B. im Trainingsanzug vor dem Fernseher sitzen) eine Form sei, den „Rahmenaufwand" im Vergleich zu Freizeitauftritten in einer bürgerlichen Öffentlichkeit gering zu halten, kann durchaus auf die Autonutzung in der Freizeit übertragen werden. Es wäre möglich, dass auch der Privatismus im eigenen Auto eine Möglichkeit bietet, wechselnde Freizeitaktivitäten ohne Rahmenaufwand (Umziehen, Körperpflege, Begrüßungsrituale, Smalltalk, Habitusdisziplin in der Öffentlichkeit) zu erleben.

Drittens haben die Argumente zur (Krise der) Haus- und Versorgungsarbeit gezeigt, dass Freizeit nicht nur historisch-genetisch aus der Entstehung und Rationalisierung der Erwerbsarbeit erklärt werden muss, sondern dass sie Ergebnis eines Herstellungsprozesses, also sozialen Umgangs mit

---

[35] Müller-Wichmann bezieht sich in ihrem Argumentationsgang auf das systemtheoretische Verständnis der Zeitstrukturierung bzw. Bewältigung von Zeitknappheit, stellt aber die Argumentation vom Kopf auf die Füße: Was bei Luhmann funktionale Vorteile der Zeitknappheit z.B. in der Bürokratie sind – die Institutionalisierung opportunistischer Werteverfolgung – wird bei Müller-Wichmann als Gefahr gerade auch in der Reproduktionsarbeit erkannt.

[36] Zum Begriff der Eigenzeit vgl. die Studien zum Lebensstil von Zeitpionieren, die durch veränderte Zeiteinteilungspraktiken und Zeitgewinnungstechniken Eigenzeitphasen gewinnen und inszenieren (Hörning et al. 1990, S. 145 ff.) und Nowotny 1993.

Zeit(resten) ist, die jenseits der Erwerbs- und der Reproduktionsarbeit übrig bleiben und die Teil der Geschlechterauseinandersetzung ist. Das weist darauf hin, dass auch bei der späteren Analyse des empirischen Materials die spezifische Organisation und die Arrangements der Haus- und Versorgungsarbeit einbezogen werden müssen, wenn Freizeit und Freizeitmobilität verstanden werden sollen.

6. Erosion der Erwerbs-Arbeitsgesellschaft

Marx hat in der trockenen, analytischen Begrifflichkeit der Kritik der politischen Ökonomie die Akkumulation, die Konzentration und die Abnahme des Anteils des variablen Kapitals („weniger und weniger Arbeiter") bereits in den 1960er Jahren des vorletzten Jahrhunderts als eine unhintergehbare Gesetzmäßigkeit analysiert. Er nennt es „das allgemeine Gesetz der kapitalistischen Akkumulation" (Marx 1971, S. 640 f.).

Ob es sich dabei tatsächlich um ein Gesetz handelt und ob der Gesellschaft tatsächlich die Erwerbsarbeit ausgehen muss, ist bis heute kontrovers.

Gegen diese Annahme spricht,

- dass das Erwerbspersonenpotential seit den späten 1960er Jahren durch geburtenstarke Jahrgänge, durch Frauenerwerbstätigkeit und durch Zuwanderung ständig gewachsen ist, der Arbeitsmarkt also nur „relativ" und nicht absolut nicht dazu in der Lage ist, dieses Potential aufzunehmen. „Wer vom Ende der Arbeit spricht, muss sich vor Augen halten, dass sowohl in Deutschland als auch in den Industrieländern insgesamt in den frühen 1990er Jahren ein historischer Höchststand der Erwerbsarbeit erreicht worden ist (gemessen an der Zahl der Erwerbstätigen)" (Willke 1999, S. 22),

- dass der Dienstleistungssektor in der Vergangenheit dazu in der Lage gewesen sei, die gesamten rationalisierungsbedingten Freisetzungen der Industrie aufzunehmen und noch weiteres Potential habe („Dienstleistungslücke"),

- dass keinesfalls alle Industrieländer die gleichen Trends aufweisen, sondern die Beispiele Irland, Niederlande und Dänemark zeigten, dass Arbeitslosigkeit durch unterschiedliche Strategien für mehr Beschäftigung abgebaut werden könne.

Dass es doch eine Gesamttendenz zur Abnahme der Erwerbsarbeit, insbesondere in Deutschland gibt, wird mit Folgendem belegt:

- die Produktivität sei in Deutschland weit stärker gestiegen als in den Ländern, die hinsichtlich der Arbeitslosigkeitsbewältigung immer wieder hervorgehoben werden: Die Arbeitsproduktivität stieg in den USA zwischen 1970 und 1995 um 28%, in Deutschland aber um 110% (Bonß 1999, S. 164 f.);
- die weiteren Rationalisierungs-Reserven im Dienstleistungssektor lägen zwischen 64% im Bankensektor und 46% in der öffentlichen Verwaltung (ebd., S. 166) – der Trend hin zum tertiären Sektor bedeute also nicht notwendig mehr Arbeit;
- Globalisierung: Eine auf Informationstechnik und Liberalisierung beruhende Internationalisierung der Produktion schaffe globale Wertschöpfungsketten, die auf einer räumlichen Zerlegung der Unternehmensaktivitäten beruhten, die eine flexible Ausnutzung unterschiedlicher „sozialräumlicher Verwertungsbedingungen" möglich mache und so ganz neue Rationalisierungsspielräume eröffne (Hirsch 2002, S. 100 f.).

Die dem Konkurrenzprinzip innewohnende Tendenz zur Rationalisierung und zur Erhöhung der Produktivität wird wohl von niemandem bestritten und überwiegend auch als notwendiger oder zumindest unumgänglicher Prozess erachtet. Auch die eindeutige Tendenz zur prozentualen Abnahme von Normalarbeitsverhältnissen ist empirisch bewiesen: Zwischen 1970 und 1996 ist ihr Anteil von 84% auf 67% zurückgegangen (Kohli 2000, S. 380). Der Anteil der befristet Beschäftigten nimmt zu, ebenso der Anteil der (überwiegend weiblichen) Teilzeitbeschäftigten und schließlich auch der Anteil der geringfügig Beschäftigten. Es ist weitgehend unbestritten, dass die Rückkehr zu einer Gesellschaft der Vollzeiterwerbstätigen in einer Vollbeschäftigungsökonomie nicht möglich sein wird, bis hin zu der Annahme, diese Phase sei ebenso eine Ausnahme gewesen wie der Boom der Gründerzeit. Damit hat sich die Debatte begrifflich differenziert. Es geht nicht mehr um eine Gesellschaft, der die Arbeit ausgeht, sondern um das Ende der Vollbeschäftigungsgesellschaft (Bonß 1999; Beck 2000, S. 8).

Wenn jedoch die neue Ungewissheit und die Folgen der neuen Risiken so ungleich verteilt werden, dass die einen hocheffektiv zu viel, die anderen aber keine oder zu wenig Arbeit haben, dann entsteht daraus nicht nur ein Status-, sondern auch ein massenpsychologisches Problem. Solange diese Ungleichheit mit der Normalitätsfiktion des unbefristeten Vollzeitarbeitsplatzes hinterlegt wird, kann es partiell gelingen, die Vorstellung aufrecht zu halten, die Unterbeschäftigten müssten sich ihren Zustand wenigstens zum Teil selbst zuschreiben. Es kann ihnen dann nicht gelingen, die Zeit sinnvoll zu nutzen oder zu genießen – und die Verbliebenen in den hocheffektiven Sektoren der Erwerbsarbeit kämpfen um ihre Jobs bis hinein in die Freizeit.

III. Stationen der sozialwissenschaftlichen Diskussion über Freizeit und Arbeit 47

Das bedeutet, dass sich die historisch entstandene Trennung der klaren Abgrenzung von Freizeit und Erwerbsarbeit tendenziell zurückentwickelt. Nur noch diejenigen, die einen traditionellen, fordistischen Arbeitsplatz mit zeit-, nicht umsatz- oder gewinnbezogener Bezahlung sowie ohne Befristung haben, können den klaren Strich zwischen Erwerbsarbeit, Haushaltsarbeit und Freizeit ziehen.

Diese Tendenz scheint – trotz unterschiedlicher Bewertungen und Prognosen – ein weiterer Konsens in der Debatte um die Zukunft der Arbeit zu sein: Wir befinden uns in einer neuen gesellschaftlichen Phase, die je nach Standpunkt oder Zugang unterschiedlich bezeichnet wird: Postfordismus (Hirsch), modernisierte oder reflexive Moderne (Beck, Giddens) neuer Kapitalismus (Sennett).

Diese neue Phase der veränderten Erwerbsarbeit bewirkt eine Verschiebung der Hierachien, ein Verschwimmen bisher getrennter Zeitsphären, aber auch neue Handlungsspielräume (z.B. für Familien mit Kindern).

- Verlangt wird ein hohes Maß an Flexibilität und Eigenverantwortlichkeit und damit auch eine Entgrenzung der Zeitsphären – z.B. bei der Teleheimarbeit, bei Formen neuer Selbständigkeit im Home Office, bei Ein-Personen-Selbständigen sowie in den neuen Berufen des Informations- und Kulturdienstleistungssektors (vgl. die Analyse zahlreicher Beispiele der „Entgrenzung von Arbeit und Leben" in Gottschall/Voß 2003).

- Es entsteht – auch innerhalb des Arbeitnehmerstatus – eine unternehmerähnliche Haltung; so verlangen Unternehmen im Dienstleistungsbereich immer häufiger, dass Arbeitnehmer Projekte zur Sicherung ihres Arbeitsplatzes selbst beschaffen. Akquisition findet tendenziell immer und überall statt. Diese Projektförmigkeit der Arbeit setzt die Betroffenen einerseits unter Druck, aber sie fördert auch die Identifikation mit den Projekten und dem Beruf („mein Projekt"/„mein Kunde").

- Die neue Flexibilität bringt Arbeitsplätze hervor, die eine Mischung aus Selbständigkeit und Abhängigkeit darstellen, die aber zum Teil auch besser mit Erziehungsaufgaben kombiniert werden können (gemeint sind nicht nur Telearbeitsplätze, sondern auch die so genannten SoHos – BetreiberInnen von Small Offices/Home Offices).

- Sie fördert aber auch prekäre Beschäftigungsverhältnisse ebenso wie Formen der Scheinselbständigkeit, bei denen das Risiko der sozialen Sicherung an die Individuen abgegeben wird, ohne dass sie die Früchte einer wirklichen Selbständigkeit ernten (Willke 1999, S. 142 f.).

Die Diagnosen weisen, schon seit den 1980er Jahren, nicht auf eine postindustrielle Freizeitgesellschaft, sondern auf ein Nebeneinander von informellen Grauzonen der Arbeit, formeller Arbeit, wahrgenommener Eigenzeit und Zwangsfreizeit durch Arbeitslosigkeit hin.

Innerhalb dieser Debatte werden immer nicht nur die Probleme, sondern auch die Chancen thematisiert, die dadurch entstehen, dass Zeit frei wird, die eigentlich gut genutzt werden könnte. Hannah Arendt macht schon 1960 die Frage nach einer „Arbeitsgesellschaft, der die Arbeit ausgegangen ist", zum Thema weitsichtiger Überlegungen. Sie wirft den Blick voraus, in eine Phase, die heute angebrochen ist, wenn nämlich die Fabriken sich „von Menschen geleert haben werden" (Arendt 1981, S. 11). Einerseits käme die Menschheit der Realisierung jener Utopie nahe, sich unmittelbar vom Joch der Mühsal und von der Last der Arbeit zu befreien und ein Leben der Muße zu führen, das dem der Privilegierten in der Antike gleicht. Andererseits fürchtet sie – nachdem die Menschheit seit dem 17. Jahrhundert begonnen habe, die Arbeit zu verherrlichen und zu Beginn des 20. Jahrhunderts, „die Gesellschaft im Ganzen in eine Arbeitsgesellschaft zu verwandeln" – dass ihr mit dem Ende der Arbeit die einzige Tätigkeit genommen wird, auf die sie sich noch versteht, und fragt: „Was könnte verhängnisvoller sein?" (Ebd., S. 12)

Exakt mit diesem Bewertungshintergrund – der Ambiguität einer gesellschaftlichen Tendenz der Selbstaufhebung von Arbeit – gibt es bis heute eine kritische soziologische Debatte, deren Konsens der Dissens zu den populären Therapien gegen die Arbeitslosigkeit ist. Von Negt (1984) über Beck (2000), Bonß (2000), Gorz (2000) bis hin zum Manifest „Die Glücklichen Arbeitslosen" (2000) werden, häufig mit Bezug auf den frühen Marx der Entfremdungstheorie, immer auch die Chancen thematisiert, die in der gewonnenen Zeit liegen, die durch die Produktivitätssteigerung frei wird. Und es sind längst nicht mehr nur gesellschaftskritische Wissenschaftler, die Utopien, Prognosen oder Szenarien einer Gesellschaft entwerfen, in der das Verhältnis von Erwerbsarbeit und anderen Formen sinnvoller Tätigkeit neu geordnet wird. Die zugehörigen Stichworte sind:

- Heteronomes Tun mit einem kräftigen Schuss Autonomie (Dahrendorf 1983)
- Eigenproduktion (Negt 1984)
- Dritter Sektor (Rifkin 1996)
- Bürgerarbeit (Beck 1997)
- Tätigkeitsgesellschaft (Willke 1999)
- Multiaktivität (Gorz 2000)
- Plurale Tätigkeitsgesellschaft (Beck 2000)

„Denn sollte die Gruppe der Arbeitslosen (…) immer größer werden und die Erwerbsarbeit nur noch für eine Minderheit ein realistisches Leitbild darstellen, dann stünde irgendwann das erwerbsgesellschaftliche Projekt der Statuszuweisung und sozialen Integration über den Arbeitsmarkt selbst in Frage. Dies ist nach vorliegenden Daten zwar unwahrscheinlich. Aber sofern die Zentralität der Erwerbsarbeit sowohl unter Erwerbsarbeitsangebots- als auch unter Wertewandelsgesichtspunkten langfristig zurückgehen dürfte, scheint es notwendig, sich genauer mit den Möglichkeiten einer Pluralisierung der Arbeit und einer Vergesellschaftung jenseits der Erwerbsarbeit zu beschäftigen. Von einer Vergesellschaftung jenseits der Erwerbsarbeit wäre dann zu sprechen, wenn die Rolle des *citoyen* gegenüber der des *bourgois* gestärkt, verschiedene Tätigkeitsformen als Arbeit anerkannt und die Anerkennung als vollwertiges Gesellschaftsmitglied nicht vorrangig von der Reproduktion über die Erwerbsarbeit abhängt. Dies bedeutet freilich keinesfalls eine Absage, sondern allenfalls eine Relativierung der Erwerbsarbeit bei gleichzeitiger Aufwertung von anderen Tätigkeiten wie Eigenarbeit, öffentlich-gemeinnütziger Arbeit oder Arbeit im informellen Sektor". (Bonß 1999, S. 170 f.)

7. Alltag als Arbeit

Gegenüber dieser Vision von Bürgerarbeit ist Skepsis angebracht, wenn konstatiert wird, dass eine Abgrenzung von Zeit für derartige Engagements momentan eher erschwert denn erleichtert wird. Wenn nämlich die These einer schleichenden Verschiebung der Arbeit hinein in die disponible Zeit stimmt, wenn es tatsächlich eine Tendenz zur „Entgrenzung von Arbeit und Arbeitskraft" gäbe, dann bedeutet das: die neu gewonnene Zeit wird von Tätigkeiten absorbiert, die mit bürgerschaftlichem Engagement nichts zu tun haben (Voß 1998). Damit ist nicht nur die zeitliche, räumliche, inhaltliche und motivationale Flexibilisierung der Arbeit gemeint, sondern auch die zunehmende Verlegung von Dienstleistungen, wie z.B. Homebanking, in den Alltag. Voß spricht von einer zunehmenden, manifesten Vernutzung, Ökonomisierung und betrieblichen Beherrschung der Produktivität des Konsumenten („arbeitender Konsument"). Es geht also um einen schleichenden Prozess der Verlagerung von wertschöpfender Arbeit in die außerbetriebliche Sphäre des „Lebens" jenseits der Arbeit (Voß 2004).

Eine starke These, die angesichts der Erfahrungen mit elektronischer Dienstleistungsrationalisierung nicht ganz von der Hand zu weisen ist. Nicht nur sämtliche Bank-Dienstleistungen können in der Lebenszeit zu Hause erledigt werden, auch automatisierte Prozesse zur Freisetzung von Personal werden so mit Bonussystemen gekoppelt, dass genügend Motive entstehen, lebendiges Servicepersonal nicht zu nutzen. Ein anderes Beispiel sind die Softwarekonzerne, die sich die Anwendungsprogramme nicht mehr von den teuren Entwicklern, sondern von den Käuferinnen und Käufern am Privat-PC optimieren lassen (rückgemeldet über Hotlines, in deren Warteschlangen AnwenderInnen ihre „Freizeit" verbringen). Wer etwas über die Funktionsweise seiner technischen Alltagsprodukte erfahren will, landet in den Tiefen automatischer, sprachgesteuerter Menüs oder zahlt für den seltenen Fall der persönlichen Beratung einen saftigen Minutenpreis am Telefon. Video-Freaks, die ihre Gebühr bis vor kurzem noch bei einem Nachtdienst schiebenden Kassierer entrichten mussten, stehen nun vor einem vollautomatischen System, das bedient und dessen Bedienung zuerst einmal erlernt werden muss. Mit dieser sich auf den täglich beobachtbaren Schub der Dienstleistungsverlagerung beziehenden These, stellen sich also neue Fragen hinsichtlich der Abgrenzung von Eigenzeit (vgl. Voss/Rieder 2005).

Ähnlich wie Voß argumentiert Helga Nowotny, wenn sie zu der in die Konsumgüter eingebauten Zeitstruktur ausführt: „Wie Konsumfreizeit heute verbracht wird, was in ihr getan wird und wie, ist das Resultat von zwei Ausgangsbedingungen geworden: der eigenen Arbeitsbedingungen und der Beschaffenheit der Konsumgüter und Dienstleistungen, also dessen, was andere produzieren. Sie tragen ihre eingebaute ‚Zeit' in sich, die an alle, die sie konsumieren wollen, bestimmte zeitliche Anforderungen stellt" (Nowotny 1993, S. 123).[37]

IV. Resümee

Die Analysen über Zeitabgrenzungsmechanismen am Beispiel und gegenüber der Haus-, Versorgungs-, bzw. Reproduktionsarbeit legen eine veränderte Grenzziehung und damit ein anderes Verständnis von Freizeit nahe. Disponible Zeit muss, bevor sie als Eigenzeit konstituiert und genutzt werden kann, nicht nur gegenüber der Erwerbs-, sondern auch gegenüber der Reproduktionsarbeit gewonnen werden. Freizeit ist knapp, insbesondere aus der Perspektive von Haushalten mit Kindern. Von Freizeitgesellschaft, wie noch in den 1980er Jahren erwartet wurde, kann keine Rede sein.

---

[37] Während die These von der in die Konsumgüter eingebauten Zeitstruktur für sich genommen erhellend ist, wirkt die schon von der Kritischen Theorie vorgetragene Verbindung zur Arbeit spekulativ und müsste empirisch belegt werden: „Dort, wo die Arbeitsvorgänge zeitlich entkoppelbar, optimierbar und vor allem intensivierbar sind, werden es auch die gewählten Freizeitaktivitäten sein. Wo die Konsumgüter ihre eingebaute, vorproduzierte und programmierte Komplexität zur Selbstentfaltung des Benützers in sich tragen, wo jede Sportart ihre eigene Bekleidung, Ausrüstungsgegenstände, Ausübungs- und Abfahrtszeiten hat, wo jedes Hobby auf Professionalisierung drängt und mit der Freizeit zugleich ‚Lebensstil' und ein ebensolches Gefühl propagiert wird, wird Konsum zur Mimikry der Produktion und kann nicht viel anders, als den vorgegebenen Zeiten zu folgen." (Nowotny 1993, S. 123).

Es gilt, diesen Faden der Analyse mit den Ergebnissen der soziologischen Diskussion über die Krise und die Transformation der Erwerbsarbeit zu verknüpfen. Bei aller Unterschiedlichkeit der Zugänge zu dieser Frage steht doch fest, dass eine Rückkehr zur Vollzeit-Erwerbsgesellschaft nicht mehr realistisch ist. Wenn gesellschaftlich dennoch die Normalitätsfiktion des Vollzeitarbeitsplatzes aufrecht erhalten bleibt, dann hat dies die Funktion, Arbeitslosigkeit ideologisch zu privatisieren und die durch Produktivitätserhöhung gewonnene Zeit, ungleich und ungerecht, zu verteilen. Unumstritten ist auch, dass sich die verbliebene Erwerbsarbeit fundamental ändert. Flexibilisierung bis hin zur völligen Verwischung der Grenze zwischen Arbeit und Privatleben ist vor allem im Bereich neuer Dienstleistungen die Tendenz.

Wenn Männer und Frauen mit Kindern erwerbstätig sein wollen oder wenn Männer und Frauen in den neuen Dienstleistungsberufen mit hohen Flexibilitätsanforderungen arbeiten und zugleich auf Selbstverwirklichung in der Freizeit beharren, ist eine latente gesellschaftliche oder eine manifeste, privat ausgetragene Krise der Reproduktionsarbeit die Folge. Neue Lebensformen und Lebensstile, die fälschlicherweise als Zerfall von Familienwerten interpretiert werden, sind das Ergebnis.

V. Empirische Freizeitaktivitäten-Forschung

Bevor eine wissenschaftlich haltbare und mit dem Thema Mobilität vereinbare Freizeitdefinition entwickelt wird, erscheint es notwendig zu klären, was aus Sicht der Alltagsakteure Freizeit ist und welche Freizeitaktivitäten betrieben werden. Das leistet die empirische Freizeitforschung. Zum Teil ist diese Forschung von kommerziellen Interessen geprägt. Nicht immer basiert sie auf guten theoretischen Konzepten. Dennoch ist es sinnvoll, kurz einige der wichtigsten Ergebnisse zur Kenntnis zu nehmen, weil hier der Weg von einer deskriptiven Abfrage der Freizeitaktivitäten hin zu multivariaten Konzepten, die bereits auf dahinter stehende Lebensstile verweisen, sichtbar wird.

1. Deskriptive Empirie der Freizeitaktivitäten

Die deskriptiv arbeitende empirische Freizeitforschung erhebt mit den Methoden der Umfrageforschung regelmäßig die Freizeitaktivitäten der Deutschen und hat beispielsweise 1996, 1999 und 2002 folgende Ergebnisse vorgelegt (BAT 1996, 1999 und 2002). Sie beziehen sich auf 3000er Stichproben von Personen ab 14 Jahren. Es wurde gefragt, welche der genannten Freizeitaktivitäten in der letzten Woche ausgeübt wurde.

Freizeitaktivität	1996	1999	2002
Fernsehen	89%	89%	92%
Zeitung/Illustrierte lesen	71%	73%	71%
Radio hören	69%	67%	73%
Telefonieren	60%	64%	64%
Ausschlafen	50%	47%	49%
Sich mit der Familie beschäftigen	46%	44%	49%
Faulenzen, Nichtstun	39%	34%	41%
Schallplatten/CDs/Musik-Kassetten hören	37%	38%	38%
Gartenarbeit machen	37%	31%	43%
*Mit Freunden etwas unternehmen**	36%	37%	40%
Buch lesen	34%	35%	36%
Wandern, spazieren gehen	33%	30%	33%
Fahrrad fahren	32%	32%	33%
Seinen Gedanken nachgehen	31%	29%	36%
Einkaufsbummel machen	31%	31%	33%
Über wichtige Dinge reden	28%	26%	34%
Einladen, eingeladen werden	27%	25%	30%
Essen gehen	27%	25%	27%
Sich in Ruhe pflegen	26%	25%	29%
Erotik/Sex	23%	20%	24%
Videofilme sehen	23%	23%	22%
Mit dem Auto/Motorrad/Moped herumfahren	22%	19%	30% (!)
In die Kneipe gehen	21%	19%	18%
Hobby ausüben, basteln	20%	19%	17%
Heimwerken in eigener Wohnung/eigenem Haus	20%	19%	23%
Tagesausflug machen	17%	18%	19%
Baden gehen	16%	27%	21%
Selbst Sport treiben	16%	16%	21%
Briefe schreiben	16%	15%	14%
Fest/Party feiern	15%	15%	16%
Gottesdienst/Kirche besuchen	14%	16%	16%
Volksfest/Kirmes besuchen	13%	12%	16%
Handarbeiten, Stricken	13%	10%	11%
Gesellschafts-, Kartenspiele spielen	12%	11%	12%

Freizeitaktivität	1996	1999	2002
Mit eigenem Computer beschäftigen	12%	16%	26%
Hund ausführen	12%	11%	–
Tanzen gehen/Disco	11%	10%	12%
Ins Kino gehen	10%	11%	12%
Sich persönlich weiterbilden	10%	12%	15%
Bei Sportveranstaltungen zusehen	9%	9%	11%
Auf Flohmärkte, Basare gehen	9%	10%	10%
In Kirche/Partei/Gewerkschaft/Verein ehrenamtlich tätig sein	6%	5%	6%
Im Freundeskreis handwerklich tätig sein	6%	6%	8%
Wochenendausflug (mit mind. einer Übernachtung) machen	6%	7%	7%
Internet/Online-Dienste nutzen	–	5%	18%
Videospiele machen	5%	6%	7%
Musik machen/musizieren	5%	6%	7%
Oper/Konzert/Theater besuchen	5%	5%	5%
Freizeitpark besuchen	5%	5%	5%
In den Zoo/Tierpark gehen	4%	5%	4%
Museum/Kunstausstellung besuchen	4%	5%	5%
Rock-/Pop-/Jazzkonzert besuchen	3%	4%	3%
E-Mail nutzen	–	3%	16%
In Spielhalle gehen	1%	2%	–
Sich in einer Bürgerinitiative betätigen	1%	1%	2%

* Kursiv hervorgehoben sind Aktivitäten, die Mobilität verlangen

Es ist offensichtlich, dass ein Teil der genannten Aktivitäten der Freizeit nicht trennscharf zugeordnet werden kann (z.B. das Telefonieren) und dass wiederum einige Kategorien, die hier getrennt aufgeführt sind, zusammen gehören (z.B. „Heimwerken" und „Im Freundeskreis handwerklich tätig sein"). Dennoch gibt die Liste einen ersten und recht vollständigen Überblick über wichtige und weniger wichtige Freizeitaktivitäten.

Es fällt zunächst auf, dass von den acht wichtigsten Arten, die Freizeit zu verbringen, sieben nicht notwendig mit räumlicher Fortbewegung verbunden sind. Aber es wird ebenfalls sichtbar, dass 26 der 55 angeführten Aktivitäten Mobilität entweder zur Voraussetzung oder zum Inhalt haben.

54   B. Freizeit

2. Typologisierung des Freizeitverhaltens

Mit den Ergebnissen zu Freizeitaktivitäten der BAT-Studie wurden multivariate Analysen zur Datenverdichtung vorgenommen.[38] Die Clusteranalyse, die das BAT-Institut durchführte, ergab eine Typologie, die bereits eine Art Lebensstilhintergrund andeutet.

Typ Sportler
Der erste Typus – der im Hinblick auf Freizeitmobilität relevant ist – repräsentiert aktive, unternehmungslustige und kommunikative Kneipengänger, die in der Freizeit sehr mobil sind. Dieser Typus ist eher ‚jung, männlich und ungebunden'.

Überdurchschnittliche Freizeitaktivitäten sind:

- Selbst Sport treiben   (+ 84% gegenüber der Gesamtstichprobe)
- Mit Freunden etwas unternehmen   (+ 28%)
- Essen gehen   (+ 15%)
- In die Kneipe gehen   (+ 13%)
- Einladen/eingeladen werden   (+ 11%)
- Bei Sportveranstaltungen zusehen   (+ 10%)
- Tagesausflug machen   (+ 8%)
- Wochenendfahrt unternehmen   (+ 6%)

Typ Computerfreak
Der zweite Typus ist ebenfalls für die hier zur Diskussion stehende Fragestellung wichtig. Auch er ist eher männlich und jung. Es handelt sich um einen für neue Medien und moderne Technik aufgeschlossenen Typus, der sehr freizeitmobil ist.

Überdurchschnittliche Freizeitaktivitäten:

- Sich mit dem Computer beschäftigen   (+ 88%)
- CD, MC, LP hören   (+ 26%)
- Sport treiben   (+ 21%)
- Videofilme sehen   (+ 19%)
- Ins Kino gehen   (+ 16%)
- Fahrrad fahren   (+ 15%)

---

[38] Vgl. BAT – Freizeitforschungsinstitut (1996).

V. Empirische Freizeitaktivitäten-Forschung

- Baden gehen (+ 14%)
- Videospiele machen (+ 12%)
- Mit dem Auto herumfahren (+ 10%)

Typ Buchleserin
Der dritte Typus ist eher weiblich, jung und höher gebildet. Die Befragten repräsentieren ein kontemplatives und bildungsorientiertes Freizeitmuster.
Überdurchschnittliche Freizeitaktivitäten:

- Buch lesen (+ 66%)
- Briefe schreiben (+ 12%)
- Über wichtige Dinge reden (+ 11%)
- Einkaufsbummel machen (+ 10%)
- Spazieren gehen (+ 10%)
- Sich persönlich weiterbilden (+ 9%)
- Museum, Kunstausstellung besuchen (+ 6%)
- Oper, Konzert besuchen (+ 5%)
- Gottesdienst, Kirche besuchen (+ 3%)

Es handelt sich um einen Typus, der am ehesten ein Freizeitmuster der Muße aufweist.

Typ Shopper
Der vierte angegebene Variablenzusammenhang repräsentiert einen eher weiblichen, konsumorientierten Typus, der gerne einkauft, sich Zeit für sein Outfit nimmt und ansonsten eher unterhaltungsorientiert ist. Folgende Freizeitaktivitäten werden überdurchschnittlich häufig ausgeübt:

- Einkaufsbummel machen (+ 66%)
- Sich in Ruhe pflegen (+ 15%)
- Seinen Gedanken nachgehen (+ 12%)
- Radio hören (+ 12%)
- Zeitung lesen (+ 10%)
- Handarbeiten (+ 7%)
- Flohmärkte besuchen (+ 6%)
- Fernsehen (+ 4%)

Typ Heimwerker
Der fünfte Typus repräsentiert die Gruppe der handwerklich im Haus aktiven Familienorientierten. Überdurchschnittlich ausgeübte Freizeitorientierungen sind:

- Heimwerken (+ 68 %)
- Gartenarbeit (+ 21 %)
- Im Freundeskreis handwerklich tätig sein (+ 20 %)
- Sich mit der Familie beschäftigen (+ 15 %)
- Karten spielen (+ 7 %)
- Volksfest besuchen (+ 6 %)
- Hund ausführen (+ 5 %)

Deutlich wird hier bereits ein Lebensstilmuster, das sowohl moderne, junge aktive Typen aufweist wie auch junge, eher kontemplative sowie kleinbürgerlich-traditionelle und gebildete, musisch orientierte Typen.

Wichtig für eine auf Mobilität bezogene Analyse ist die Tatsache, dass die in der Typologie sichtbaren Freizeitmuster auch auf der Achse unterschiedlicher Aktionsradien zwischen häuslich und außerhäuslich abgebildet werden können (Spellerberg 1994). Die im Institut für sozial-ökologische Forschung durchgeführten Analysen zeigen – was nicht weiter verwundert – dass kleinbürgerlich-traditionelle Lebens- und Freizeitstile insgesamt mit einem kleinräumigeren Verkehrsverhalten, also mit kürzeren Distanzen verbunden sind und dass stärker erlebnisbezogene Typen signifikant größere Distanzen zurücklegen (vgl. Götz et al. 2003a, S. 109).

Kritisch bleibt anzumerken, dass quantitative Faktoren- und Clusteranalysen keine ausreichende Differenziertheit bieten, sodass ein eher grobkörniges Bild der Freizeitaktivitäten-Muster entsteht. Ein angemessen differenziertes Bild kann besser auf Basis von Materialien gezeichnet werden, die mit qualitativen Methoden erhoben und verstehend segmentiert werden. Sie haben zwar auf den ersten Blick den Nachteil, nicht repräsentativ zu sein. Diesem Mangel kann aber abgeholfen werden, wenn quantitative und qualitative Methoden kombiniert eingesetzt werden und sich die Ergebnisse wechselseitig interpretieren.

3. Freizeittrends

Die oben dargestellte Zeitreihe der Freizeitaktivitäten des BAT-Freizeitforschungsinstituts von 1996, 1999, 2002 zeigt, dass es kurzfristige Trends gibt, die vom Institut in einen Zusammenhang mit der wirtschaftlichen Rezession in diesem Zeitraum und dem 11. September gebracht werden. Da diese Interpretation relativ willkürlich auf zum Teil nicht signifikanten Abweichungen beruht, kann diese nicht nachvollzogen werden. Sicher ist aber, dass es langfristige Trends gibt, die zum einen mit der technischen und medialen Entwicklung, zum anderen mit der Altersentwicklung der Gesellschaft zusammenhängen.

Kurzfristig – anhand der oben dargestellten Tabelle – kann Folgendes festgestellt werden: Es gibt eine zwar schwache, aber über viele Aktivitäten beobachtbare Zunahme häuslicher Freizeitaktivitäten (Heimwerken, TV- und Radiokonsum, sich mit der Familie beschäftigen, Faulenzen/sich ausruhen, Gartenarbeit, miteinander reden, sich pflegen, sich über wichtige Dinge Gedanken machen), also eine Art Rückzug ins Haus. Mit drei Ausnahmen: *Selbst Sport treiben* hat ebenso zugenommen wie die Kategorie *etwas mit Freunden unternehmen*.

Und für die hier relevante Fragestellung ist wichtig, dass die Aktivität *mit dem Auto und Motorrad herumfahren* besonders deutlich zugenommen hat. Die soziodemographische Analyse ist aufschlussreich. Sie zeigt:

- Junge Erwachsene haben im Vergleich der Lebensphasen die höchsten Werte,
- Singles haben *keine* höheren Werte als Angehörige von Familien mit Kindern,
- Junge Frauen und junge Männer unterscheiden sich in dieser Aktivität nur noch minimal, während Männer und Frauen sich insgesamt deutlich unterscheiden (10% höherer Wert bei den Männern),
- Selbständige und Freiberufler haben höhere Werte als andere Berufsgruppen,
- Azubis haben im Vergleich zu anderen Ausbildungsgruppen die höchsten Werte.

Hinsichtlich wichtiger Trends hieß es auf einer Fachtagung zur „Zukunft der Freizeit" noch in den 1990er Jahren: „Der Trend geht eindeutig zu Freizeitgroßanlagen mit den Ausprägungen: Multiplexkinos, Freizeit- und Erlebnisparks, Ferienressorts/Ferienzentren, Großdiscotheken, Wasserparks, Indoor-Skianlagen, Großaquarien, Großarenen, Multifunktionale Bowlingcenter, Urban-Entertainment-Center" (Franck 1998, S. 43).

Beachtenswert für das Verkehrsaufkommen im Zusammenhang mit derartigen Großanlagen sind die Ausführungen zu deren Vorteilen: „Insbesondere die letztgenannte Angebotskonzeption zeigt für den Freizeitbereich eine Entwicklung auf, wie sie sich im Handelsbereich mit den Shopping-Centern bereits etabliert hat. Ankermieter oder Frequenzbringer von Urban-Entertainment-Centern verkörpern Multiplexkinos, um die herum ein vielfältiges Gastronomie-, Shopping- und Freizeitangebot angesiedelt wird. Der Besucher kann eine Reihe von Erlebnissen an einem Ort erfahren, ohne sein Auto am Abend zwischen verschiedenen Anlagen bewegen zu müssen." (Ebd.) Heute kann sich manches Erlebnisbad nicht mehr halten, Pläne für Urban-Entertainment-Center werden vom Tisch genommen (z.B. in Frankfurt am Main). Wirklich erfolgreich sind nur noch die professionellsten Großanlagen wie der Europapark Rust.

Ebenfalls wichtig für die Frage der Freizeitmobilität ist das Ergebnis: „Hohe Wachstumsraten sind für die inhäusigen und medialen Freizeitaktivitäten festzustellen. Zu den Spitzenreitern zählen:

– Videofilm sehen (21 Prozentpunkte Zuwachs)

– Telefonieren (+ 18%)

– Mit dem eigenen Computer beschäftigen (+ 15%)

– Aber auch Fernsehen (+ 9%), Zeitung/Illustrierte lesen (+ 9%) und Radio hören (+ 8%) weisen hohe Zuwachsraten auf ... Insgesamt ist festzustellen, dass der Wachstumspfad der inhäusigen Aktivitäten eindeutig stärker ausgeprägt ist ... Zu den Freizeitverlierern zählen Kirche, Aktivsport ... Die Überalterung der Gesellschaft führt zu einer durchschnittlich geringeren Aktivsportrate ..." (Franck 1998, S. 35–60).

VI. Definition von Freizeit

Es ist deutlich geworden, dass Freizeit einerseits vor dem Hintergrund eines gesellschaftlichen Wandels gesehen werden muss, der angesichts der rapiden Entwicklung der Heimelektronik keineswegs – wie in den 1970er Jahren noch vermutet wurde – zu immer mehr aushäusiger Erlebnisfreizeit führt; andererseits kann der Umgang mit disponibler Zeit nur im Zsammenhang mit dem Wandel der Erwerbs-, Haus- und Versorgungsarbeit richtig begriffen werden. Angesichts dieser mehrfachen Pluralisierung und Heterogenisierung ist eine übergreifende Definition nicht einfach leistbar.

In der Literatur findet sich eine unüberschaubare Anzahl von Freizeitdefinitionen (vgl. Tokarski 1985). Zunächst kann zwischen folgenden Definitionstypen unterschieden werden:

- Überholte Definitionen, die Freizeit als Restkategorie, also in Subtraktion von Erwerbsarbeit verwenden. Im Wörterbuch der Soziologie von 1969 werden noch folgende Zeitverwendungsarten unterschieden: Erstens produktive Zeit, d.h. zur Gewinnung des Lebensunterhalts dienender Arbeit, zweitens reproduktive Zeit zum Schlafen, Ausruhen, Essen, zur Körperpflege und drittens verhaltensbeliebige, private Zeit, ausgefüllt mit Muße,

Teilnahme am Freizeitsystem, Zerstreuung, anderer als der Berufsarbeit und Nichtstun (Blücher 1969). Es fällt auf, dass Haushalts-, Familien- und Versorgungsdienstleistungen wie Einkaufen, Kochen, Putzen und Kindererziehung (noch) nicht explizit genannt, also ausgeblendet werden.

- Historisch-normative Definitionen: Der Freizeitbegriff wird von historischen Vorformen, insbesondere der Muße und der Kontemplation abgeleitet. Damit entsteht ein Bild für das, was Freizeit sein könnte und sollte.
- Auf Arbeit und verpflichtende Tätigkeit bezogene Definitionen. Zum einen in der normativen Variante: Freizeit wird bezogen auf eine Vorstellung von nicht entfremdetem, autonomem Tun im Unterschied zur entfremdenden und fremdbestimmten Arbeit. Zum anderen in der analytischen Variante. Freizeit wird abgegrenzt von allen verpflichtenden Tätigkeiten: „Arbeits‚frei‘ drückt die Abwesenheit eines Zwanges aus (vgl. freier Zutritt, freier Wille, freie Verfügung). Unter arbeitsfreier Zeit ist somit eine relativ unabhängige, d.h. zwangsfreie und nicht zu einer bestimmten Arbeitsleistung in Anspruch genommene Zeit zu verstehen." (Opaschowski 1994, S. 37)
- Funktionale, rollentheoretische, systembezogene Definitionen: Diesen Definitionen ist gemeinsam, dass sie die auf das Subjekt bezogene Perspektive verlassen und nach der Funktion der Freizeit aus der Sicht sozialer Systeme bzw. der Gesellschaft fragen.
- Schließlich Zugänge, die Freizeit als Ergebnis eines sozialen Aushandlungsprozesses bzw. als etwas konflikthaft Herzustellendes betrachten. Für eine adäquate Definition müssen vor allem die beiden letzten Perspektiven beachtet werden.

1. Freizeit als Konfliktfeld

Mit den genannten Abgrenzungen sind zwar einige Grundpfeiler einer Freizeitdefinition genannt (Abgrenzung gegenüber: Erwerbsarbeit, Erholung als physiologischer Reproduktion, Haushaltsarbeit und Familienverpflichtungen/Reproduktionsarbeit, sonstigen verpflichtenden Tätigkeiten, Zwanglosigkeit) – aber der Nachteil einer Definition durch Negation ist, dass eine Residualkategorie entsteht, in der Freizeit als ein Restquantum mit besonderen Eigenschaften erscheint. Was nach allen Zwängen, Verpflichtungen und Obligationen übrig bleibt, ist aus dieser Sicht die wirklich freie Freizeit (wer also kleine Kinder hat, kann nach dieser Definition keine Freizeit haben).

Nach der oben dargestellten Analyse von Freizeit als Herstellungsleistung kann eigentlich „Zwanglosigkeit" nicht per se eine Eigenschaft von freier Zeit sein. Es liegt nahe, diese Konnotation nicht mehr aufrechtzuerhalten.

Schärfer formuliert: Die „Konnotation Freizeit – Freiheit" führt in eine Sackgasse (Gloor et al. 1993). Freie Zeit ist ein ebenso konfliktreiches, sozial ausgehandeltes, immer wieder neu abzusteckendes Feld wie alle anderen Zeiten auch. Dafür spricht auch, dass es soziale Gruppen gibt, die das „normative Freizeit-Verständnis nicht nachleben können" (ebd., S. 86). Schließlich spricht auch die Debatte über Nachhaltigkeit gegen eine ‚automatische' Verbindung von Freiheit und Freizeit. Freiheiten, die wir uns heute nehmen, können durchaus Freiheitsbeschränkungen für künftige Generationen oder Gesellschaften bedeuten. Gerade Vorstellungen von Freizeitmobilität sind häufig verknüpft mit einem individualistischen Freiheitsverständnis (‚Freizeit ist, wenn ich tun und lassen kann, was ich will'). Hier wird besonders deutlich, dass die Freiheit der Einen Einschränkungen für die Anderen bedeuten kann.

2. Freizeit als Auszeit

Wenn disponible Zeit nicht per se mit einer Freiheitsqualität verknüpft ist, dies aber subjektiv zumindest der Wunsch ist, stellt sich die Frage, wie eine Definition beschaffen sein muss, die diese Spannung überbrücken kann. Es scheint, als ob dies nur ein zweistufiger Freizeitbegriff leisten kann. Dieser besagt: Auf einer ersten Stufe entsteht disponible, unbestimmte Zeit. Auf der zweiten Stufe wird diese freie Zeit angeeignet, strukturiert und mit subjektivem Sinn versehen.

Zum Verständnis der ersten Stufe ist ein systemtheoretischer Zugriff vorteilhaft, weil er aus der Funktionsperspektive der sozialen Systeme argumentiert: Danach ist Freizeit eine Auszeit,[39] die die sozialen Organisationen gewähren, um so das Individuum von Totalzeitokkupation durch gesellschaftliche Subsysteme freizuhalten (Bardmann 1986).[40] Rollentheoretisch formuliert: Eine vorübergehende Suspendierung der Berufsrolle ist geradezu Vorbedingung dafür, dass diese (leistungsfähig) wieder angenommen, aber auch mit anderen Rollenerwartungen kompatibel gemacht werden kann.

---

[39] Bardmann bezieht sich auf das in der angelsächsischen Diskussion entwickelte Time-out-Konzept, das anhand von alltagsethnographischen Studien zum Umgang mit Zeit entwickelt wurde.

[40] „Bei dem mit funktionaler Differenzierung angezeigten Komplexitätsniveau muss die Gesellschaft nicht nur ihre Zeit entsubstanzialisieren und abstrahieren, um ihren Teilbereichen ein übergreifend orientierendes Zeitverständnis vorzugeben, in dem jeweilige Systemzeiten verortbar sind; sie muss im Rahmen dieses Zeitverständnisses spezifische Zeitstellen identifizierbar machen, an denen Teilbereichsrelevanzen zeitlich begrenzt suspendiert werden, um damit die Möglichkeit zu eröffnen, andere Relevanzen greifen zu lassen ... Freizeit wird von der Gesellschaft in Funktion genommen zur Verhinderung von Totalzeitokkupation, die die erreichte sachliche wie zeitliche Komplexität unterlaufen würde." (Bardmann 1986, S. 152 f.).

VI. Definition von Freizeit

Das gilt nicht nur für die Berufsrolle, sondern auch für Rollenverpflichtungen im Haushalt und in der Familie. Freizeit wird – nach diesem systemtheoretischen Perspektivenwechsel – als Auszeit hinsichtlich der Verhaltenserwartungen von Organisationen und sozialen Systemen definiert. Damit verschwindet zunächst das positiv getönte Bild von Freizeit als Freiheit. Hinsichtlich des Verhaltens entsteht nur Indifferenz. Verhaltenserwartungen werden ausgesetzt. Aus Perspektive der Organisation bzw. des sozialen Systems entsteht sozusagen Gleichgültigkeit, Kontingenz – also „Negation von Notwendigkeit" (Luhmann 1998, S. 1121; ders. 1985, S. 152). Die Subjekte sind nicht mehr von den Anforderungen der Erwerbsarbeit determiniert und können, ja müssen selbst entscheiden, wie sie die disponible Zeit nutzen. Sie müssen Zeit, die nicht durch Pflichten, auch nicht mehr durch Pflichten gegenüber dem Glaubenssystem (Gottesdienst) strukturiert ist, selbst nutzen und als Privatleute entscheiden, was sie tun. Es entsteht Entscheidungsoffenheit.[41]

Die Differenzierungslogik der Systemtheorie entwickelt in ihrer Eigenbegrifflichkeit nichts anderes als das, was die soziologischen Erkenntnisse zur Individualisierung ebenfalls beinhalten: Wenn die Arbeit nicht mehr das Zentrum der kollektiven und der individuellen Identität ist und wenn gleichzeitig die traditionellen Normgeber – Klasse, Schicht, Gewerkschaft, Kirche, Militär, Geschlechtsrollen – ihre normative Kraft einbüßen, dann bedeutet das: Handlungsorientierungen müssen selbst besorgt werden. Was die Individualisierungsdiskussion für die Gesellschaft insgesamt diagnostiziert, gilt für die Freizeit im besonderen: „Es entstehen der Tendenz nach individualisierte Existenzlagen, die die Menschen dazu zwingen, sich selbst ... zum Zentrum ihrer eigenen Lebensplanungen und Lebensführung zu machen" (Beck 1986, S. 166 f.).

Der Begriff Risikogesellschaft drückt also nicht nur das Lebensgefühl der Tschernobyl-Zeit aus – Risikogesellschaft formuliert auch eine Art von Belastung, die entsteht, wenn Verhaltensentscheidungen privatisiert und individualisiert werden.

Ein Freizeitkonzept, das ‚time out' als eine Situation der Entscheidungsoffenheit definiert, distanziert sich von Konzepten, die in Freizeit letztlich ein Glücksversprechen bzw. ein Versprechen auf Selbstverwirklichung sehen. Ein solches Freizeitkonzept passt viel besser zu den Evidenzen des Alltags,

- dass Freizeit Menschen und Beziehungen häufig überfordert und zu Krisen führt,

---

[41] Die Frage, ob zwischen die sozialen Systeme der Arbeit und der Reproduktion ein Freizeitsystem mit spezifischen Verhaltenserwartungen tritt, muss hier ausgeklammert werden.

- dass Freizeitbewältigung auch Destruktion und Vandalismus hervorbringt,
- dass es den Typus des Workaholic gibt, der sich vor Auszeiten fürchtet,
- dass es also auch so etwas wie ein Freizeitvakuum geben kann.

Das bedeutet: Es bleiben in der freien Zeit alle gesellschaftliche Mechanismen der Ungleichheit, der Ein- und Ausschließung und der Machtausübung wirksam, die dazu führen,

- dass soziale Gruppen von kreativer oder soziokulturell erwünschter Freizeitbeschäftigung ausgeschlossen sind,
- dass Individuen freie Zeit in der Isolation verbringen,
- dass auch in der Freizeit die Machtbeziehungen der Geschlechter – nicht unbedingt immer als Anspruch von außen, sondern viel stärker durch Verinnerlichung – weiter wirken.

Die erste Stufe der Freizeit bedeutet also, dass Auszeit entsteht, die für alles Mögliche genutzt werden kann. Erst auf der zweiten Stufe – als Aktivität, als Herstellung, als Zeitstrukturierungsleistung – kann Zeit als Eigenzeit sinnvoll genutzt werden (zum Thema und zum Begriff der Eigenzeit vgl. Nowotny 1993).

VII. Resümee

Im ersten Teil der Arbeit ging es um eine kritische Bilanz zum Thema Freizeit aus mehreren Perspektiven. Die sozialhistorische Analyse hat deutlich gemacht: „Wenn heute Freizeit als ein selbständiges, fast verselbständigtes Moment auftritt, so entstanden die technischen und ökonomischen Voraussetzungen dafür in der ersten Phase der Industrialisierung, die selber Freizeit nicht kannte, vielmehr alles daran setzte, die vorindustriellen Formen der freien Zeit aufzulösen: mit der Manufaktur wurde nicht nur der Arbeitsraum vom Lebensraum getrennt, sondern auch die Arbeitszeit von der Zeit, die zum Leben, und das hieß: zur Reproduktion der Arbeitskraft unmittelbar nötig war" (Habermas 1958, S. 220).

Die Gewinnung disponibler, frei verwendbarer Zeit über die bloße Reproduktion hinaus wird erst möglich, als die Lohnarbeiter als organisierte Klasse und zugleich als von feudalen Fesseln freies Rechtssubjekt auf den Markt treten und Arbeitszeitverkürzungen erkämpfen.

Die Herausbildung von Freizeit im modernen Sinne hat also zum einen die zeitliche und räumliche Trennung der Arbeit von den sonstigen Lebensverhältnissen zur Voraussetzung, zum anderen die Auflösung der feudalen Regulationen und Abschottungen von Arbeit (vgl. dazu Castel 2000). Erst als die Arbeitskraft wie eine Ware auf dem Markt angeboten werden kann

VII. Resümee

und muss und erst wenn sie im kollektiven Zusammenschluss Marktmacht erringt, kann um Anteile an der durch den Produktivitätszuwachs gewonnenen Zeit, aber auch um Erhöhung des Lohns gekämpft werden. Zeitgewinn und Lohnerhöhung machen es möglich, dass auch die Arbeiterklasse an den Freizeitangeboten teil hat, die die Großstädte seit dem 20. Jahrhundert entwickeln. Die daraus entstehende teilweise Kommerzialisierung von Freizeitaktivitäten bedeutet die Entstehung und den Aufschwung von kulturellen Errungenschaften wie der Filmindustrie, die zur Gewinnung der Massen all ihre Suggestionskraft einsetzt.

Die Frankfurter Schule kritisiert diese Kulturindustrie und setzt gegen ein konsumorientiertes Freizeitverständnis die These, diese Art der Zeitnutzung sei nicht frei, sondern in ein System von Freizeitkonsum eingezwängt. Diese Kritik an Konsum und Manipulation wird später von der Studentenbewegung aufgenommen und stark verallgemeinert.

Wie immer man zu der Manipulationsthese steht – für den hier interessierenden Zusammenhang ist wichtig: Erst jetzt, wenn Freizeitaktivitäten zum Gegenstand vielfältiger, außerhalb des Hauses durchgeführter Aktivitäten wird, ist sie mit massenhaftem Verkehr verbunden und auf Mobilität angewiesen.

Nach dem Zweiten Weltkrieg beginnt das Auto diese Beweglichkeit in Europa zu garantieren und den erreichten Wohlstand zu symbolisieren. Freizeit wird mobil und erscheint individuell. Tatsächlich entstehen kollektive Verhaltensmuster, weil gleiche Entscheidungen zur gleichen Zeit getroffen werden – z.B. beim Aufbruch zum Sonntagsausflug. Der neue Massencharakter des Freizeitverkehrs wird nun zum Problem in Form von Blechlawinen, Ausflugsstaus, Umweltverschmutzung und Landschaftsverschandelung.

Mit zunehmender Arbeitszeitverkürzung und der kritischen Beobachtung des Freizeitverhaltens beginnen sich in den 1970er Jahren spezifische Wissenschaftsrichtungen der Freizeitforschung und der Freizeitpädagogik herauszubilden. Begriffe werden definiert, Freizeitaktivitäten werden kontinuierlich empirisch erhoben und schon in den 1970er Jahren zeigen sich hinter den Einzelaktivitäten Muster von Lebensstilen.

In den großen Zeitbudgetstudien wird der gesamte Tagesablauf der Erwerbsarbeit, der Hausarbeit und der Freizeit transparent gemacht. Mit der Zunahme disponibler Zeit und unter Mitarbeit der Zukunftsforschung entwickelt sich die These, die Zukunft gehöre der Freizeitgesellschaft.

Der damit verbundenen Vorstellung, es gäbe einen Überschuss an Freizeit, gleichsam ein Vakuum, setzt die feministische Forschung eine andere Perspektive entgegen. Das Gegenteil sei der Fall. Wenn die Haus- und Versorgungsarbeit und all die Qualifikationen, die der moderne Haushalt den

Frauen und Männern abfordert, berücksichtigt würden, zeige sich, dass Zeitnot, nicht Zeitüberfluss das Problem sei.

Während diese Diskussion noch geführt wird, lassen erste Konjunkturkrisen ahnen, dass die Zeit des kontinuierlichen Wohlstandswachstums und der Gewinnung von mehr Freizeit vorbei sind. Zum einen drängen aufgrund des Geschlechtsrollenwandels immer mehr Frauen auf den Arbeitsmarkt. Zum anderen löst die mikroelektronische Revolution zusammen mit der Möglichkeit, Qualifikationen global, nach niedrigstem Preis einzukaufen, einen beispiellosen Produktivitätsschub aus.

Die Zeit, die nun freigesetzt wird, drängt einen beträchtlichen Teil der Arbeitswilligen nicht in die Freizeit, sondern in die Arbeitslosigkeit. Die verbleibenden Lohnabhängigen erleben einen langfristig angelegten Prozess der Umverteilung und der Umstrukturierung, der das Ziel hat, die Konkurrenzbedingungen der Unternehmen im globalen Wettbewerb zu verbessern. Die Arbeit wird flexibilisiert, sodass die Grenzen zwischen Freizeit und Arbeit brüchig und damit der Begriff der Freizeit insgesamt fraglich wird. Gegenüber der Entgrenzung, zu der die Erwerbsarbeit jetzt neigt, muss mit Hilfe von Zeitabgrenzungsmechanismen Eigenzeit gewonnen werden. Wie dies mit Mobilität und Raum zusammenhängt, zeigt der nächste Abschnitt.

C. Mobilität und Verkehr

I. Zur Genese des Erkenntnisinteresses

Sozialwissenschaftliche Arbeiten zur Entstehung von Verkehr waren in den 1970er und 1980er Jahren eher eine Seltenheit.[42] Überwiegend außerhalb der Sozialwissenschaften gab es umfangreiche Forschungen zum Verkehrsaufkommen, die vor allem eine prognostisch-planerische und eine ökonomische Funktion hatten bzw. noch heute haben (z.B. Lieferung von Daten für den Bundesverkehrswegeplan). Die wissenschaftlichen Zugangsweisen waren somit den Erkenntnisinteressen der Raumplanung, der Ökonomie und der (Bau-)Ingenieurwissenschaften verpflichtet. Wenn deren Erkenntnisinteressen und Methoden aus soziologischer Sicht kritisiert wurden und werden,[43] dann muss zunächst konstatiert werden, dass die Sozialwissenschaften das Thema Verkehr lange Zeit ignoriert und sich nicht in die von den Ingenieuren betriebenen Verkehrswissenschaften eingemischt haben.[44] Die Planungswissenschaften hatten bei ihrer Suche nach harten Daten keine Partner in den Sozialwissenschaften und sie erarbeiteten sich ihre sozialstatistischen Modelle selbst. Wird das Erkenntnisinteresse der Planung oder der Ökonomie vorausgesetzt, dann ist es nicht weiter verwunderlich, dass bis heute Erklärungsansätze Einfluss haben, die Verkehr nicht als Handlungen von Subjekten oder sozialen Gruppen interpretieren, sondern als Raumüberwindung, der Widerstände entgegenstehen und die von Anziehungen induziert ist. Ein solches Planungsverständnis sieht seine Aufgabenstellung darin, der Nachfrage im Verkehrsmarkt durch Bereitstellung eines passenden Angebots in Form einer optimalen Verkehrsinfrastruktur Rechnung zu tragen. Die aus heutiger Sicht kaum noch nachvollziehbare

---

[42] Ausnahmen waren aus einer gesellschaftskritischen Perspektive Grymer, Krämer-Badoni und Rodenstein (vgl. Krämer-Badoni et al. 1971); aus Perspektive einer „Soziologie der räumlichen Mobilität" (Franz 1984) und aus Sicht der Verkehrsplanung Kutter (1973). Wehling (vgl. City:*mobil* 1997) verweist, wenn er auf die Probleme der Soziologie mit dem Thema Verkehr eingeht, auf Erika Spiegel, die zwar ausgeführt hat, dass Verkehrsvorgänge immer über den Raum vermittelt sind, jedoch damals feststellt: „Raum ist aber keine soziologische Kategorie" (Spiegel 1976, S. 3). Stellvertretend für die soziologische Debatte über den Raum vgl. Läpple 1992.
[43] Zur Kritik aus Sicht einer interdisziplinären Verkehrsforschung vgl. Wehling 1998, S. 11–15.
[44] Zu den Ursachen innerhalb der akademischen Soziologie vgl. Spiegel 1976.

Verkehrsplanung und -politik der 1970er Jahre, deren Folgen in den deutschen Städten noch heute besichtigt werden können, ist Ergebnis des damaligen Ansatzes. Die anschwellenden automobilen Verkehrsströme wurden als Nachfrage behandelt, der die Planung ein entsprechendes oberirdisches Straßenangebot zur Verfügung zu stellen hatte. Der Rest des Verkehrs wurde in die Tunnel der Fußgängerunterführungen und U-Bahn-Schächte verlegt.

Für diese Art der ökonomisch-prognostisch orientierten Planung mussten scheinbar harte Modelle entwickelt werden, die mit einfach erhältlichen Daten – zumeist der Einwohnermeldeämter oder der wirtschaftlichen Gesamtrechnung – gefüttert werden konnten. Sie basierten auf Ableitungen des Verkehrsverhaltens aus soziodemographischen Daten, die auf räumliche Einheiten, die so genannten Verkehrszellen bezogen bzw. „umgelegt" wurden (vgl. dazu Füsser 1997, zur Kritik vgl. Marten 1997).

Gegenüber diesem Stand gibt es heute einen erheblichen Erkenntnisfortschritt. Er hat seine Ursache u. a. darin, dass die ökologischen und sozialen Folgen des zunehmenden Privatverkehrs und die sich andeutende Selbstblockade des Verkehrssystems ein Bedrohungsszenario bildeten, auf das reagiert werden musste.

Schon in den 1970er Jahren gab es eine Infragestellung der Gleichsetzung von Fortschritt und Massenmotorisierung:

- durch den Schock der Energiekrise 1973, der die SPD/FDP-Bundesregierung unter Willy Brandt zu der aus heutiger Sicht geradezu radikalen Maßnahme brachte, das Autofahren an einigen Sonntagen ganz zu verbieten;
- durch die Todesfälle im Straßenverkehr, die im Jahr 1970 einen Spitzenwert von 19.193 erreichten (im Jahr 2004 noch 5844);
- durch die von der Protestbewegung und kritischen Stadtplaner(inne)n entwickelten Ansätze einer neuen Stadtplanung – z. B. im kommunalpolitischen Programm der Jungsozialisten von 1971 (vgl. Roth 1971);
- durch erste wissenschaftliche Arbeiten, die das Phänomen des massenhaften Autobesitzes gesellschaftskritisch, auch schon hinsichtlich der Folgen für die Zeitverwendung, unter die Lupe nahmen. Dabei wurden die paradoxen Auswirkungen der privaten Massenmotorisierung diagnostiziert – Suburbanisierung und die daraus folgende fahrtbedingte Reduzierung der arbeitsfreien (Reproduktions-)Zeit. Und es wurden erste, zunächst noch kaum empirisch fundierte Analysen des motorisierten Freizeitverhaltens und der räumlichen Auswirkungen erarbeitet: „Die Massenmobilisierung bewirkt hier, dass jene, die eigentlich Erholung ‚suchen' wollten, einen wachsenden Teil ihrer Freizeit im Auto zubringen, damit beschäftigt, in den dichten Kolonnen sich auf das vor ihnen fahrende Auto zu konzen-

I. Zur Genese des Erkenntnisinteresses

trieren." (Krämer-Badoni et al. 1971, S. 17 f.) Hinsichtlich des Flächenverbrauchs wurde konstatiert: Jedes Auto benötige drei Stellplätze: einen bei der Wohnung, einen am Arbeitsplatz und einen „draußen". „Von diesen Stellplätzen stehen jeweils zwei leer." (Ebd.)

Während die Kritik der Massenmotorisierung aus einer gesellschaftskritischen Perspektive und einer sozialen Parteinahme für eben diese Massen geprägt war, wandte sich die Kritik der Automobilität in den 1980er Jahren den Emissionen und den Schäden an der Umwelt zu. Mit der Anti-Atomkraftbewegung der späten 1970er Jahre und der Tschernobyl-Katastrophe 1986 entstand nicht nur eine allgemeine Sensibilisierung für ökologische Fragen; die ökologische Krise wurde nun auch Teil des sozialwissenschaftlichen Erkenntnisinteresses (vgl. Jahn 1991). Spätestens mit dem Bericht des Club of Rome war deutlich geworden, dass der Vorrat an fossilen Brennstoffen begrenzt ist und dass die Reproduktionsfähigkeit des Systems Erde gefährdet sein könne. Damit war die Zeit reif, auch die Folgen der Ressourcenverschwendung für den Straßenverkehr unter die Lupe zu nehmen. Es ging um die Vergiftung der Atemluft durch Kohlenmonoxyd, die Gefährdung des Baumbestands durch Stickoxyde („Waldsterben") und – bis heute aktuell – das Problem einer Klimaverschiebung durch CO_2-Emissionen (vgl. Dt. Bundestag 1998). Die Waldschäden und die Ozonproblematik lösten eine wissenschaftliche und politische Auseinandersetzung um die Einführung des Katalysators und zur Frage einer allgemeinen Geschwindigkeitsbegrenzung aus (vgl. z. B. Vahrenholt 1984).

Spätestens jetzt rückten die Verkehrsteilnehmer und Verkehrsteilnehmerinnen als Akteure und Verursacher ins Blickfeld. Es musste konstatiert werden, dass nicht nur die Automobilindustrie und der Staat, sondern auch die Verkehrsteilnehmer(innen) einen wichtigen Stabilisierungsfaktor der Dominanz des automobilen Leitbildes darstellten: als Nachfragende von Autos, Straßen und Energie; als Handelnde im Straßenverkehr.

Es empfahl sich, die Ursachen der starken Bindung an das Automobil zu untersuchen. Was aus Sicht einer sozio-ökonomischen Gesellschaftskritik als „Fetischcharakter des Automobils" mit Hilfe des Marxschen Fetischbegriffs analysiert wurde, kam nun als „Liebe zum Automobil", die durchaus libidinöse Züge trüge, in den Blick.[45] Es ging um die Motivhintergründe der Automobilität, die angesichts der Schadensbilanz nun zum „Alptraum Auto" erklärt wurden.[46] Durch den Legitimationsdruck, den der Erfolg der grünen

---
[45] Vgl. dazu die einschlägigen Titel von Sachs (1984): „Die Liebe zum Automobil", Götz (1986): „Autoerotik – 100 Jahre Lust" und Hilgers (1992): „Total abgefahren – Psychoanalyse des Autofahrens".
[46] Vgl. gleichlautender Titel einer Ausstellung im Frühjahr 1986 in München und der zugehörige Katalog Bode et al. (1986).

Bewegung auslöste und die dadurch bewirkte Übernahme ökologischer Ziele in alle Parteiprogramme, gelang allmählich eine Verallgemeinerung von Umwelt-Zielen in der Politik. Alternativen zum Auto, der öffentliche Personennahverkehr (ÖPNV), das Fahrradfahren und das Zu-Fuß-Gehen wurden zum Bestandteil kommunal-, landes- und bundespolitischer Programme, Debatten und Planungen.

Die Ursachen für die Hegemonie des automobilen Leitbildes als Planungs-, Technik- und Konsumleitbild wurden nun wissenschaftlich untersucht und die Sozialwissenschaften errangen einen selbstverständlichen Platz innerhalb der verkehrswissenschaftlichen und ökologischen Fragestellungen (vgl. Canzler 1996).

Die ökologischen, raumstrukturellen und soziokulturellen Folgen des Autoverkehrs in den Städten hatten nicht nur einen vorübergehenden Einstellungswandel in der Bevölkerung zur Folge, sondern auch eine schleichende Neudefinition von Forschungs- und Planungszielen. Jetzt ging es nicht mehr (nur) darum, die Nachfrage möglichst genau zu prognostizieren, um Straßen, ÖPNV-Infrastruktur und Radwege möglichst bedarfsangepasst zu planen; vielmehr stellte sich angesichts des steigenden Anteils der Autofahrten am Gesamtverkehrsaufkommen, des kontinuierlichen Wachstums des Fahrzeugbestands und des wachsenden Flächenverbrauchs mit zunehmender Dringlichkeit die Frage: Wie können die alltäglichen Verkehrsteilnehmer und Verkehrsteilnehmerinnen dazu gebracht werden, insgesamt weniger Auto zu fahren, andere Verkehrsmittel als das Auto zu nutzen und weniger Autos zu besitzen?

Doch mittlerweile hat die Abgasreinigung bezüglich toxischer Emissionen dank moderner Motor- und Katalysatortechnik große Fortschritte gemacht. Diese Problematik gilt laut Umweltbundesamt als mittelfristig gelöst. Dagegen gelten die Kohlendioxyd-Emissionen, der Flächenverbrauch, der Verkehrslärm und die Rußpartikel umso mehr als dringende, Gesundheit und Klima bedrohende Probleme. Hinsichtlich möglicher Strategien zu deren Lösung hat sich unter Verkehrsforschern das neue Leitbild der Multimodalität bzw. Multioptionalität durchgesetzt.[47] Statt Zurückdrängung des Automobils zugunsten anderer Fortbewegungsformen, gelten nun Konzepte der Vernetzung aller Verkehrsträger sowie des automatisierten Übergangs zwischen unterschiedlichen Verkehrsmitteln und Ideen der Nutzungsoptimierung unter Einbezug des Autos als zukunftsweisend. Die Frontstellung gegen das Auto und die in den 1990er Jahren propagierte „Verkehrswende"

---

[47] Ein Kongress der Bundestagsfraktion von Bündnis 90/DIE GRÜNEN am 23. April 2004 in Berlin hatte den Titel „MultiModalMobil". Vgl. auch die englischsprachigen Nennungen bei Eingabe des Begriffs „Multimobility" in eine Suchmaschine, die Internet-Newsletter der EU zum gleichen Thema und Götz 2003a.

gelten jedenfalls als nicht mehr erfolgversprechend (zur Verkehrswende vgl. Hesse 1996, zur Abkehr von der Verkehrswende siehe Stellungnahme des verkehrspolitischen Sprechers der GRÜNEN, Schmidt et al. 2004).

Erstmals kann eine Stagnation des (bodengebundenen) Verkehrsaufkommens beobachtet werden. Noch ist die Ursache unklar. Es könnte sich um eine Folge des geringen wirtschaftlichen Wachstums der letzten Jahre, aber auch um eine langfristige Sättigung handeln.

Gleichzeitig nimmt jedoch der Fahrzeugbestand zu und die Spirale der Leistungssteigerung dreht sich in Richtung 500 PS – der Porsche Cayenne hat 450 PS – und Überschreitung der 300 km/h-Grenze. Der Konsens der Motorradindustrie, sich auf 100 PS zu beschränken, besteht nicht mehr. Das Autodesign hat die Understatementphase hinter sich gelassen und orientiert sich an Retroelementen aus den 1930er Jahren. Zugleich gehen aber auch erste ernst zu nehmende Fahrzeuge mit ökologischem Anspruch in Serie, wie der mit Hybridantrieb ausgestattete Toyota Prius und es gibt eine unüberschaubare Vielfalt an attraktiven, gut gestalteten, hochwertigen Fahrrädern einer neuen Technikgeneration.

Die Situation erscheint unübersichtlich. Sicher aber ist: Die Freizeitfunktion von Fahrzeugen nimmt an Relevanz zu. Das kann sowohl am Trend zu so genannten Sport Utility Vehicles, einer Mischung aus Geländewagen, Kombi und Sportwagen, als auch an den Zulassungszahlen von Cabrios und sonstigen Fun-Fahrzeugen festgemacht werden. Die Rückkehr zu großvolumigen Motoren und die Gewichtszunahme durch die Sicherheits-Leistungsspirale verhindern einen wirklichen Fortschritt in der Verbrauchsoptimierung.

Je besser und rationaler gleichzeitig das ÖPNV-Angebot für den „Pflichtverkehr" zur Arbeit wird, desto klarer spitzt sich der Gebrauch der Hochleistungsfahrzeuge auf Freizeit und Lifestyle zu. Doch bevor diesen Phänomenen genauer nachgegangen wird, müssen zunächst die Begriffe geklärt werden.

II. Begriffsgeschichte

Zunächst müssen Mobilität und Verkehr unterschieden werden. Schon der Ausdruck „Verkehr" hat mehrere Bedeutungen. Erstens „Umgang miteinander haben", also Interaktion, Geselligkeit, Austausch, bis hin zur Sexualität. Zweitens ist Verkehr seit dem 18. Jahrhundert gleichbedeutend mit Handels-, Waren- und kaufmännischem Verkehr. Drittens bedeutet Verkehr im modernen Sinne das System der Transportmittel, -wege und -leistungen (Ritter/Gründer 1971–2001, S. 704). Verkehr hat also eine interaktive, eine ökonomische und eine auf Transport bezogene Bedeutungsdimension. „Verkehr" verdichtet in einem Wort die auf Fortbewegung und Transport angewiesenen Austauschbeziehungen des Marktes und der Bürger untereinander – „Verkehr, um Handel zu betreiben"[48] – und die Interaktions- und Kommunikationsbeziehungen des geselligen Verkehrs der Personen, Leiber, Geschlechter.

In diesem weitreichenden, sozio-ökonomischen Sinne umreißt der Begriff Verkehr ein Feld, in dem mobil sein eine Frage der sozialen Integration, der Partizipation und der Reproduktion ist.

In der modernen Bedeutungsvariante reduziert sich Verkehr auf Transport und kennzeichnet die zweckrationalen Aktivitäten zur Bewegung von Gegenständen und Personen mit Hilfe von Verkehrsmitteln und der zugehörigen Infrastruktur. Diese Vorstellung von Verkehr nimmt eine systemisch-funktionale Perspektive ein, die das Ganze, das Netz, die Effektivität und Rationalität im Blick hat. Verkehr ist hier Kernelement jedes wirtschaftlichen Prozesses, der über die Subsistenzwirtschaft hinausgreift: der Ausbau der Kanäle als Wasserstraßen, die Anlage befestigter Chausseen, die Expansion des Streckennetzes der Eisenbahn und der Anstieg der Transportkapazitäten waren zentrale Voraussetzungen und Bestandteile des gesellschaftlichen Transformationsprozesses, der schließlich zur industriellen Revolution führte. Das Mobilwerden und das Mobilsein der Massen sowie die Entstehung von Eisenbahn-Verkehrsknotenpunkten in den Städten waren Teil eines Urbanisierungsprozesses, ohne den die Auflösung der dörflich-feudalen Strukturen nicht möglich gewesen wäre (vgl. Wehler 1995, S. 68–75).

Die Schaffung von Verkehrsnetzen, die Indienstnahme und der Ausbau des Verkehrssystems waren und sind gesellschaftliche Machtfaktoren und Herrschaftsmittel.[49] In der Phase der europäischen Industrialisierung war das Verkehrssystem nicht nur *Mittel* zur Steigerung der Produktivität der Gesamtwirtschaft, sondern wurde bald zum wichtigsten Sektor. So war der Eisenbahnbau der Leit- und Führungssektor im Deutschen Bund/Preußen bzw. in der Boomphase des deutschen Reichs: „Hatten 1850/54 die Nettoinvestitionen im Eisenbahnbau immerhin schon zwölf Prozent derjenigen der Gesamtwirtschaft erreicht, bezifferte sich ihr Anteil 1875/79 auf 25,5 Prozent. Das war mehr als ein Viertel aller deutschen Nettoinvestitionen." (Ebd., S. 71) Wilhelm II verkündet 1891: „Die Welt am Ende des 19. Jh. steht unter dem Zeichen des Verkehrs." (Ritter/Gründer 1971–2001, S. 704)

---

[48] Schülerduden Wortgeschichte 1987, S. 462.
[49] Etwa 3000 Jahre nachdem die Sumerer die ersten Fahrzeuge entwickelt hatten, legten die Römer mit einem gut ausgebauten Straßennetz die Grundlagen für die Kolonisation – noch einmal 1500 Jahre später erlangten die Spanier und Portugiesen mit ihren hochseefähigen Schiffen ein überlegenes System der globalen Seeherrschaft.

II. Begriffsgeschichte

Während der Begriff Verkehr seit dieser Zeit die Transportmittel und das Transportsystem meint, bezeichnet „Mobilität" (aus dem lateinischen Mobilitas bzw. mobilis = beweglich) das Potential der Beweglichkeit, „den Seins-Zustand der Beweglichkeit" (Rammler 2000, S. 41).

Beweglichkeit und Bewegung sind grundlegende Bedingungen der Wahrnehmung und damit der Entwicklung des Denkens und der gesamten Individuation. Mit Hilfe von Bewegungen nimmt das Kleinkind „Transformationen des Wahrnehmungsfeldes" vor. Es leistet „Wahrnehmungsaktivität" (Piaget 1971, S. 33–38). Zum Beispiel können die dreidimensionalen Eigenschaften von Objekten nur durch Perspektivenwechsel, also Bewegung, erlernt werden. Motorik, als räumlicher Umgang mit Objekten, ist eine entscheidende Bedingung der späteren Objektrepräsentation durch innere Bilder. Räumliche Vorstellungen sind nichts anderes als „verinnerlichte Handlungen" (ebd., S. 527), also Handlungen im Raum, die Beweglichkeit voraussetzen.

In der Soziologie bezeichnet Mobilität dreierlei:
- Soziale Mobilität bezeichnet „die Bewegungen von Individuen oder Kollektiven im sozialen Raum, d.h. zwischen allen nur denkbaren sozialen Positionen, Rangabstufungen und Schichten" (Ritter/Gründer 1971–2001, Bd. 6, S. 2).
- Kulturelle Mobilität bezeichnet die „Wanderung von Kulturelementen (Wörtern, Ideen, Geräten usw.)" (Bernsdorf 1969, S. 710).
- Drittens meint Mobilität Prozesse der Migration und der Wanderung.

Einen sehr allgemeinen Mobilitätsbegriff schlägt Franz vor: Man kann „Mobilität definieren als den Wechsel eines Individuums zwischen den definierten Elementen eines Systems" – Franz bezieht sich dabei auf Mackensen 1975 und fährt fort: „Dementsprechend wäre räumliche Mobilität definiert als Wechsel eines Individuums zwischen den Elementen eines räumlichen Systems. Räumlich mobil ist z.B. ein Landwirt in Hessen (räumliches System), der seinen Wohnsitz von einem Landkreis (definierte Einheit) in einen anderen verlegt. Und als Systemkategorie, also als aggregierte Größe, wäre demnach eine bestimmte Mobilitätsrate definiert als der Anteil wechselnder Individuen an einer bestimmten Grundgesamtheit" (Franz 1984, S. 24).

Der Begriff Mobilität hat also eine Bedeutungsspanne, die nicht nur räumliche, sondern auch soziale und gesellschaftliche Phänomene einbezieht. Biologische und physikalische könnten hinzugefügt werden.[50]

---
[50] Dieser sehr breite Bedeutungshorizont weist darauf hin, dass Mobilität eines jener Hybridphänomene ist, das zwischen Natur und Gesellschaft, Symbolischem und Materiellem, zwischen Sozialem und Stofflichem verortet werden muss. Die

Ein für die hier verfolgten Ziele adäquater Mobilitätsbegriff wird erst weiter unten, nach der Diskussion unterschiedlicher Erklärungszugänge zu Mobilitätsphänomenen entwickelt.

III. Erklärungsansätze zu Mobilität und Verkehr[51]

In der folgenden kritischen Übersicht werden nicht nur soziologische Ansätze in den Blick genommen, sondern, soweit sie durch den Umgang mit Sozialstatistik für die Sozialwissenschaften relevant sind, auch Forschungsergebnisse, die in den Raum- und Verkehrsplanungswissenschaften entstanden sind.

1. Verkehrserzeugungsmodelle

Berechnungen der „Verkehrserzeugung" beruhen – wenn auch Ergebnisse der Verkehrsverhaltensforschung in die entsprechenden mathematischen Modelle eingehen – zunächst nicht auf der empirischen Erfassung von Verkehrshandlungen von Personen; vielmehr wird das Verkehrsaufkommen als abhängig „von der Flächennutzung, sowie von der Lage des Verkehrsbezirks im Untersuchungsgebiet und im Verkehrsnetz" gesehen. In die entsprechenden Formeln gehen „Strukturmerkmale der Raumordnung" ein, die sowohl geographische, siedlungsstrukturelle wie auch soziodemographische, ökonomische und Haushaltsaustattungsmerkmale enthalten (vgl. Schnabel/ Lohse 1997, S. 91). Alltagssprachlich ausgedrückt bedeutet das: Das Vorhandensein einer bestimmten Anzahl Jugendlicher im schulpflichtigen Alter in Quellverkehrsgebiet (Q) und die Position einer Schule im Zielverkehrsgebiet (Z) führt auf Grundlage eines gegebenen Verkehrsnetzes zur An-

---

Mobilität ist damit eines der Phänomene, die im Forschungskonzept der sozial-ökologischen Forschung „gesellschaftliche Naturverhältnisse" genannt werden. Im theoretischen Konzept der Sozialen Ökologie wird Gesellschaft nicht als reiner Kommunikationszusammenhang begriffen, sondern als Einheit symbolisch-kommunikativer und materiell-stofflicher Prozesse. Gesellschaft vermag aus dieser Perspektive nur zusammen mit ihrem „Natursubstrat" zu existieren. Umgekehrt gilt, dass scheinbar reine Naturprozesse gesellschaftlich geformt sind, dass naturale Wirkungsketten in gesellschaftliche Kommunikations-, Macht- und Herrschaftszusammenhänge eingebunden sind (zu einer „Kritischen Theorie gesellschaftlicher Naturverhältnisse" vgl. Becker/Jahn 2003, zum Zusammenhang symbolisch/materiell vgl. Becker 1996, grundlegend zur Sozialen Ökologie als Wissenschaft von den gesellschaftlichen Naturverhältnissen vgl. Becker/Jahn 2006).

[51] Es kann nicht durchweg zwischen Freizeitverkehr und anderen Verkehrsformen unterschieden werden, da zahlreiche Modelle und Forschungsansätze den Anspruch haben, Verkehrsverhalten insgesamt zu erklären. Deshalb wird am Schluss des Kapitels noch einmal gesondert auf Forschungsergebnisse eingegangen, die speziell für Freizeitmobilität gelten.

nahme eines Verkehrsstroms zwischen Z und Q. Es handelt sich dabei um Modelle, „die in Analogie zu Fließvorgängen in Leitungen oder zum Anziehungsverhalten zwischen Himmelskörpern entwickelt wurden. Der fließende Verkehr wird mit Strom oder Wasser verglichen, die Kraft, die den Verkehr zum Fließen bringt (die Anziehungskraft zwischen Nutzungen), mit der Gravitationskraft" (Füsser 1997, S. 84). Es liegt auf der Hand, dass derartige Determinismen nicht funktionieren können, wenn es darum geht, das eigensinnige Verhalten von Subjekten oder sozialen Gruppen, z.B. in der Freizeit, zu prognostizieren. Es handelt sich nämlich um Modelle ohne Subjekt – das individuelle Verhalten und erst recht die Gründe und Motive dieses Verhaltens bleiben eine Blackbox.

2. Deskriptive Analyse des Verkehrsverhaltens

a) KontiV

Während einfache deterministische Modelle den zu erwartenden Verkehrsstrom aus gegebenen Daten des Untersuchungsraums einfach ableiten, arbeiten sog. Kennwertmodelle mit empirisch erfassten Daten des Verkehrsverhaltens (vgl. Schnabel/Lohse 1997, S. 161 ff.). Dabei werden auf Basis großer Stichproben (60.000) alle Wege mit dem Auto, dem öffentlichen Verkehr, dem Fahrrad und zu Fuß mit Hilfe von Haushaltsbefragungen ermittelt (KontiV und SrV). Die letzten derartigen bundesweiten Untersuchungen wurden 1989 von Emnid und 2002 von DOW und Infas durchgeführt. Entwickelt wurde das Forschungskonzept der Kontinuierlichen Verkehrsbefragung – das so genannte „KontiV-Design" – von Werner Brög, dem Gründer des Instituts Socialdata in München. In den 1970er-Jahren, als die entsprechende Erhebungsmethode entwickelt wurde, war die Einbeziehung des Radfahrens und des Zu-Fuß-Gehens, also die Erhebung des „vollständigen Modal Split", ein großer Fortschritt. Es signalisierte nicht nur den Abschied von der Fixierung auf das Auto, sondern auch die Tatsache, dass nun nicht nur der öffentliche Nahverkehr, sondern auch das Radfahren und das Zu-Fuß-Gehen als Fortbewegungsformen ernst genommen, gezählt und wissenschaftlich untersucht wurden.

Damit wurde der verkehrstechnische und durch die Ökonomie geprägte Mobilitätsbegriff in Frage gestellt, der den Erfolg von Beweglichkeit in Personenkilometern (in der einschlägigen Forschung „Verkehrsleistung" genannt) bzw. durchgeführten Fahrten pro Zeiteinheit („Verkehrsaufkommen") maß. Für die Verkehrsforschung war es ein Erkenntnissprung, jeden Weg außer Haus – auch den Fußweg zur Kneipe – als Beitrag zur Mobilität zu rechnen. Damit wurde die These in die Verkehrsdebatte eingebracht, dass Mobilität Mittel der Bedürfnisbefriedigung und der sozialen Teilhabe ist.

Im Sinne der oben beschriebenen Begriffsgeschichte werden so der Mobilitäts- und der historische Begriff von Verkehr zusammengeführt. Mobil ist, wer an den gesellschaftlichen Verkehrsformen teilnehmen und wer seine Bedürfnisse befriedigen kann. Mobilität hängt also nicht mehr länger von der zurückgelegten Entfernung und auch nicht vom dabei benutzten Verkehrsmittel ab – eine Sichtweise, die sich bis heute noch nicht richtig in der Praxis durchgesetzt hat. Wenn nämlich Mobilität an den damit ermöglichten Aktivitäten bemessen wird, kommt eine völlig andere Gewichtung für den kleinräumigen Verkehr der Fußgänger und Radfahrer zustande. Es entsteht eine andere Orientierung, wenn berücksichtigt wird, dass 20 Fußgänger die gleichen Rechte haben sollten wie 20 Autofahrer(innen).

Die KontiV und deren Fortschreibung durch das DIW sowie die jährliche Veröffentlichung der Zahlen durch das Verkehrsministerium sind Grundlage des Bundesverkehrswegeplans und hat insofern großen politischen Einfluss.

Es gibt aber auch eine lange Geschichte der Kritik an der Empirie des bis 1989 gültigen KontiV-Designs, die sich vor allem an folgenden Punkten entzündet:

- Die Befragungen der KontiV basieren auf dem Stichtagskonzept. Die Befragten geben Auskunft über ihre Wege am jeweils vorigen Tag. Wer je selbst versucht hat, Verkehrsverhalten valide, repräsentativ und in größeren Stichproben zu untersuchen, weiß, dass dies unter forschungsökonomischen Aspekten eine vertretbare Methode ist. Aber die Zerlegung des Verkehrsverhaltens in einzelne Wege und in Einzeltage gibt keine Auskunft über das wirkliche Verhalten von Individuen, das über einen längeren Zeitraum erfasst werden sollte. Die Alternative zur KontiV-Methode sind (sehr kostspielige) Verkehrstagebücher, mit denen das Verkehrsverhalten über längere Zeiträume erfasst und analysiert werden kann. Zur Frage der optimalen Methode zur Erfassung des Verkehrsverhaltens gibt es eine internationale Diskussion.[52]

- Ein zweiter Kritikpunkt zielt auf die mögliche Untererfassung der kurzen Wege (vgl. Holz-Rau 1990, S. 68).[53] Die deskriptive Verkehrsforschung definiert Wege über einen Zweck, also durch die Aktivität am Ende jedes Weges. Eine Wegekette, die zuerst zum Briefkasten, dann zum Einkauf,

---

[52] Diese wird auf internationalen Kongressen, z.B. der International Association of Travel Behaviour Research, IATBR, geführt. In einem Beitrag zum Kongress in Leeds 1996 wurden mehr als 100 verschiedene Methoden dargestellt, mit Hilfe von „traffic diaries" Verkehrsverhalten zu untersuchen (Axhausen 1996).

[53] Diese Kritik wurde nicht (nur) von außen an die KontiV herangetragen – die Erfinder des Konzepts versuchen kontinuierlich mittels Nachbefragungen die so genannten „non reportet trips" zu erfassen und mit Gewichtungsfaktoren die Gesamtstichprobe auszugleichen (vgl. Holz-Rau 1990, S. 68).

dann zum Kindergarten und schließlich zur Arbeit und am Ende wieder nach Haus führt, besteht also aus fünf Wegen. Das Konzept ist somit als eines konzipiert, das auch kurze Wege einbezieht. Dennoch werden aus verschiedenen Gründen kurze Fußwege immer wieder untererfasst bzw. von den Befragten vergessen. In der Konsequenz führt dies zu einer ungerechten Planung. Alle Gruppen mit höherem Anteil an Fußwegen – z. B. Frauen, Personen ohne Auto, Jüngere ohne Fahrerlaubnis, Ältere – werden hinsichtlich der Infrastruktur, die aufgrund dieser Daten geplant wird, benachteiligt. Zum Beispiel haben Männer (in Haushalten mit Pkw) bei Versorgungswegen (Einkauf, Besorgungen, Erledigungen etc.) einen Fußwegeanteil von 25,5%, Frauen dagegen von 40,7% (Holz-Rau 1990, S. 161).

- Es wurde eingewendet, dass die Untersuchungsmethode der KontiV keinen Beitrag zur Ursachenanalyse des Verkehrsverhaltens leistet. Das ist aber auch nicht ihr Anspruch: Die Analysen der KontiV „beschreiben Unterschiede, erklären diese aber nicht" (Holz-Rau 1990, S. 2). In der Tat verzichtet sie auf einen Erklärungsansatz und prüft ausschließlich Zusammenhänge zwischen den erhobenen Verhaltensdaten und soziodemographischen Faktoren. Die aktuelle Überarbeitung der KontiV-Methode zeigt eine stärkere Einbeziehung von erklärenden Variablen.[54]

b) Mobilität in Deutschland (MiD)

Die aktuelle Version der kontinuierlichen Verkehrserhebung heißt „Mobilität in Deutschland", wird vom DIW in Zusammenarbeit mit Infas durchgeführt und hat methodisch ganz entscheidende Neuerungen eingeführt (siehe Methodenbericht und Ergebnisse unter: http://www.kontiv2002.de).

Das Schema der Wegezwecke wurde erheblich verbessert. Geschlechtsspezifische Fragestellungen wurden systematisch aufgenommen. Fragen der Auswirkung des gesellschaftlichen Wandels auf Mobilität wurden einbezogen, darunter die Frage: „Wie verändern sich wandelnde Freizeitbedürfnisse das tägliche Verkehrsgeschehen?" (Kunert et al. 2004, S. 1).

Diese und auch schon die vorherigen Erhebungen zum Verkehrsverhalten haben eine Zahlenbasis geschaffen, die Verkehrsverhalten soziodemographisch transparent macht. Das DIW hat neuerdings sogar einen eigenen Begriff von Mobilitätsstilen entwickelt; dieser beruht jedoch auf einer Kombinationen von Verkehrsmittelwahl und Nutzungshäufigkeit und hat daher mit dem eingeführten Konzept, das auf der Lebensstiltheorie aufbaut, nichts zu tun.

---

[54] Zur methodischen Neuanlage vgl. Kunert et al. (2002).

Ansonsten jedoch sind die Ergebnisse von „MID" instruktiv. Mobilität in Deutschland zeigt für das Jahr 2002:

- dass, ohne Berücksichtigung der Entfernungen und unter Ausschluss des Flugverkehrs, 31% aller Wege Freizeitzwecken dienen, davon wiederum
  - Ausflüge, Spaziergänge 18%
  - Besuche oder Treffen 31%
  - Veranstaltungen 8%
  - Sportausübung 12%
  - Hobby 7%
  - Essen gehen 9%
  - Sonstiges 15%
- dass 42% der Gesamt-Verkehrsleistung und auch der Verkehrsbelastung (Summe aller Personenkilometer) auf den Freizeitverkehr zurückzuführen sind und dass dies gegenüber 1982 eine Steigerung des Volumens um etwa 15% bedeutet,
- dass sich die zurückgelegten Personenkilometer aller Wegezwecke zwischen 1982 und 2002 um 30% erhöht haben, dass aber die Erhöhung der Wegelänge ganz entscheidend auf längere Einkaufswege, also auf ein verändertes Einkaufsverhalten bzw. Wandel der Einkaufsstandorte zurückgeführt werden kann,
- dass – seit Jahren unverändert – etwa 80% dieser Verkehrsleistung mit Fahrzeugen des motorisierten Individualverkehrs, also mit Autos (selbst- oder mitfahrend) und Motorrädern gefahren werden (alle dargestellten Ergebnisse vgl. Kunert et al. 2004).

Die Zahlen der KontiV bzw. von „Mobilität in Deutschland" machen aber auch weitergehende Sekundärauswertungen möglich, die über die bloße Deskription hinausweisen. Durch sinnvolle Zusammenfassung der mit den Verkehrsverhaltensdaten verknüpften soziodemographischen Daten, konnten die wichtigsten „Bestimmungsgrößen des Verkehrsverhaltens" herausgefunden werden (vgl. Holz-Rau 1990).

c) Wegezwecke und deren Anteile im Freizeitverkehr

In einem Forschungsprojekt des Instituts für sozial-ökologische Forschung im Auftrag des Umweltbundesamts wurde als Folgerung aus den Defiziten der deskriptiven Verkehrsverhaltensforschung der Schluss gezogen, ein Schema der Wegezwecke zu entwerfen, das der Komplexität der Materie gerecht wird. Dabei konnte auf mehrere qualitative und quantitative Projek-

III. Erklärungsansätze zu Mobilität und Verkehr 77

te sowie auf Arbeiten anderer Forscher zurückgegriffen werden.[55] Schließlich wurde eine Liste entwickelt, die 33 Wegezwecke enthält, davon 18 Freizeitwegezwecke (vgl. Abbildung 1). Die folgende Darstellung zeigt die prozentuale Verteilung der Wegezwecke (in der internationalen Verkehrsforschung *Aktivitäten* bzw. *activities* genannt).[56]

Der Freizeitanteil an allen Wegen beträgt 34,8%. Dieses Ergebnis weicht – trotz Unterschieden in den verschiedenen Stichproben – nicht entscheidend von den Werten der bundesweiten Untersuchungen mit viel größeren Stichproben – den drei letzten KontiV und der MID ab. Hier liegt der Anteil der Freizeitwegezwecke bei 32,4% (1976), 31,9% (1982), 32,9% (1989) und 31% (2002).

Die Stabilität des Freizeitwegeanteils war ein wichtiges Ergebnis. Es widerlegt nämlich die auch in diesem Projekt vertretene Hypothese, dass ein differenzierteres Wegezweckschema wegen der genaueren Zuordnung z.B. der Hausarbeits-, Service- und Versorgungswege zu einer signifikanten Verschiebung des Anteils der Freizeitwege führen würde.

Neu ist das differenzierte Bild, das sich aus dem genauen Wegezweckschema ergibt: „Spazierfahrt, Fahrt ins Blaue", der Freizeitwegezweck mit der drittgrößten Freizeitverkehrsleistung, wird vor allem sonntags ausgeübt. Diese Kategorie entspricht am ehesten dem Bild der unberechenbaren „Erlebnismobilität", also „Verkehr um seiner selbst willen" (Heinze/Kill 1997, S. 19).

Die höchste Verkehrsleistung in der Freizeit entsteht durch Aktivitäten, die in soziale Netze eingebunden sind oder dem sozialen Kontakt dienen. „Verwandte/Kinder/Lebenspartner(in) besuchen/Familienfeste" sowie „Bekannte, Freunde treffen". Wenn außerdem beachtet wird, dass „Disco, Kino, Theater, Konzert, Musical, Oper, Ausstellungen" und „Attraktionen wie Freizeitpark, Zoo, Wildpark" sowie „Volksfest, Kirmes, Weinfest, Jahrmarkt" Aktivitäten sind, die zumeist mit der Familie, in der Freundesgruppe, jedenfalls selten allein ausgeübt werden, dann kann resümiert werden: Freizeitverkehr dient überwiegend der Pflege sozialer Kontakte.

Der dargestellte Befund – hohe Relevanz der Wegezwecke zur Pflege sozialer Kontakte – steht in Übereinstimmung mit anderen Untersuchungen (z.B. Zängler 2000, S. 85) und bestätigt die These, Verkehr gewährleiste die „räumlich-geographische Integration der sozialen Differenzierung" (Rammler 2000, S. 260). Mit anderen Worten: In einer arbeitsteiligen, spe-

---
[55] Vgl. Lanzendorf 2000 sowie Götz et al. 1997, S. 340 f.
[56] Es handelt sich um eine standardisierte, bundesweite Untersuchung zu Mobilitätsstilen in der Freizeit, auf Basis einer repräsentativen 1000er Stichprobe (vgl. Götz et al. 2003). Im Kapitel über Mobilitätsstile wird ausführlicher darauf eingegangen.

zialisierten, also differenzierten Gesellschaft, deren sozialer Zusammenhalt nicht mehr auf räumlich konzentrierten Anwesenheitsbeziehungen beruht, müssen angesichts der durch Differenzierung entstandenen Distanzen im Raum Güter und Personen transportiert werden.[57]

Die Rolle des Freizeitverkehrs besteht darin, dass er die nicht ökonomisch bestimmten, freiwilligen sozialen Kontakte, die nicht der Erwerbsarbeit oder der Reproduktionsarbeit dienen, aber dennoch räumlich verteilt sind, aufrecht erhält bzw. neu schafft.

d) Freizeitwege und Verkehrsleistung

Das Bild des Freizeitverkehrs, wie es die Auswertung der Wegezwecke zeigt, wird bestätigt, wenn die Entfernungen der unterschiedlichen Wegezwecke berücksichtigt werden, wenn also die Verkehrsleistung zugrunde gelegt wird (vgl. Abbildung 2). Der Wert von 33,7% für die gesamte Verkehrsleistung bezogen auf Freizeit im Alltag (also ohne Flüge und Urlaube) macht deutlich, dass auch hier kein besonders dramatisches Bild hinsichtlich seiner Größenordnung entsteht.[58]

3. Verhaltenshomogene Gruppen

Bei den wissenschaftlichen Versuchen, das Verkehrsverhalten zu erklären und zu verstehen, müssen zunächst Ansätze aus den Verkehrswissenschaften genannt werden, die eine erste Annäherung an eine sozialwissenschaftliche Fragestellung aufweisen. Sie können am besten als *sozialstatistisch* charakterisiert werden. In einem der einflussreichsten Modelle wurden die Einzelvariablen kombiniert und zu soziodemographischen Typen zusammengefasst (z.B. männliche Arbeiter im Alter zwischen 16 und 65 Jahren). Die Untersuchung des Verkehrsverhaltens der verschiedenen Gruppen ergab weitgehend homogene Muster von „Aktionsbereichen der Stadtbewohner" (Kutter 1973). Dieses Modell „verhaltenskonsistenter Gruppen" fasst soziodemographische Kennzeichen mit Hilfe einer Faktorenanalyse so zusammen, dass die spezifische Kombination der Indikatoren jeweils eine soziale Gruppe mit spezifischem Tätigkeitsprofil hervorbringt. Das Modell kommt zu folgenden Gruppen mit weitgehend homogenen Tätigkeitsmustern:

---

[57] „Zum Beispiel wird Raum dadurch konstituiert, dass man davon ausgeht, dass zwei verschiedene Dinge nicht zur gleichen Zeit die gleiche Raumstelle einnehmen können" (Luhmann 1985, S. 525).
[58] „Verkehr in Zahlen" weist für 1997 einen Wert von 41,8% aus, der 7,8% Urlaubsfahrten enthält, hinsichtlich des Alltags-Freizeitverkehrs also auf den gleichen Wert kommt: 34% – vgl. BMVBW 1999, S. 211, 217.

III. Erklärungsansätze zu Mobilität und Verkehr

- Volksschüler
- Real- und Oberschüler
- Studenten
- Selbständige
- Beamte und Angestellte, mit Auto
- Beamte und Angestellte, ohne Auto
- Arbeiter, mit Auto
- Arbeiter, ohne Auto
- Weibliche Angestellte, mit Auto

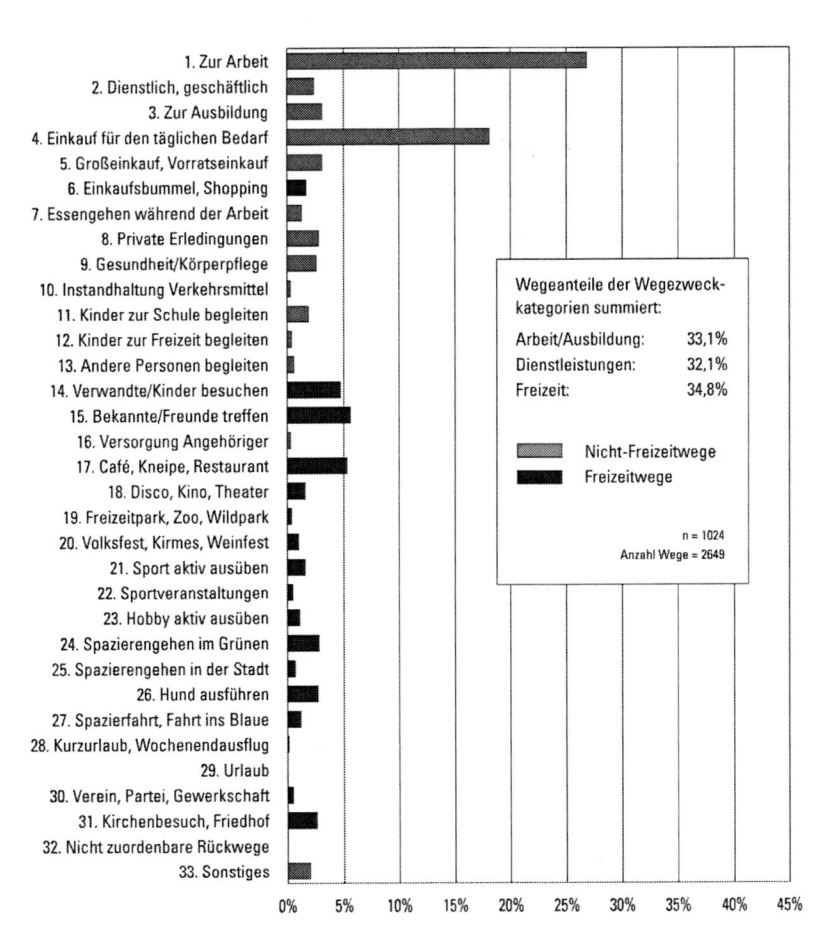

Abbildung 1: Verteilung der Wegezwecke (alle Befragte)
– durchschnittlicher Wochentag

- Weibliche Angestellte, ohne Auto
- Hausfrauen, mit Auto
- Hausfrauen, ohne Auto
- Rentner

Die Verhaltenshomogenität dieser Gruppen bezieht sich auf deren typische Tätigkeiten außer Haus, die zu spezifischen zeitlichen und räumlichen Aktionsprofilen führen. Ergebnis ist die Erkenntnis, dass die bis dahin bevorzugten Mittelwerte der Verkehrsforschung eine Fiktion erzeugen. „Grundsätzlich ist die Betrachtung eines fiktiven (...) mittleren Einwohners wenig sinnvoll, da der so definierte Stadtbewohner aus Bevölkerungsgrup-

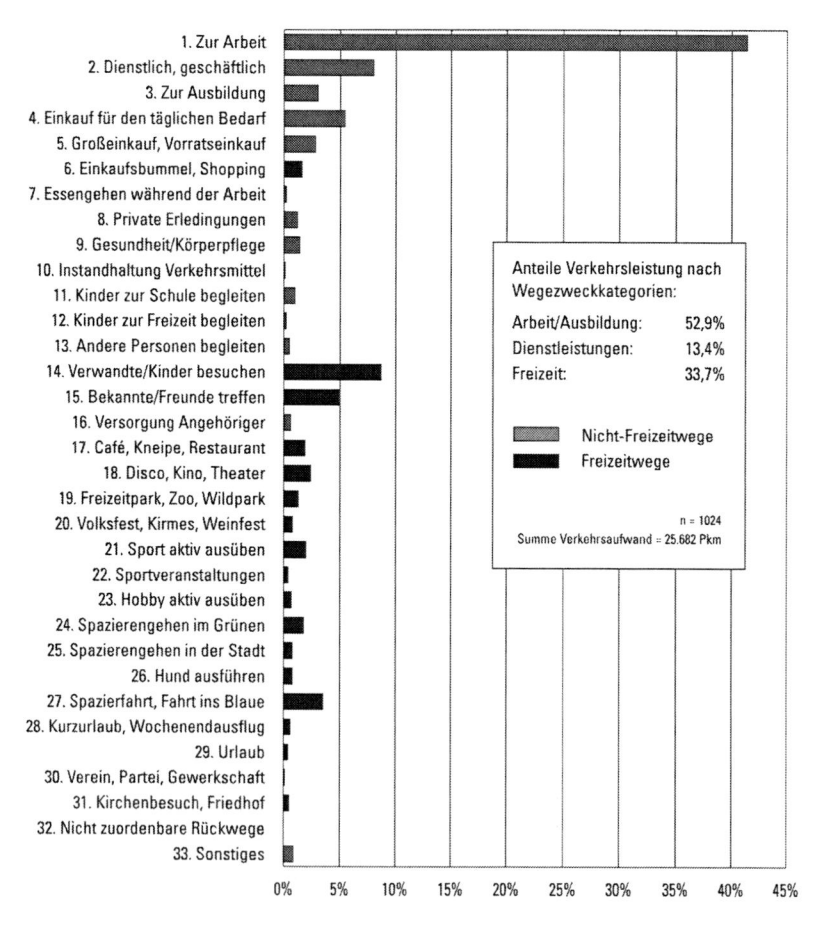

Abbildung 2: Verkehrsleistung der Wegezwecke (alle Befragte)
– durchschnittlicher Wochentag

III. Erklärungsansätze zu Mobilität und Verkehr

pen zusammengesetzt ist, deren Tätigkeiten-Muster sich signifikant voneinander unterscheiden." (Ebd., S. 73 f.)

Gegenüber Modellen, die auf Basis der bisher verwendeten Durchschnitts- oder Mittelwerte argumentieren, bedeutet diese Typologisierung eine wichtige Differenzierung.

Es zeigte sich: Wenige sozialstatistische Daten, per Faktorenanalyse sinnvoll kombiniert und als Tätigkeitsmuster definiert, erklären – wenn sie hinsichtlich der Verteilung der entsprechenden Gelegenheiten im Raum und mit Bezug auf den Wohnstandort der Befragten abgebildet werden – signifikant unterschiedliche Nutzungen des Raums, die als Aktionsbereiche bezeichnet werden. Was die Verkehrswissenschaft hier „Gelegenheiten" nennt, sind tatsächlich Orte des sozialen Handelns in der Gesellschaft (der Supermarkt, der Arbeitsplatz, die Schule, der Kindergarten usw.).

Die in Wirklichkeit hinter diesen Handlungen stehenden Wünsche und Bedürfnisse dieser Stadtbewohner werden dabei als Nachfrage verstanden, denen die Planung entsprechende „Sachsysteme", also Einrichtungen und Infrastrukturen als Angebote gegenüberzustellen hat (vgl. ebd., S. 69).

Das Verkehrsverhalten ist aus dieser Modellperspektive die Folge von Tätigkeiten außer Haus, die an bestimmten Orten geleistet bzw. nachgefragt werden. Die Tätigkeitsnotwendigkeiten ergeben sich aus einem Modell sozialer Differenzierung, das durch eine Kombination von Alter, beruflicher Stellung, Lebensphase, Geschlecht und Autobesitz kombiniert wird. Zu typbezogenen Gesetzmäßigkeiten hinsichtlich des territorialen Verhaltens kommt das Modell aber erst durch Einbeziehung von Wohnstandort und Verteilung der Sachsysteme. Dabei zeigt sich nicht nur, dass die Aktionsbereiche der Stadtbewohner sich generell auf das Zentrum der Stadt – „die Zone der höchsten Gelegenheitendichte" – beziehen, sondern dass dies unabhängig vom Wohnstandort gilt. Das führt bei den Bewohnern einer Vorortsiedlung notwendig zu einer Vergrößerung der Distanzen im Vergleich zu denjenigen, die innenstadtnah leben. Gleichzeitig wird deutlich, dass unterschiedliche Aktivitäten unterschiedlich „entfernungsempfindlich" sind. Anders ausgedrückt: Ein Arbeitsplatz wird nicht deshalb gewählt, weil er in der Nähe liegt – für ihn werden generell längere Wege in Kauf genommen als für den Einkauf, der auch an anderem Ort erledigt werden kann. Hier wird der in der Nähe liegende gewählt, so es einen gibt.

Der Forschungsansatz der verhaltenskonsistenten Typen erklärt „territoriales Verhalten" als Resultierende der Faktoren soziale Situation (mit entsprechendem Tätigkeitsprofil), Standort der Wohnung und Sachsysteme. Damit können Gesetzmäßigkeiten für den jeweiligen Typus abgeleitet werden, ohne dass so komplexe Fragestellungen wie Motive und Entscheidungsprozesse einbezogen werden müssen. Die Handlungsentscheidungen interessieren nicht, weil sie als logische Folge einer bestimmten räumlichen und sozialen Konstellation abgeleitet werden können.

Hinsichtlich der unterschiedlichen Tätigkeiten außer Haus, also der Verkehrszwecke, unterscheidet der Ansatz zwischen

- Arbeit
- Schule
- Privat(-Erledigungen)
- Vergnügen

Freizeitaktivitäten fallen in die Kategorie „Vergnügen". Leider werden aber die entscheidenden Schlüsse der Forschungsarbeit nur auf „Arbeit" (Orte der Beschäftigung), „Schule" (Schulplätze) und „Privat" (Versorgungseinrichtungen), nicht jedoch auf „Vergnügen" bezogen, sodass die Befunde nicht so einfach auf Freizeitwege bezogen werden können.

Dieser aus der Verkehrsplanung stammende Ansatz stellt hinsichtlich der hier relevanten Fragestellung ein Wissen zur Erklärung von Handlungsmustern im Verkehr zur Verfügung, dessen Argumentation im Kern lautet: Die Handlungsmuster im Verkehr sind das notwendige Resultat einer Konstellation aus Lebenssituation (z.B. Schüler eines bestimmten Alters) und räumlicher Lage von Gelegenheiten und Wohnort. Was im Inneren der handelnden Subjekte vor sich geht, interessiert hier nicht und würde das Modell unnötig komplizieren.

4. Bestimmungsgrößen des Verkehrsverhaltens

An dem beschriebenen Forschungsansatz zur Herausarbeitung von homogenen Gruppen der Raumnutzung wurde kritisiert, er verschenke wichtige Informationen, weil er – anstatt Verkehr in Einzelfaktoren zu zerlegen – ein möglichst umfassendes Modell anstrebe. Zu viele „Verhaltenskenngrößen" gingen gleichzeitig in die zu erklärende Variable ein. Wenn diese getrennt analysiert würden, könnten wichtige zusätzliche Informationen gewonnen werden (Holz-Rau 1990, S. 30–35).

Daraus wurde der Schluss gezogen, Verkehrsverhalten in die Größen

- Pkw-Verfügbarkeit
- Reisehäufigkeit
- Verkehrsmittelnutzung
- und Reiseweiten[59]

---

[59] Außerdem wurde einbezogen, ob die Person am Stichtag überhaupt unterwegs, also außer Haus war oder nicht (ebd., S. 5 f.).

zu zerlegen und in Regressionsanalysen mit sämtlichen wichtigen sozialen und räumlichen Einflussfaktoren zu korrelieren: Berufstätigkeit, Alter, Geschlecht, Familiensituation (Kinder unter zehn Jahren im Haushalt), Gemeindetypen, Wohnsituation, Haushaltsgröße, Motorisierung.

Die Fragestellung lautet also: Welche Größe (Variable) ist für welchen Teilbereich des Verkehrsverhaltens entscheidend? Hinsichtlich der hier zu behandelnden Fragestellung kam dabei heraus:

- Freizeitreisen[60] sind, das ist unmittelbar plausibel, hinsichtlich der wichtigsten soziodemographischen Einflussfaktoren gleichmäßiger verteilt als Reisen zur Arbeit, Ausbildung, Versorgung. Die wenigsten Freizeitreisen unternehmen Selbständige, die meisten unternehmen Rentner(innen) und Arbeitslose sowie Schüler und Studenten.[61]
- „Frauen sind in allen Gruppen mit Ausnahme der Selbständigen seltener zu Freizeitzwecken unterwegs als Männer".[62] Was aus der Arbeitsperspektive als zusätzliche Belastung der Frauen interpretiert wird, kann aus der Freizeitperspektive auch als Ungleichverteilung von Freizeit bezeichnet werden.

Insgesamt fällt an der Studie zu den Bestimmungsgrößen des Verkehrsverhaltens auf, dass die Dimension Geschlecht sich nicht nur durch die gesamte Analyse zieht, sondern auch Bestandteil des Hypothesengerüsts ist, welches Holz-Rau entwickelt: „Nach wie vor sind die Rollenzuschreibungen für Männer und Frauen unterschiedlich ... Wesentliche Bestimmungsgröße des Verkehrsverhaltens, vor allem der PKW-Verfügbarkeit ist das Geschlecht" (Holz-Rau 1990, S. 39).

5. Geschlechtsspezifische Faktoren des Verkehrsverhaltens

Die für geschlechtsspezifische Differenzen sensible Verkehrsforschung hat sich zunächst für die Unterschiede zwischen Frauen und Männern interessiert: Um Schlüsse für die Verkehrsplanung ziehen zu können, war es wichtig, die Geschlechterdifferenzen im Verkehrsverhalten zu analysieren. Dabei ergab sich:

- Der persönliche PKW-Besitz liegt bei Frauen (52,7%) erheblich niedriger als bei Männern (79,4%).

---

[60] Holz-Rau arbeitet aus guten Gründen nicht mit einem Konzept einzelner Wege, sondern untersucht ganze Reisen (d.h. verbundene Wegeketten samt Rückweg).

[61] Bei der Anwendung des Freizeitbegriffs auf Arbeitslose wird bereits die Problematik eines zu wenig differenzierten Freizeitbegriffs sichtbar.

[62] Holz-Rau versieht dieses Ergebnis mit dem Hinweis auf die dahinter stehenden Einflussgrößen „Erwerbstätigkeit" und „Kind" (ebd., S. 123).

- Die Zahlen ändern sich nur geringfügig, wenn Einpersonenhaushalte betrachtet werden. Allein lebende Frauen haben zu 51,3% ein Auto im Haushalt, während allein lebende Männer zu 72,5% ein Auto zur Verfügung haben.
- Der Anteil an Wegen „im Rahmen der Haus- und Familienarbeit" beläuft sich bei Frauen auf 48,8% aller Wege, bei Männern auf 25,5%.
- Die Ergebnisse zum Anteil der Freizeitwege sind widersprüchlich: In der Studie von Stete et al. ist der Anteil der Wege für Freizeit bei Frauen und Männern sehr ähnlich (ein im Vergleich zu den bundesweiten Untersuchungen sehr niedriger Wert von ca. 20% bei den Untersuchungen in Stuttgart).
- Frauen weisen erheblich mehr Wege zu Fuß auf als Männer (26,8% vs. 14,2%), Männer sitzen weitaus häufiger als Selbstfahrer hinter dem Lenkrad eines Autos (58,6%) als Frauen (41%), während die Frauen einen höheren Anteil an Auto-Mitfahrten aufweisen (Frauen 13,5%, Männer 7,2%). Die Nutzung des Fahrrads und der öffentlichen Verkehrsmittel liegt bei Männern und Frauen in einer ähnlichen Größenordnung (Stete/Klinkhart 1997).

Der Hinweis, hinter der Variable Geschlecht verberge sich tatsächlich gesellschaftlich ungleich verteilte Formen von Arbeit, liegt nahe. Daraus wurde bei den von Stete und Klinkhart durchgeführten Studien in Darmstadt und Stuttgart der Schluss gezogen, dass Geschlecht und spezifische Lebenssituation kombiniert analysiert werden müssten.

Folgende Dimensionen (jeweils für beide Geschlechter) wurden dabei unterschieden:

- Vollzeit erwerbstätig mit Kindern
- Vollzeit erwerbstätig ohne Kinder
- Teilzeit erwerbstätig mit Kindern
- Teilzeit erwerbstätig ohne Kinder
- Nicht erwerbstätig mit Kindern (Hausfrauen/-männer und Arbeitslose)
- Nicht erwerbstätig ohne Kinder (Hausfrauen/-männer und Arbeitslose)
- In Ausbildung (Studentinnen/Studenten, Schülerinnen/Schüler)
- Rentnerinnen/Rentner (ebd., S. 26).

Es wurde deutlich, dass die Dimensionen *Kinder im Haushalt* und *Erwerbstätigkeit* das Verkehrsverhalten stark bestimmen. Hinsichtlich der Freizeitmobilität kann konstatiert werden, dass Vollzeit erwerbstätige Frauen mit Kindern nur halb so viele Freizeitwege aufweisen wie Vollzeit erwerbstätige

Frauen ohne Kinder. Aber auch ganztägig beschäftigte Männer mit Kindern weisen innerhalb der Gruppe der Männer einen deutlich niedrigeren Wert an Freizeitwegen auf als ganztägig beschäftigte Männer ohne Kinder.

Die meisten Freizeitwege legen bei den Männern und bei den Frauen diejenigen in Ausbildung und die Rentner bzw. Rentnerinnen zurück.

Die in der Darmstädter Studie auf Basis eines kleinen Stichprobenumfangs aufgestellte These, dass Frauen insgesamt mehr Wege zu Wegeketten verknüpfen als Männer, konnte der quantitativen Überprüfung nicht standhalten (vgl. ebd., S. 25).

Die eingehende Analyse der spezifischen, nahräumlichen Wegeketten führte zu der bereits erwähnten Kritik an der empirischen Verkehrsverhaltensforschung: „Der nahräumlichen Mobilität muss in der Verkehrsforschung mehr Beachtung geschenkt werden. Die Orientierung an großen Entfernungen verkennt die Bedeutung des Nahbereichs gerade für die Mobilität von Frauen" (Stete 1996, S. 64).

In der Stuttgarter Studie wurde außer den genannten Dimensionen auch die Raumstruktur einbezogen. Die Autorinnen fanden heraus, dass die Frauen insgesamt eher in Wohnnähe arbeiten als die Männer: „Die These, nach der sich Frauen eher um einen Arbeitsplatz am Wohnort bemühen, um Erwerbstätigkeit mit Haus – und Familienarbeit vereinbaren zu können, scheint sich zu bestätigen." (vgl. Stete/Klinkhart 1997, S. 37)

Die feministische Verkehrsforschung hat sich aber nicht nur für geschlechtsspezifische Differenzen, sondern auch für den Anteil der Fahrten für Versorgungsarbeit interessiert und dafür den etwas sperrigen Begriff „Reproduktionsarbeitsmobilität" gewählt (Beik/Spitzner 1995). Anschließend an die Erkenntnisse über die „Krise der Reproduktionsarbeit"[63] wird gefragt, ob nicht die spezifischen Bewältigungsmuster dieser Krise ihren Niederschlag auch im Verkehrsverhalten haben. Wenn die weiter unten ausführlicher dargestellten Ergebnisse zu „Mobilitätsstilen in der Freizeit" hier berücksichtigt werden, dann kann insbesondere die Lebensform und der Lebensstil des Typus „Belastete Familienorientierte" als Arrangement verstanden werden, das ganz spezifische Ausprägungen dieser Krise im Verkehrsverhalten zeigt: nämlich den geringsten Anteil an Freizeitwegen. Dieser kann einerseits als objektiver Mangel an Eigenzeit jener, die die Reproduktionsarbeit leisten, gewertet werden; andererseits als Ohnmacht, Zeitstrukturierungsmechanismen einzusetzen und eigene Freizeit durchzusetzen. Auch in der Freizeitmobilität bildet sich also ein Arrangement zu Lasten derer ab, die neben der Berufsarbeit auch die Haus- und Versorgungsarbeit leisten: Dies sind zumeist, aber nicht immer, Frauen.

---

[63] Zur „Krise der Reproduktionsarbeit" vgl. Rodenstein et al. 1996.

6. Rational Choice

a) Rational Choice als Spieltheorie

Die Rational-Choice-Theorie (RCT) verhält sich in gewissem Sinne komplementär zu den bisher beschriebenen Ansätzen. Sie alle gingen wie selbstverständlich von der gleichen Annahme aus: Im Verkehrsgeschehen fallen rationale Entscheidungen. Die RCT hat sich aber die Aufgabe gestellt, ebendies zu beweisen. Sie stellt eine allgemeine Hypothese zur Rationalität der Entscheidungen von Individuen zur Verfügung. Was sie von anderen Ansätzen unterscheidet ist, dass sie Handlungen nicht als determiniert, sondern im Gegenteil als entscheidungsoffen konstruiert. Es kann in der einen oder in der anderen Weise gehandelt werden. Wie gehandelt wird, hängt von Entscheidungen der Akteure ab.

Die Rational-Choice-Theorie hat eine lange Tradition und vielfältige Wurzeln (vgl. Wiesenthal 1987). Nur in ihrer Frühform bzw. in ihrer wirtschaftswissenschaftlichen Variante, konstruiert sie einen Homo oeconomicus, dessen Entscheidungen von der Maximierung des individuellen Nutzens geleitet werden. Die moderne (soziologische) RCT ist durchaus in der Lage, ihre Herkunft aus der historischen Phase der Herausbildung „von Märkten als geordneten Austauschbeziehungen zwischen Individuen", deren Handlungen den „eigennützigen Motiven von Marktteilnehmern" folgen, kritisch zu reflektieren. Deren wechselseitige Verhaltensanpassung in Tauschakten erkläre, dass (und wie) soziale Ordnung im Wesentlichen als „unintendierter und voraussetzungsloser Emergenzeffekt[64] einer dezentralen Koordination entsteht" (ebd., S. 436). Die frühe RCT ist somit zugleich Vorläuferin einer Systemtheorie, die das Entstehen eines sozialen Systems durch Handlungsbeiträge erklärt, deren Motive nicht auf das soziale System, sondern auf das Eigeninteresse gerichtet sind. Gleichgültig gegenüber dem sozialen System Markt konstituieren jeweils eigennützig Handelnde ebendieses. Und nur wenn alle Handelnden sich zivilisieren, also von Raub, Mord und Betrug absehen und stattdessen den Regeln folgen, die das System garantiert, können sie den *langfristigen* Gewinn, nämlich dauerhafte

---

[64] Emergenz: „... qualitativer Sprung, neuer Zustand eines Systems, der nicht auf frühere Zustände oder Eigenschaften auf niedrigeren Aggregationsniveaus linear zurückgeführt werden kann. So können bestimmte Eigenschaften von Gruppen oder Organisationen (z.B. Kohäsion oder Effektivität) nicht vollständig durch Eigenschaften der beteiligten Mitglieder, sondern nur durch Rekurs auf Struktureffekte als Ergebnis von Interdependenz erklärt werden." (Fuchs-Heinritz et al. 1995, S. 164 f.) Oder: „Wenn eine Wechselwirkung zwischen isolierten Elementen einsetzt, kann die Gesamtheit der Elemente qualitativ neue Eigenschaften aufweisen, die man aus den Kenntnissen über die einzelnen Elemente nicht voraussagen kann" (Ravn 1997, S. 45).

Marktteilnehmer zu sein, kassieren. Kurzfristig bringt Raub, Überlistung und Betrug möglicherweise den höheren Profit, stellt aber diese Akteure außerhalb des auf Dauer gestellten Marktes.

In dieser Lesart erklärt die RCT nicht jedes, sondern nur strategisches Handeln, das dazu in der Lage ist, kurzfristig auch Nachteile, also Kosten im Sinne von Investitionen in Kauf zu nehmen, um so das längerfristige Ziel zu erreichen (ebd., S. 444). Wenn diese Fähigkeiten dann auch noch mit der „Fähigkeit zur Selbstkontrolle", zur Zukunftsorientierung und zur Selbstbindung (als frühes historisches Beispiel wird Homers Selbstbindung gegen die Verführung durch die Sirenen und die „allgemeine Tendenz zur Willensschwäche" angeführt) in Zusammenhang gebracht wird, kann ein interessanter Querbezug zu Webers Theorie des ökonomischen Erfolgs der protestantischen Lebensführung, zur Kulturtheorie Freuds und zu Elias' Erkenntnissen über den Prozess der Zivilisation hergestellt werden.

Die Argumentation der RCT ist in sich logisch und, was die Interessengeleitetheit menschlichen Handelns angeht, sympathisch illusionslos. Aber da das Handeln am Markt zum Modell für alles soziale Handeln gemacht wird, setzt sie sich der Kritik aus, sowohl die handlungsleitende Kraft von Normen als auch die von Identitätskonzepten zu vernachlässigen.

Anstatt aber die Reichweite der Theorie einzugrenzen und ihre Gültigkeit auf besondere, wichtige, z.B. kommerzielle Handlungsbereiche zu beschränken, hat die RCT ihren Allgemeinheitsanspruch beibehalten und ihre Prämissen in der modernen Fassung erheblich erweitert. Sie versteht nun „Rationalität" in einem sehr viel weiteren Sinne. Das hat den Anschein, als sei die Theorie offen in Richtung des Sinnverstehens. In der aktuellen Form der RCT werden nämlich „weder Nutzenmaximierung noch ein utilitaristisches Akteursbild unterstellt. Was Maßstab des Handlungserfolges ist, sei es Eigennutz oder Nächstenliebe, ist innerhalb der theoretischen Grundausstattung offen gelassen. Es geht zunächst nur um die Angemessenheit von Mitteln für gegebene Ziele (...) So ist mit der Selbstbeschränkung des RC-Konzepts, das ökonomische Nutzenmaximierung nur noch als *eine* Rationalitätsprämisse unter mehreren behandelt, ein außerordentlich großes Feld von thematisierbaren Phänomenen zugänglich geworden" (ebd., S. 443).

Eines dieser Phänomene ist das Handeln der Akteure im Straßenverkehr. Und es ist ja zunächst nahe liegend, Verhalten im Verkehr als intendiertes, von verallgemeinerten Regeln gesteuertes Handeln zur Erreichung klar definierter Zwecke zu konstruieren.

Dementsprechend nimmt eine Variante der auf den Verkehr bezogenen RCT an, dass es bei der Auswahl des Verkehrsmittels darum gehe, „eine geeignete Möglichkeit zur Distanzüberwindung zu finden, um eine gewünschte oder erzwungene Aktivität an einem anderen Ort zu einer bestimmten Zeit durchführen zu können"; es wird weiter davon ausgegangen, „dass ein Verkehrsteilnehmer das Verkehrsmittel bevorzugen wird, welches diese Aufgabe schnell, kostengünstig und in einer möglichst angenehmen Art und Weise erfüllen kann". Drei Charakteristika ließen sich daraus ableiten, die die spezifische Attraktivität bestimmten: „Reisezeit, Reisekosten und Verkehrsmittelqualität" (Gorr 1997, S. 38). Dabei muss gegenüber einem trivialen Rational-Choice-Verständnis insbesondere der letzte Punkt hervorgehoben werden: Verkehrsmittelqualität bezeichnet diejenigen Merkmale, die darüber entscheiden, „wie angenehm oder unangenehm ein Verkehrsteilnehmer die Reise mit diesem Verkehrsmittel empfindet". Interessant ist, dass sich die Verkehrsmittelqualität aus 21 Komponenten zusammensetzt, zu denen durchaus subjektive Kriterien wie Sicherheit, Prestigewert und Symbolcharakter des Verkehrsmittels gehören (ebd., S. 41). Es wird also berücksichtigt, dass im Abwägungsprozess bei der Verkehrsmittelwahl subjektive Präferenzen eine Rolle spielen. Insofern sind die in die Rational-Choice-Forschung eingehenden Faktoren plausibel und nicht auf einen zu engen Begriff von Ratio oder Nutzen reduziert. Um den Grad der Rationalität der Verkehrsmittelwahl zu untersuchen, wird auf spieltheoretische Prämissen zurückgegriffen. Verkehrsverhaltensentscheidungen werden anhand einer konstruierten Situation – in diesem Falle einer um die Verkehrsdimension erweiterte Variante des Monopoly-Spiels – simuliert und am Ergebnis wird abgelesen, wie es sich mit der Rationalität der Spieler verhält. Als rationale Spielzüge gelten solche, bei denen bei gleicher Leistung das kostengünstigste Verkehrsmittel gewählt wurde. Als nichtrational – nicht zu verwechseln mit irrational – galten Spielzüge, die zu einer unter Kostengesichtspunkten nicht optimalen Verkehrsmittelwahl führen. Ergebnis: 38% der Spielzüge sind nicht rational (ebd., S. 121). Die Untersuchung der Ursachen führt zu wichtigen Erkenntnissen über die Ursachen nichtrationaler Entscheidungen:

- Erste Ursache ist das Routineverhalten – es wird nicht rational gehandelt, weil schon einmal so gehandelt wurde (auch Routinehandeln kann im Rahmen des Rational-Choice-Ansatzes erklärt werden: Routinen reduzieren Komplexität und damit „Kosten").
- Zweite Ursache: Orientierung am Verhalten der Mitspieler. Jene Gruppe, bei der die Mitspieler in Interaktion treten durften, handelte insgesamt weniger rational.
- Dritte Ursache: Die Abschätzung dessen, was die Theorie „Kosten" nennt, ist für die Spieler zu komplex.
- Vierte Ursache: Es werden zu „teure" Entscheidungen getroffen, die die Sicherheit erhöhen sollen.

Die Ergebnisse in diesem Anwendungsfall der RCT geben Auskunft über einen wichtigen Ausschnitt von Gründen, warum beispielsweise das Auto auch dann benutzt wird, wenn es eigentlich nicht rational ist.

Gleichwohl gerät das Konzept bei der Einbettung der Ergebnisse in den theoretischen Rahmen in die Fallstricke der eigenen Grundannahmen: Die Nichtrationalität der Entscheidungen wird zum einen mit einer „bounded rationality" erklärt: Die Informationsverarbeitungskapazität des Gehirns sei begrenzt, so werde auf verkürzende Abschätzungsstrategien zurückgegriffen. Zum anderen wird das Konzept der „verzerrten Wahrnehmung" eingeführt und damit die Argumentation zirkulär. Eine Theorie, die behauptet, soziales Handeln sei (generell) rationales Handeln, erklärt den Verstoß gegen diese Rationalität mit einem nichtrationalen Verhalten, also mit einer Art Maßstabsproblem und mit notwendiger, weil menschlich inhärenter Nichtrationalität. Anstatt anzuerkennen, dass menschliches Handeln und soziales Verhalten grundsätzlich nicht nach Regeln der objektiv messbaren Kosten- und Zeitrationalität verstanden werden können, muss dem angeblich generell rational handelnden Individuum eine spezifische Nichtrationalität durch sozusagen subjektive Messfehler unterstellt werden. Dass das individuelle Handeln gerade auch durch Emotionalität der Entscheidungen gekennzeichnet ist, es also eigene Maßstäbe, z.B. ein subjektives Zeitempfinden und ein subjektives Entfernungsempfinden gibt, das beispielsweise durch das subjektive Wohlgefühl bei der Reise beeinflusst wird, kann nicht in die Theorie integriert werden.

Es geraten also einige der originellen und in der Praxis gut verwendbaren Ergebnisse in den Hintergrund, weil sich der Approach damit beschäftigen muss, warum sich die Verkehrsteilnehmer(innen) nicht so verhalten, wie es die Theorie unterstellt. Dabei hätte schon ein Blick in eines der historischen Werke der Automobil-Literatur genügt um festzustellen, dass die Simulation von Verkehr als strategisches Optimierungshandeln den Anforderungen einer alltagsnahen Theorie, insbesondere der Raumüberwindung in der Freizeit, nicht genügen kann.[65]

---

[65] Rudolf Diesel schrieb im Jahr 1905 in sein Tagebuch: „Nein, was machten wir bei unserem Abschied aus Italien für einen Staub. So etwas habe ich in meinem ganzen Leben nicht wieder erlebt. Mehliger Kalkstaub lag fünf Zentimeter dick auf der Straße. Darauf jagte Georg, was der Wagen hergab, durch das Tal der Piave, und hinter uns breitete sich ein ungeheurer Kegel aus. Dieser weiße Kegel hob sich und breitete sich endlos aus. Das ganze Tal der Piave war dick eingenebelt, bis hoch zur Bergflanke lag eine weiße Wolke über dem Tale. Wir entsetzten die Fußgänger wie mit einem Gasangriff, ihre Gesichter verzerrten sich, und wir ließen sie zurück in einer formlos gewordenen Welt, in der weithin Feld und Baum unter einer vertrockneten Puderschicht alle Farben verloren hatten" (Diesel 1941, S. 190 f., zitiert nach Sachs 1984, S. 26). Zitiert wird Diesel in dem Buch „Die Liebe zum Automobil". Da Liebe bekanntlich blind macht, ist die These von der „verzerrten

Es bleibt festzuhalten, dass die RCT zwar einige, aber nicht alle subjektiven Kriterien in die Theorie einbeziehen kann. Vor allem lustvolle Elemente der Fortbewegung, Affekt und Spaß, die direkt mit der Steuerung von Raumüberwindungsmaschinen verbunden sind, kann sie begrifflich nicht fassen. Und dies, obwohl sie mit der Operationalisierung von angenehmeren oder unangenehmeren Formen der Fortbewegung durchaus „nah dran" war. Insbesondere die für Fragen des Freizeitverkehrs wichtige Unterscheidung zwischen Erlebnismobilität und Zweckmobilität sowie die Erkenntnisse zur Reizarmut bestimmter Fortbewegungsformen hätten ein Konzept subjektiver Zeit und subjektiver Entfernung nahe gelegt. Aber gerade diese Faktoren können nicht am Spieltisch simuliert, sondern müssen in ihrem subjektiven Sinn verstanden, also mit einer verstehenden Methode rekonstruiert werden. Ein Konzept des subjektiven Entscheidungshandelns, das Subjektivität als Verzerrung behandelt, wird dem Untersuchungsgegenstand nicht gerecht.

Fazit: Die RCT arbeitet mit einer Grundannahme, die die deterministischen Theorien überhaupt nicht thematisieren: dass es beim Verkehrsverhalten Handlungsspielräume gibt, dass diese für Entscheidungen genutzt werden und dass diese Entscheidungen Gründe haben. Diese Gründe können nicht immer auf die ökonomischste Raumüberwindung zurückgeführt werden. Damit macht die Forschung einen wichtigen Schritt von der deterministischen Ableitung des Verkehrsverhaltens zur Ursachenanalyse der Entscheidungen des Verkehrshandelns.

b) Rational-Choice-Theorie der Umweltgüter

Die dargestellte Studie ist nur eines von mehreren Beispielen für die Anwendung der RCT. Es gibt zum Thema Verkehr und insbesondere hinsichtlich der Frage des Einflusses von Umweltnormen weitere Untersuchungen. In einer Arbeit zum Freizeitverkehr wurde die Rational-Choice-Theorie mit dem Konzept der Mobilitätsstile kombiniert (vgl. Lanzendorf 2001). Und in der auf Umweltfragen spezialisierten empirischen Sozialforschung wurde versucht nachzuweisen, dass umweltrelevante, allgemein verfügbare, kostenlose Güter wie z.B. Luft nach den Gesetzen der Allmende genutzt würden: Allmende sind kollektive Weiden, die den Bauern gemeinsam gehören. Jeder einzelne Bauer handelt für sich rational, wenn er möglichst viel Vieh auf der Wiese weiden lässt. Das gilt für jeden anderen Bauern auch. Insgesamt wird das Kollektivgut aber so durch Überweidung geschädigt: „Es gibt einen Widerspruch zwischen individueller Rationalität und den Nebenfolgen

---

Wahrnehmung" zur Erklärung einer nichtrationalen Wahl des Verkehrsmittels Auto wahrscheinlich gar nicht so falsch – wenn denn Lust und Liebe in die Rational-Choice-Theorie integriert werden könnte.

im Aggregat (...). Hieraus ergibt sich die zentrale Überlegung, dass Individuen subjektiv rational handeln, die Nebenfolgen ihres Handelns jedoch ignorieren – also externalisieren –, so dass die aggregierten Nebenfolgen zu einem nicht gewünschten Ergebnis führen: der Vernichtung oder schweren Schädigung eines Kollektivguts." (Friedrichs 1995, S. 2)

Dieser Erklärungsansatz eines nicht erwünschten, umweltschädlichen Verhaltens enthält viel Wahrheit – auch und insbesondere für die individuelle Fahrzeugnutzung.

Die Problemlösung, die die RCT anbietet, lautet:
- Die Handlungsalternative muss funktional genauso leistungsfähig sein wie das umweltschädliche Verhalten – und
- sie darf nicht kostspieliger sein.

Eine weitere Möglichkeit – Einsicht in die Problematik und freiwillige Wahl von Handlungsalternativen – wird verworfen mit Hinweis auf die Umweltbewusstseinsforschung als empirisch widerlegt (ebd., S. 4).

Dieser These muss kritisch entgegengehalten werden,
- dass hier mit einem – untauglichen – allgemeinen Konzept des Umweltbewusstseins gearbeitet wird. Eigene Studien haben gezeigt, dass normative Orientierungen nicht allgemein, sondern bezogen auf das spezifische Handlungsfeld untersucht werden sollten: Mobilitätsbezogene, normative Orientierungen weisen klare Zusammenhänge zum Verkehrsverhalten auf (vgl. Götz et al. 1997, S. 80, 105);
- dass ein Konzept der ausschließlich von außen wirkenden sozialen Normen offensichtlich nicht berücksichtigen kann, dass es Prozesse der Verinnerlichung gibt. Insbesondere eine typspezifische, unterschiedliche Internalisierung von Normen kann in dem Konzept nicht berücksichtigt werden, weil es nach universalen Aussagen strebt und so subgruppenspezifische Differenzen nicht erfassen kann;
- dass in einem auf Kosten und Nutzen aufbauenden Konzept entscheidende Motive individuellen Handelns, nämlich Lust, Spaß, Freude, Affekte nicht operationalisiert und damit auch nicht als Faktoren von Handlungsalternativen gemessen werden können (wer aus Gründen einer von außen vorgebrachten Umweltmoral auf das Fahrrad umsteigen soll, verhält sich anders als jemand, der Spaß am Radfahren hat).

7. Theorie des geplanten Verhaltens

Ein sozialpsychologisches und in Projekten zur Veränderung des Verhaltens relativ einflussreiches Modell ist die *Theory of Planned Behaviour* (Ajzen 1991). „Sie nimmt an, dass sich Verhalten durch die Verhaltensintention, d.h. die Absicht, etwas zu tun oder nicht zu tun, vorhersagen lässt. Die Intention repräsentiert die motivationalen Faktoren, die auf das Verhalten Einfluss haben." (Bamberg/Schmidt o.J., S. 1) Die Theorie nimmt weiter an, „dass die Intention, ein Verhalten auszuführen 1. durch die Einstellung der Person gegenüber dem auszuführenden Verhalten und 2. durch subjektive Normen, d.h. Überzeugungen der Person, ob die soziale Umwelt erwartet, die in Frage stehende Verhaltensweise auszuführen oder nicht, bestimmt wird" (ebd.). Das – zumindest auf den ersten Blick – fast trivial wirkende Modell wurde auch auf den Verkehrsbereich angewandt.

Diejenigen, die eine positive Einstellung zu einem Verkehrsmittel haben und gleichzeitig wissen, dass ihr soziales Umfeld erwartet, dass sie es nutzen, haben das jeweilige Verkehrsmittel auch wirklich signifikant häufiger benutzt (Bamberg/Schmidt 1993, S. 31). Das Ergebnis ist höchst plausibel. Wer eine positive Einstellung zum Fahrrad hat und wer sich in einem sozialen Netz bewegt, das Fahrräder schätzt und das erwartet, dass auch der Befragte das Fahrrad nutzt, wird es häufiger nutzen als andere. Damit sind erstmals Motive, Einstellungen und Normen ins Zentrum des Interesses gerückt.

In einer Weiterentwicklung der Theorie werden die Befunde zur motivational-subjektiven und sozialen Dimension mit der räumlichen verknüpft. Dabei kann die Psychologie, weil sie auf die Annahme eines generell rationalen Verhaltens verzichtet, das, was die Rational-Choice-Theorie als Verzerrung interpretiert, in ihr Modell integrieren. „Objektive raumstrukturelle Merkmale" werden danach subjektiv bewertet und „objektive sozio-ökonomische Merkmale des Haushalts" werden durch individuelle Motive zu Aktivitätspräferenzen (vgl. Bamberg 2001. S. 131). In der Verkopplung mit der Theorie des geplanten Verhaltens entsteht daraus ein Erklärungsmodell aktionsräumlichen Verhaltens.

Was diese Variante der Umwelt- und Sozialpsychologie nicht expliziert, sind affektive Faktoren. Dies versucht der psychoanalytisch angeleitete Debattenbeitrag zur Mobilitätsforschung.

8. Psychoanalytische Erklärungsansätze

Sozialpsychologische Erklärungsmodelle versuchen, Gesetzmäßigkeiten zum Einfluss von Einstellungen auf das Verhalten zu finden. Weil es dabei ganz zentral um allgemein anwendbare Empirie mit allgemein gültigen Skalen geht, kann sie keine latenten oder gar unbewussten Faktoren annehmen, die erst durch Interpretation gewonnen werden. Das aber ist das Anliegen der psychoanalytischen Deutung von Handlungen, die den Blick auf tiefer liegende, an der Oberfläche kaum sicht- und messbare motivationale Ursachen lenkt.

III. Erklärungsansätze zu Mobilität und Verkehr

Beispielsweise sieht sie bei der Nutzung des Autos in der Freizeit einen „suchtartige(n) Drang nach Erlebnis, Abenteuer und Freiheit ... „Vor allem im Freizeitbereich dient das Auto nur in zweiter Linie reinen Beförderungszwecken. Von entscheidender Bedeutung hingegen ist die Symbolfunktion des eigenen Fahrzeugs: Das Auto wird zum Gefährt der Seele" (Hilgers 1997, S. 123). Danach dient der PKW ganz entscheidend der Regulation des Selbstwertgefühls: „Das Gefühl, (ein) jemand zu sein, unabhängig und selbständig, ist entwicklungspsychologisch eng mit der wachsenden Fähigkeit zur individuellen Bewegung verknüpft." (Ebd., S. 126) Beim Blick in die Seele der Kraftfahrzeugnutzer in der Freizeit werden folgende psychische Funktionen identifiziert:

- Die Möglichkeiten von Thrill, Nervenkitzel und dem Sich-Gefahren-Aussetzen, lasse ein „Gefühl eigener Größe, Macht und Grenzenlosigkeit erleben. Auf diese Weise biete das Auto ein Refugium für infantile Größenphantasien" (ebd., S. 126). Autofahren fördere durch den „enormen Kraft-, Macht- und Geschwindigkeitszuwachs" die Regression in Form von Allmachtsgefühlen (ebd., S. 124). Tatsächlich konnte die Wichtigkeit von Risiko und Thrill auch in quantitativen Studien über Mobilitätsstile empirisch gesichert werden (vgl. dazu Götz 1999a, S. 311). Freilich stellt sich in der empirischen Forschung heraus, dass derartige Funktionen der Auto- und Motorradnutzung keineswegs tabuisiert, sondern von den Befragten ganz offen thematisiert werden. So erscheint es fraglich, ob es sich hier wirklich um verdeckte und verdrängte psychische Energien handelt.

- Weiterhin führt der Psychoanalytiker Hilgers aus, das Auto sei ein Instrument der sozialen Kompensation – „analog zur gesellschaftlichen Situation findet auf der Straße ein Verdrängungswettkampf der Stärkeren gegen Schwächere statt. Allerdings bietet die Straße die Möglichkeit zur Revanche" all jener, die sonst unterliegen (ebd., S. 125). Schließlich schaffe das Auto „Distanz zur sozialen Realität", während öffentliche Verkehrsmittel mit der sozialen Wirklichkeit konfrontierten. Beide Befunde decken sich zum einen mit der bloßen Alltagsbeobachtung, zum anderen mit den Ergebnissen repräsentativer Studien zur ÖPNV-Nutzung, in denen deutlich wird, dass die Furcht vor der Konfrontation mit einer fremden oder beängstigenden Öffentlichkeit Grund für die Vermeidung des öffentlichen Verkehrs ist (vgl. Götz et al. 1997, S. 61). Allerdings handelt es sich dabei um kollektive Ängste bestimmter sozialer Gruppen und daraus folgenden Verhaltensweisen, für die es offen benennbare soziale Ursachen gibt, die nicht zwingend im Rahmen der Tiefenpsychologie entschlüsselt werden müssen.

- „Mit dem Auto bewegt man sich anscheinend in einem rechtsfreien Raum – zumindest wird die Straße oft als ein solcher erlebt. In der Realität bestehende Verbote und Grenzen lösen sich für den Fahrer scheinbar auf" – dies wirke kurzfristig befreiend (Hilgers 1997, S. 126). Ob das Übertreten von Verboten und Geboten tatsächlich mit der Auflösung von Grenzen gleichgesetzt werden kann, sei dahingestellt. Das Ergebnis wird sofort fraglich, wenn aus dieser Perspektive der Straßenverkehr z.B. in Palermo analysiert wird oder auch nur das unterschiedliche Verhalten der Fußgänger an roten Ampeln in unterschiedlichen Städten Deutschlands.

- Das Auto verschaffe schließlich „Pseudo-Identität. Der Besitz eines bestimmten Wagentyps wird mit einem bestimmten Image ... und Rollenklischees verknüpft" (ebd., S. 124). Die Sinnfindung rund um das Automobil kompensiere den Verlust traditioneller Orientierungen, Werte und Bindungen. Auch diese These kann kaum bestritten werden. Allerdings zeigt die sozialwissenschaftliche Forschung klar, dass sich (ein Teil) der Befragten ganz offen zur Ablehnung traditioneller Werte und Bindungen bekennt. Auch die symbolische Funktion des Automobils ist nicht tabuisiert und die entsprechenden Motive können mit Methoden der empirischen Sozialforschung gut erhoben werden. Gerade die Lebensstilforschung hat theoretisch und empirisch gut herausgearbeitet, dass Fahrzeuge, ebenso wie viele andere Güter, eine symbolische Funktion inerhalb der Lebensstilpositionierung haben – hier entsteht auch die Brücke zwischen den Deutungen der Psychoanalyse und der Lebensstilforschung; für beide ist unbestritten, dass Elemente des Lebensstils eng mit der Identität verknüpft sind (vgl. dazu etwa Berking/Neckel 1990). Allerdings hat die Lebensstilforschung den Anspruch, diese für subjektive Identitätsbildung wichtigen, aber dennoch gruppenspezifisch verankerten Orientierungen und Praxisformen zu analysieren, ohne sie als psychische Störungen zu interpretieren.

Der Versuch, verdeckte psychische Funktionen des Autofahrens aufzudecken, lässt zwar die transportrationale Logik hinter sich, greift aber auf eine aus heutiger Sicht nicht mehr haltbare Kompensationsthese zurück. Was hier als Funktion innerhalb des Seelenhaushalts scheinbar aufgedeckt wird, dazu bekennt sich der moderne Konsument selbstverständlich, denn er lebt seine Lüste und seine Phasen der Infantilität bewusst und offen aus. Da die modernen Automobile sich in technischer Hinsicht kaum noch unterscheiden, zählt allein der emotionale Zusatzgenuss. Dabei handelt es sich um eine Spirale, die von der Automobilindustrie, der Werbung, den Special-Interest-Jounalisten, aber auch von den Käufern immer weitergetrieben wird. Die Inhalte dieses Emotionalisierungs-Spiels liegen offen zu Tage. Den Prozess der offenen und direkten libidinösen Besetzung hat Herbert Marcuse in den 1960er Jahren „repressive Entsublimierung" genannt. Wenn auch das Bild vom manipulierten Menschen, das die Kritische Theorie zeichnet, kaum haltbar ist, so hat doch die Beschreibung einen wahren Kern. „Technischer Fortschritt und ein bequemeres Leben gestatten, die libidinösen Komponenten in den Bereich von Warenproduktion und -austausch systematisch aufzunehmen. Aber wie kontrolliert die Mobilisierung der Triebenergie auch sein mag (sie läuft mitunter auf wissenschaftliches Management der Libido hinaus), wie sehr sie auch als Stütze des Status quo dienen mag – sie verschafft den manipulierten Individuen auch einen Genuss, ganz wie es Spaß macht, im Motorboot davonzurasen, einen elektrischen Rasenmäher zu schieben, ein Auto auf Touren zu bringen" (Marcuse 1967, S. 94).

9. Gesellschaftstheoretische Zugänge

Gesamtgesellschaftliche, auf der Makroebene argumentierende soziologische Analysen haben nicht primär den Anspruch, das Handeln der Individuen oder sozialer Subgruppen individuell zu verstehen bzw. zu erklären. Sie stellen sich vielmehr die Aufgabe, eine Kernstruktur der Gesellschaft zu bezeichnen und daraus Teilstrukturen zu erklären. Gesellschaftstheoretische Zugriffe bestehen „auf dem Versuch, die Totalität des gesellschaftlichen Lebenszusammenhangs in der Einheit von ökonomischen, sozialen und psychologischen Prozessen zu erkennen" (Fuchs et al. 1978, S. 275). Hinsichtlich des hier interessierenden Themas geht es um die Frage „nach den, den eigentlichen Verkehrsentscheidungen vorgelagerten gesellschaftlichen Prozessen und Strukturen – auch im Sinne langfristig wirksamer Einflussfaktoren" (Rammler 2000, S. 69).

Für den Bereich Auto, Verkehr und Mobilität sind folgende Varianten gesamtgesellschaftlicher Analyse erarbeitet worden.

a) Analyse der sozio-ökonomischen Bedeutung des Automobils

In der kapitalismuskritischen Untersuchung von Krämer-Badoni et al. (1971) wird die Entstehung, die Attraktivität und die Ausbreitung der Automobilität politökonomisch von mehreren Seiten analysiert: Von
- der Seite des Gebrauchswerts, der die Faszinationen der Autonutzung enthüllt;
- der Tauschwertseite der kapitalistischen Produktion, einschließlich der schicht- bzw. klassenspezifischen Ungleichverteilung der Ware Auto und den Strategien der Produktdifferenzierung und der Werbung;
- der Seite der Organisation im Automobilclub als „Verwaltung" und zugleich „Lebenswelt der (organisierten) Massen";
- der Seite der Verkehrspolitik, die in ihrer Funktion zur Sicherung der Kapitalverwertung gesehen wird, und – am Beispiel Münchens – in ihrem

Kompromiss einer halbherzigen ÖPNV-Förderung, die nicht wirklich auf Kosten des Autos gehen darf.

Die Studie war insofern ihrer Zeit voraus, als sie schon früh Argumente einführte, die erst Jahrzehnte später zum Fundus der Debatte über Automobilität wurden. Das gilt sowohl für die Kritik einer autozentrierten Verkehrsplanung als auch für die Parteinahme für den öffentlichen Verkehr. Das gilt aber vor allem für die Analyse des – wie es damals hieß – widersprüchlichen Charakters des Automobils. Durch den undogmatischen und kreativen Umgang mit dem Handwerkszeug der Marx'schen Warenanalyse werden das Faszinierende und das Fetischhafte des Automobils herausgearbeitet; das subjektiv Erscheinende wird somit aus dem Objektiven, eben jener anderen Seite der Ware, und damit aus einem ökonomischen und gesellschaftlichen Verhältnis abgeleitet.

Durch die Annäherung an die Ware Automobilität über den Nutzen/Gebrauchswert gelingt es, den emanzipativen, aber auch den faszinierenden Kern des Konzepts Auto auszumachen: „Eine erste Besonderheit, die das Automobil von anderen Verkehrsmitteln unterscheidet, liegt im privaten Charakter seiner Nutzung und, diese so bedingend, in seiner ständigen Verfügbarkeit. Einmal gekauft ist das Auto ein gleichsam wartendes Ding, das für den Besitzer und nur für ihn zur Verfügung steht. Es provoziert schnelle und spontane Ortsveränderung zu jeder Zeit und bietet sich zum Gebrauch an, weil es als stehendes Ding seinen eklatanten Zweck nicht erfüllt. Sich irgendwohin zu begeben erfordert nur den subjektiven Willen. Ungebundenheit, Beliebigkeit in der Zeit korrespondieren mit der Beliebigkeit in der Wahl von Geschwindigkeit, Richtung und Weg; sie machen zusammen mit der Transportfunktion den rationalen Kern des Gebrauchswerts des technischen Mittels Auto aus, seine tatsächliche emanzipatorische Funktion im Sinne der Aufhebung von Zwängen der menschlichen Natur" (Krämer-Badoni et al. 1971, S. 52). Damit wird etwas erkannt, was bis heute die Debatte um Eigentums-Automobilität prägt:[66] die Tatsache, dass ein Auto in privatem Eigentum eine ständige Nutzungsaufforderung darstellt. Ökonomisch ausgedrückt: Das Auto, das auch im Stand kostet, rentiert sich erst, wenn es auch gefahren wird.

In der dann folgenden, in vielen Punkten noch heute gültigen Analyse der „ungeplanten Verwendungsmöglichkeiten" werden Nutzungsdimensionen aufgedeckt, die in späteren Forschungen als subjektive, sozialpsychologische und symbolische Dimension der Automobilität empirisch fundiert wurden:

---

[66] Sie weist darauf hin, dass der Besitz eine Eigendynamik der Nutzung entfaltet. Die Debatte über Sinn und Unsinn des Carsharing weist in eine ähnliche Richtung. Es wird davon ausgegangen, dass ein gegen Gebühr genutztes Auto, bei dem jede Nutzung gesondert kostet, insgesamt zu einer geringeren Nutzung führt.

- die Nutzung als Symbol des Prestiges und als Träger von Bedeutungen, die auf den Besitzer übertragen werden,
- die merkwürdige Stellung des Autos als „Mittelding zwischen Wohnzelle und Öffentlichkeit",
- die Potentiale zur Steigerung des Selbstwertgefühls und der Identitätsgewinnung
- und die Möglichkeiten, Aggression mit dem Auto auszuleben.

Indem auf der gesellschaftlichen Bedingtheit dieser Verwendungsformen beharrt wird, verweigert sich die Studie einer Subjektivierung bzw. Kulturalisierung.

Die Analyse „zur sozio-ökonomischen Bedeutung des Automobils" ist der Versuch, die Massenmotorisierung aus unterschiedlichen, zentralen Mechanismen der Sicherung der kapitalistischen Verwertungsbedingungen und der Einbeziehung der Massen gesamtgesellschaftlich zu erklären. Erhellend ist dabei aber gerade nicht so sehr der gesamtgesellschaftlich argumentierende Zugriff. Weitsichtig sind jene Facetten der Argumentation, die – lässt man den marxistischen Jargon einmal beiseite – Themen problematisieren, die immer noch die Debatte prägen. Das bedeutet aber: Es gibt bis heute gültige Problematisierungen der Genese des Autoverkehrs, der Autofaszination und der Verkehrsplanung, die von den Autor(inn)en gut herausgearbeitet wurden, deren Überzeugungskraft aber gerade *nicht* auf dem marxistischen Gesamtzugriff beruht. Im Gegenteil: Dieser führt an vielen Stellen eher in die Irre oder wirkt, was aus dem damaligen Anspruch einer parteiischen Soziologie heraus verständlich ist, eher aufgesetzt.[67] Es entsteht der Eindruck, dass viele Einzelerkenntnisse im Detail aufschlussreich und zum Teil äußerst differenziert dargestellt sind, dass aber die Gesellschaftstheorie – nicht etwa weil sie sich historisch erledigt hat[68] – aus heutiger Sicht ein zu grobes Handwerkszeug bereitstellt. Beispielsweise scheint es angesichts der Forschungen des Strukturalismus über Symbole und Zeichen in unterschiedlichen Kulturen doch eher so, dass die Symbolisierung durch Gegenstände ein universelles Phänomen ist und in sehr viel früheren Kulturen schon Teil der gesellschaftlichen Differenzierung war; dass also die gesellschaftliche Funktion der Symbolisierung von Status durch Gegenstände auch in Zivilisationen lange vor der Warengesellschaft vorgefunden werden konnte. Und auch die strukturalistische Forschung über Mythen des Alltags macht, indem das Mythologische am Automobil herausgearbeitet wird, etwas zum Thema, das weit über den Kapitalismus hinausreicht. In seiner be-

---

[67] Zum Beispiel der etwas mühsam geführte Nachweis des Klassencharakters des Automobilbesitzes.
[68] Das wäre eine andere Diskussion.

kannten Studie über den DS 19 betont Roland Barthes ja gerade die über die aktuelle Geschichtsepoche hinausweisende Bedeutung des magischen Objekts, wenn er ausführt: „Ich glaube, dass das Auto das genaue Äquivalent der großen gotischen Kathedralen ist. Ich meine damit: Eine große Schöpfung der Epoche, die mit Leidenschaft von unbekannten Künstlern erdacht wurde und die in ihrem Bild, wenn nicht überhaupt im Gebrauch von einem ganzen Volk benutzt wird, das sich in ihr ein magisches Objekt zurüstet und aneignet" (Barthes 1964).

Die historische Forschung stellt fest, dass die Faszination der Selbstbeweglichkeit nicht mit Beginn der warenproduzierenden Gesellschaft und auch nicht mit der Phase der Erfindung des Verbrennungsmotors, also der Industrialisierung, beginnt, sondern: „Der Wunsch nach Automobilität ist älter als das Automobil. Die Sehnsucht nach selbstbestimmter Beweglichkeit ist so ursprünglich und so radikal, dass sie durch die aufgeblasenen Blechgefährte, denen wir Pferde und Wälder geopfert haben, nicht eingelöst werden konnte (...). Die Anfänge des Bemühens, den Automobilitätswunsch maschinell zu befriedigen durch zugtierlose und insofern selbstbewegte Fahrzeuge, liegen in der Renaissance, in jener europäischen Neugierepoche, in der Mittelalter und Frühe Neuzeit einander überblenden" (Berns 1996, S. 7).

b) Verkehr als funktionale Notwendigkeit der Moderne

Eine ebenfalls gesellschaftstheoretische, funktionalistisch-differenzierungstheoretische Position nimmt Stephan Rammler (2000) in seiner Arbeit „Die Wahlverwandtschaft von Moderne und Mobilität" ein. Der Zivilisationsprozess zeige insgesamt „einen historischen Trend zunehmender sozialer Arbeitsteilung, Spezialisierung, Rollen- und Schichtendifferenzierung. Mit dem Übergang zur Moderne nimmt dieser Prozess jedoch einen historisch bis dahin einzigartigen, besonders dynamischen, kumulativen und zunehmend globalen Charakter an. Er führt dazu, dass sich die kleinräumig, dicht und stabil organisierten sozialen Netzwerke traditionaler Gesellschaften sukzessive lockern und sich zunehmend veränderlich und weiträumig konstituieren. Moderne, so kann man also zugespitzt sagen, bedeutet strukturelle Differenzierung, die allerdings nur denkbar ist mithilfe des komplementären Prozesses der Integration der sich ausdifferenzierenden sozialen Funktionssphären und Rollen. Die Fortentwicklung der Gesellschaft, der Erhalt der inneren Einheit ... ist also nur möglich, wenn die Ausdifferenzierung begleitet wird von einem zeitgleichen Prozess der Integration. Integration meint eine besondere Form institutioneller, organisatorischer, kultureller und technologischer Brückenschläge, die es der Gesellschaft gleichwohl ermöglicht, ihre Funktionsfähigkeit und ihren inneren Zusammenhalt zu bewahren und

... weiter auszubauen (...). Diese Aufgabe der Integration erfüllt in räumlich-geographischer Hinsicht der Transfer von Personen, Gütern und Informationen. Also: Verkehr integriert. Er erbringt damit eine strukturfunktional notwendige Leistung für die Gesellschaft" (Rammler 2000, S. 259 f.).

Diese Argumentation zur Entstehung von Verkehr in der Moderne bzw. einer Dialektik von Prozessen der Modernisierung und der Verkehrsentwicklung leuchtet ein, auch unabhängig von der Bezugnahme auf die strukturfunktionale Theorie. Für den Übergang in die industrielle Moderne ist der Zusammenhang und die gegenseitige Abhängigkeit von Modernisierung, Mobilwerdung der Personen und Güter sowie Aufbau, Expansion und Rationalisierung des Verkehrssystems sozialhistorisch belegt (vgl. Wehler 1995, S. 68 ff.).

Insofern kann der Kernaussage, wenn sie ihre Reichweite auf einen bestimmen historischen Abschnitt beschränken würde, zugestimmt werden.

Außerdem hat der theoretische Ansatz in Hinsicht auf Freizeitmobilität heuristisches Potential und kann mit einigen wichtigen Befunden der Forschung verknüpft werden: Wie mehrere Projekte zum Thema Freizeit zeigen, dienen die meisten Freizeitfahrten dem Zweck der Aufrechterhaltung sozialer Beziehungen und Bindungen (Verwandte besuchen, Freunde treffen, Leute kennen lernen, miteinander ausgehen). In einer der Studien wird deshalb resümiert: „Freizeitmobilität gewährleistet soziale Interaktion in einer individualisierten Gesellschaft" (Zängler 2000, S. 142). Wenn davon ausgegangen wird, dass Tendenzen zur Individualisierung[69] Ausdruck sozialer Differenzierung sind und wenn gleichzeitig stimmt, dass die Familien-, Freundschafts- und Berufsrollen jeweils getrennt und räumlich verstreut wahrgenommen werden, dann kann daraus der Schluss gezogen werden: Was wie Handlungen des freiwilligen, selbstbestimmten, lustbetonten Freizeitverkehrs erscheint, sind aus Perspektive der sozialen Systeme Akte der sozialen Integration.[70]

Soweit der logische und nachvollziehbare Kern des modernisierungstheoretischen „Beitrags zur Verkehrssoziologie" von Rammler. Kritisch muss jedoch gesehen werden, dass er mit dem von Modernisierungstheorien bekannten Verallgemeinerungsanspruch auftritt. Es stellt sich die Frage, ob die theoretische Grundannahme eines allgemeinen Gesetzes der Differenzierung als Modernisierung empirisch überhaupt haltbar ist. Einer durchgängigen

---

[69] Zur Kritik der Individualisierungsthese von Beck (1986, S. 115 ff.) vgl. Friedrichs (1998) und Dangschat (1998, S. 64 f.).

[70] Heitmeyer (1997) fragt zusammen mit anderen Autorinnen und Autoren: Was hält die Gesellschaft zusammen? Sind individualisierte und ethnisch-kulturell vielfältige Gesellschaften noch integrierbar? Gibt es eine Radikalisierung des Integrationsproblems?

100   C. Mobilität und Verkehr

Differenzierungslogik kann zunächst einmal entgegengehalten werden, dass Differenzierungs- und Entdifferenzierungsprozesse in Wirklichkeit gleichzeitig verlaufen (vgl. Becker/Keil 2006, S. 294).

• Bei der Frage des Verkehrs müsste bewiesen werden, dass ein höherer Modernisierungsgrad (gemessen an den Indikatoren der Modernisierungstheorie) und eine Zunahme von Verkehr (gemessen mit den Indikatoren der Verkehrsforschung) sich tatsächlich gegenseitig bedingen. Technische und gesellschaftliche Modernisierung, aber auch technische und gesellschaftliche Differenzierung können ja auch entkoppelt verlaufen.

• Der Nationalsozialismus hat mit dem Autobahnnetz als so genannte „Straßen des Führers" eines der wichtigsten Bestandteile der Verkehrsinfrastruktur und mit dem Volkswagen als „Plan, Wille und Tat des Führers und seiner Partei" einen wichtigen Beitrag zur Modernisierung des Verkehrssystems geleistet (vgl. Edelmann 1989, das Kapitel „Das nationalsozialistische Motorisierungsprogramm"). Auf der politischen und gesellschaftlichen Ebene erscheint der Nationalsozialismus mit der Idee der Volksgemeinschaft und dem Rückgriff auf entdifferenzierende Rasseideologien aber als eine Gegenbewegung zur Differenzierung. Deshalb kann der Nationalsozialismus als historisches Beispiel für die Falsifizierung eines allgemeinen Zusammenhangs von Mobilität und gesellschaftlicher Moderne im Sinne der zunehmenden Differenzierung betrachtet werden.

• Der verwendete Modernisierungsbegriff selbst scheint somit zu undifferenziert. Das eben angesprochene Beispiel zeigt, dass zwischen ökonomischer Rationalisierung, Modernisierung der Industrie und Ausdifferenzierung sozialer Subsysteme unterschieden werden muss. Zudem hat die Diskussion über Modernisierungstheorien im Kontext der so genannten Drittweltländer einen allgemeinen Begriff der gesellschaftlichen Modernisierung im Vergleich zu traditionellen Gesellschaften wissenschaftlich in Frage gestellt (vgl. Hauck 1992, S. 162 ff.).

Das Konzept der „Wahlverwandtschaft von Moderne und Mobilität" hat Erklärungskraft, wenn es um den „einzigartigen historischen Prozess" des Übergangs in die industrielle Moderne geht (Rammler 2000, S. 57). Der Allgemeinheitsanspruch, mit dem das Konzept vorgetragen wird, kann aber bei genauer Prüfung empirisch-historisch nicht gehalten werden.

c) Die Automobilisierung als Prozess
technologischer Integration und sozialer Vernetzung

Mehrere systemtheoretisch argumentierende Zugänge erklären Verkehr, insbesondere den zunehmenden Autoverkehr, als einen eigendynamischen, sich selbst verursachenden Prozess (z.B. Heinze/Kill 1997 und Kuhm 1997). Kern der Argumentation ist ein techniksoziologischer Zugang, der die Subjekt-Objekt-Dualität von Mensch und Technik in Frage stellt. In Abgrenzung zu einer Techniksoziologie, die Technik als Werkzeug-Objekt konstruiert, wird festgestellt, dass die sozialen Beziehungen immer stärker mit Technik unmittelbar verbunden seien – bis hin zu sozialen Konfigurationen, die ganz auf Maschinen übertragen werden.[71] Zwar wird unterschieden zwischen „Beziehungen neben der Technik, Beziehungen mittels der Technik und Beziehungen in Gestalt der Technik" (Kuhm 1997, S. 18), aber zu Recht wird feststellt, es gäbe kaum noch „Beziehungen neben der Technik". Ähnlich argumentiert Böhme, wenn er zum Thema „Technostrukturen" ausführt, es sei eine erhebliche Unterschätzung der gesellschaftlichen Bedeutung von Technik, „wenn man glaubt, dass es Sozialbeziehungen oder soziales Verhalten als solches gebe und dass man sich dann zu ihrem Vollzuge noch technischer Mittel bedienen könne" (Böhme 1987, S. 59). Was bei Böhme Technostrukturen genannt wird, nennt Kuhm großtechnische Systeme, zu denen auch der Automobilismus zählt.[72]

Der Kern der Argumentation lautet:

- Rationalisierung und Kulturalisierung schließen sich nicht gegenseitig aus, sondern setzen sich wechselseitig voraus: „Fortschreitende Technisierung des Alltags und Prozesse kultureller Differenzierung stehen nicht in einem kontingenten Verhältnis zueinander. Vielmehr bedingen sie sich beiderseits und stimulieren einander" (Kuhm 1997, S. 175).

- „Mit fortschreitender formaler Integration des Automobilgebrauchs zum Automobilismus ermöglichte das Automobil zunehmend die Wahrnehmung neuer, von ihm abhängiger Handlungsoptionen." (Ebd.) – eine Erkenntnis, die übrigens auch für die verschiedenen Formen elektronisch ermöglichter Handlungsoptionen gilt.[73]

- „Die Abhängigkeit der Verwendung des Automobils von seiner Vernetzung zum großtechnischen System wurde recht schnell zum Motor von Veränderungen und Neuentwicklungen. Auf jeder beliebigen Etappe der

---

[71] Diese zunächst überspitzt klingende Formulierung erhält Plausibilität, wenn man sich beispielsweise die Entwicklungen im Bereich der E-Mail-Kommunikation vergegenwärtigt: Es ist selbstverständlich geworden, dass Personen ihre Urlaubsabwesenheit durch eine automatisch generierte Antwortmail anzeigen, was nichts anderes als eine soziale Interaktion ist, die maschinell ohne Subjekt stattfindet.
[72] Er bezieht sich dabei auf Arbeiten von Renate Mayntz zu technischen Infrastruktursystemen (1988), von Ingo Braun zu Systemen zweiter Ordnung (1991) und zu Technik im Alltag (1993).
[73] Bestimmte Ideen über die Umgestaltung von Arbeitsbeziehungen (z.B. virtuelle Firmen) sind überhaupt erst durch vernetzte Kommunikationstechnik entstanden.

Expansion des Automobilverkehrs entstanden neue Probleme, die etwa Haftungsfragen oder die Leistungsfähigkeit der Infrastruktur oder die Notwendigkeit des Aufbaus technischer Laienkompetenzen betreffen" – und die gelöst wurden. Das technische System nimmt Einfluss auf andere Subsysteme und verändert damit selbst seine Rahmenbedingungen.

- „Erst die Rückkoppelung der ‚harten' technisch-materiellen Komponenten zu den sozialen Systemen von Politik, Ökonomie, Recht, Wissenschaft und Erziehung in den Industriegesellschaften sowie zu Institutionen dieser Systeme gewährleistet den mehr oder weniger problemlosen Einsatz des Automobils im Alltag." (Ebd., S. 177)

Kuhm spricht deshalb von einer „schrauben- oder spiralenförmigen Dynamik der Automobilisierung (...), durch die – wenn die Partizipation an und die Integration in eine automobile Lebensweise gelingt – auf jeweils höherem Entwicklungsniveau ein wachsendes Spektrum von Nutzungsmöglichkeiten und -formen hervorgerufen wird, das seinerseits die weitere quantitative Zunahme der Motorisierung evoziert. Ist dieser spiralenförmige Wachstumsprozess einmal initiiert, kann er sich solange behaupten, solange veränderte kulturelle Praktiken an ‚bessere' Autos – und umgekehrt – anschließbar bleiben und solange genügend Raum für Weiterentwicklung und Expansion des Automobilverkehrs zur Verfügung steht" (ebd., S. 176 f.).

Was die Theorie Kuhms für die hier eingenommene handlungsorientierte Perspektive interessant macht, ist die folgende Erkenntnis: Kennzeichnend für derartige eigendynamische Prozesse sei „die Erzeugung der den Prozess tragenden Handlungsmotivationen in und durch den Prozess selbst" (Mayntz/Nedelmann 1987, S. 657). Und: es werden durch die mit der Gesellschaft verwobene Technik neue Wirklichkeiten hergestellt, die ein Sich-außerhalb-Stellen nicht mehr ermöglichen. Eine Aussage, die sich exakt in die Ergebnisse der Empirie über das „Automobil als Symbol der sozialen Integration" einfügt (vgl. Götz 2003b).

Die techniksoziologische Argumentation, die Technik nicht als Objekt, sondern als eine das Soziale strukturierende, durch Handlungen vorangetriebene Eigendynamik begreift, leuchtet ein. Dies trifft auch für ein anderes Techniksystem zu, das Internet bzw. die gesamte vernetzte Mikroelektronik. Das Werkzeugbild von Technik wird hier zu Recht verabschiedet. Sowohl durch die Verkehrs-, als auch durch Kommunikationstechnik entstanden und entstehen neue Verkehrsformen im sozialen und technischen Sinne des Wortes. Sowohl die zunehmenden Pendel-Familienbeziehungen als auch die Fernpendler-Arbeitsbeziehungen werden erst durch neue Verkehrsmittel und den damit verbundenen Infrastrukturen zur Option. Es entstehen neue Lebens- und Arbeitsweisen, die durch diese Techniken aufgezeigt und dann durch kombinierte Technik- und Sozialstrukturen gestaltet werden.

Der theoretische Zugang stellt zugleich auch konventionelle Vorstellungen von politischer Steuerung in Frage. Tatsächlich handelt es sich bei den sich vernetzenden Sozio-Techniksystemen um einen Politikmodus ohne Politiker, in dem das sozio-technische System seine Rahmenbedingungen selbst gestaltet.

Nicht etwa die zahlreichen Bundesanstalten und Großbürokratien rund um das Automobil sind federführend, wenn es um die Verhinderung des Verkehrsinfarkts oder Senkung der Anzahl der Getöteten geht, es sind die Technikentwicklungen der Integration von Mikroelektronik und Verkehr. Aktuell ist es die Vernetzung des Automobilsystems mit der Mikroelektronik und die fehlerkompensierenden Rückbindung dieser Systeme an die unberechenbaren Verhaltensweisen des Menschen, die industriell erprobt werden und die die ehemaligen Techniknutzer zu durch Technik Kontrollierten machen.[74] Sobald diese Systeme – wie schon häufig – zu einer messbaren Erhöhung der Sicherheit geführt haben, werden sie normativ verankert werden und die politischen Akteure glauben initiativ gehandelt zu haben.

Der Ansatz sozio-technischer Systeme ist mit einer akteursbezogenen Perspektive von Mobilität keineswegs unvereinbar. Im Gegenteil: Die Erkenntnis, dass derartige Systeme die sie tragenden Motivationen selbst mit erzeugen, bedeutet eine sinnvolle Entpsychologisierung. Wenn es stimmt, dass motivationale Bindungen an sozio-technische Systeme ganz selbstverständlich mitproduziert werden, weil sie soziale und gesellschaftliche Integration bzw. Desintegration, Einschluss und Ausschluss herstellen, dann ist nicht mehr die Tatsache einer auf Subjektebene als Affekt oder Emotion erscheinenden Bindung die zu analysierende Tatsache – zentral wird dann die Untersuchung der Differenziertheit der Erscheinungsformen.

IV. Resümee

Die unterschiedlichen prognostischen, deskriptiven, kausalanalytischen, handlungstheoretischen, hermeneutischen und gesamtgesellschaftlich argumentierenden Zugänge haben deutlich gemacht, dass es sehr verschiedene Entstehungskontexte des Erkenntnisinteresses der Verkehrsentstehung gibt:

– unterschiedliche disziplinäre Herkünfte und Heimaten,
– unterschiedliche wissenschaftstheoretische Grundpositionen,
– unterschiedliche Engagements (sozial, ökonomisch, ökologisch, feministisch),
– unterschiedliche Praxiskontexte.

---

[74] Vgl. Vasek 2004, S. 20–41.

Zunächst können die verschiedenen theoretischen Zugänge hinsichtlich der erklärenden Einflussgrößen unterschieden werden: Auf der einen Seite deterministische Ansätze, die davon ausgehen, Verkehrsverhalten und Wegemuster könnten als notwendige Folge einer objektiven Konstellation, wie beruflicher Situation und räumlicher Lage abgeleitet werden – Verkehrsverhalten ist aus dieser Perspektive weitgehend „vorprogrammiert" (Kutter 1973) und wird als Nachfrage verstanden, der die Raum- und Verkehrsplanung ein Angebot gegenüberstellt.

Auf der anderen Seite Erklärungen, die das Handeln von Individuen oder sozialen Gruppen in den Mittelpunkt stellen. Diese handlungsorientierten Erklärungszugänge bewegen sich wiederum auf höchst unterschiedlichen Aggregationsebenen: Zugänge, die von den Entscheidungen und Antriebskräften einzelner Individuen ausgehen und insofern mikroanalytisch argumentieren (Rational-Choice-Theorie, Theorie des geplanten Verhaltens) sowie, zwar theoretisch völlig anders, aber auch auf der individuellen Ebene, die psychoanalytische Deutung des Verkehrsverhaltens, die ebenfalls Subjekte und ihre motivationalen Hintergründe ins Visier nimmt.

Analytisch auf der Makroebene liegen dagegen Erklärungsmuster, die Verkehr und Verkehrsverhalten gesellschaftstheoretisch erklären: Modernisierungstheoretisch-strukturfunktional im Theorem der „Wahlverwandtschaft von Verkehr und Moderne" (Rammler 2000), als Analyse von Tausch- und Gebrauchswert des Automobils im Spätkapitalismus (Krämer-Badoni et al. 1971), schließlich Automobilität als sich selbst verstärkende, gesellschaftliche Spiralendynamik eines großtechnischen Systems (Kuhm 1997).

Jenseits der Pole mikro/makro liegen Modelle, die ohne explizit soziologische Theorie aus verkehrswissenschaftlicher Sicht das Verhalten auf einer mittleren Ebene soziodemographischer Gruppierung modellieren – z.B. der Ansatz der verhaltenskonsistenten Typen (Kutter 1973), die Analyse der Bestimmungsgrößen des Verkehrsverhaltens (Holz-Rau 1990) oder die Untersuchungen zu geschlechtsspezifischen Differenzen (Stete 1996).

Beim resümierenden Überblick über die verschiedenen Ansätze wird die Forschungslücke bzw. das Defizit einer sozialwissenschaftlichen Verkehrsforschung deutlich:

- Es fehlt ein theoretisch begründeter, sozialwissenschaftlicher Zugang, der auch in diesem Forschungsfeld eine „Meso-Ebene der soziologischen Analyse zwischen den übergreifenden Makro-Strukturen der Gesellschaft und den Mikro-Aktionen der individuellen Akteure" einnimmt (Esser 1996, S. 112), dies aber nicht deterministisch, sondern auf der Basis eines Handlungsmodells leistet, welches von Motiven und Gründen der

IV. Resümee

Akteure ausgeht, ohne dabei individualpsychologisch argumentieren zu müssen.

- Es geht also um eine Forschungsperspektive und um ein Handlungsmodell, das eine mittlere Ebene der sozialen Konfiguration einnimmt, ohne subjektive und emotionale Antriebe zu vernachlässigen. Diese Perspektive müsste die Erkenntnisse zu Individualisierung und Pluralisierung der Lebensformen aufnehmen – und als Sozialstruktur ernst nehmen. Es geht dabei um ein Modell, das die Vielfalt der Orientierungen und Wünsche berücksichtigt, zugleich aber die „harte" Seite des Verkehrsverhaltens im Raum abbildet.

Das nachfolgend dargestellte Forschungskonzept der Mobilitätsstile hat den Anspruch, dies zu leisten.

D. Eigener Zugang: Mobilitätsstile

Das Forschungskonzept der Mobilitätsstile[75] integriert Methoden der sozialwissenschaftlichen Lebensstilanalyse[76] und kritisch verwendete Methoden der Verkehrsverhaltensforschung.[77] Methodisch beruht es auf dem Wissen, dass Lebensstilforschung nur gelingen kann, wenn qualitativ-verstehende und quantitativ-standardisierte Methoden sich gegenseitig ergänzen. Deshalb werden nachfolgend zuerst die quantitativen Befunde der Forschung über Mobilitätsstile dargestellt und anschließend die qualitativen, empirischen Befunde, die im Mittelpunkt dieser Arbeit stehen.

I. Mobilitätsstile in der Stadt

Entwickelt wurde das Konzept der Mobilitätsstile am Beispiel der beiden Städte Freiburg und Schwerin. Auf Basis eines mehrstufigen Untersuchungsdesigns konnten entscheidende Hintergrundmotive des Verkehrsverhaltens analysiert werden. Die durchgeführten Faktorenanalysen auf Grundlage je einer 1000er Stichprobe in beiden Städten bezogen sich auf alle Formen der Fortbewegung, also auf das Auto, den öffentlichen Verkehr, das Fahrrad und das Zu-Fuß-Gehen.

Dabei waren die auf das Auto bezogenen Faktorenanalysen besonders instruktiv. Durch die multivariate Analyse des Zusammenhangs von Orientierungen gelang es, motivationale Hintergründe des Verkehrsverhaltens zu identifizieren, die bisher noch nicht repräsentativ untersucht worden waren. Dazu einige Beispiele:

---

[75] Das Forschungskonzept der Mobilitätsstile wurde vom Autor dieser Arbeit in Zusammenarbeit mit Barbara Birzle-Harder (ergo-network) sowie Thomas Jahn, Irmgard Schultz vom Institut für sozial-ökologische Forschung (ISOE) im Kontext des vom Bundesministerium für Bildung und Forschung (BMBF) geförderten Forschungsverbundes CITY:*mobil* entwickelt. Zur Methodik und zu den Ergebnissen vgl. Götz et al. 1997c.

[76] Zu den Methoden der Lebensstilforschung vgl. Bourdieu 1991, S. 784, Blasius 1994, Schulze 1993, S. 559 ff. sowie die Veröffentlichungen des Sinus-Instituts in SPIEGEL-Verlag 1993, 1994, 1997, 1998 sowie in Flaig et al. 1993.

[77] Zu Methoden der quantitativen Verkehrsforschung auf Basis eines Stichtages vgl. die zahlreichen Veröffentlichungen von Werner Brög bzw. seines Instituts Socialdata, München, sowie Kunert et al. 2004 und die Kongressberichte der internationalen Tagungen zu Methoden der Verkehrsforschung (z. B. IATBR 2003).

- Der Faktor mit der stärksten Varianzaufklärung lautete in beiden Städten: „Bekenntnis zu Risiko und Aggression beim Autofahren" und bezeichnete einen Motivzusammenhang aus Begeisterung für hohe Geschwindigkeiten, Aggression gegenüber anderen Verkehrsteilnehmern und dem gewollten Ausleben von Affekten im Straßenverkehr.

- Bei den Faktorenanalysen, die sich nicht nur auf Autonutzerinnen und Autonutzer, sondern auf alle Befragten bezogen, war der Faktor mit der stärksten Varianzaufklärung in Freiburg: „Das Auto als Bedingung von Unabhängigkeit und Flucht aus dem Alltag".

- „Das Auto als Bedingung des Dazugehörens" war der Faktor mit der zweitstärksten Varianzaufklärung in Freiburg und der stärkste in Schwerin: – er kennzeichnete die Empfindung, ohne Auto sei man nicht Teil der Gesellschaft, es gehöre zum Leben einfach dazu und sei ein Mittel der sozialen Integration.

Die auf den Faktorenanalysen basierenden Clusteranalysen brachten die Mobilitätsorientierungen und Motive in eine auf das Gesamtsample bezogene typologisierende Ordnung. Für Freiburg wurde folgende Typologie erarbeitet:

Die traditionell Häuslichen (24%)

Bei den Angehörigen dieser Gruppe handelt es sich um einen familien- und sicherheitsorientierten Typus, der sich hauptsächlich dadurch auszeichnet, keine pointierten Orientierungen zu vertreten. Ältere und Frauen sind ebenso überrepräsentiert wie die unteren Bildungsabschlüsse. Es gibt in dieser Gruppe überdurchschnittlich viele Renter(innen) und Hausfrauen.

Die risikoorientierten Autofans (20%)

Dieses Cluster repräsentiert einen aufstiegs- und leistungsorientierten Typus, der sich zu Risiko und gelegentlicher Aggression beim Autofahren bekennt. Das Auto ist Symbol der Unabhängigkeit und der Flucht aus dem Alltag. Den Spaß an Risiko und Abwechslung kann diese Gruppe aber auch mit dem Fahrrad erleben. Ein Typus, der den aufstiegsorientierten, motorbegeisterten Mann mittleren Alters repräsentiert (dieses Cluster weist den höchsten Männeranteil auf: 90%).

Die statusorientierten Automobilen (15%)

Diese Gruppe repräsentiert einen prestige- und freizeitorientierten Typus, der das Auto als Statussymbol schätzt. Insbesondere für Freizeitfahrten gilt das Auto als unverzichtbar. Beim Zu-Fuß-Gehen (vor allem nachts) und beim Fahrradfahren dominieren Empfindungen der Gefährdung und Bedrohung. Es gibt eine deutliche Abneigung gegen die Situation als Fahrgast im ÖPNV. Frauen sind in dieser Gruppe leicht überrepräsentiert (Anteil: 65%).

Die traditionell Naturorientierten (24%)

Es handelt sich um einen Typus mit hoher Sensibilität für Umweltfragen, für den das Naturerleben im Vordergrund steht. Entsprechend gibt es bei den Angehörigen dieser Gruppe eine hohe Affinität zum Zu-Fuß-Gehen. Die Situation als FußgängerIn im Straßenverkehr wird aber als ungeschützt und gefährlich erlebt. Die Straßenbahn wird zwar sehr geschätzt, aber nächtliche Fahrten werden als besonders bedrohlich empfunden. Frauen sind in dieser Gruppe leicht überrepräsentiert (Anteil: 67%).

Die ökologisch Entschiedenen (17%)

Diese eher junge und für neue Technik aufgeschlossene Gruppe ist fahrradbegeistert und lehnt das Autofahren aus ökologischen Gründen ab. Wenn das Auto dennoch benutzt wird, befindet sich dieser Typus in Widerspruch mit sich und seinen hohen Ansprüchen an ein umweltfreundliches Alltagsverhalten. Alle Verkehrsmittelalternativen zum Auto werden positiv bewertet. Soweit die Angehörigen dieser Gruppe ein Auto besitzen, überlegen sie, es abzuschaffen. Die Geschlechterverteilung ist fast ausgeglichen (Männeranteil: 56%).

In Schwerin ergab sich folgende Vierer-Typologie:[78]

- Die aggressiven Autofahrerinnen und Autofahrer (18%)
- Die verunsicherten Statusorientierten (38%)
- Die mobilen Erlebnisorientierten (12%)
- Die unauffälligen Umweltbesorgten (32%)

Im Unterschied zu den meisten anderen Typologien wird die Trennschärfe der einzelnen Typen nicht nur intern als vermessene Abstände in der Zustimmung zu den Einstellungs-Items, sondern anhand eines methodisch getrennt erhobenen Verhaltenskriteriums geprüft. Dieser Indikator ist das Verkehrsverhalten, das als abhängige Variable erst nach Festlegung der Typologie berechnet wird. Es gehört zum Forschungskonzept der Mobilitätsstile, dass dies in Anlehnung an Methoden der Verkehrswissenschaften geschieht. Das Ergebnis zeigt einen erstaunlich hohen Zusammenhang zwischen Orientierungen und Verhalten:[79]

---

[78] Zur ausführlichen Beschreibung vgl. Götz et al. 1997, S. 81–122.

[79] Dies führte nebenbei zur Infragestellung der viel beforschten, äußerst beliebten, aber doch auch trivialen These, Bewusstsein und Verhalten seien, insbesondere was das so genannte Umweltverhalten angeht, gespalten (vgl. den Artikel in der taz: Götz 1997a).

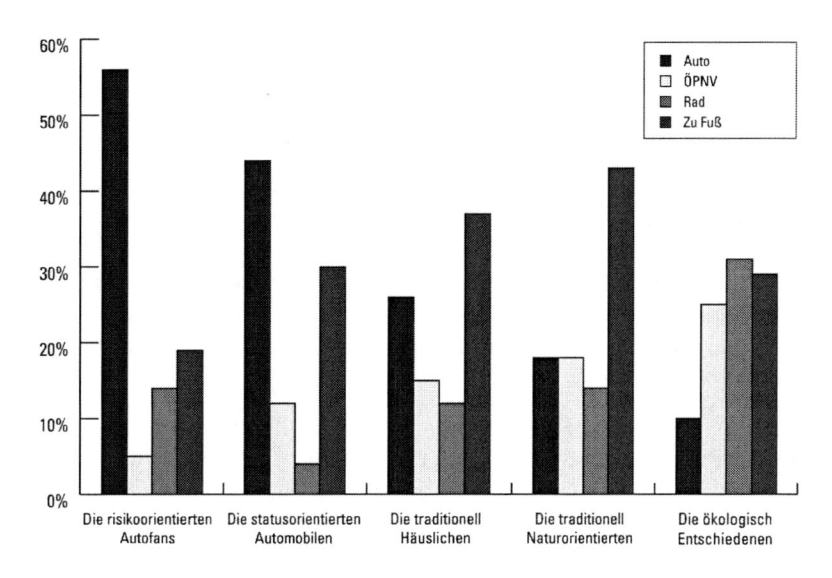

Abbildung 3: Mobilitätsstile in Freiburg – Verkehrsmittelwahl/Fortbewegungsart

- So saßen beispielsweise die *ökologisch Entschiedenen* nur bei 10% aller Fahrten am Steuer eines Autos, die *risikoorientierten Autofans* dagegen bei 56% aller Fahrten (Anteil der männlichen Befragten: 90%).
- Die *traditionell Naturorientierten* (67% Frauen) gingen 43% aller Wege zu Fuß, während die *statusorientierten Automobilen* dies nur bei 4% aller Wege praktizierten.

Das ist eine erstaunlich hohe Varianzaufklärung, die so nicht erwartet worden war (vgl. Abbildung 3).

II. Mobilitätsstile in der Freizeit

In einem weiteren Projekt des Instituts für sozial-ökologische Forschung im Auftrag des Umweltbundesamts wurde das Konzept der Mobilitätsstile um die Freizeitdimension erweitert bzw. erstmals auf Freizeitmobilität und Freizeitverkehr angewandt.[80]

---

[80] Es handelt sich um ein interdisziplinäres Forschungsvorhaben, das der Autor zusammen mit Steffi Schubert (Institut für sozial-ökologische Forschung) und Willi Loose sowie Martin Schmied (beide Öko-Institut) im Auftrag des Umweltbundesamts (Axel Friedrich; Christiana Jasper) durchgeführt hat (vgl. Götz et al. 2003).

Der sozialempirische Teil des Projekts bestand wiederum aus einer ersten qualitativen Untersuchungsphase und einer zweiten, standardisierten Phase. Dabei wurden bundesweit 1.000 Personen per Zufallsstichprobe befragt.

Die Integration der zentralen Dimensionen von Mobilität in die Empirie des Mobilitätstilekonzepts bedeutete, dass wiederum das Verkehrsverhalten, die verschiedenen Gelegenheiten der Bedürfnisbefriedigung (in Form von Wegezwecken), als auch Dimensionen der sozialen Positionierung (in Form von Lebensstilorientierungen) operationalisiert wurden. Neben Fragen zu lebensstilrelevanten Orientierungen und Mobilitätsorientierungen wurde eine auf drei Stichtage bezogene Wegeerhebung durchgeführt.[81] Zusätzlich wurden Einstellungs-Items zum Freizeitverständnis in den Fragebogen aufgenommen.

Auch in dieser Studie wurde eine Mobilitätsstiltypologie erarbeitet. Methodisch weist sie jedoch eine wichtige Differenz auf: In der wissenschaftlichen Diskussion war kritisiert worden, die Lebensstildimension sei in dem Projekt der ersten Mobilitätstilanalyse (Freiburg/Schwerin) nur deskriptiv genutzt worden (vgl. Hunecke 2000). In der Tat waren als konstituierende Variablen die Mobilitätsorientierungen, also in Form von Faktoren verdichtete Einstellungsdimensionen zu den verschiedenen Formen der Fortbewegung, eingesetzt worden. Die daraus entstandenen Cluster waren dann mit den Indikatoren des Lebensstils korreliert worden, sodass plausible Zusammenhänge entstanden.

Aus dieser Kritik wurde der Schluss gezogen, diesmal die Hypothese schärfer zu formulieren: Starthypothese war, dass Verkehrsverhalten (nicht nur, aber auch) von Lebensstilorientierungen abhängt, die keinen direkten Bezug zu Verkehr und Fortbewegung aufweisen. Ergebnis der Clusteranalyse, die diesmal allein auf Basis der Lebensstil-Items durchgeführt wurde, waren fünf plausible und stabile Gruppen, die nach der Analyse und Interpretation mit den folgenden Bezeichnungen versehen wurden:

Benachteiligte (Ben)
Dabei handelt es sich um einen Typus mit instrumenteller Arbeitseinstellung, bei dem ansonsten auffällt, dass lebensstilspezifische Orientierungen kaum ausgeprägt sind, außer der Zustimmung zu dem Item: „Ich trinke gerne mit meinen Freunden einen über den Durst". Ansonsten dominieren niedrige Schulabschlüsse und niedriges Haushaltsnettoeinkommen. Die

---

[81] Das Verkehrsverhalten an einem Werktag wurde direkt im Anschluss an das face to face Interview erhoben, das Verkehrsverhalten am Wochenende, also an einem Samstag und einem Sonntag, wurde durch nachträgliche Telefoninterviews erfasst.

Gruppe hat den größten Anteil an Arbeitern (34%, + 10%), Sozialhilfeempfängern und Arbeitslosen.

Modern-Exklusive (Mod-Ex)

Die Angehörigen dieses Clusters identifizieren sich stark mit ihrem Beruf, sie weisen aber auch eine deutliche Familienorientierung auf. Diese Gruppe glaubt zu wissen, was gerade „in" ist, befasst sich intensiv mit Aktien und mit Informations- und Kommunikationstechnologien, und – zunächst überraschend, aber angesichts der Parteienkonkurrenz[82] um die „Neue Mitte" doch einleuchtend – sie zeigt Engagement für soziale Gerechtigkeit und Ökologie.

Dieser Typus hat die stärkste Technikaffinität aller Cluster, beharrt auf traditioneller, geschlechtsspezifischer Arbeitsteilung. Männer sind leicht überdurchschnittlich vertreten (60%), ebenso mittlere bis höhere Bildungsabschlüsse und überdurchschnittliche Haushaltsnettoeinkommen. Hier gibt es den größten Anteil an Vollzeiterwerbstätigen (mit 63% um 15% über dem Durchschnitt). Ca. zwei Drittel leben in einer Paar- oder Familienkonstellation (12% über dem Durchschnitt), 40% haben Kinder im Haushalt (+ 10%).

Fun-Orientierte (Fun)

In dieser Gruppe stehen individualistische Spaß-, Erlebnis- und Risikoorientierungen im Vordergrund. Sie hat ein sehr starkes und positives Verhältnis zu moderner Technik, aber auch einen starken (Peer-)Gruppenbezug. Es gibt eine deutliche Abneigung gegenüber verwandtschaftlichen und nachbarschaftlichen Bindungen und man steht zu seiner Ich-Bezogenheit. Jüngere sind deutlich überrepräsentiert. Dieser Typus weist den größten Anteil an Personen in Ausbildung, aber auch an Selbständigen auf. Überdurchschnittlich vertreten sind höchste Bildungsabschlüsse und Singles (ca. 2/3).

Belastete-Familienorientierte (Bel-Fam)

Kennzeichnend für diese Gruppe ist, dass die Familie als Sinngebung erlebt wird. Zugleich gibt es eine häusliche, nahräumliche Orientierung und einen starken Nachbarschaftsbezug. Die Repräsentant(inn)en dieses Clusters leiden unter Problemen mangelnder Abgrenzung von Arbeit, Hausarbeit und Freizeit. Sie fühlen sich überlastet und überfordert; fast zwei Drittel sind Frauen, es gibt den höchsten Anteil an Teilzeiterwerbstätigen. 70% leben in einer Paar- oder Familienkonstellation (+ 14%). Bei nahezu 50% leben

---

[82] Das Marketing um Wahlstimmen beruht auf Zielgruppenmodellen der Milieuforschung.

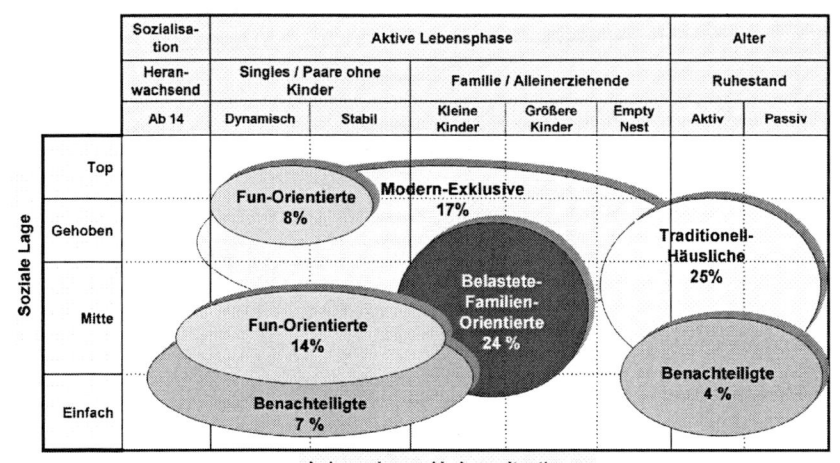

	Sozialisa-tion	Aktive Lebensphase					Alter	
	Heran-wachsend	Singles / Paare ohne Kinder		Familie / Alleinerziehende			Ruhestand	
	Ab 14	Dynamisch	Stabil	Kleine Kinder	Größere Kinder	Empty Nest	Aktiv	Passiv

Abbildung 4: Freizeitmobilitätsstile

Soziale Lage: Top / Gehoben / Mitte / Einfach
Lebensphasen / Lebenssituationen

- Fun-Orientierte 8%
- Modern-Exklusive 17%
- Traditionell-Häusliche 25%
- Fun-Orientierte 14%
- Belastete-Familien-Orientierte 24%
- Benachteiligte 4%
- Benachteiligte 7%

Kinder im Haushalt, bei fast einem Drittel sind es sogar zwei und mehr Kinder (+ 12%).

Traditionell-Häusliche (Trad)

Bezeichnend für diesen Typus ist der überdurchschnittlich starke Wunsch nach Sicherheit und Vermeidung aller Risiken. Hinsichtlich des Konsums gibt es eine Präferenz für Langlebigkeit und Naturnähe. Ansonsten gilt die Orientierung an traditionellen Werten und Tugenden. Es gibt starke Vorbehalte gegenüber moderner Technik. 56% dieser Gruppe sind Frauen. Überrepräsentiert sind Ältere und nicht Erwerbstätige. 58% sind Rentner/innen (Gesamtstichprobe 25%). Überdurchschnittlich viele sind verwitwet (27%; gesamt 15%); es dominieren niedrige Schulabschlüsse (71% Volks-/Hauptschule; Gesamtstichprobe 54%) und geringe Haushaltsnettoeinkommen bzw. Renten.

1. Freizeitaktivitäten

Signifikante Unterschiede zeigen sich typischerweise nicht nur bei der Computer- und Internetnutzung, sondern auch bei der Freizeitkategorie „Fest, Party besuchen" – hier liegt der Wert der *Fun-Orientierten* mit 35,7% in der letzten Woche recht hoch, während die *Benachteiligten* nur einen Wert von 7,9% aufweisen. Bei Aktivitäten wie „Kirchen- und Friedhofsbesuch" liegen typischerweise die *Traditionell-Häuslichen* mit einem Wert von 44,7% für die letzte Woche sehr hoch, während die *Fun-Orien-*

tierten mit 5,4% den niedrigsten Wert haben. Ein relativ starkes soziales Engagement der *Modern-Exklusiven* zeigt sich in der Tatsache, dass sie mit 59,3% den höchsten Wert bei der Aktivität „Engagement in Partei, Gewerkschaft etc." aufweisen, während die *Traditionell-Häuslichen* ein solches Engagement nur zu 3,7% zeigen. Die Analyse macht deutlich, dass es sich bei den *Modern-Exklusiven* nicht um ein „Yuppie-Segment" oder um das Milieu der klassischen Aufstiegsorientierten handelt, sondern – wie schon oben angedeutet – um die „Neue Mitte".

2. Freizeitverkehrsverhalten

Den höchsten Anteil motorisierten Individualverkehrs haben die *Belasteten-Familienorientierten* und die *Modern-Exklusiven* mit 46,5%. Mit einem Wert von ca. 25% weisen die *Traditionell-Häuslichen* den niedrigsten MIV-Anteil auf. Hinsichtlich des nicht motorisierten Verkehrs, also Zu-Fuß-Gehen und Fahrradfahren haben die *Traditionell-Häuslichen* mit einem Anteil von ca. 70% den höchsten Wert (Gesamt ca. 54%).

Vergleicht man die Freizeitverkehrsleistung (also die für die Freizeit gefahrenen Entfernungen), so stabilisiert sich das Bild: Spitzenreiter sind auch in dieser Kategorie die *Fun-Orientierten* mit ca. 82 Freizeitkilometern pro Woche, während die *Belasteten-Familienorientierten* mit ca. 52 km/Woche und die *Traditionell-Häuslichen* mit ca. 51 km pro Woche im Mittelfeld liegen. Die *Benachteiligten* haben mit 37 Kilometern die mit Abstand geringste Freizeitverkehrsleistung.

III. Weitere Forschungen zu Mobilitätsstilen

Auch Lanzendorf (2001) entwickelt in seiner Dissertation zur Freizeitmobilität Mobilitätsstile; er bezieht verschiedene Varianten der Raumstruktur als Einflussgröße des Verhaltens mit ein, verankerte aber sein Handlungsmodell in der Rational-Choice-Theorie. Es wurden 1.000 Personen in fünf Stadtteilen in Köln per Stichprobe ausgewählt und befragt. Ziel war es, neue Erkenntnisse zur Reduzierung des Freizeitverkehrs am Wochenende zu gewinnen.

Fliegner (2002) lehnt sich in seiner Dissertation an das ISOE-Modell der Mobilitätsstile an und benutzt in seiner quantitativen Untersuchung weitgehend die gleichen Items. Untersuchungsgebiet war die Stadt Halle, in der ca. 500 Personen befragt wurden. Ziel der Studie war die Eruierung der Potentiale für die Abschaffung des eigenen Autos und der Nutzung von Carsharing-Angeboten. Wichtigste Neuerung ist seine Einbeziehung der „Wohnstandortwahl als mobilitätsvorgelagerte Rahmenbedingung" und die

Entwicklung eines „Entkoppelungsindex", der die Chancen einer Autoreduzierung als Maßzahl darstellt.

Marcel Hunecke (2000) fundiert seine Studie zu Mobilitätsstilen mit dem aus der Umweltpsychologie stammenden Norm-Aktivations-Modell. Er befragte 550 Personen in Bochum und zieht Schlüsse hinsichtlich Interventionsmaßnahmen zur Förderung einer nachhaltigen Alltagsgestaltung.

Auch in der neuen Studie zum Verkehrsverhalten, „Mobilität in Deutschland", die die Nachfolge der KontiV antritt, ist von Mobilitätsstilen die Rede. Abgegrenzt werden

– Selten-Mobile

– Fahrrad-Nutzer

– ÖV-Nutzer

– Misch-Nutzer

– IV-Nutzer in Gebieten mittlerer/geringer Dichte

– IV-Nutzer in Gebieten höherer Dichte.

Es handelt sich dabei aber um eine Kombinationen der Verkehrsmittelwahl mit der Nutzungshäufigkeit bzw. Mobilitätsquote (Kunert et al. 2004, S. 155–164). Diese Verwendung des Begriffs knüpft allerdings nicht an die wissenschaftlich eingeführte Bedeutung an, bei der Mobilität auf Lebensstile bezogen wird.

IV. Resümee

Das Konzept der Mobilitätsstile hat, indem es die mittlere Ebene der Lebensstilanalyse auf Mobilität bezieht, die Forschungslücke zwischen Mikro- und Makroanalyse, zwischen individualpsychischer Subjektivität und rationaler Wahl geschlossen. Motivationen, die zwar subjektiv verankert sind, werden, analog zur Lebensstilforschung, auf der Meso-Ebene der Lebensstile als sozial aggregiert verstanden und in einen ursächlichen Zusammenhang mit dem Verkehrsverhalten gebracht. Damit entsteht erstmals ein Konzept der Mobilitätsforschung, das zugleich dem gesellschaftlichen Trend zur Pluralisierung der Lebensstile, aber auch einer exakten Verkehrsverhaltensforschung gerecht wird.

Lebensstilorientierungen als Positionierung im symbolischen Raum werden also konzeptionell mit den damit zusammenhängenden Mobilitätsorientierungen verknüpft – beide zusammen werden als ursächlich für Handlungen im Verkehrssystem begriffen.

Behauptet und nachgewiesen wird also: Lebensstile und Lebensstilorientierungen bringen typische Muster von Mobilitätsorientierungen hervor, die sich in unterschiedlichen Affinitäten und Distanzen zu Fortbewegungsformen ausdrücken. Diese wiederum führen zu typischen Entscheidungen und Routinen hinsichtlich der Verkehrsmittelwahl sowie der gefahrenen Entfernungen und der Wegezwecke.

Diese Integration von Lebensstil- und Verkehrsforschung nimmt die symbolische Dimension von Mobilität ernst und weist nach, dass sie unmittelbar materielle Folgen im Raum hat.

Was aber bedeuten diese Erkenntnisse für das Raumverständnis? Früher schien der Zusammenhang zwischen Mobilität und Raum klar: Mobilität kennzeichnet Beweglichkeit im Raum, Fortbewegung dient der Überwindung von Distanzen im Raum, Verkehr ist das System zur Überwindung dieser Distanzen.

Mit der Integration der symbolischen, an Motive gekoppelten Dimension, müssen sich auch das Verständnis von Raum und der Mobilitätsbegriff ändern. Darum soll es auf den nächsten Seiten gehen.

Das Forschungskonzept der Mobilitätsstile wird, wenn es um die Analyse und Segmentation des Materials der qualitativen Befragung geht, weiter unten wieder aufgenommen und weiterentwickelt.

V. Ein adäquates Raumverständnis

Zahlreiche Raumkonzepte sind von der Geographie, der Physik, der Ökonomie, den Verkehrswissenschaften und der Soziologie entwickelt worden (vgl. z.B. Läpple 1992, Werlen 1997 und Sturm 2000). Es kann also nicht darum gehen, „richtige" gegen „falsche" Raumbegriffe zu setzen. Die meisten Raumbegriffe können disziplinhistorisch nachvollzogen und verstanden werden. Worum es geht, ist die Erarbeitung eines adäquaten Raumkonzepts, das in der Lage ist, die symbolische Bedeutungsdimension des genannten Mobilitätskonzepts aufzunehmen. Der Weg zu einem solchen Konzept muss einige Umwege nehmen.

- Es muss kurz auf das in den prognostisch orientierten Verkehrswissenschaften verwendete Raumkonzept eingegangen werden,
- dann müssen die Argumente der handlungsorientierten Sozialgeographie in Auseinandersetzung mit einem deterministischen Raumverständnis und
- ein konstruktivistisches Raumkonzept zur Kenntnis genommen werden,
- um schließlich eine problemadäquate und für die empirische Analyse verwendbare Position zu entwickeln.

1. Raum als Widerstand, Verkehr als Fluss

Das in der prognostischen und planungsorientierten Verkehrswissenschaft verwendete Raumkonzept lernt zum einen von der Ökonomie, die den Begriff „Raumwiderstand" eingeführt und damit den (Kosten-)Aufwand zur Raumüberwindung beschrieben hat: „Über die ökonomische Analyse des Transportvorgangs wird ... die räumliche Kategorie der Entfernung (als Abstand zwischen unterschiedlichen Standorten) in eine abstrakte Preisgröße, die Transportkosten, übersetzt. Es entspricht der Logik dieses Ansatzes, die räumliche Entfernung, die in diesem Sinne als ökonomisches Hindernis erscheint, so billig und schnell wie möglich zu überwinden. Dementsprechend kann die ökonomische Bestimmung des Transports zunächst in der Formel zusammengefasst werden: Transport ist die Vernichtung des Raumes (als geographischer Entfernungsraum) mit den Mitteln der Transporttechnologie." (Läpple 1992, S. 177).

Zum anderen beschreiben die eingeführten Verkehrsplanungsmodelle die Entstehung des Verkehrs anhand von Formeln, die „in Analogie zu Fließvorgängen in Leitungen oder zum Anziehungsverhalten zwischen Himmelskörpern entwickelt wurden. Der fließende Verkehr wird mit Strom oder Wasser verglichen, die Kraft, die den Verkehr zum Fließen bringt (die Anziehungskraft zwischen Nutzungen), mit der Gravitationskraft" (Füsser 1997, S. 84). Wichtige Orte im Raum, zu denen sich Personen hinbewegen, haben also eine anziehende Wirkung. Wird das Bild des Widerstands mit dem der Anziehung kombiniert, dann wird klar, dass Verkehr als Fluss beschrieben wird, der von Anziehungen und Widerständen bestimmt ist und dessen Fließbedingungen möglichst kostengünstig oder – je nach Ziel, das erreicht werden soll – möglichst teuer gestaltet werden müssen.

Bei diesen Raummodellen wird von der konkreten Gestalt abgesehen und der Raum wird in gleich große Elemente, so genannte Verkehrszellen, aufgeteilt. Die Spezifika des Raums werden in die Zellen als Daten über Bevölkerungs-, Gewerbe- und Infrastruktur eingetragen. Eine Zelle mit besonders hoher Gewerbekonzentration hat somit eine besonders hohe Anziehung hinsichtlich der Verkehrsströme aus anderen Zellen.

Um den „Quellverkehr" zu bestimmen, der aus einer bestimmten Verkehrszelle in eine andere fließt, werden die Strukturdaten des Wohnviertels (Einwohner, Motorisierung usw.) in das Modell eingespeist und mit bestimmten Erfahrungswerten multipliziert. Dann kann errechnet werden, wie viel Verkehr in einer bestimmten Zelle „erzeugt" wird – sozusagen aus ihr herausfließt. Neben dem Quell- gibt es den so genannten Zielverkehr, der angezogen wird, weil es in der Zelle eine bestimmte Anzahl von Arbeitsplätzen, Schulen oder sonstigen Funktionen gibt, die in den Verkehrswissenschaften „Gelegenheiten" heißen.

Die Austauschverhältnisse zwischen Quell- und Zielverkehr, also von einer Zelle zur anderen, werden „Verkehrsverteilung" genannt. „Binnenverkehr" ist der Verkehr innerhalb einer Zelle, „Durchgangsverkehr" jener, der eine Zelle durchquert. Zur Erstellung von Prognosen müssen außerdem die Verkehrsmengen (Verkehrsbelastung), die durchschnittliche Beförderungsgeschwindigkeit und der Modal Split, der Auskunft über die Verkehrsmittelwahl gibt, eingegeben werden. Die so genannte „Verkehrsumlegung" leistet die Aufgabe, die Anzahl der Fahrten auf das Verkehrsnetz zu verteilen. „Die Verteilung des Verkehrs auf einzelne Routen lässt sich analog zum Gesetz der Stromverteilung (Kirchhoffsches Gesetz) berechnen." (Füsser 1997, S. 88)

Wenn alle Daten eingegeben sind, werden die Modelle geeicht, d.h. solange mit den realen Belastungen der Verkehrswege verglichen, bis Realität und Modell übereinstimmen.

Wichtig für die hier behandelte Frage ist das Raumverständnis dieser Modelle: Sie stellen sich dar als eine sehr spezifische Kombination aus Physikanalogien (Hydrologie), Ökonomie (Kosten des Raumwiderstands) und euklidischer Geometrie (Verkehrsweg als kürzeste Verbindung zwischen zwei Punkten): Die Ungleichverteilung von feststehenden, aber mit Anziehung ausgestatteten Gelegenheiten in unterschiedlichen Räumen bewirkt, dass sich mobile Elemente bewegen. Diese Bewegung muss hinsichtlich der Verkehrsmittel und der Verkehrsnetze möglichst rationell – d.h. in kürzester Zeit und in kürzester Entfernung – bewältigt werden können (Erreichbarkeit).

2. Raum und Zeit

Einstein hat das auf der euklidischen Geometrie beruhende Behälter-Raumkonzept widerlegt, indem er errechnet hat, dass Raum und Zeit sich nicht nur gegenseitig beeinflussen, sondern unter dem Aspekt der Bewegung im Raum sogar eine Einheit bilden. Mit der speziellen Relativitätstheorie wurde bewiesen, dass Längen- und Zeitmessungen vom Bewegungszustand des Beobachters abhängig sind und dass materielle Körper mit steigender Geschwindigkeit eine größere Masse haben.

Hinsichtlich der Einheit von Zeit und Raum kam Elias mit Hilfe eines ganz alltagsnahen Beispiels zu dem gleichen Ergebnis. Er führt aus, dass jede Veränderung im Raum eine Veränderung in der Zeit sei. Man solle nicht dem Missverständnis verfallen, zu glauben, man könne ganz still irgendwo im Raum sitzen, während nur die Zeit vergeht: „Man selbst ist es, der dabei älter wird ... Die Veränderung mag langsam sein, aber man verändert sich kontinuierlich in Raum und Zeit" (Elias 1984, zit. nach Läpple 1992, S. 162). Zeit wird somit als Veränderung der Materie beschrieben, die wiederum Veränderung der Gestalt im Raum bedeutet. Aber Elias, der hier Zeit und Raum als Veränderung ganz materiell aufeinander bezieht, definiert Zeit zugleich funktionalistisch als menschliche Syntheseleistung zur Koordination unterschiedlicher Geschehensabläufe: „Als entscheidendes Mittel dazu dient ein gesellschaftlich standardisierter Geschehensablauf, um die nicht direkt vergleichbaren Abläufe indirekt vergleichen zu können." (Läpple 1992, S. 161)

Fasst man beide Erkenntnisse zusammen, dann ist Zeit auf der einen Seite ein Phänomen, dass konkret nur durch die Veränderung von Materie im Raum erlebt werden kann (siehe auch das weiter oben beschriebene Beispiel für einen Zeitbegriff aus dem Spätmittelalter: „Es war zu der Zeit, als die Blätter fielen"); auf der anderen Seite ist sie ein durch Konvention hergestelltes Maßverhältnis mit dem Ereignisse auf einen klar definierbaren Punkt bezogen, also koordiniert werden können. Eine Syntheseleistung, die es also erlaubt, eine Konvention dafür zu haben, wann davon gesprochen werden kann, dass Ereignisse gleichzeitig stattfinden (z.B. um 12 Uhr MEZ).

3. Raum als formale Syntheseleistung

Auch Raum hat, ebenso wie Zeit, beide Seiten – eine konkrete und eine abstrakte. Raum kann konkret anhand einer Nutzungsstelle der Erdoberfläche beschrieben werden („wir treffen uns an dem Platz vor dem Messehochhaus"), zum anderen kann Raum als Syntheseleistung begriffen werden. Klar bestimmbare Punkte im Raum haben dann die Funktion, eine Koordinate zu bestimmen, die Eindeutigkeit hinsichtlich der Lokalisierung garantiert. Wird ein bestimmter Zeitpunkt und zugleich eine bestimmte Raumposition eindeutig definiert, ist es theoretisch möglich, sich irgendwo auf der Welt zu treffen.

Das formalisierte „Wo" – darauf besteht die handlungsorientierte Sozialgeographie – sagt nichts über die empirischen oder deskriptiven Eigenschaften des Raums aus. Denn „Raum" allein bedeute zunächst ebenso wenig wie „Zeit", sei also völlig unspezifisch und könne ebenso wenig wie Zeit unmittelbar wahrgenommen werden – er sei kein Ding an sich. „Die räumliche Wahrnehmung richtet sich vielmehr auf die räumlichen Verhältnisse und Konfigurationen der Gegenstandswelt". (Werlen 1997, S. 163 f.) Es müsse also zwischen Raum und Gegenstandswelt getrennt werden. Weiter wird argumentiert: „Ein wichtiges Merkmal jeder Art von Raumbegriffen ist nun darin zu sehen, dass es sich bei ihnen weder um präskriptive, noch um empirisch-deskriptive, noch um logische Begriffe handelt. Zwar dienen Raumbegriffe auch dazu, unsere Erfahrungen zu ordnen und zu strukturieren, sie beziehen sich aber nicht auf ‚inhaltliche' Merkmalseigenschaften, sondern eben nur auf einen formalen Aspekt, den alle Sachverhalte – unabhängig von ihren übrigen Merkmalseigenschaften – aufweisen. Raumbegriffe sind gemäß diesem Verständnis als formale und deshalb auch universale Ordnungsraster zu begreifen, die auf alle Sachverhalte anwendbar sind, um diese hinsichtlich ihrer Lage und ihrer Position in Bezug zu den festgelegten Kategorien zu kennzeichnen. Wenn wir nun irgendeinen Sachverhalt anhand irgendeines Raumbegriffs lokalisiert haben, so ist damit noch nichts über seine übrigen Eigenschaften ausgesagt." (Ebd.)

Das ist für den Tisch, also für ein mobiles Objekt, das Werlen anführt, richtig, nicht aber für beispielsweise einen bestimmten Längen- und Breitengrad, der, sagen wir, im Schwarzwald liegt, und der doch etwas über dessen Vegetation, Klima, Hanglage usw. aussagt. Einer solchen Sicht der Dinge, also der Identifizierung von Raum mit materiellen Eigenschaften, widerspricht Werlen: „Räumliche Lokalisierung bringt immer einen formalen Aspekt eines Sachverhalts zum Ausdruck, und jeder Sachverhalt ist unabhängig von seiner inhaltlichen Bestimmung räumlich lokalisierbar. Gleichzeitig können sich aber auch Sachverhalte, die ansonsten identische Merkmale aufweisen, durch ihren Standort unterscheiden". (Ebd., S. 230) Kritisch betrachtet wird auch der häufig benutzte Begriff des „Raumproblems". Er solle ersetzt werden durch „problematische Anordnungen materieller Sachverhalte auf der Erdoberfläche" (ebd.).

Die hier geführte Auseinandersetzung um die Frage, ob Raum *entweder* als formale Syntheseleistung zur Bestimmung von Maßverhältnissen (Länge, Breite, Höhe) definiert wird, *oder* ob materielle Sachverhalte notwendig mit ihm verknüpft sind, ist so nicht sinnvoll. Ersteres kennzeichnet den abstrakten, physischen, metrischen Raum, der durch drei Dimensionen gekennzeichnet ist. Letzteres kennzeichnet die Gestalt der konkreten Erdoberfläche, die in der Verkehrsforschung und -planung häufig als „Raumstruktur" bezeichnet wird. Beides existiert nebeneinander und schließt sich nicht aus. Im Gegenteil – das Eine muss mittels des Anderen vermessen werden.

4. Raum als soziale Konstruktion

Es liegt in der Logik der soziologischen Kritik an deterministischen Raumbegriffen, dass sich die Argumentation stufenweise zu einem Punkt hin bewegt, an dem Raum als ausschließlich soziale und kommunikative Konstruktion konzeptualisiert wird.

Anhand der Arbeit „Ethnizität und Raum im Aufstiegsprozess" von Andreas Pott (2002) kann das nachvollzogen werden. Seine Analyse von Aufstiegsprozessen in der zweiten Migrantengeneration ist zeitdiagnostisch deutlich treffender, als der Zugang über das Thema Integration. Insbesondere die Beschreibung des Umgangs mit Raum und Ethnizität als Handlung, die Ressourcen aktiviert, wird der gegenwärtigen sozialen Realität viel eher gerecht, als eine Perspektive, die fehlgeschlagene Integration in den Mittelpunkt stellt. Nicht nur in der Literatur der so genannten „Kanak-Sprak",[83] sondern auch im Genre der „Was-Wills'-Du?-Comedy" zeigt sich das Potential von aktivierter Ethnizität als produktiver Umgang mit Differenz, der aus der Distanz zu beiden Kulturen literarischen Gewinn zieht und nicht zuletzt Karrieren in Literatur und Medien möglich macht. Es geht also um den aktiven Umgang, um die Gestaltung, um die Aneignung und um die Transformation und vor allem um die Kommunikation von etwas, was keinen festen Ort mehr hat.

Die Argumentation, die zu Recht Ethnizität und Raum als sozial Hergestelltes begreift, wird nun aber, gänzlich unnötig, zu der Konsequenz einer vollständigen und allgemeinen Dematerialisierung von Raum weitergeführt. Zunächst wird die Tatsache, dass sich die Stadt- und Siedlungssoziologie mit räumlich abgrenzbaren Stadtvierteln und Regionen beschäftigt mit der Verwendung eines veralteten, erdräumlichen Behälterraumkonzepts gleichgesetzt (Pott 2002, S. 77). Auch wenn dies für einen Teil der Raumsoziologie zutrifft, so kann doch kein systematischer und logischer Zusammenhang zwischen konkretem Raumbezug und veraltetem Behälter-Raumkonzept konstruiert werden.[84]

Auch die dann folgende Kritik an der erdräumlichen Bestimmbarkeit, beispielsweise von sozialen Milieus, kann die am Schluss folgende radikale Konsequenz nicht stützen: „Der Versuch, sozial-kulturelle Verhältnisse in (erd-)räumlichen Kategorien zu typisieren, war, wenn überhaupt, nur in segmentären Gesellschaften sinnvoll." (Ebd., S. 77) Zweifellos ein richtiger Einwand z.B. gegen eine völkisch-räumliche Argumentationen wie auch gegen Theorien von einem räumlich festgelegten Volkscharakter. Als Argu-

---

[83] Vgl. Zaimoglu (1999).

[84] Gutes Beispiel ist das bekannte Phänomen der Jugend-Gangs in Los Angeles, die ihre Reviere ständig wechseln und dies durch gesprühte Zeichen auch markieren. Selbst wenn es hier um jene fließenden, ständig sich verändernden Grenzen und Räume geht, die immer neu erst hergestellt und kommuniziert werden und innerhalb derer das Betreten durch andere Gangs mit Schüssen geahndet wird, können (und müssen) die Phänomene, um überhaupt erforscht werden zu können, innerhalb konkreter Raumkoordinaten untersucht werden. Sonst ist Empirie nicht möglich. Der Bezug auf einen konkreten Raum wäre in diesem Forschungsfeld keinesfalls gleichzusetzen mit einem Behälter- oder einem geodeterministischen Raumkonzept.

V. Ein adäquates Raumverständnis

ment jedoch gegen eine Stadtforschung, die z.B. Milieu-Segregation in bestimmten Vierteln oder Entstehung von räumlich abgrenzbarer sozialer Ungleichheit untersucht, ist die Argumentation nicht geeignet.

Der letzte Schritt in Richtung einer Entmaterialisierung von Raum beruht dann auf der axiomatischen Setzung dessen, was eigentlich erst belegt werden sollte – nämlich dass der Gegenstand der Soziologie immateriell und „unräumlich" sei:[85] „Die ontologische Differenz von Materiellem und Sozialem, die sich wissenschaftstheoretisch als Trennung der Natur- von den Gesellschafts- und Geisteswissenschaften niedergeschlagen hat, wird in der gängigen ‚raumbezogenen' Forschung durch die Annahme einer Dualität des Raum-Gesellschaftsverhältnisses aufgehoben." (Ebd., S. 82)

Würden sich die Sozialwissenschaften tatsächlich in Abgrenzung zu Materiellem und Räumlichem konstituieren, wäre es unmöglich, Phänomene zu untersuchen, die zum Kern des sozialwissenschaftlichen Forschungsinteresses gehören und die beide Seiten, die symbolische und die materielle, zum Inhalt haben. Zum Beispiel

- die Verbindung von Tauschwert und Gebrauchswert in den Waren (Marx),
- der Zugriff auf den Körper als Gegenstand zur Durchsetzung und Symbolisierung von Macht (Foucault 1977, S. 174),
- die Analyse des Sozialraums innerhalb des physischen Raums (Bourdieu 1997, S. 160),
- die Bedeutung von Märchen über Essen und Hunger in bestimmten Ethnien Afrikas (Reuster-Jahn 2002).

Als Zwischenergebnis kann festgestellt werden: Das von Pott entwickelte Verständnis von Raum, das denselben als Ressource begreift, die hergestellt, verändert, transformiert und kommuniziert wird, ist ein Erkenntnisfortschritt – auch für die Mobilitätsforschung. Damit kann soziales Handeln im Verkehr als Handlung im Raum und als Veränderung des Raums durch Handlungen besser verstanden werden. Raum ist dann eine veränderbare, unterschiedlich und ungleich verteilte Ressource, die z.B. in unterschiedlichen Mobilitätsstilen unterschiedlich genutzt wird.

---

[85] „Das Wesentliche der verschiedenen Formen von Sozialität, also z.B. von sozialen Systemen, Kommunikation oder Handlungen, ist unräumlich und nicht an Räumlich-Materielles und Lokalität ... gebunden" (Pott 2002, S. 87). Und in einem Nebensatz wird definiert: „Die gängige Verknüpfung von Räumlich-Materiellem und Sozialem liegt in der im Forschungsprozess vorgenommenen Verräumlichung von sozialen und mentalen, also immateriellen, Gegebenheiten" (ebd., S. 85). Soziale Gegebenheiten werden hier – unter der Hand – als gänzlich immateriell definiert. Das ist aber gerade der Punkt, der zu beweisen wäre.

Daraus folgt aber weder, dass Raum um seine materielle Dimension gebracht werden muss, noch, dass sich die Soziologie auf das Immaterielle zurückziehen sollte. Im Gegenteil: Erst die integrierte Analyse von Materiellem und Symbolischem, von Signifikat und Signifikant, von Bezeichnetem und Zeichen führt zu einem soziologisch aufgeklärten Raumverständnis.

5. Orte und Plätze des „verdinglichten Sozialraums"

Pierre Bourdieu macht deutlich, dass gerade die stringente Analyse der Wechselbeziehungen zwischen den Strukturen des Sozialraums und jenen des physischen Raums die Voraussetzung dafür ist, mit falschen Plausibilitäten und einer „substantialistischen Verkennung von Orten" zu brechen (Bourdieu 1997, S. 159). Und genau darum scheint es einer handlungsorientierten Sozialgeographie (Werlen) wie auch der konstruktivistischen Raumauffassung (Pott) ja auch zu gehen.

Am Beispiel der US-amerikanischen Ghettos und der französischen Banlieus macht Bourdieu deutlich, dass das Entscheidende häufig gerade nicht an der Substanz des Raums selbst besichtigt, erhoben oder beobachtet werden kann, sondern erst durch die spezifische Analyse dessen, was nicht sichtbar ist. So betrachtet Bourdieu einen bestimmten Zustand des Raums nicht als solchen, sondern als Folge der Abwesenheit des Staates und allem, was damit zusammenhängt: „Polizei, Schule, Gesundheitsvorsorge, Vereine etc." (ebd.). Was von Laien oder auch einer empiristischen Position möglicherweise als Vandalismus, Schmutz oder Verkommenheit des öffentlichen Raums „substantialistisch" verkannt würde, wird als politisch-soziales Verhältnis zum Raum erkannt. Genauer: Soziale Verhältnisse, die in einem bestimmten Raum beobachtet werden können, sind Indikator für die politisch-soziale Entscheidung, den Stadtteil sich selbst zu überlassen. Eine kritische Perspektive, die angesichts des Trends zu Deregulierung und Privatisierung in Verbindung mit der Austrocknung der Staatsfinanzen höchst aktuell ist.

So löst sich auch die Kontroverse um ein materielles oder immaterielles Verständnis von Raum intelligent auf: In der Dialektik, die Bourdieu vorschlägt, geht es darum, die Oberfläche gleichsam zu lesen: das auf der Oberfläche materiell Sichtbare unter dem Aspekt des Unsichtbaren zu analysieren. In guter (post-)strukturalistischer Tradition wird vorgeschlagen, den Signifikant nicht mit dem Signifikat zu verwechseln. Was als Zeichen sichtbar ist, darf nicht mit dem Bezeichneten gleichgesetzt werden.

Eine Perspektive, die auch für die sozialwissenschaftliche Verkehrsforschung fruchtbar gemacht werden kann. Was beispielsweise in den Städten als „Parkplatznot" von der einen Seite und als Folge eines zu hohen „Fahrzeugbestands" von der anderen Seite substantialistisch anhand der geparkten

Fahrzeugmassen registriert wird, kann zum Beispiel als Abwesenheit von Regulierung diagnostiziert werden.[86]

6. Ausschließlichkeit des Raums

Wenn es nun abschließend um ein Raumkonzept geht, das in den Rahmen einer sozialwissenschaftlichen Mobilitätsstilforschung passt, die die symbolische Dimension der Lebensstile einschließt, dann müssen Simmels Ausführungen zum Raum, die Bourdieu aufnimmt und erweitert, beachtet werden (Simmel 1992 und Bourdieu 1997):[87]

Gegen jeden Substantialismus und vor allem gegen jede Kausalwirksamkeit von Raum betont Simmel schon 1908, dass es sich bei Räumen um von Individuen „erzeugte Tatsachen" handelt (Simmel 1992, S. 688).

Zudem betonen Simmel und Bourdieu die Ausschließlichkeit des Raums: „In dem Maß, in dem ein gesellschaftliches Gebilde mit einer bestimmten Bodenausdehnung verschmolzen ... ist, hat es den Charakter von Einzigkeit oder Ausschließlichkeit, der auf andere Weise nicht ebenso erreichbar ist" (Simmel 1992, S. 690). „Als Körper (und als biologische Individuen) sind menschliche Wesen immer ortsgebunden und nehmen konkreten Platz ein (sie verfügen nicht über Allgegenwart und können nicht an mehreren Orten gleichzeitig anwesend sein). Der Ort kann absolut als der Punkt im physikalischen Raum definiert werden, an dem sich ein Akteur oder ein Ding platziert findet ..." (Bourdieu 1997, S. 160). Diese Erkenntnis lässt weitreichende Schlüsse zu: Wenn Positionen im Raum nur einmal besetzt werden können, dann konstituiert jedwede langfristige Widmung ebenso wie eine kurzfristige Nutzung von Raum ein soziales Verhältnis des Ausschlusses von anderen. Wo der eine ist, kann der Andere nicht sein. Wo der eine sein Grundstück hat, kann der andere nicht bauen. Wo der eine fährt, kann der andere nicht gehen oder fahren. Wo der eine parkt, kann der andere nicht parken, aber auch nicht gehen, stehen oder wohnen. Die Besetzung von bestimmten Raumpositionen konstituiert soziale Relationen, Flächenkonkurrenzen[88] und soziale Positionen. Dies ist aber nur mit Hilfe erdräumlich definierter Positionen und nur mit Hilfe materieller Objekte und biologischer Individuen möglich. Das bedeutet hinsichtlich der oben skizzierten

---

[86] In kleineren Großstädten wie Freiburg, Heidelberg, Münster, wurden mit einer stärkeren Regulierung des Autoverkehrs als beispielsweise in Frankfurt a. M. durchaus positive Wirkungen erzielt.

[87] Simmels Werk „Soziologie – Untersuchungen über die Formen der Vergesellschaftung" und darin das Kapitel „Der Raum und räumliche Ordnung" erschien erstmals 1908, Leipzig.

[88] Zur Problematik der Flächennutzungskonkurrenzen vgl. etwa Billing/Weise (1999).

Diskussion über Entmaterialisierung von Raum: der entscheidende Mechanismus zur Herstellung von Raumverhältnissen ist in seinem Kern zugleich sozial *und* materiell. Ein Grundbucheintrag, der ja ein soziales Verhältnis besiegelt, kann nicht ohne Beschreibung des Flächenstücks erfolgen, ein Parkrecht kann nicht ohne die Ausweisung eines Flächenstücks erfolgen, ein Wohnrecht kann nicht ohne konkretes Raumstück erfolgen. Dauerwidmungen von Positionen im Raum sind unmittelbar verknüpft mit der Symbolisierung sozialer Differenz und Materialisierung sozialer Ungleichheit. Das eine kann nicht vom anderen getrennt werden. Ohne das eine gibt es das andere nicht:

- Raumpositionen ohne materielles Substrat haben keine soziale Wirkung;
- das Soziale kann ohne das Materielle nicht ausgedrückt und besiegelt werden.

7. Drehpunkte und Felder

Eine weitere Unterscheidung Simmels ist sowohl hinsichtlich der Symbolisierung von Lebensstilen als auch für eine sozialwissenschaftliche Mobilitäts- und Verkehrsforschung folgenreich: Er unterscheidet zwischen fixierten und nichtfixierten Objekten bzw. Körpern.[89] Nach Simmel können immobile Objekte zu „sozialen Drehpunkten" werden. „Die räumliche Festgelegtheit eines Interessengegenstandes bewirkt bestimmte Beziehungsformen, die sich um ihn gruppieren (...) Die Bedeutung als Drehpunkt soziologischer Beziehung kommt der fixierten Örtlichkeit überall da zu, wo die Berührung oder Vereinigung sonst von einander unabhängiger Elemente nur an einem bestimmten Platze geschehen kann" (Simmel 1992, S. 706 ff.). Simmel nennt nicht nur Drehpunkte des Verkehrs in den Städten, sondern auch symbolisch bedeutsame Kristallisationspunkte des Sozialen wie Kathedralen[90] und Kirchen.[91] Was bei Simmel soziale Drehpunkte sind, die sich an immo-

---

[89] Der historischen Bedeutung der Auflösung von Fixierungen der Individuen an einen Ort muss hier nicht weiter nachgegangen werden. Simmel vermutet einen geschichtlichen Prozess der zunehmenden Entkoppelung von konkreter räumlicher Anwesenheit und sozialer Integration. Eine Tendenz, die durch das Internet noch einmal beschleunigt worden ist (man kann auch als Abwesender oder nur virtuell Anwesender sozial kommunizieren).

[90] Ausgerechnet für ein mobiles Objekt hat Roland Barthes bekanntlich die Kathedralen-Analogie gewählt, als er in seinem Aufsatz anlässlich der Präsentation des neuen Citroen DS19 das Auto als das „genaue Äquivalent der großen gotischen Kathedralen" bezeichnete (vgl. Barthes 1964).

[91] Man kann sich genauso gut symbolisch bedeutsame Punkte moderner Lebensstile vorstellen: Die legendäre Diskothek Dorian Gray befand sich im Keller des Flughafens Frankfurt auf exterritorialem Gebiet ohne Sperrstunde und guter internationaler Erreichbarkeit. Was hat es zu bedeuten, dass ein Revival am Potsdamer Platz in Berlin als nicht authentisch gilt? (Vgl. Baumgärtel 2003).

bilen, das heißt räumlich fixierten Punkten festmachen, nennt Bourdieu „Felder". Felder, die eine Art schleichende Verinnerlichung von Möglichkeiten und Grenzen bewirken. „Ganz allgemein spielen die heimlichen Gebote und stillen Ordnungsrufe der Strukturen des angeeigneten Raums die Rolle eines Vermittlers, durch den sich die sozialen Strukturen sukzessiv in Denkstrukturen und Prädispositionen verwandeln. Genauer gesagt, vollzieht sich die unmerkliche Einverleibung der Strukturen der Gesellschaftsordnung zweifellos zu einem guten Teil vermittelt durch andauernde und unzählige Male wiederholte Erfahrungen räumlicher Distanzen ..." (Bourdieu 1997, S. 162)[92].

Simmel und Bourdieu entwickeln also zentrale Elemente eines Raumkonzepts, das zwar einerseits die soziale und historische Konstituiertheit räumlicher Tatsachen erkennt, zugleich aber die Verwobenheit von Materiellem und Sozialsymbolischem und damit den Einfluss auf soziales Handeln nicht verkennt.

8. Resümee – Soziale Erreichbarkeit und soziokulturelle Zugänglichkeit

Zwischen den Polen eines deterministischen, die Motiv- und Entscheidungsabhängigkeit nicht angemessen zur Kenntnis nehmenden Ansatzes einerseits und eines um seine materielle Dimension gebrachten konstruktivistischen Raumverständnisses andererseits, können die Eckpfeiler eines für die Analyse von Freizeitmobilität geeigneten Raumkonzepts jetzt benannt werden. Die raumsoziologischen Begriffe, wie sie von Martina Löw entwickelt worden sind, liefern dafür einen angemessenen Rahmen. Danach ist Raum eine „relationale (An-)Ordnung sozialer Güter und Menschen (Lebewesen) an Orten", die durch Handlungen platziert werden. „Der Begriff ‚soziale Güter' meint hier primär materielle Güter, da nur diese platzierbar sind. Zu Räumen verknüpfbar sind soziale Güter durch ihre materiellen Eigenschaften, auf Ihrer Basis entfalten sie eine symbolische Wirkung" (Löw 2001, S. 224). Raum wird in einer „Wechselwirkung zwischen Handeln und Strukturen" konstituiert (ebd., S. 158).

Bezogen auf Mobilität und insbesondere Mobilität der disponiblen Zeit, können jetzt die notwendigen Schlussfolgerungen gezogen werden:

---

[92] Bourdieu fährt fort: „... in denen sich soziale Erfahrungen behaupten, aber auch – konkreter gesprochen – vermittels *Bewegungen und Ortswechsel des Körpers* zu räumlichen Strukturen konvertieren und solcherart *naturalisierte* soziale Strukturen gesellschaftlich organisieren und qualifizieren, was dann als Aufstieg oder Abstieg ..., Eintritt (Einschluss, Kooptation, Adoption) oder Austritt (Ausschluss, Ausweisung, Exkommunikation), Annäherung oder Entfernung betreffs eines zentralen und wertbesetzten Ortes sprachlich zum Ausdruck gebracht wird" (Bourdieu 1997, S. 162).

- Sozial und gesellschaftlich hergestellte, sowie historisch entstandene Raumeigenschaften und Raumstrukturen als „Dauerwidmungen auf der Erdoberfläche" beeinflussen Mobilität und Verkehrsverhalten entscheidend. Die historisch entstandene, räumliche Trennung der Grundfunktionen Wohnen, Arbeit, Einkauf und Freizeit generiert Verkehr (vgl. dazu Apel/Ernst 1980, S. 28). Die daraus entstehende Konstellation darf aber nicht mit Determination gleichgesetzt werden.
- Wohnstandorte werden nämlich, im Rahmen bestimmter Grenzen, durch Entscheidungen ausgewählt.[93] Dinge und Menschen werden also platziert. Dabei handelt es sich um Entscheidungen, die sozial bestimmt und symbolisch besetzt sind. Die Konstellation Wohnen, Arbeit, Einkauf, Freizeit wird durch Entscheidungen festgelegt, die mit der sozialen Lage, der Lebensphase, den Lebenszielen und lebensstilspezifischen Grundorientierungen in Einklang gebracht werden müssen.
- Auch das Aufsuchen der Freizeit- und Einkaufs-Orte ist nicht allein durch Verkehrserreichbarkeit bestimmt. Denn nur der notwendigste Teil der Einkäufe und nur ein Bruchteil der Freizeit-Orte wird nach Kriterien der Nähe ausgesucht und aufgesucht. Ermöglichende oder auch erschwerende Faktoren ganz anderer Art bewirken die Erreichbarkeit der Freizeit-Orte im Raum: Geld, Bildung, Sprache, alltagsästhetische Vorlieben – der Umgang mit den „feinen Unterschieden" –, Art der Freundesgruppe, geschlechtspezifische Zuschreibungen.
- In einem solchen Raumkonzept erhalten die Begriffe Erreichbarkeit sowie Nähe und Ferne einen anderen Sinn. Es wird vorgeschlagen, von *sozialer Erreichbarkeit/Unerreichbarkeit* und von *soziokultureller Nähe/ Ferne bzw. Anziehung und Abstoßung* zu sprechen.
- Ein solches Konzept sozialer Erreichbarkeit bzw. Unerreichbarkeit arbeitet mit anderen Maßverhältnissen als Verkehrserreichbarkeit. So kann das Wohnen in einem bestimmten Viertel unerreichbar sein, obwohl es in nächster Nähe liegt – die soziale Unerreichbarkeit wirkt wie eine Wand, die den Zutritt verweigert. Es kann aber auch ein entferntes Ziel plötzlich durch eine veränderte soziale Relation erreichbar werden: Wenn bisher der Kurztrip nach Mailand wie Luxus im Jet-Set-Milieu wirkte, ist ein Flugticket der Billig-Airlines für 12 Euro, trotz großer Entfernung, heutzutage für jeden erschwinglich. Die soziale, nicht aber die verkehrliche Erreichbarkeit hat sich verändert.

---

[93] Den Zusammenhang zwischen einerseits Determinierung von Mobilität durch „räumliche Anordnung von Arbeitsstätten, Schulen, Geschäften und Parks – kurz gesagt die Siedlungsstruktur", andererseits in Grenzen freier Wählbarkeit des Wohnstandorts, diskutiert Franz (1984, S. 180 ff.); Fliegner bezeichnet „Wohnstandortwahl als mobilitätsvorgelagerte Rahmenbedingung" (Fliegner 2002, S. 205).

- Lebensstilorientierungen, die Präferenzen für bestimmte Orte bewirken, aber auch deren Vermeidung, scheinen auf den ersten Blick „weiche Faktoren" zu sein. Tatsächlich haben sie objektive Wirkungen im Raum. Es werden bestimmte Orte der Freizeit allein deshalb aufgesucht, weil eine lebensstilbezogene Anziehung besteht; andere werden ignoriert, obwohl sie, gemessen an den Distanzen und der Lage, räumlich gut erreichbar wären.

- Verkehrserreichbarkeitsanalysen „versuchen den raum-zeitlichen Bezug bzw. den Raumüberwindungswiderstand zwischen Raumeinheiten und den in diesen Raumeinheiten verstandorteten Aktivitäten (Einwohner, Arbeitsplätze, bestimmte Einrichtungen) zu ermitteln und darzustellen" (Michael 1993, S. 6). Soziale Erreichbarkeit bzw. soziokulturelle Distanz und Zugänglichkeit entsteht durch andere Parameter, die nicht unbedingt intervallskaliert sein müssen: z.B. „angesagt/nicht angesagt" oder „sich wohl und unter seinesgleichen fühlen" vs. „sich fremd und unsicher fühlen" oder „die richtige Musik" vs. „unerträgliche Musik" oder „sicher" vs. „unsicher" oder den Kleidungscode kennen, ihn nicht kennen, gegen ihn verstoßen, ihn variieren.

- Die Unterschiede zwischen den verschiedenen Erreichbarkeiten, der verkehrlichen und der sozialen bzw. soziokulturellen, dürfen nicht mit den Kategorien „subjektiv" und „objektiv" verwechselt werden. Soziale Erreichbarkeiten und Unerreichbarkeiten werden zwar „am Subjekt", also am Beispielfall einzelner Individuen erhoben, aber die Wirkungen sind objektiv. Die mit dieser Objektivität verbundenen Mess- bzw. Erhebungsverfahren sind am ehesten in der Lebensstilforschung entwickelt worden. Das oben beschriebene Konzept der Mobilitätsstile bezieht sich aber auf beide Formen der Erreichbarkeiten zugleich – auf die verkehrliche und auf die soziale/soziokulturelle.

VI. Ein erweiterter Mobilitätsbegriff

Ein Begriff von Mobilität, der den dargestellten Ergebnissen zu den Mobilitätsstilen und einem dazu passenden Raumbegriff gerecht wird, muss einerseits dazu in der Lage sein, die subjektiven, symbolischen und motivationalen Bedeutungsdimensionen aufzunehmen, die das Konzept der Mobilitätsstile untersucht, und er muss sich andererseits auf Verkehr als System beziehen lassen können. Ein solcher Begriff von Mobilität bezieht sich auf drei unterschiedliche Beweglichkeiten:[94]

---

[94] Es handelt sich um eine Weiterentwicklung des im Institut für sozial-ökologische Forschung entwickelten Mobilitätsbegriffs (vgl. Jahn/Wehling 1996).

- Mobilität bezeichnet demnach erstens Bewegung und Beweglichkeit von Personen und Dingen zur Überwindung von Entfernungsdifferenzen im dimensionierten physischen Raum;
- Mobilität bedeutet zweitens Bewegung und Beweglichkeit als Voraussetzung der Erreichbarkeit von Angeboten und Gelegenheiten der Bedürfniserfüllung, also des Essens, des Schlafens, des Arbeitens, des Einkaufens, der Ausbildung, des Vergnügens und ist somit Bedingung der Produktion und der Reproduktion sowie der sozialen Integration als Teilhabe und Teilnahme am gesellschaftlichen und sozialen Geschehen.
- Drittens bedeutet Mobilität soziale Erreichbarkeit sowie Herstellung von soziokulturellen Distanzen hinsichtlich symbolisch relevanter Orte.

Ein Mobilitätsbegriff in dieser Verwendungsform wird sich also mit den sozialen Ermöglichungsbedingungen und den Schranken, aber auch mit den motivationalen Hintergründen[95] von Handlungen im Verkehr und mit subgruppentypischen Symboliken, Wünschen und Bewertungen unterschiedlicher Formen von Beweglichkeit befassen. Diese Betrachtungsweise steht nicht in einem Gegensatz zu einer systemischen Perspektive, sondern versteht sich komplementär – denn Strukturen werden in und durch Handlungen erzeugt (zu Strukturierung von Strukturen durch Handlungen vgl. Giddens 1995, S. 67 ff.).

VII. Folgerungen für die qualitative empirische Analyse

Der kritische Durchgang durch die Freizeit-, Mobilitäts- und Raumdiskussion hat den Sinn,
- eine theoretische Grundlage zu schaffen, die den Schritten der empirischen Analyse einen Weg weist, um somit einen systematischen Auswahl- und Selektionsrahmen zu liefern, der vor einer willkürlichen Heuristik schützt und zu einer Reduktion des empirischen Materials führt;[96]
- Einflussfaktoren aufzuzeigen, die außerhalb der Wahrnehmung der Befragten, also außerhalb des unmittelbaren Antwortverhaltens liegen, aber das Feld dennoch beeinflussen – somit Bedingungsfaktoren einzuführen,

---

[95] Giddens weist darauf hin, dass nicht jede Einzelhandlung durch Motive gesteuert ist: „Motive neigen dazu, nur unter relativ ungewöhnlichen Umständen eine direkte Auswirkung auf das Handeln zu haben, d.h. in Situationen, die in gewissem Sinne von der Routine abweichen. Hauptsächlich sorgen Motive für Gesamtpläne oder Programme – ‚Entwürfe‘ in Schütz' Worten –, innerhalb derer eine Reihe von Verhaltensweisen ausgeübt werden. Ein großer Teil unseres Alltagsverhaltens ist nicht direkt motiviert" (Giddens 1995, S. 57).

[96] In Anlehnung an die inhaltlich-reduktive Auswertung nach Lamnek (1993), S. 110 ff.

die eine erweiterte Interpretation des Materials vor dem Hintergrund gesellschaftlicher Entwicklungen möglich machen;[97]

- und so theoretische Hypothesen/Theoreme zu erarbeiten, die einerseits eine systematische Interpretation des empirische Material möglich machen, sich andererseits aber am empirischen Material bewähren müssen (zur Überprüfung von Theorien durch qualitative Empirie vgl. Strauss 1994, S. 38).

VIII. Untersuchungshypothesen[98] und Fragestellungen

1. Disponible Zeit/Eigenzeit

Hinsichtlich eines brauchbaren Freizeitbegriffs hat sich eine zweistufige Betrachtungsweise als sinnvoll erwiesen: die Systemtheorie hat nahe gelegt, Freizeit auf einer ersten Stufe zunächst als „Auszeit" von Rollenverpflichtungen zu begreifen, die die sozialen Systeme Erwerbsarbeit/Versorgungsarbeit gewähren, um die Subjekte zeitweise vom dauerhaften Zugriff dieser Systeme zu entlasten.

Aus den Erkenntnissen der feministischen Forschung zur Zeitverwendung und zum Einsatz von Zeitstrukturierungsmechanismen konnte gelernt werden, dass nutzbare Freizeit erst dann entsteht, wenn verpflichtungsfreie, nicht determinierte, disponible Zeit als Eigenzeit strukturiert, angeeignet, genutzt und abgegrenzt wird.[99]

Im empirischen Material soll nun folgenden Fragen nachgegangen werden:

- Stimmt die These, dass Eigenzeit hergestellt, abgegrenzt, strukturiert werden muss?
- Falls ja, wie geschieht das?
- Sind Grenzziehungen zur Erwerbsarbeit rekonstruierbar?

---

[97] „Die empirische Sozialforschung kommt darum nicht herum, dass alle von ihr untersuchten Gegebenheiten, die subjektiven nicht weniger als die objektiven Verhältnisse, durch die Gesellschaft vermittelt sind." (Adorno 1973, S. 220).

[98] Hypothesenprüfung in der qualitativen Forschung folgt anderen Gesetzen, als der Hypothesentest im falsifikationistischen Paradigma. Es geht darum, „eine formulierte Hypothese, an der Realität zu prüfen" (Lamnek 1993, S. 80).

[99] Da es Helga Nowotny (1993) weniger um eine Definition und Abgrenzung des Begriffs „Eigenzeit", als vielmehr um die „Entstehung und Strukturierung eines Zeitgefühls" geht, wird hier weniger auf die normative Perspektive („Ringen um eine neue Zeitkultur") als vielmehr auf den Begriff Bezug genommen, wie er auch von Hörning et al. (1990) verwendet wird.

- Wie gestalten sich diese bei unterschiedlichen Formen der Arbeit, der Arbeitslosigkeit, der Selbstständigkeit?
- Werden Grenzziehungen gegenüber der Haus- und Versorgungsarbeit (Reproduktionsarbeit) deutlich? Und wie werden hier die Grenzen gezogen?

2. Systematik von Freizeitmobilität

Aus den historischen Quellen zur Geschichte des Reisens, aus der Diskussion um „Wunschverkehre" (Heinze 1997), den Erkenntnissen zur psychodynamischen Funktion des Fahrens (Hilgers 1992), den Ergebnissen zur Bedeutungszuschreibung (Heine et al. 2001) und schließlich den Befunden zu Mobilitätsstilen (eigene Forschungen) kann geschlossen werden, dass Formen der Fortbewegung, die nicht dem rationalen Transport dienen, zur Normalität der Freizeitmobilität gehören. Sie werden in dieser Arbeit als ein der Analyse zugängliches Phänomen betrachtet und verstehend interpretiert.

Aus der Tatsache, dass es diese Phänomene und gleichzeitig transportrationale Formen der Freizeitfortbewegung gibt, wird der Schluss gezogen, dass zunächst eine Grobsystematik entwickelt werden muss, entlang derer Freizeitmobilität und Verkehrshandeln in der Freizeit sich gliedert. Innerhalb dieser Grobgliederung erfolgt dann eine Feingliederung auf Basis unterschiedlicher „Wegezwecke", die tatsächlich soziales Handeln repräsentieren.

3. Typologie der Freizeitmobilität

Am Ende werden aus dem Sample von 50 bundesweit erhobenen qualitativen Interviews mit Hilfe einer typisierenden Methode Gruppen identifiziert, die hinsichtlich des sozialen Hintergrunds, der Freizeit-, Lebensstil- und Mobilitätsorientierungen sowie hinsichtlich der Raumaneignung und -nutzung Ähnlichkeiten zeigen.

E. Ergebnisse der qualitativen Untersuchung zur Freizeitmobilität

I. Methodische Vorbemerkungen

1. Projektkontext

Das qualitative Material hatte in dem bereits abgeschlossenen Forschungsprojekt primär eine vorbereitende Funktion für die repräsentative Untersuchung.[100]

Die Transkripte derselben qualitativen Interviews werden im Folgenden mit der neuen Zielsetzung eines analytischen, soziologischen Erkenntnisinteresses und damit auch in einem veränderten theoretischen Rahmen neu ausgewertet und interpretiert.[101] Die *qualitative* Empirie hat also in diesem Falle einen eigenen, spezifischen und in sich abgeschlossenen Erkenntnisanspruch und Erkenntniswert.

2. Auswahlverfahren

Die 50 qualitativen, leitfadenorientierten Tiefeninterviews wurden von Interviewern und Interviewerinnen, die in qualitativen Methoden geschult waren, in sechs Regionen der Bundesrepublik durchgeführt.[102]

Da das Ziel eines qualitativen Samples nicht die statistische Repräsentativität, sondern die Repräsentierung des Typischen ist, muss durch eine geeignete Quotierung gesichert werden, dass ein hinsichtlich der Fragestellung möglichst breites Spektrum unterschiedlicher Befragter Teil der Auswahl-

---

[100] Vorbereitende Funktion bedeutete: Sie dienten der Sondierung der Forschungsproblematik, dem Erarbeiten von Hypothesen für die Quantifizierung und der Generierung von Textmaterial, das als Originalton in die Entwicklung alltagsnaher Statements für die Repräsentativbefragung einging (zur vorbereitenden Funktion qualitativen Materials vgl. Lamnek 1993, S. 8–15).

[101] Überschneidungen zwischen dem veröffentlichten Forschungsbericht und der hier vorgelegten Arbeit finden sich in dem Kapitel „Abgrenzung und individuelle Definition von Freizeit" sowie in den Ausführungen zu „Freizeitmobilität und Verkehrsverhalten" (vgl. Götz et al. 2003, S. 35–46).

[102] Die Interviews wurden Ende 1999, Anfang 2000 in Hamburg/Lüneburg, Leverkusen/Köln, Mannheim/Heidelberg, Gera/Leipzig, Berlin, Rostock/Schwerin durchgeführt.

einheit wird.[103] Zugleich darf diese Quotierung aber nicht eine „self fulfilling prophecy" erzeugen. Den genannten Kriterien entsprach eine achtfache Quotierung der 50 Interviews:

- alte Bundesländer (29 Interviews), neue Bundesländer (21 Interviews);
- Geschlecht (paritätisch);
- Siedlungsstruktur (30 Interviews städtisch, 20 ländlich);
- drei Stufen der Formalbildung (untere, mittlere, obere);
- zwei Varianten der Erwerbsarbeit (Vollzeit, Teilzeit/Nichterwerbstätig);
- vier Altersstufen;
- einbezogen wurden Haushalte ohne Kinder und mit Kindern, wobei letztere nochmals unterteilt wurden in solche mit kleinen Kindern vs. solche mit Kindern über vier Jahren.
- Schließlich wurde die Quote so ausgesteuert, dass regelmäßige Nutzerinnen und Nutzer von Autos, des ÖPNV und des Fahrrads im Sample enthalten sind.

Quotenplan Freizeitmobilität

Alter		16–25 Jahre		26–40 Jahre		41–60 Jahre		Über 60 Jahre	
Kinderhaushalt		Kind	kein Kind	K	kK	K	kK	K	kK
Formal-Bildung	**Berufstätigkeit**								
Haupt-schule	ganztags			1	2	1	1	1	
	nicht oder Teilzeit*	1	1	2	1	1	1		1
Real-schule	ganztags			1	2	1	1	1	
	nicht o. Teilzeit	1	1	2	1	1	1		2
Abi, FH, Uni	ganztags			1	2	1	1	1	
	nicht o. Teilzeit	1	1	2	1	1	1		1
Schülerinnen/Schüler		1							
Studierende		1	1						
Azubis		1							

* Die Kategorien der Berufstätigkeit lauten: Ganztags berufstätig versus nicht oder Teilzeit berufstätig

---

[103] Zu den spärlichen Ausführungen über Methoden der Quotierung bei qualitativen Untersuchungen gehören auch die eher knappen Ausführungen bei Lamnek 1993, S. 193 ff.

I. Methodische Vorbemerkungen

3. Untersuchungsthemen

Der qualitative Leitfaden bestand aus folgenden Abschnitten (siehe Leitfaden im Anhang).

Lebensstil/Lebenssituation
- Haushalt und Alltagsleben
- Arbeit/hauptsächliche Tätigkeit
- Wohnsituation/Wohnumfeld

Freizeitorientierung
- Freizeitverständnis
- Freizeitaktivitäten
- Typische Freizeit im Alltag

Mobilitätsorientierungen
- Einstellung zu unterschiedlichen Verkehrsmitteln
- Bedeutung in der Freizeit

Freizeitmobilität
- Beispielhafte Freizeitfahrten im Alltag und am Wochenende
- Kurzurlaub/Urlaub

4. Auswertung

Die 50 Tiefeninterviews wurden nach einem bewährten, dreistufigen Verfahren vor-ausgewertet:
- Die auf Tonträger vorliegenden 60–90 Minuten langen Gespräche wurden transkribiert, was Gesprächprotokolle von 25–30 Seiten erbrachte;
- zusätzlich wurden ganzheitliche Kurzfassungen (ca. eine Seite) erstellt;
- schließlich wurde das Material themenbezogen, also quer verdichtet und kategorisiert, so dass die Antwortkategorien und der Originalton für jedes Thema in Form von Paraphrasen abgerufen und den Fällen zugeordnet werden konnte.

II. Ergebnisse

1. Herstellung und Abgrenzung von freier Zeit/Eigenzeit

Im Kapitel über die Definition von Freizeit wurde bereits die systemtheoretische Definition eingeführt, die feststellt, dass freie Zeit zunächst nur eine Auszeit ist, die die sozialen Funktionssysteme Arbeit/Familie gewähren, um die Individuen von Totalzeitokkupation frei zu halten. Auszeiten in diesem Sinne sind hinsichtlich ihrer Verwendung offen. Wenn die Systemperspektive wieder verlassen und die Handlungsperspektive der Akteure eingenommen wird, stellt sich heraus, dass erst die Aneignung dieser Zeit als Eigenzeit wirkliche Handlungsspielräume schafft. Dieser Herstellungsprozess der Entstehung und Aneignung disponibler Zeit wird nachfolgend im empirischen Material rekonstruiert.

a) Abgrenzung hinsichtlich der Erwerbsarbeit

Die Abgrenzung der Arbeit von der Freizeit gelingt in Normalarbeitsverhältnissen mit dem Hinter-sich-Lassen der Arbeitssphäre. Diese erste Stufe der freien Zeit entsteht genau dann, wenn nicht mehr verpflichtend gearbeitet werden muss. Diese klare Grenzziehung hat nichts mit Unlust oder Entfremdung zu tun. Der nachfolgend zitierte Befragte zeigt eine starke Identifikation mit seiner Firma (einem Chemie-Konzern) und ist stolz auf seine Arbeit, die er mit großem Pflichtgefühl leistet:

- Der 40-jährige, verheiratete Mess- und Regelmechaniker führt aus: Freizeit „fängt für mich an, wenn ich die Firma verlassen habe. Da fallen für mich alle Klappen und dann fängt für mich die Freizeit an." (...) „Sobald ich die Firma verlassen habe, dann ist ein gewisser Druck weg, man ist frei, niemand steht hinter einem. Das ist dann nicht mehr der Fall. Ich freue mich, wenn ich aus der Firma raus bin, das heißt aber nicht, dass ich nicht für die Firma da bin, wenn sie mich nachts anrufen. Das ist für mich dann auch wieder eine gewisse Befriedigung, wenn sie mich brauchen." (NRW 4)[104]

- „Wenn ich die Klamotten ausziehe, die ich im Geschäft anhabe." (Thür 1, 25-jährige, verheiratete Verkäuferin mit einem Kind)

---

[104] NRW = Nordrhein-Westfalen (Leverkusen, Köln und Umgebung), B = Berlin und Umgebung, MV = Mecklenburg Vorpommern (Rostock, Schwerin und Umgebung), NiSa = Niedersachsen und Umgebung, BW = Baden-Württemberg/Rhein-Neckar (Heidelberg, Mannheim, Ludwigshafen und Umgebung), Thür = Thüringen (Gera und Umgebung).

- „Wenn ich mich verabschiede von meinen Kollegen, wenn ich zu Hause bin, dann ist das für mich Freizeit. Ich schalte entweder den Fernseher ein, um zu gucken, was es Neues gibt. Oder wenn ich abends nach Hause komme, ist er ja meistens schon eingeschaltet durch meine Frau. Und das ist dann für mich Freizeit." (MV 1, 37-jähriger, verheirateter Briefverteiler)
- „Sobald ich von der Arbeit zurückgekehrt bin und aus dem Auto steige, das ist für mich Freizeit. In dem Moment, wo ich selbst planen kann." (Thür 7, ein 34-jähriger Projektmanager für Industrieanlagen, ledig)
- Ein 20-jähriger Kfz-Mechaniker in Ausbildung definiert Freizeit folgendermaßen: „Über nichts mehr nachdenken müssen, einfach nur rumgammeln. Wenn ich aus der Dusche komme um 16:30 Uhr." (B 3)
- „Ich trenne generell privat und beruflich. Ich habe ein gutes Verhältnis zu meinen Kollegen, aber privat läuft nichts ab, ich trenne das voneinander. Ich lege einen Hebel um und dann habe ich Freizeit – mir läuft nichts lange nach. Sobald ich das Labor verlasse, habe ich Freizeit", sagt NRW 3, ein 26-jähriger, verheirateter Zahntechniker mit einem Kind.

Die Abgrenzung der Freizeit ist gekennzeichnet durch Akte der Überschreitung einer räumlichen, personenbezogenen oder symbolischen Grenze: der Zugriff des Betriebs ist beendet, wenn die Firma, die Sphäre des Betriebs verlassen, sich von den Kollegen verabschiedet, die Kleidung gewechselt, der Schmutz der Arbeit weggeduscht ist. Diese äußere Grenzüberschreitung ist zugleich eine innere Grenzziehung. Mental wird umgeschaltet. Jetzt geht es um Anderes als um den Betrieb.

Zugleich wird „Freiheit" empfunden, eine Freiheit, die bedeutet, dass das eigene Leben nun selbst gestaltet werden kann.

b) Übergangsrituale

In zahlreichen Interviews wird deutlich, dass die Grenze hin zur Freizeit durch ein Übergangsritual der Entspannung und Entpflichtung gekennzeichnet ist. Hier zeigen sich geschlechtsspezifische Unterschiede:

- „Nach der Arbeit gehe ich noch einen Kaffee trinken, da sehe ich Leute, die ich kenne." (Thür 7, 34-jähriger Projektmanager für Industrieanlagen, ledig)
- Ein 24-jähriger Zeitsoldat, der mit seiner 22-jährigen, arbeitslosen Freundin zusammenwohnt sagt: „Dienstschluss ist um 16:15 Uhr, da fahre ich mit den Kameraden nach Hause. Dort wird erst mal in aller Ruhe Kaffee

getrunken, bisschen entspannt und Fernsehen geguckt. ... Ich kann dann ausspannen. Ich brauche nicht mehr an Arbeit zu denken oder an irgendwas, was mich noch belastet. Sondern ich kann mich voll auf das konzentrieren, was ich gerade möchte. Zum Beispiel, wenn ich mich dann vor den Computer setze, dann ist das meine Welt. Ich habe dann keine anderen Verpflichtungen mehr ... Dass man unbeschwert ist. Man hat nichts mehr im Hinterkopf, das noch erledigt werden muss, sondern ist völlig frei im Kopf." (MV 8)

Deutlich wird hier die Richtigkeit des systemtheoretischen Freizeitverständnisses: Freizeit ist Auszeit hinsichtlich bestimmter verpflichtender Sozialsysteme und kann somit nicht an der Tätigkeit, sondern nur am sozialen Verhältnis abgelesen werden. Während eine Tätigkeit am Computer im Dienste des Arbeitgebers keine Auszeit wäre, ist die selbst gewählte Computertätigkeit nach der Arbeit Entspannung.[105]

Teil des weiblichen Entspannungsrituals ist dagegen häufig das sich selbst verwöhnen:

Eine 23-jährige ledige Fachhochschulstudentin, die zusätzlich zum Studium in einer Bar arbeitet, berichtet im Interview über den vorigen Tag:

– „Als ich nach Hause gekommen bin nach der Arbeit, da habe ich erst mal abgewaschen, mir dann was zu Essen gemacht, eine Flasche Wein aufgemacht. Dann das Badezimmer ordentlich hergerichtet, eine Badewanne eingelassen und habe mich dann richtig entspannt. Mit Körperpflege, Gesichtsmaske und allem drum und dran, mit Peeling, habe meine Füße gepflegt. Dann war ich fertig, dann habe ich mich ins Bett gelegt, habe den Fernseher angemacht und bin dann irgendwann vor dem Fernseher eingeschlafen." (MV 7)

c) Abgrenzung hinsichtlich der Versorgungs- und Haushaltsarbeit

Bei Personen, zumeist Frauen, die außerhalb des Hauses arbeiten und die zugleich für den Haushalt verantwortlich sind, wird deutlich, dass die Abgrenzung von Freizeit nach zwei Seiten hin notwendig ist. Die eine Seite ist die Erwerbsarbeit, die zweite Seite ist die Haus- und Versorgungsarbeit.

---

[105] Das gilt analog auch für die Haus- und Versorgungsarbeit. Wenn eine Person das ganze Jahr für den Haushalt verantwortlich ist und dann im Urlaub weiter für Kinder, Kochen, Putzen zuständig ist, handelt es sich *nicht* um Freizeit. Wenn dagegen eine Person, die von der Erwerbsarbeit suspendiert ist, im Urlaub vorübergehend Haus-, Versorgungs- und Familienverantwortung übernimmt, so kann dies dennoch Freizeitcharakter haben, weil die Suspendierung bezüglich des fokalen sozialen Systems (Erwerbsarbeit) weiterbesteht.

II. Ergebnisse

Eine 24-jährige Sekretärin in Ausbildung, die allein wohnt, formuliert klar und deutlich:

- „Freizeit ist die Zeit, wenn ich von der Arbeit komme und meine Hausarbeit erledigt habe, eingekauft habe. Wenn nicht mehr diese Pflichten (anfallen), die jeder hat, wenn die erledigt sind und ich tun kann, wozu ich gerade Lust habe. ... Freizeit ist in dem Moment, wo ich gezwungene Sachen, die Pflichten, die ich erfüllen muss – muss ja die Wohnung sauber machen oder ich muss meine Wäsche waschen – das sind Pflichten, wenn die aufhören und ich mich frei entscheiden kann, was ich mache, sei es ein Buch lesen oder runter in den Garten gehen oder Fernsehen gucken, das ist Freizeit." (NRW 11)

Die Befragte kann Verpflichtungs- und Freizeit genau abgrenzen: Um 17:30 Uhr kommt sie nach Hause, erledigt dann die Hausarbeit. Ab 19 Uhr ist für sie Freizeit. Um 23 Uhr geht sie ins Bett.

Auch bei Männern findet sich die Abgrenzung von Freizeit nach zwei Seiten, also hinsichtlich der Erwerbs- und hinsichtlich der Hausarbeit:

Ein 24-jähriger Industriekaufmann in Ausbildung, der mit seiner Freundin und einem Studenten zusammenwohnt, antwortet auf die Frage, woran sich das Gefühl von Freizeit festmacht:

- „Wenn die Arbeitszeit im Büro zu Ende ist oder wenn ich von der Berufsschule nach Hause komme. Dann ist schon ein bisschen Freizeit. Wenn dann noch etwas in der Wohnung zu tun ist, dann ist noch nicht richtig Freizeit. Sondern erst, wenn das alles aus dem Kopf raus ist und man wirklich weiß, jetzt wartet nichts mehr, jetzt ist keine Pflicht mehr, jetzt kann ich tun, wonach mir der Sinn steht. Dann beginnt die Freizeit." (NRW 9)

Eine 34-jährige, geschiedene Sachbearbeiterin mit zwei Kindern definiert Freizeit zunächst über das Wetter: „... dass man etwas unternehmen kann." Darauf angesprochen, wie eine ideale Situation zu Hause sein müsste, dass Freizeit entsteht, antwortet sie:

- „Ja, das Ruhe ist. Ich habe keinen Stress um mich herum, Arbeitsstress auf jeden Fall, auch Stress von zu Hause mal weglassen. Dass ich eben mal nur auf dem Balkon bin, nichts mache, was lese und entspanne. Eigentlich auch Ruhe, wenn die Kinder dann im Bett sind." (MV 3)

Das Wörtchen „eigentlich" zeigt, wie so oft im Material, einen Konflikt, ein Zögern, zuzugeben, dass letztlich Freizeit erst dann beginnt, wenn die Aufmerksamkeit für die Kinder nachlassen darf.

Hinsichtlich des Stichtages („gestern") berichten verschiedene Befragte, dass – bevor die Freizeit beginnen konnte – zunächst Haus- und Versorgungstätigkeit geleistet wurde:

- „Ich bin von der Arbeit gekommen, war einkaufen, habe Wäsche gewaschen, habe gesaugt ..." (NRW 11, 24-jährige Sekretärin in Ausbildung, ledig)
- „Habe mein Badezimmer geputzt, mein Bett neu bezogen ..." (NiSa 7, eine ledige Verkäuferin)
- „Ich habe gebügelt, ein ganzer Berg." (NiSa 2, eine 25-jährige, ledige Werbekauffrau)
- „Ich habe meine Frau erst mal entlastet bei der Hausarbeit. Habe den Kleinen fertig gemacht, mit ihm gebadet. Dann sind wir noch einkaufen gegangen, spazieren gegangen mit der ganzen Familie ..." (NRW 3, 26-jähriger, verheirateter Zahntechniker mit einem Kind)

Bei den meisten Befragten mit Kindern wird hinsichtlich der Erziehungs- und Beaufsichtigungsarbeit deutlich, dass es im Freizeitempfinden sehr feine Differenzierungen gibt:

Eine 25-jährige, verheiratete Verkäuferin mit zwei Kindern definiert zunächst Freizeit so:

- „Das ist für mich, wenn ich nicht arbeiten muss, wenn ich nichts zu Hause zu erledigen habe, oder nur Kind und Familie ...", um dann fortzufahren: „... oder alleine, das ist für mich Freizeit." (Thür 1)

Auf die Frage, ob sie überhaupt Freizeit habe, antwortet sie:

- „Ja, doch, habe ich. Freizeit habe ich, wenn man von der Kinderbetreuung absieht, habe ich den ganzen Sonntag als Freizeit, wenn ich Spätschicht habe; die Zeit zwischen 10 und 14 Uhr ist auch Freizeit, weil ich dann mal die Hausarbeit liegen lasse, oder der Nachmittag, der übrig bleibt, wenn ich nicht mehr arbeiten muss."

Wie so oft in den Interviews, arbeitet sich auch diese Befragte langsam zu ihrem persönlichen Freizeitbegriff vor, in dem dann immer deutlicher herausgearbeitet wird, wo der eigentliche Kern von Eigenzeit ist. Auf die Frage, woran sie merkt, dass Freizeit begonnen hat, antwortet sie:

- „Wenn ich alles Drumrum vergessen kann. Wenn alles gemacht ist, wenn ich mich entspannt hinsetzen kann, wenn mir nichts mehr im Kopf rumspukt, wenn alles andere erledigt ist – die Wäsche, Aufwischen, Hausarbeit, Erledigungen in der Stadt, wenn das erledigt ist, dann habe ich meine Ruhe. Es bleibt auch schon mal was liegen, wenn ich mir was vorgenommen habe, aber eigentlich muss das erst mal erledigt sein."

Der letzte Satz zeigt, wie schwierig es ist, Hausarbeit gewissenhaft zu erledigen und dennoch ein wenig Freizeit zu ergattern. Unter welchen

II. Ergebnisse

speziellen Bedingungen auch mit der Familie Freizeit möglich ist, zeigen die folgenden Ausführungen:

- „Meine Familie ist für mich auch Freizeit; im Garten meiner Eltern, wenn die Oma auch mal kocht. Da kann ich mich auch mal hinsetzen (…) Wenn das Kind ins Schwimmbad möchte, ist das schon Freizeit, aber ich muss es immer im Blickfeld haben, es ist schon eine Herausforderung, damit er nicht abhanden kommt, das ist dann weniger Freizeit …"

Insofern leuchtet es dann auch ein, dass die Frage „Wie verbringen Sie am liebsten Ihre Freizeit?" von der Befragten folgendermaßen beantwortet wird:

- „Eigentlich alleine auch mal zu Hause nur auf der Couch liegen, ein Stündchen schlafen, mit der Freundin ins Kino gehen oder in die Disco, oder nett Essen gehen."

Nicht nur bei Befragten mit Kindern ist das sporadische Alleinsein-Dürfen die Voraussetzung eines echten Freizeitgefühls. Auf die Frage, wo genau für sie Freizeit beginnt, führt eine 62-jährige, verheiratete Rentnerin aus:[106]

- „Das kann ich Ihnen sagen. Wenn ich hier raus gehe und wieder komme. Die Spannung lässt nur nach, wenn ich hier raus bin aus meinen vier Wänden (…) Das Freizeitgefühl hier ist nicht so da. Ich muss immer was machen und ich habe ein Gefühl der Enge. Das liegt an unseren beiden Verhältnissen. Er (gemeint ist ihr 64-jähriger Mann, ebenfalls Rentner) macht immer einen Ring um mich herum, er engt mich dadurch auch ein. Von mir aus möchte ich auch den Ring nicht sprengen, da würde viel kaputt gehen. Ich muss nur immer aufpassen, dass der Ring nicht zu eng wird. Wenn mein Mann mal weg ist, dann bin ich hier auch freier. Dann kann ich in der Sonne liegen, da ist sogar Freizeit, wenn ich Fenster putze." (Thür 4)

Für viele ist es selbstverständlich, dass Hausarbeit bewusst entspannend gestaltet wird, indem nebenher Radio gehört oder ferngesehen wird. Eine allzu platte Gleichsetzung der Erwerbs- mit der Haus- und Versorgungsarbeit ist also nicht legitim. Zwar ist Hausarbeit ungleich verteilt, zwar ist sie eine Pflicht, muss also getan werden; das bedeutet aber nicht, dass sie fremdbestimmt erlebt wird. Sie kann vielmehr nach eigenen Vorstellungen strukturiert und sie kann in den eigenen Räumen geleistet werden. Die Produktionsmittel gehören einem (zumindest zu 50%) selbst und das Ergebnis auch.

---

[106] Sie und ihr Mann sind im Motorsport engagiert und am liebsten würde sie selbst im Motorsport aktiv werden (Rallye fahren).

E. Ergebnisse der qualitativen Untersuchung zur Freizeitmobilität

- „Ich bügle und gucke Fernsehen. Oder wenn es mich zu arg ablenkt, dann schalte ich das Radio ein. Bei ungeliebten Arbeiten brauche ich den Fernseher oder das Radio." (NiSa 2, 25-jährige, ledige Werbekauffrau)
- „Geht meistens los mit Kochen, das ist für mich auch Hobby. Wir haben eigentlich fast einen amerikanischen Haushalt, bei mir läuft der Fernseher eigentlich wie ein Radio." (BW 1, 36-jährige, verheiratete Diplom-Betriebswirtin)

Auch das folgende Zitat zeigt: Die erste Stufe der Freizeit beginnt, wenn die Arbeit im Betrieb zu Ende ist. Deutlich wird, dass der „Druck", das Reglement und die Fremdbestimmung zu Ende sind und dass nun die Perspektive auf Hausarbeit gerichtet ist:

- Eine 46-jährige, verheiratete, stellvertretende Filialleiterin in einem Supermarkt mit einem Kind, die ihre Arbeit sehr liebt, sagt: „Wenn ich den Supermarkt verlassen habe, dann habe ich keinen Druck mehr. Dann ist zu Hause Freizeit." Sie fährt fort: „Dann kann ich mir meine Arbeit einteilen, die noch zu Hause anfällt." (NRW 1)

Zwar wird deutlich, dass nach der Erwerbsarbeit die Hausarbeit beginnt, aber die Differenz hinsichtlich der selbstbestimmten Zeitstruktur wird klar: *Diese* Arbeit kann sie sich selbst einteilen.

Auch bei der befragten 40-jährigen, ledigen Lehrerin wird die feine Differenz zwischen der Erwerbs- und der Haus- und Versorgungsarbeit deutlich:

- Freizeit beginnt „wenn die Arbeit zu Ende ist. Ich muss ja nicht an den Tagen einkaufen gehen, wenn ich erst nachmittags nach Hause komme ... Wenn ich (freitags) früher zu Hause bin, gehe ich um eins einkaufen, wenn die Geschäfte leer sind, wenn man sich das einteilt, ist das schon Freizeit" (B 2).

Auch ein männlicher Befragter schwankt, ob er die Hausarbeit als Teil der Freizeit definieren soll oder nicht. Der Begriff „eigentlich" weist darauf hin, dass dem eigentlich nicht so ist:

- Nachdem sehr ausführlich auf Freizeit als „nicht nachdenken müssen" – „rumgammeln" eingegangen worden ist, sagt der 20-jährige, ledige Kfz-Mechaniker: „Eigentlich gehört das Einkaufen und die Gartenarbeit mit dazu. Es gehört schon mit zur Freizeit, auch mal sauber machen." (B 3)

In der Freizeitforschung ist diese Frage quantitativ untersucht worden – das plausible Ergebnis: Nur 11% der Befragten zählen die Hausarbeit zur Freizeit (Scheuch 1977, S. 81).[107]

---

[107] In der quantitativen Repräsentativbefragung im Auftrag des Umweltbundesamts wurde die Frage nach der Abgrenzung der Freizeit von der Haus- und Versor-

II. Ergebnisse

d) Haus- und Versorgungsarbeit als Motiv für Freizeit außer Haus

Die 46-jährige, verheiratete, stellvertretende Filialleiterin im Supermarkt mit einem Kind führt hinsichtlich ihrer Definition Freizeit aus:

– Freizeit ist „für mich, mal nichts zu tun, indem ich die Wohnung abschließe, mich aufs Rad setze ... oder bummeln gehe ... und mich anschließend ins Café setze ... Dass ich mit der Wohnung nichts zu tun habe, dass ich mich mal bedienen lasse (...) Die Wohnung abschließen und einfach weg, das ist mehr Freizeit als zu Hause. Man macht immer was, wenn man zu Hause ist ... Wenn ich dann nach Hause komme und es ist alles in Ordnung, dann stimmt für mich alles. Wenn mein Mann schon was gemacht hat und vielleicht schon gekocht ist. Wenn ich zu Hause einfach nicht mehr viel machen muss" (NRW 1).

Auch aus Perspektive einer 30-jährigen, verheirateten Floristin mit zwei Kindern beginnt Freizeit erst außerhalb des Hauses:

– „Wenn ich das Haus verlasse, im Haus drin hat man immer wieder Arbeit, das ist keine Freizeit. Ich brauche auch keinen Urlaub oder so. Mir reichen mittags vier oder fünf Stunden. Das ist für mich schon Freizeit. Wenn ich mit den Kindern unterwegs bin, das ist für mich Freizeit."[108]
(BW 6)

Es hat sich an dieser Stelle ein ganz unspektakuläres, sehr plausibles, aber in der Forschung über Freizeitmobilität bisher nicht genanntes Motiv der Freizeit außer Haus und damit auch der Freizeitmobilität herausgestellt: Die Tatsache, dass – aus Sicht pflichtbewusster Hausfrauen mit hohen Ordnungs- und Sauberkeitsstandards – das Haus bzw. die Wohnung immer Arbeit bereithält. Wenn Hausarbeit als Beruf, also mit hohem Perfektionsanspruch betrieben wird, ist eigentlich immer etwas zu tun. Eigenzeit kann

---

gungsarbeit mit folgendem Statement operationalisiert: „Freizeit beginnt für mich erst dann, wenn alle Hausarbeit erledigt ist". Die Zustimmungswerte waren wie folgt:

	Frauen	Männer
Trifft ganz genau zu	25%	10%
Trifft eher zu	44%	40%
Zustimmung	69%	50%

[108] Auch dieses, natürlich nur für eine Teilgruppe zutreffende Motiv von Freizeit außer Haus wurde in der Repräsentativbefragung untersucht.
Item: „Zu Hause kann ich meine Freizeit kaum genießen, weil immer etwas zu tun ist".

	Frauen	Männer
Trifft ganz genau zu	15%	10%
Trifft eher zu	30%	34%
Zustimmung	45%	44%

somit für diese Gruppe nur außer Haus, also auf der Grundlage von Mobilität, erlebt werden.

Dieses Motiv kann nur richtig verstanden werden, wenn hier die *funktionale Äquivalenz von Raum und Zeit* gesehen wird. Eine bestimmte Zeitqualität kann dadurch gewonnen werden, dass sie in einen Raum verlegt wird, der frei von Verpflichtung ist. Es handelt sich also um eine *Verräumlichung von Freizeit*.

Nicht immer hat Verräumlichung von Freizeit mit Hausarbeit zu tun. Für manche Befragte ist Freizeit generell mit Unterwegssein verbunden. So äußert sich z.B. eine befragte 29-jährige, allein lebende Erzieherin, nachdem sie ausgeführt hat, dass Freizeit die Zeit ist, „in der ich nicht machen muss, was mir jemand anders sagt":

– „Freizeit heißt für mich ganz stark auch Reisen. Mit dem Zug mal wohin fahren (...) Auch Freunde besuchen, die weiter weg wohnen." (NRW 2)

Ähnlich die 62-jährige, verheiratete Rentnerin:

– „Manche sagen, ich hätte immer Freizeit. Aber für mich ist Freizeit, wenn man zum Beispiel eine schöne Ausfahrt macht. Wenn man in der Sonne liegt oder wenn man am Strand liegt. Alleine Auto fahren, Auto fahren ist für mich ein Gefühl der Freiheit." (Thür 4)

e) Abgrenzung hinsichtlich Arbeitslosigkeit/Frühverrentung

Eine 48-jährige, seit vier Jahren arbeitslose, geschiedene, ehemalige Finanzbuchhalterin antwortet auf die Frage, was Freizeit aus Ihrer Sicht sei:

– „Freizeit habe ich eigentlich fast den ganzen Tag." (MV 6)

Auch hier verrät das Wörtchen „eigentlich" das Konflikthafte der Situation. Die Befragte leidet deutlich an der Situation der Arbeitslosigkeits-Freizeit. Auf die Frage, ob sie die Nichtarbeitszeit sinnvoll nutzen kann, antwortet sie, die zu Beginn des Interviews berichtet hat, immer noch täglich um 6 Uhr aufzustehen:

– „Nicht immer. Es ist Winter. Es ist morgens um acht. Dann fragt man sich, was tut man morgens um acht Uhr. Und dann ist man froh, wenn der Tag wieder rum ist."

Gefragt, was sie sich für die Zukunft wünscht, antwortet sie:

– „Schön wäre ein Arbeitsplatz. Ich würde fast alles machen, fast alles. Aber ich bin einfach zu alt, ich weiß das."

Mit 48 zu alt: Deutlich wird hier die sicherlich von der Arbeitsamtsbürokratie vermittelte, aber inzwischen ja auch aus der Politik bekannte Ideo-

II. Ergebnisse

logie der Personalisierung und individuellen Zuschreibung von Arbeitslosigkeit, die schließlich zu einer Selbstentwertung führt. Der in Wirklichkeit ökonomisch-gesellschaftliche Mechanismus der Ungleichverteilung von Arbeit in Ost und West lässt eine hochqualifizierte 48-jährige Finanzbuchhalterin glauben, sie sei mit 48 Jahren zu alt für die Vermittlung einer Arbeit.

Die Befragte hat sich mit der Situation soweit arrangiert, dass sie die disponible Zeit wenigstens manchmal nutzen kann. Dass sie die Arbeitslosigkeit wenigstens zum Teil als Freizeit umdefinieren kann, war ein bitterer Lernprozess:

– „Man hat sich daran gewöhnt. Man braucht nicht mehr früh aufzustehen. Ich bin das aber gewöhnt. Es ist mir schwer gefallen zuerst ... Ich komme jetzt gut klar. Meine Bekannte ist erst seit einem Jahr arbeitslos, die kommt noch sehr schlecht klar. Man muss sich erst daran gewöhnen. Ich versuche es, außen vor zu lassen, das ist zwar nicht immer einfach im Alltag. Viele Bekannte von mir sind arbeitslos, ich bin ja nicht alleine. Man muss dann zusammen was unternehmen, das ist schon wichtig."

Es wird deutlich, dass die Abgrenzung der verschiedenen Zeiten am Modell des Normalarbeitstags gemessen wird. Wie ein Phantomschmerz bleibt die Erwerbsarbeit als Relation erhalten, an der eine sinnvolle Abgrenzung von Freizeit gemessen wird. Auf die Frage, woran sich das Gefühl von Freizeit festmacht, antwortet sie:

– „Freizeit mit meinen Bekannten oder auch eben zu Hause; lesen, Fernseh gucken, Musik hören. Das verbinde ich damit. Arbeit wäre für mich, wenn ich morgens regelmäßig zur Arbeit gehe und abends nach Hause komme. Haushalt machen ist auch eine Freizeit. Das Lesen mache ich ja gerne, das Saubermachen nicht so gerne. Das eine ist (ein) Muss, das andere mache ich eben gerne."

Der befragte 34-jährige, ledige, arbeitslose Forstfacharbeiter beschönigt nichts an seiner Situation als Arbeitsloser:

– „Nach einiger Zeit fällt einem die Decke auf den Kopf. Da gibt es eigentlich nichts zu sagen. Die ersten vier Wochen geht das, aber dann bekommt man Minderwertigkeitskomplexe weil man kein eigenes Geld verdient." (Thür 3)

Durch die private Verarbeitung der krisenhaften Situation zusammen mit der in der Öffentlichkeit verbreiteten Vorstellung, Arbeitslosigkeit sei wenigstens zum Teil ein selbstverschuldetes Schicksal, wird hier die Möglichkeit genommen, disponible Zeit als Eigenzeit anzueignen, also daraus freie Zeit zu machen.

Dennoch versucht er Phasen der freien Zeit so zu nutzen, dass er Spaß an der freien Zeit hat.

– „Wenn alles, was zu erledigen war, erledigt ist und dann der Spaß beginnen kann (...) Viel lesen. Wenn mir mal ein Buch gefällt, dann kann ich alles stehen und liegen lassen (...) Fernsehen gucken, Angeln (...) Oder wenn Kumpels, Bekannte oder Freunde vorbeikommen. Wenn man schön quatschen kann oder Spiele machen kann ..."

In den geschilderten Fallsbeispielen ist auffällig, dass Arbeitslosigkeit als individuelle und spezielle Situation dargestellt und erlebt wird. Es wird nicht thematisiert, dass Arbeitslosigkeit gesellschaftlich verursacht und Teil des auf Konkurrenz beruhenden Wirtschaftssystems ist. In dem sich selbst regulierenden Mechanismus des Marktes und der Konkurrenz, der den Konsumenten und Konsumentinnen zugute kommt, weil er für knappste Preiskalkulationen sorgt, ist die Dynamik der Rationalisierung und der Auflösung von Arbeit eingebaut. Obwohl dieser Mechanismus seit langem bekannt ist, wird er in der öffentlichen Debatte ausgeblendet. In einer sehr großen Koalition einigt man sich auf das Leitbild des ewigen Wachstums, das sich durch politisches und ökonomisches Handeln wieder einstellen soll. Die Akteure werden aufgeteilt in diejenigen, denen Investitionsanreize gegeben werden müssen – die Unternehmen; für sie müssen die Rahmenbedingungen so ausgelegt sein, dass Gewinne gemacht werden können, was angeblich Arbeitsplätze schafft. Zu diesem Zweck wurden die Steuergesetze so verändert, dass die öffentlichen Körperschaften schlagartig verarmt sind. Tatsächlich führt dies nicht zu Investitionen, und wo investiert wird, führt dies nicht notwendig zu neuen Arbeitsplätzen, sondern zu Rationalisierungen.

Auf der anderen Seite gibt es diejenigen, denen angeblich Anreize zur Arbeit fehlen – das sind die Arbeitslosen selbst, die durch einen unsäglichen Diskurs über Zumutbarkeit und Vermittlungsflexibilität unter Druck gesetzt werden und denen vermittelt wird, es sei ihrer mangelnden Anstrengung zu verdanken, dass sie keine Arbeit finden. So wird die durch Arbeitslosigkeit entstehende disponible Zeit mit dem Odium des Selbstverschuldeten belegt. Es entsteht „sozial diskriminierend definierte disponible Zeit" (Nahrstedt 1980, S. 14 f.).

f) Nichtabgrenzung wegen Überlastung

Sicher ist es kein Zufall, dass es in der Stichprobe überwiegend Frauen sind, deren Mehrfachbelastung dazu führt, dass sie entweder gar keine Auszeit zu haben glauben oder aber Pseudofreizeit, die in Wirklichkeit Freizeitvergnügen für die Kinder bedeutet.

Eine 39-jährige, arbeitslos *gemeldete* Frau mit vier Kindern, von denen eines geistig behindert ist, sagt:

II. Ergebnisse 145

- „Der Große, der René, der ist heute achtzehn geworden. Dann kommt der Jens, der ist fünfzehn, hier der Stefan, zehn Jahre, die Sandra ist sechs Jahre. Das sind meine Kinder." (Thür 2)

Sie wohnt mit einem arbeitslosen Lebensgefährten in einer Plattenbauwohnung und arbeitet früh morgens bei einer Gebäudereinigungsfirma:

- „Zwischen drei und vier Uhr aufstehen, Tasse Kaffee trinken, arbeiten gehen. Kurz nach 4:30 Uhr aus dem Haus gehen. Um fünf Uhr fange ich an, bis sieben. Dann fahre ich nach Hause, wenn nichts anliegt. Dann mache ich die Kleinen fertig, die anderen machen das selbst, die drei. Wenn ich früh komme, sind die schon draußen, die machen Frühstück. 7:10 Uhr gehen die aus dem Haus. Die Kleine bleibt zu Hause. Wenn ich einen Anruf bekomme von meinem Chef, dann geht sie zum Nachbarn rüber, der nimmt sie gerne. Wenn ich dann abends arbeite, dann bis 16 Uhr (...) Dann haue ich noch ein oder zwei Maschinen durch die Wäsche, dann Abendbrot. Um 19:30 Uhr gehen sie ins Bett, dann schaue ich noch ein bisschen Fernsehen. Gegen 21 Uhr gehe ich dann auch ins Bett."

Sie hat eine genaue Vorstellung, was für sie Freizeit wäre, wenn es sie denn gäbe:

- „Es dürfte keiner da sein. Nichts tun, das wäre es (...) Ausruhen, Beine lang machen, nichts machen, nichts tun. Manchmal auf dem Balkon, wenn schönes Wetter ist, manchmal mache ich die Augen zu und schalte ab."

Im Interview wird deutlich, dass es diese Momente fast nie in ihrem Leben gibt:

- „Ich habe immer was zu tun ... Arbeit ist Geld verdienen, ich gehe auch gerne arbeiten. Ich muss raus. Manchmal ärgert es mich schon, wenn der ganze Abwasch noch da steht. Die schmeißen alles in das Becken rein. Da werde ich schon etwas wütend."

Nach Hobbys gefragt antwortet sie:

- „Habe ich keine. Meine Hobbys sind nur die Wohnung sauber machen und die Kinder. Karten spielen machen wir gerne ..."

Beim Stichwort Urlaub lacht sie laut auf. Das letzte Mal, dass sie den Eindruck hatte, Urlaub zu haben, war der Aufenthalt im Krankenhaus nach einer Augenoperation.

Die Problematik von zu wenig Freizeit- und Erholungsmöglichkeit durch Mehrfachverantwortlichkeit zeigt sich in diesem Fall einer schwierigen sozialen Lage besonders drastisch. Auf die vertiefende Nachfrage, ob sie sich daran erinnern könne, am letzten Wochenende Freizeit gehabt zu haben, antwortet sie:

– „Ich habe keine Freizeit. Reinemachen. Ich habe am Wochenende hier geputzt. Was unter der Woche liegen bleibt, mache ich am Wochenende. Wenn mal zwischendurch Zeit war, habe ich mal die Beine hoch gelegt". Aber selbst diese Phasen waren nicht erholsam: „Das Gezanke (...) und das blöde Gequatsche von meinem Lebensgefährten, am liebsten würde ich ihn auf den Müll schicken. Da mache ich auch genug Stress mit, da weiß ich manchmal nicht, wo mir der Kopf steht."

Derartig belastende Mehrfachverantwortlichkeiten der Frauen gibt es auch in materiell besser gestellten Familien. Eine 42-jährige, selbständige Kosmetikrepräsentantin mit zwei Kindern hat einen Mann, der ebenfalls selbständig tätig ist. Der Lebensstandard ist aufwendig und es fallen im Interview Stichworte einer prestigeorientierten Lebensführung. Es wird – eher zwischen den Zeilen – deutlich, dass die Arbeit fast nie aufhört:

– „Freizeit ist immer das, was ich daraus mache. Da ist Flexibilität angesagt. Manchmal ist auch Arbeit Freizeit. Es macht auch glücklich und zufrieden, das ist dann für mich auch Freizeit ... Freizeit kann für mich auch während der Arbeit stattfinden". Nach den Voraussetzungen eines wirklichen Freizeitgefühls gefragt, antwortet sie aber dann: „Nicht immer vom Telefon unterbrochen zu werden ... wenn das Telefon ausgeschaltet ist, ist die ganze Problematik ausgeschaltet. Nichts hören, nichts sehen von außen." (NRW 10)

Nebenbei wird im Interview deutlich, dass für diesen Typus Freizeitanlagen eine ganz spezifische „Auszeit-Funktion" haben:

– „Der letzte Kurzurlaub war eine 500-km-Fahrt in den Schwarzwald mit dem Auto. Von da haben wir dann wieder Unternehmungen gemacht. Wir sind ins Museum gegangen, wir sind in den Freizeitpark Rust gegangen, wir sind ins Freizeitbad gefahren. Zwischendurch auch mal nichts tun ... die Kinder waren begeistert, wir waren begeistert. Es war sehr schön."

Auch hier wird ein Mechanismus der Verräumlichung von Eigenzeit sichtbar: Erst weit entfernt, wenn der gesamte Rahmen eine Auszeit zulässt oder gar fördert (Freizeitparadies), kann vorübergehend abgeschaltet werden. Die typische Problematik von hyperflexiblen Selbständigen mit stark ausgeprägter Leistungs- und Aufstiegsorientierung bedeutet, dass zu Hause immer auch „der Betrieb" ist. Erst wenn eine sehr große Entfernung zwischen dem Freizeit-Ort und dem „Zuhause-Betrieb" gelegt wird, ist es möglich, kurzzeitig abzuschalten bzw. das Handy abzuschalten. Bis dann – in diesem Falle – immerhin eine Rückfahrt von 500 km angetreten wird.

II. Ergebnisse

g) Zwischenresümee

Disponible Zeit entsteht durch Setzung oder Überschreitung von Grenzen zwischen verpflichtender Tätigkeit (Erwerbs- bzw. Hausarbeit) und dem Ende derselben. Dieses Grundmuster zeigt allerdings, in Abhängigkeit von der Verteilung der Haushaltsverantwortung, völlig unterschiedliche Varianten.

Variante 1: Erwerbsarbeit ohne Versorgungsarbeit. Hier entsteht unmittelbar nach dem Ende der Erwerbsarbeit Auszeit. Sie kann sofort als Eigenzeit angeeignet und gestaltet werden. Diese Variante beruht zumeist auf einer traditionellen Form der geschlechtsspezifischen Arbeitsteilung.

Variante 2: Erwerbsarbeit mit Versorgungsarbeit. Nach dem Ende der Erwerbsarbeit beginnt erneut eine Verpflichtung, die allerdings hinsichtlich der Zeitstruktur und der Arbeitsqualität (überwiegend) eigenbestimmt ist. Erst wenn diese beendet ist, kann im Normalfall Auszeit entstehen, die als Eigenzeit angeeignet werden kann.

In vielen Fällen gelingt dies aber nicht. Es kann wegen objektiver und subjektiver Überlastung keine Grenze gezogen werden. Derartige Überlastung gibt es wiederum in zwei Erscheinungsformen:[109] Zum einen als Typus der „neuen Selbständigkeit" in Form des Home Office mit Handy-Dauererreichbarkeit plus Haus- und Versorgungsarbeit (in bestimmten Milieus gekoppelt mit einer den Druck noch erhöhenden Konsumorientierung, die repräsentativen Konsum und Insignien des Aufstiegs anstrebt); zum anderen als Desintegration/Unterprivilegierung hinsichtlich Geld, Bildung, Ausbildung, Habitus, Gesundheit und sozialem Netz. Dazu kommt entweder formelle Arbeitslosigkeit und/oder Überlastung durch Teilnahme am unterbezahlten und prekären grauen Arbeitsmarkt, verbunden mit der Alleinverantwortlichkeit für eine große Familie, in der in dem hier dargestellten, sicher nicht untypischen Fall auch der Partner noch eine zusätzliche Belastung darstellt.

Variante 3: Versorgungsarbeit ohne Erwerbsarbeit. Auch die gibt es in zwei Erscheinungsformen. In der ersten Form kann Hausfrau (oder Hausmann) als Beruf begriffen und Zeitstrukturierungsmechanismen können genau so eingesetzt werden wie in Formen nicht fremdbestimmter Berufsar-

---

[109] In der quantitativen Repräsentativuntersuchung erreichte die mehrfach belastete Gruppe, der es nicht gelingt, Beruf, Privates und Freizeit so zu trennen, dass Eigenzeit entsteht, und der die Hausarbeit über den Kopf wächst, im Cluster der „Belastet-Familien-Orientierten" eine Größe von 24% der Gesamtstichprobe. Sie umfasst aber sowohl die „gestresste Mittelschicht", als auch die neue „Unterklasse" (Lash 1996, S. 226 mit Bezug auf Wilson 1987).

beit. Das setzt Beziehungsformen voraus, in der der „Hauptverdiener" nicht als Arbeitgeber oder Patriarch auftritt.

In der zweiten Form handelt es sich um ein eher traditionelles Muster, bei dem Hausarbeit mit besonders hohem Perfektionsanspruch betrieben wird und eine Tendenz zur Dauerokkupation hat. Hier bietet die Aktivität außer Haus, die notwendig mit Verkehr verbunden ist, einen Ausweg. Entlastete Zeit wird erst im entlasteten Raum erlebt.

Variante 4: Frühzeitige Arbeitslosigkeit: Wer gegen seinen Willen frühzeitig aus der Erwerbsarbeit geworfen wird, dem fehlt die Erwerbsarbeit als Möglichkeit der Grenzziehung. Es ist schwierig, andere Zeitstrukturierungshilfen zu finden, die es möglich machen, selbstbestimmte Eigenzeit von sonstigen Zeiten abzugrenzen. Es besteht die Gefahr, Tagesaufgaben, Haus- und Versorgungsarbeit auszudehnen.

Die auf den letzten Seiten durchgeführte, ausführliche Analyse der Erscheinungs-, Nutzungs- und Abgrenzungsformen disponibler Zeit war wichtig, weil hier Vorbedingungen für Freizeitmobilität aufgezeigt werden konnten, die bisher in der Debatte vernachlässigt worden sind.

2. Varianten der Freizeitmobilität

Nachfolgend geht es um die Analyse der im empirischen Material vorgefundenen Varianten und Erscheinungsformen von Freizeitmobilität im Alltag (einschließlich der Wochenenden).

Bevor diese Analyse jedoch durchgeführt werden kann, gilt es eine Unterscheidung einzuführen, die der nachfolgenden Darstellung als Grobgliederung dient. Während Heinze/Kill (1997) von Zweck versus Erlebnismobilität sprechen und Lanzendorf (2001) die Wegezwecke Erlebnis und Funktionalität unterscheidet, wird hier folgende Differenz für wichtig gehalten:[110]

1. Es gibt *ziel*orientierte Formen der Freizeitmobilität – Fortbewegung ist Mittel zum Zweck der Überwindung von Ortsdistanzen zur Erreichung eines Ziels, das am Ende des Weges liegt (typisches Beispiel: die Fahrt mit einem Verkehrsmittel zum Theater).

2. Und es gibt *bewegungs-* bzw. *weg*-orientierte Fortbewegungsformen – hier ist die Fortbewegung selbst Freizeitzweck, der Weg ist sozusagen das Ziel (typisches Beispiel: das Joggen oder das Umherfahren mit dem Fahrrad als Sport oder die ziellose Ausfahrt mit dem Auto/dem Motorrad zum Spaß).

---
[110] Die Anregung zu dieser Unterscheidung verdanke ich einem Gespräch mit Kay Schulze.

Zur zweiten Variante gehören auch Freizeitfahrten, die ein festes Ziel haben, deren Weg aber bewusst verlängert oder besonders genossen wird (z.B. der von einem Befragten genannte Fall, dass Motorradfahrer sich zum Kaffeetrinken in Mailand verabreden, es aber primär um den Genuss einer schnellen Alpenüberquerung mit dem Motorrad geht).

a) Zielorientierte Freizeitmobilität

Warum begeben sich Menschen in ihrer zumeist knappen freien Zeit an andere Orte? Die Begründung für zielorientierte Freizeitwege ergibt sich aus der *Orts-Exklusivität* von Ereignissen. Das bedeutet: Attraktive Ereignisse finden nicht überall, sondern an einem Ort statt, an dem sich die meisten der potentiell Teilnehmenden nicht befinden. Also „dort" und nicht „hier". Attraktion muss hier im wörtlichen Sinne der attractio, also des „Ansichziehens" von bewegten Objekten verstanden werden. Begründung für den Ortswechsel ist also zunächst der räumliche Abstand zum Ort des Geschehens, zum anderen der Wunsch nach der Teilnahme an der Aktivität bzw. der Wunsch, am Ort des Geschehens zu sein.

Zielorientierte Wege zu Festen und Feiern
Die Fahrt zu Festen und Feiern gehört zu den ältesten Anlässen der Fortbewegung. Viele Feste der Gegenwart in der Stadt und auf dem Land sind aus historischen Festen entstanden – so der Karneval, die Fastnacht, das Narrentreiben. Neuerdings trägt auch die „Eventisierung" der Städte als Teil des Stadtmarketing und der Kommerzialisierung dazu bei, dass immer neue Anlässe gesucht werden, Stadtfeste zu veranstalten.

Die im Auftrag des Umweltbundesamts durchgeführte quantitative Untersuchung zum Freizeitverkehr in der Bundesrepublik weist für den Wegezweck „Volksfest, Kirmes, Weinfest, Jahrmarkt besuchen" 3% aller Freizeitwege und 2,4% des Freizeitverkehrsaufkommens aus (Götz et al. 2003a, S. 107); in der Untersuchung von Zängler, die sich auf Bayern bezieht, macht der Wegezweck „Feste" 4,9% aller Wege und 5,2% aller Distanzen aus (Zängler 2000, S. 299).

Auch im qualitativen Material werden Dorf- oder Stadtfeste häufig als Ziel von kurzen Ausflügen genannt. Im ländlichen Raum ist es Teil der traditionellen sozialen Integration, sich auf dem Fest (der Kirmes, der Kerbe, …) sehen zu lassen. In den Stadtmagazinen der Großstädte gehört die möglichst vollständige Auflistung aller Weinfeste der Umgebung längst zum Pflichtprogramm der Ausflugstipps. Für das Jahr 2006 werden im Internet für Deutschland 555 Wein- und andere Feste aufgeführt (vgl. www.Weinfeste-xxl.de, 10. Juni 2006).

Zielorientierte Wege zu Freizeitarealen
Historisch haben abgegrenzte, kommerzielle Freizeitanlagen kein Vorbild. Die auf Sensationserlebnis, Spannungsaufbau und Mutprobe abgestimmten Angebote der Freizeitanlagen weisen zwar gewisse Parallelen zu den historischen Passagen-Ritualen der Mannbarkeitswerdung auf, aber sie haben heute eine andere Funktion. Es geht um eine Kombination von Fun, Spaß und Mutprobe. Abgegrenzte Freizeitanlagen, die kommerziellen Zwecken dienen, sind ein modernes Phänomen.

Für den Zoo und andere Formen der Zurschaustellung wilder Tiere gilt das nicht. In der römischen Antike gehörten wilde Tiere zur notwendigen Ausstattung der Gladiatorenspiele – dabei ging es aber immer um Leben und Tod und nicht um Tierliebe und Streicheln (vgl. Wells 1985, S. 281–285).

Die Fortbewegung zu „Attraktionen wie Freizeitpark, Zoo, Wildpark" umfasst in der quantitativen Untersuchung 1,1 % aller Freizeitwege, aber 4 % der Freizeitverkehrsleistung, was auf relativ weite Wege hinweist. Das steht in Übereinstimmung mit den Berichten aus dem qualitativen Material, in denen deutlich wird, dass es sich dabei um Ziele handelt, für die durchaus längere Strecken gefahren werden.

– „Von da aus haben wir dann wieder Unternehmungen gemacht. Wir sind ins Museum gegangen, wir sind in den Freizeitpark Rust gegangen, wir sind in ein Freizeitbad gefahren." (NRW 10, Bericht einer 42-jährigen, selbständigen, verheirateten Kosmetikrepräsentantin aus dem letzten Kurzurlaub im Schwarzwald)

– „Von dort sind wir weiter in den Heidepark gefahren, dann haben wir das Auto stehen lassen und sind in den Vergnügungspark gegangen." (MV 7, eine 23-jährige, ledige Studentin, die nebenbei als Bardame tätig ist)

– „Letztes Jahr waren wir gar nicht in Urlaub. Letztes Jahr im Spätjahr, da waren wir mit dem Auto im Europapark. Wir fahren etwas mehr als eine Stunde. Ich schätze 120 km einfach (…) Es war ein wunderschöner Tag und es war auch erholsam." (BW 6, 30-jährige, verheiratete Floristin mit zwei Kindern)

Der Freizeitpark hat, wie sich mehrmals im Material zeigt, eine besondere Funktion für (gestresste) Eltern. Hier wird Freizeit in räumlich abgegrenzter Form sozusagen „gemanagt". Das Nötige, auch hinsichtlich der Ernährungsversorgung, ist bereits organisiert und die Eltern können sich – trotz Anwesenheit der Kinder – eine Auszeit gönnen. Damit entsteht so etwas wie Auszeit von der Versorgungsarbeit.

II. Ergebnisse

Zielorientierte Wege zu Kino-, Theater- und Musikveranstaltungen

In der Antike waren die großen Theater Anziehungspunkte für die Fremden und damit Ziel von weiten Reisen. Das große Publikumstheater hat seinen Ursprung im antiken Griechenland. Das Dionysos-Theater in Athen lag etwas auswärts und fasste immerhin 14.000 Besucher. „Unter den Zuschauern saßen sehr viele von auswärts ... Keine andere Kategorie von Reisenden erreichte auch nur entfernt die Mengen, die zu den großen Festspielen strömten." (Casson 1976, S. 91 f.)

Heute sind die Theater nicht mehr die größten Publikumsmagneten. Andere Formen des öffentlichen Unterhaltungsangebots, vor allem der Pop- und der Konzert- und Musicalkultur sind Anlass für Fahrten an andere Orte. Beispiele für das große Verkehrsaufkommen, das die Popkultur auslöst, sind Großveranstaltungen wie die Auftritte der Rolling Stones in einer der Großarenen wie z.B. dem Hockenheim-Ring oder die Love Parade in Berlin und dem entsprechenden Verkehrsmanagement auf dem Boden, in der Luft und in den Medien.

Alltäglicher als diese Großevents sind die Besuche von Filmen, Diskotheken und all den städtischen Veranstaltungen, die dazu führen, dass es eine Art nächtliche Rushhour, aber auch das spezifische Problem der Verkehrsunfälle im Zusammenhang mit Diskothekenbesuchen gibt.[111]

In der quantitativen empirischen Sozialforschung zu den Freizeitwegezwecken im Auftrag des Umweltbundesamts beträgt der Anteil der Wege, die zum Zweck „Diskothek, Kino, Theater, Konzert, Musical, Oper, Ausstellungen" unternommen werden, 4,7% aller Freizeitwege und 7,2% des Freizeitverkehrsaufwands (vgl. Götz et al. 2003a, S. 107).

Infrastrukturelle Vorteile zielorientierter Wege

Charakteristisch für Veranstaltungen, die an einen festen Platz gebunden sind, ist, dass sie – jedenfalls in den Städten – mit unterschiedlichen, also auch mit öffentlichen Verkehrsmitteln erreicht werden können. Der große Erfolg von Nachtbussen bei Veranstaltungen wie den in vielen Städten durchgeführten Nächten der Museen oder Nächten der Clubs zeigt, dass die Logik der Automobilfixierung in diesen Fällen tatsächlich durchbrochen werden kann. Mit einem attraktiven Angebot gelingt es, die Besucherinnen und Besucher bis in die frühen Morgenstunden in die öffentlichen Verkehrsmittel zu locken. Kombi-Tickets machen die Busfahrt zu einem automatisch miterworbenen Teil der Eintrittskarte und so wird der übliche Kalkulationsmechanismus zur Rechtfertigung der Autonutzung außer Kraft gesetzt.

---

[111] Im „In-Viertel" in Frankfurt am Main, der im Ostteil gelegenen Hanauer Landstraße, befinden sich nicht nur die „angesagten" Diskotheken; es finden hier – laut Polizeibericht in den Medien – auch regelmäßig illegale Autorennen statt.

Auch die sonstigen Widerstände gegen den ÖPNV-Gebrauch gelten nicht mehr: Eine spontane, nicht geplante Nutzung wird möglich, weil die Busse im 5-Minuten-Abstand fahren. Zudem halten sie direkt vor den Veranstaltungsorten, was im Vergleich zum Auto, das auf einem entfernten Parkplatz abgestellt werden müsste, ein Vorteil ist. In den Fahrzeugen entsteht eine gemeinsame, auf das Thema bezogene, heitere Stimmung und so entfällt das oft gegen den ÖPNV vorgebrachte Argument, sich unter Fremden unwohl zu fühlen.

Stadt-Land-Unterschiede
Während für die Bewohner verdichteter Großstädte die verschiedenen Gelegenheiten durch engmaschige Verkehrsnetze gut kombiniert werden können, ist der Besuch von städtischen Veranstaltungen für Bewohner ländlicher Räume mit erheblich größerem Aufwand verbunden. Wenn Veranstaltungen oder Feste nicht im eigenen oder nächsten Dorf stattfinden, müssen die Fahrten geplant werden.

Es können, wie das folgende Zitat zeigt, ganz andere Faktoren, wie z.B. saisonale Einflüsse hineinspielen. Ein Landwirt aus dem Schwarzwald berichtet über die Unterschiede der Besuchsfrequenzen:

– „Über den Sommer ist fast jedes Wochenende ein Fest, da gehen wir nach Möglichkeit hin. Hier im Dorf laufen wir (zu Fuß) – ansonsten (fahren wir) mit dem Auto ... Manchmal fahren wir nach Freiburg ins Kino. Meine Frau fährt öfters da hin, ich mag das nicht so (...) Aber im Winter ist auch viel zu tun. Wir haben ja viele Tiere, so fünfzig Rinder und noch dreißig Ziegen. Es kommt auch schon mal vor, dass man ein Junges mit der Flasche großziehen muss ... wenn mal eine Mutter zum Beispiel Drillinge hat ..." (BW 17, 42-jähriger, verheirateter Landwirt ohne Kinder)

Bei Fahrten vom Land in die Stadt ist es rationell und üblich, dass mehrere Wegezwecke miteinander verknüpft werden:

– „Wenn das Wetter gut ist, fahren wir jedes Wochenende wohin. Meist auch Samstag und Sonntag. Sonnabend verbinden wir das mit einem Einkauf. Meist in irgendwelchen Einkaufsläden, die sowieso bis vier Uhr auf haben." (BW 15)

– „Ich verbinde die Wege mit Besorgungen. Das Benzin ist ja sehr teuer. Wenn ich vom Tennis komme, bringe ich Brot mit." (BW 13)

Zielorientierte Wege in die „Natur"
Ein anderer Grund für den freizeitbezogenen Ortswechsel ist die *Naturschönheit des anderen Ortes*. Wenn die erdräumliche Oberfläche sich inso-

fern gravierend von der heimatlichen unterscheidet, als sie Bäume, Wiesen, Felder und Wälder oder auch Gewässer bietet, wenn Mittelgebirge romantisch, Hochgebirge mit verschneiten Gipfelketten wild und gefährlich wirken, dann gilt das als Naturschönheit und des Besuchs wert. Das war nicht immer so. Die Menschen des Altertums waren beispielsweise „überhaupt nicht interessiert an der Betrachtung gezackter Ketten von schneebedeckten Bergspitzen und blieben von der herben Schönheit einer endlosen Öde völlig unberührt ... Was Natur betraf, so waren sie hauptsächlich an Orten interessiert, an denen man die Gegenwart einer Gottheit verspürte" oder an der wissenschaftliche Erkenntnisse gewonnen werden konnten (Casson 1976, S. 270). Allerdings suchten die Gebildeten des Altertums bereits die amoenitas, also den Charme einer Landschaft. Seit der Romantik bis heute gelten solche „charmanten" Plätze im Grünen, am Waldesrand oder am Wasser als beste Orte der Erholung mit therapeutischer Wirkung. Mit der Entwicklung naturheilkundlicher Therapiemethoden und der Eröffnung zahlreicher Kurkliniken werden im 19. Jahrhundert die Bäderreisen Mode (Brauchle 1971, S. 60).

Auch heute noch gelten nicht nur Heil- und Luftbäder, sondern auch erholsame Naturlandschaften als heilsam. Mehrere Befragte im vorliegenden Material berichten von der psychischen Balance-Funktion des Aufsuchens bestimmter schöner Orte:

– „Wenn es mir mal schlecht geht, seelisch schlecht, fahre ich auch mal auf den Berg oder an den See um mich zu entspannen."

Auch finden sich zahlreiche Berichte über Fahrrad-, Auto-, Bus- und Zugfahrten, aber vor allem von Spaziergängen und Wanderungen in die Natur. Der Sonntagsspaziergang, die geplante Tour oder auch einfach nur, wie es einer der Befragten äußert, der „Genuss, auf einer Wiese liegend ein Buch lesen zu können".

Die ehemals ländlichen Gebiete rund um die Großstädte, nahe gelegene Seen oder Strände ziehen die Erholung suchenden Städter in solchen Massen an, dass der Ausflugsstau schon seit Jahrzehnten zur Normalität der Wochenenden gehört. In den besonders frequentierten Gebieten hat die starke Erholungsnachfrage schon im vorletzten Jahrhundert zum Ausbau einer öffentlichen Verkehrsinfrastruktur geführt. Nachdem auf Sylt die ankommenden Reisenden in der Mitte des 19. Jahrhunderts noch mit dem Pferdewagen transportiert werden konnten, hielt es derselbe geschäftstüchtige Kaufmann, der mit seiner deutschlandweiten Sylt-Werbung so erfolgreich war, für ratsam, eine Eisenbahnlinie genehmigen zu lassen, was 1888 auch geschah. Im Jahr 1890 konnte Westerland bereits 12.791 Besucher empfangen (Stöver 1979, S. 18–38).

Heute gehört die Bedienung der wichtigsten Freizeitstrecken durch Unternehmen des Nahverkehrs zur Normalität. Von den großen Verkehrsverbünden, die bis vor kurzem ihr Kerngeschäft im Arbeits- und Einkaufsverkehr sahen, ist der Freizeitverkehrsmarkt in den letzten Jahren mit starker Nachhilfe durch die ökologischen Verkehrsclubs (VCD, ADFC usw.) und Förderprojekte richtig entdeckt worden (vgl. die vielfältigen Informations- und Marketingmaterialien zum Freizeitverkehr bei den ÖPNV-Anbietern).

Dass die Annahme oder die Ablehnung derartiger Angebote durch die Freizeitakteure entscheidend von einer Bewertung auf Basis spezifischer Lebensstil- und Mobilitätsorientierungen abhängt, zeigen die Interviews.

Ein Teil der Befragten ist sich vollständig sicher, dass man hinsichtlich der Freizeitfortbewegung auf dem Land ohne Auto „vollständig aufgeschmissen" sei:

– „Wir haben einen BA-Studenten bei uns, der ... hat kein Auto ... Der fragt uns jeden dritten Abend, ob er einen Geschäftswagen mitnehmen kann, weil er nur kompliziert zurückkommt. Er muss eine Dreiviertelstunde auf den Bus warten. Das ist eine Katastrophe ... Ich kann mir das ohne Auto nicht vorstellen. Auf dem Land überhaupt nicht. Auch nicht für die Freizeit" (BW 14, 26-jähriger, in einer Art Großfamilie lebender, selbständiger EDV-Händler).

Dagegen gelingt es anderen gut, sich auch im ländlichen Raum ohne Auto fortzubewegen. Ein verheirateter medizinischer Bademeister mit drei Kindern, der mit seiner Frau bereits in den USA in einer Großstadt und in München wohnte, hat auf Grundlage einer ausgeprägten ökologischen Grundeinstellung zusammen mit seiner Familie beschlossen, ohne eigenes Auto im Schwarzwald zu leben. Ein Carsharing-Auto wird sporadisch genutzt. Da „Natur" unmittelbar an das Wohnhaus angrenzt, bekommt das Zu-Fuß-Gehen und das Laufen eine ganz besondere Qualität. Auf die Frage, wie er sich fortbewegt, antwortet er:

– „Am liebsten laufend, joggen ist am liebsten. Inliner ist auch gut (...) Zu-Fuß-Gehen bedeutet für mich, vom Kopf her frei zu werden. Egal, ob man irgendwohin geht oder nur so läuft. Das ist einfach eine Betätigung. Da muss man nicht denken. Man hat einfach Zeit ... Wir versuchen schon freizeitmäßig nicht faul zu sein. Die Kinder auch nicht. Die machen schon eine ganz gute Strecke. Uns ist es schon wichtig, dass man läuft" (BW 18).

Eine 61-jährige, verheiratete Krankenschwester im Ruhestand, die ebenfalls im Schwarzwald wohnt, hat zwar zusammen mit ihrem Mann ein Auto, benötigt es aber für Ausflüge nicht:

– „Wenn wir wandern gehen, dann gehen wir direkt hier los (...). In Freiburg musste man noch mit dem Zug, aber hier ist man ja gleich da. Man läuft oder nimmt den Bus. Meistens laufen wir schon von hier los zum See. Und dann das B-Tal hoch und zum F-Berg. Da gibt es auch überall Möglichkeiten mit dem Bus. Mit der Regiokarte kommen wir ja überallhin. Das finde ich auch sehr gut, dass man nicht immer das Auto braucht und nicht immer wieder zum Auto zurückmuss" (BW 12).

Nur eine Minderheit der Verkehrsteilnehmer nutzt das Fahrrad als alltägliches Verkehrsmittel (in der Repräsentativbefragung sind es 12% aller Befragten, die angeben, das Fahrrad „täglich/fast täglich" zu nutzen). Die große Mehrheit der Fahrradbesitzer(innen) nutzt das Rad nur sporadisch – die Fahrt ins Grüne ist das typische Motiv:

– „Wir fahren gerne am Rhein entlang, an den Baggerseen entlang, da machen wir dann auch mal ein Picknick unterwegs. Dass man mal das Rad nimmt und einfach nur sagt, wir fahren drauflos und wo es schön ist, da bleiben wir eine Weile" (NRW 1, 46-jährige, verheiratete, stellvertretende Filialleiterin eines Supermarktes mit einem Kind).

Die Kategorie „Spazierengehen im Grünen, Wandern" macht in der Repräsentativuntersuchung 8,3% aller Freizeitwege und 5,4% des Freizeitverkehrsaufkommens aus (vgl. Götz et al. 2003a, S. 107).

Zielorientierte Wege zum Sport
Unterschiedliche Varianten des sportlichen Wettkampfes und des kriegerischen Spiels standen im Mittelpunkt der zahlreichen, an verschiedenen Orten ausgetragenen Spiele des Altertums und des Trainings für sie. Und die Ausübung diverser Sportarten war auch – wie heute – Bestandteil des Alltags der Jugend. Sowohl im griechischen als auch im römischen Teil des Reiches taten sich die Jugendlichen in halboffiziellen Organisationen zusammen, die unter anderem die Funktion hatten, die Heißblütigkeit der Jugend in Bahnen zu lenken: „Die jungen Leute trieben Sport, fochten oder gingen zur Hetzjagd; die Cliquen erschienen im Amphitheater, wo sie sich zur Belustigung der Mitbürger mit wilden Tieren maßen." (Veyne 1989, S. 36)[112] Im Frühmittelalter wurden unterschiedliche Sportarten wie Schwimmen, Dauerlauf, Reiten ohne Sattel und Steigbügel, aber vor allem die Jagd zu einem Bestandteil der „Erziehung zur Aggressivität", die auch die Funktion hatte, die Tötungshemmung abzubauen (Rouche 1989, S. 457).

---

[112] Zu den Ritualen des Abreagierens gehörte auch für die Jugendlichen der obersten Gesellschaftsschichten nächtliches Randalieren, das mit großer Zerstörungswut verbunden war sowie Überfälle auf harmlose Bürger und Belästigung von Bürgerinnen. Eine Traditionen, die später von den Burschenschaften weitergeführt wurde (ebd.).

Wo Sport heute noch eine ähnliche Funktion hat, wird er als mittelalterlich-exotisch belächelt oder als barbarisch bekämpft (wie die Hetzjagd mit Hunden in Großbritannien oder die Reiterspiele in Afghanistan). Sport hat heute primär die Funktion der gesundheitlichen Regulation, des Stressabbaus und der Verfolgung einer lebensstilspezifischen Norm. Nur selten, dort wo das Joggen und das Radfahren direkt vor der Haustür möglich ist, kann der Weg zugleich auch Ziel sein. In allen anderen Fällen muss ein geeigneter Ort erst aufgesucht werden. Im qualitativen Material werden genannt: Das Fitness-Center, wo zumeist allein, aber unter Gleichgesinnten Sport getrieben wird; der Fußballplatz, wo mit Freunden gekickt wird; der Wald, wo gejoggt wird; das Mittelgebirge, wo mit dem Gleitschirm geflogen wird; die Halle, in der Karate trainiert, die Volkshochschule, wo ein Qui Gong-Kurs gegeben wird; die Loipe, wo Skilanglauf betrieben werden kann; der See, der tief und klar genug ist für das Tauchtraining; die abgesperrte aber gegen Bezahlung zugängliche Strecke, wo Nichtprofis Motorradrennen fahren können; der Skihügel von dem aus im Sommer Downhill-Mountainbike, das Gebirge, wo Ski gefahren werden kann; das Gebiet, wo gejagt, das Green, wo Golf gespielt wird.

Der Gang oder die Fahrt zu den Plätzen und Möglichkeiten Sport auszuüben, wie sie in den Interviews beschrieben werden, können ein paar hundert Meter oder auch mehrere hundert Kilometer betragen.

Wenn Sport an einem anderen Ort ausgeübt wird, gehen nur wenige Befragte zu Fuß. Eine geschiedene 39-jährige gelernte Schlosserin, die mit ihrem Kind, drei Frauen und einem Mann in einer Wohngemeinschaft lebt und in einem Kinderladen arbeitet, lebt bewusst ohne Auto und antwortet auf die Frage, welche Wege sie zu Fuß geht:

– „Wenn ich ins Schwimmbad gehe, ins Hallenbad ... alle Strecken bis zu einer halben Stunde." (B 1)

Das andere Extrem sind Personen, deren spezielle Sportarten schon deshalb einen sehr großräumigen Aktionsraum bewirken, weil sie auf ganz bestimmte örtliche Gegebenheiten – Abhänge, Winde, Lifte, bestimmte Gewässer – angewiesen sind. Zugleich werden Transportfahrzeuge benötigt, um Ausrüstung zu transportieren. Welch hohen Verkehrsaufwand sportliche Aktivitäten ausmachen können, zeigt sich in einigen Interviews mit Personen, die mehrere derartiger Erlebnis- und Risikosportarten betreiben:

Eine Befragte ist „Mitte zwanzig", lebt nach der Trennung von ihrem Freund allein, 2 km von einer mittelgroßen Stadt in Norddeutschland entfernt. Sie ist ausgebildete Arzthelferin, arbeitet aber Vollzeit im Kinderbekleidungs-Fachgeschäft ihrer Mutter und möchte den Betrieb irgendwann übernehmen. Sie beschreibt ihre verschiedenen Sportarten:

II. Ergebnisse

– „Fitness mache ich zweimal die Woche, an Geräten ... da fahre ich mit dem Auto hin ... Aerobic mach ich einmal die Woche ... meine Freundin ist da auch, das sind zwanzig Kilometer ... Reiten mache ich zweimal die Woche abends ... das sind vier Kilometer, auch mit dem Auto. Tauchen mache ich am Wochenende, samstags oder sonntags in der Ostsee ... da werden Fahrgemeinschaften gebildet ... das sind so fünfzig bis achtzig Kilometer. Da fahren wir mit dem Auto hin. Da sind immer so zwei Leute im Auto wegen der Ausrüstung." (NiSa 7)

Ein 34-jähriger, mit seiner Freundin zusammenlebender, kinderloser Projektmanager für Anlagenbau gibt zum Thema Sport folgendes an:

– „Joggen, zwei bis dreimal in der Woche ... Tauchen ist mit angebunden ans Schwimmen. Da geht es alle drei bis vier Wochen an einen See zum Tauchen. Zwei- oder dreimal im Jahr an irgendein Meer mit Tauchgerät. Gleitschirmfliegen ist mehr oder weniger sporadisch, weil es abhängig ist vom Wetter. Alle ein bis zwei Wochen für drei bis vier Stunden, inklusive Anfahrt und einmal im Jahr für ca. eine Woche als Urlaub. Gleitschirmfliegen kann ich auch in der Nähe machen, zum Üben und Fitbleiben. Von der Wohnung ungefähr zehn bis fünfzehn Kilometer. In die Schwimmhalle komme ich mit dem Auto oder mit dem Fahrrad, das sind drei Kilometer von zu Hause. Wenn man dann im See taucht, aufgrund der Ausrüstung mit dem Auto. Ca. 1,5 Stunden, sechzig, siebzig Kilometer. Zum Gleitschirm fliegen, der Transport ist auch mit dem Auto, weil es vom Wind immer kurzfristig entschieden wird, an welchen Berg man geht ... Da kann ich dann auch nur mit dem Auto fahren – zehn Kilometer ungefähr ... Tauchen macht meine Freundin mit. Sie begleitet mich beim Joggen mit dem Fahrrad. Gleitschirmspringen mache ich alleine" (Thür 7).

Ein 39-jähriger, verheirateter Mountainbike-Händler mit zwei Töchtern, der in einer Großstadt in Nordbaden wohnt, betreibt ebenfalls sehr unterschiedliche Sportarten: Neben den Sport- und Bewegungsarten, die direkt vor der Haustür, zum Teil zusammen mit den Töchtern ausgeübt werden (Rennrad und Inline fahren), betreibt er auch typische Risikosportarten: Fallschirmspringen bei der nahe gelegenen Fallschirmspringer-Schule, Rafting auf Flüssen in Bayern, Motorradrennen auf dem nahe gelegenen Hockenheim-Ring, aber auch im Ausland, Moutainbike in den nahe gelegenen Wäldern und Downhill-Mountainbike auf einer Skipiste 300 km entfernt im Schwarzwald (BW 9).

Zwischen den geschilderten beiden Extremen, einerseits der Sportausübung im Nahraum, andererseits den Erlebnis-Sportarten in der Ferne, liegen all jene Formen der sportbezogenen Freizeitfahrten, die in der Nähe des Wohnorts, zumeist mit dem Auto, manchmal auch mit dem öffentlichen Verkehr oder dem Fahrrad erreicht werden:

- „Typisch ist halt, wenn man an den Strand fährt" oder „am Freitag zum Beispiel zum Badminton ... ins Sportzentrum, das sind fünfzehn Kilometer." (MV 4, 38-jähriger, verheirateter, zurzeit Arbeitsloser mit einem Kind)
- „Nach Timmendorf an den Strand" (NiSa 2, 25-jährige, ledige Werbekauffrau)
- (Das Auto benötigen wir) „für die Freizeitfahrten – durch das Gepäck, die Kinder, wir müssen ja auch die Bowling-Kugeln mitnehmen." (NiSa 4, 52-jähriger, verheirateter Tischler)
- „Wenn ich joggen gehe, dann laufe ich meist auf dem Sportplatz. Das sind sieben Minuten mit dem Auto zu fahren. Ich möchte auch nicht durch die Stadt joggen im Jogginganzug, da fahre ich lieber mit dem Auto ... und gehe hinterher zu Hause duschen." (NRW 9, 24-jähriger Industriekaufmann in Ausbildung, ledig)

In der quantitativen Untersuchung hat der Wegezweck „Sport aktiv ausüben" einen Anteil von 4,8% an allen Freizeitwegen und 6% der Freizeitverkehrsleistung.

Zielorientierte Wege zu Orten des ehrenamtlichen Engagements
Erinnert man sich an Politik als Form der Muße in der griechischen Polis, dann kann das Ehrenamt, das ja eine Form der Politik „von unten" ist und nicht dem Lebensunterhalt dient, als Muße des kleinen Mannes bezeichnet werden.

Im qualitativen Material wird in einigen Fällen von ehrenamtlichen Engagements berichtet: von Versammlungen der freiwilligen Feuerwehr, des Frauen-Fastnachts-, Blasmusik- oder Sportvereins; von Orten, an denen unentgeltlich Kurse gegeben werden oder von Partei- und Gewerkschaftsaktivitäten.

Während in den Großstädten die Sportvereine zu Fitness-Dienstleistern werden und sich kaum noch Personal für die Vereinstätigkeiten im engeren Sinne findet, ist der Verein im ländlichen Raum immer noch ein Zentrum wichtiger Entscheidungen.

Der Rückgriff auf ein im ländlichen Raum durchgeführtes Teilsample zeigt, dass dort auch noch heute Vereinsaktivitäten fast ein Muss für die soziale Integration sind. Im Material wird deutlich, dass diejenigen, die sich beteiligen, zumeist mehrere Engagements aufweisen. Sicherlich ist der 50-jährige verheiratete Zimmermann mit zwei Kindern, die bereits das Haus

verlassen haben, kein Durchschnittstyp. Aber für eine bestimmte Form dörflicher Integration dürfte sein Bericht kennzeichnend sein:
- „Ich war jahrelang ein Vereinsmensch, ich war zwanzig Jahre lang im Gemeinderat. Ich bin in der letzten Periode ausgestiegen, weil ich gesagt habe, ab fünfzig will ich ein bisschen kürzer treten. Ich war achtzehn Jahre lang erster Vorsitzender beim Turn- und Sportverein, also beim größten Verein hier ... Ich bin jetzt noch Ehrenvorsitzender. Ich gehe am Sonntag noch zum Fußballplatz. Aber ich muss mich nicht mehr so engagieren. Ich bin zwischenzeitlich wieder in einem anderen Verein. Ich bin zweiter Vorsitzender im Kleintierzüchterverein. Wenn man an so einem Ort ist, wenn man was macht, dann ist man halt immer dabei. Ich züchte Hasen. Ich habe dreißig Stück. Ich bin schon Landesmeister mit meiner Zucht. Das ist ein Hobby. Ich bin auch arbeitsmäßig sehr stark engagiert und dann gehe ich noch abends in den Stall und mache da was mit den Viechern. Das ist eine nette Sache. Das ist auch ein bisschen Ehrgeiz, die Preise zu kriegen. Wenn ich irgendwo bin, dann mache ich halt auch mit. Das hat dann Hand und Fuß. Ich bin auch im Sportverein und habe denen ein großes Zelt gebaut – das wird jedes Jahr beim Schlossfest aufgebaut und da habe ich versprochen, dass ich auch immer helfe. Das ist selbstverständlich. Ich bin auch im Narrenverein. Ich bin überall vereinsmäßig engagiert. Im Narrenverein und Kleintierzüchterverein bin ich noch voll aktiv, bei den anderen habe ich mich ein bisschen zurückgezogen ... Aus dem Grund bin ich auch Ehrenvorsitzender geworden. Irgendwo fehlt einem was, wenn man dann weg ist." (BW 11)

In der quantitativen Untersuchung hat der Wegezweck „Verein, Partei, Gewerkschaft (z.B. DRK, DLRG, Jugendarbeit, Seniorenarbeit, Elternbeirat)" einen Anteil von 1,4% an allen Wegezwecken und 0,2% an der Freizeitverkehrsleistung. Es ist typisch, dass es sich dabei um kurze Wege handelt, weil Engagements dieser Art zumeist im gleichen Ort bzw. Stadtteil stattfinden.

Zielorientierte Wege zu Verwandten, Kindern, Partnerinnen, Partnern
Mobilität und insbesondere Automobilität ist eng mit den verschiedenen Phasen einer familiären Lebensweise verknüpft. „In keiner Bevölkerungsgruppe ist Autobesitz so verbreitet wie bei Familien mit Kindern." Heine, Mautz und Rosenbaum haben die Spiralen der Autoabhängigkeit anhand verschiedener Altersphasen der Kinder sowie den Bedeutungswandel des Autos für Familienväter als auch die „Deals" zwischen Ehepartnern herausgearbeitet, die dazu führen, dass die Autofixiertheit der Männer von einer Autoabhängigkeit der Frauen im Rahmen der Haus- und Versorgungsarbeit abgelöst wird (Heine et al. 2001, S. 39–78).

Das bedeutet zunächst: ein Großteil der Fahrten im Familienzusammenhang fällt unter die Kategorie der „Reproduktionsarbeits-Mobilität" (Beik/Spitzner 1995). Dennoch gibt es auch hier Freizeitfahrten. Zunächst verändert sich das Freizeitverhalten der Eltern rapide, wenn Kinder auf die Welt kommen: „In der Regel stellt man viele der gemeinsamen Freizeitaktivitäten, denen man vorher noch nachging, zu Gunsten des Kindes und der häuslichen Präsenz zumindest eines Elternteils zurück ... Zugleich veranlasst das Kind oft neue Freizeitunternehmungen ... Dies setzt sich fort, wenn das Kind älter wird ... Nach wie vor können die Eltern nur sehr begrenzt frühere Abendaktivitäten, die außer Haus stattfanden, wieder aufnehmen, da man das Kind (oder die Kinder) immer noch nicht allein lassen möchte. Doch nehmen die Außer-Haus-Aktivitäten, die man gemeinsam mit den Kindern unternimmt, in aller Regel zu. Bei den mitunter recht wege- und autointensiven Unternehmungen am Wochenende werden überregional verstreute Verwandte oder Freunde besucht, oft vor allem deren möglicherweise gleichaltrigen Kinder. Es können aber auch Familienausflüge sein, die ihren Zweck in sich selbst tragen, d.h. dem Wunsch der Eltern nach familiärem Zusammensein, nach Abwechslung vom Alltagstrott und Anregung für die Kinder entspringen." (Heine et al. 2001, S. 64 f.)

Die Befunde der quantitativen Forschung belegen, dass „Verwandte, Kinder, Lebenspartner/in besuchen, Familienfeste" der wichtigste Freizeitwegezweck ist – er dient der Pflege sozialer Beziehungen im Familienzusammenhang und bewegt sich somit in einer Grauzone zwischen Familienpflichten und Freizeit. Er hat einen Anteil von 13,8% (bezogen auf die Freizeitwegezwecke) und einen Anteil von 26,2% an der Freizeitverkehrsleistung.

Ein gutes Beispiel für den hohen Aufwand, der für Familienfreizeitfahrten getrieben wird, zeigt der Fall einer 36-jährigen, verheirateten, autobegeisterten Betriebswirtin und freigestellten Betriebsrätin. Sie berichtet:

– „Das letzte Wochenende sind wir unheimlich viel gefahren. Weil am Samstag sind wir in die Pfalz gefahren um zu schauen, wo wir am Muttertag unsere Mütter hinfahren können und haben da auch ziemlich Probleme gehabt, etwas zu finden, zum Essen zu gehen. Darum sind wir da mehrere Wege gefahren – es waren bestimmt zweihundert Kilometer. Am Sonntag haben wir dann die gleiche Fahrt noch mal gemacht mit den Müttern ... Da haben wir bestimmt an dem Wochenende fünfhundert Kilometer gefahren." (BW 1)

Dass viele Freizeitwege der Pflege familiärer Beziehungen dienen, bedeutet nicht, dass sie immer Spaß machen. Das Negativ-Statement „Familientreffen sind mir ein Gräuel" findet in der Quantifizierung zu 9% intensive und zu 22% tendenzielle Zustimmung.[113] Gleichwohl wird deutlich, dass in vielen Fällen das Zusammensein mit der Familie, der Verwandtschaft so organisiert wird, dass es zugleich der eigenen Erholung und Entspannung dient. Für diese Formen der Entlastung werden unterschiedliche Strategien entwickelt. Eine Variante ist der schon erwähnte Besuch von Freizeitcentern, die einen Rahmen bieten, innerhalb dessen man zumindest nicht ständig unter dem Druck steht, neue Aktivitäten für die Kinder erfinden zu müssen.

Eine zweite Möglichkeit, Auszeiten hinsichtlich der Kinderbetreuung herzustellen, ist der Besuch von Groß- bzw. Schwiegereltern, die sich um die Kinder kümmern.

Eine weitere, ausgefallene Variante, die Familie gemeinsam in das Freizeiterleben zu verfrachten, zeigt ein 39-jähriger, verheirateter Mann mit zwei Kindern, der selbständig ist und einen Fahrradladen betreibt. Er, der hinsichtlich seines Freizeitverhaltens stark erlebnisorientiert ist, sorgt mit überraschenden Aktionen dafür, dass die ganze Familie manchmal an einem anderen Ort einen Kurzurlaub genießt:

– „Das war in den Herbstferien letztes Jahr. Freitags war der letzte Schultag. Die (zwei Töchter) haben sich fertig gemacht für die Schule. Ich habe das Auto schon Donnerstag fertig gemacht ... Wir haben dann die Kinder nicht zur Schule gefahren, sondern sind gleich losgefahren (ins Allgäu). Da haben wir dann das ganze Wochenende verbracht. Ich habe mir die Freiheit genommen, sie von der Schule zu befreien. Wir haben die Kinder überrascht." (BW 9)

Sicherlich ist dieses Verhalten nicht gerade üblich, aber insgesamt gilt auch für diese Untersuchung, ebenso wie für andere: „Es gibt kaum eine Familie, in der nicht zumindest ab und zu Ausflüge gemacht werden, um den Kindern etwas Interessantes zu bieten. Das kann die Fahrt zum Badesee oder ins ... Kino oder zu einer Sportveranstaltung sein, häufiger noch in den Zoo oder in einen der zahlreichen Freizeitparks." (Heine et al. 2001, S. 65)

Angesichts der Tatsache, dass der Nutzen des Automobils bei zunehmender Familiengröße erst so richtig zum Tragen kommt oder zum Tragen zu kommen scheint, verwundert es nicht, dass Familien ohne Auto im Sample nur in zwei Varianten repräsentiert sind: Entweder in dem ganz bewussten Entschluss, ohne Auto zu leben („das ist laut, stinkt und ist eine richtige Belastung") oder durch den Zwang einer unterprivilegierten Situation („ich habe keinen Führerschein, mein Lebensgefährte hat auch keinen").

---

[113] Bezogen auf die Kategorien „Trifft ganz genau zu" und „Trifft eher zu".

Das Auto als Element der Familienstabilität
Für zahlreiche Befragte gehören Familienaktivitäten und Automobilität so selbstverständlich zusammen, dass es keiner weiteren Erwähnung bedarf. In einigen Fällen – insbesondere wenn nach einem möglichen Verzicht auf das Auto gefragt wird – kann dieser Zusammenhang explizit gemacht werden: Dann wird deutlich, dass das Auto aus Sicht der Befragten ein Element der Stabilität und ein Symbol der kompletten Kleinfamilie ist. Die 46-jährige, verheiratete, stellvertretende Filialleiterin in einem Supermarkt mit einem Kind bringt diese Vorstellung auf den Punkt, wenn sie sagt:

– „Ich finde, das Auto gehört einfach zur Familie dazu, (als) Fortbewegungsmittel in der heutigen Zeit. Es gehört einfach dazu." (NRW 1)

Das Auto ist hier Baustein in einem Mikrokosmos traditioneller Wertvorstellungen von Familie, Sicherheit, Gesundheit und Stabilität. Das vierrädrige Familienmitglied passt genau in diesen Rahmen:

– „Mercedes 200 Diesel. Für mich ist der Mercedes einfach sicher, ein sehr sicheres Fahrzeug. Alleine vom Umfeld, von der Räumlichkeit im Auto fühle ich mich sicher. Man sitzt wie auf einer Couch (...) Wir fahren schon den dritten Mercedes und würden auch kein anderes mehr wollen. Wir haben aber auch noch nichts anderes ausprobiert..."

Die Bekundung von Treue, die sich in diesem Statement zeigt, ist Teil der Stabilitätskonstruktion dieses Milieus – wenn auch, nach entsprechender Vertiefung im Interview, Sehnsüchte nach einer Abwechslung deutlich werden.[114]

Innerhalb dieses traditionellen und stabilen Zusammenhangs wird mit dem Auto nicht zum Spaß herumgefahren, sondern es hat – wie ein Arbeitspferd – eine klar umgrenzte Aufgabe. Zur Arbeit und im Urlaub wird es benutzt, um – wie es ausgedrückt wird – „von A nach B zu kommen". Feiertags darf es gleichsam im Stall bleiben:

– „Am Wochenende wenn es schön ist, brauchen wir ihn nicht, dann bleibt er in der Garage. Da fahren wir mit dem Rad."

Die Geschlechterbeziehungen sind hinsichtlich der Frage, wer das Auto nutzt, traditionell gelöst:

– „Zur Arbeit fahre ich immer mit dem Bus. Ich habe es nicht weit zur Bushaltestelle. Ich brauche meinen Mann nicht belästigen. Ich bin so gut verkehrsangebunden, da muss ich kein Auto benutzen und die Umwelt

---

[114] Auf die Frage, ob die Befragte gerne einmal ein anderes Auto haben würde, antwortet sie: „Im Moment nicht, vielleicht später mal. Das kann ich noch nicht sagen. Ich persönlich würde gerne mal einen BMW fahren. Muss nicht unbedingt ein 5er sein, es könnt auch ein 3er sein".

belasten. Ich bin da auch nicht länger unterwegs mit dem Bus, als wenn ich mit dem Auto fahren würde".

Auch eine weitere Befragte formuliert, als sie mit der Vorstellung eines Autoverzichts konfrontiert wird, klar den Bezug zwischen Automobilität und Familie:

– „... weil in der heutigen Zeit eine Familie ohne Auto unvorstellbar ist." (MV 9)

Dieser Vorstellung wird zwar von einer Mehrheit mehr oder weniger stark zugestimmt,[115] aber nichtsdestotrotz ist sie milieuabhängig. Dies wird deutlich – so formulieren Heine et al. mit Bezug auf Häußermann und Siebel – am Milieu der „neuen Urbaniten". Sie halten, auch wenn sie Kinder haben, aus Neigung an der innerstädtischen Wohnlage fest und führen ein Leben der kurzen, häufig ohne Auto zu bewältigenden Wege (Heine et al. 2001, S. 76).

Verknüpfte Ziele (Wegeketten)

Der Ansatz der Verkehrsforschung, einzelne Wege jeweils einem einzelnen Wegezweck zuzuordnen, ist das Resultat einer stetigen Methodenverfeinerung, die das Ziel hat, möglichst differenziert alle Wege zu erfassen. Dies sollte aber nicht zu der Illusion verleiten, es gäbe nur diese Art monokausaler Fahrten oder Wege mit exakt einem abgrenzbaren Zweck. Es ist aus der quantifizierenden Verkehrsverhaltensforschung bekannt, dass etwa drei Viertel aller Wege einem einzigen Wegezweck dienen. In einer Untersuchung für die Stadt Schwerin hat das Institut Socialdata festgestellt, dass mit 15% der „Ausgänge" (d.h. Verlassen der Wohnung) in der Stadt bzw. 14% der Ausgänge im Umland zwei Wegezwecke, und mit 9% der Ausgänge in der Stadt und 12% im Umland mehr als zwei Aktivitäten (Wegezwecke) verbunden sind (Socialdata 1993, S. 9). In einer explorativen, also nicht repräsentativen Untersuchung des Instituts für sozial-ökologische Forschung auf Basis von zwei 50er Stichproben in Freiburg und Schwerin wurden 14 Tage lang Verkehrstagebücher geführt: „Von den 3.089 Wegen in Freiburg waren 1.296 Bestandteile von Wegeketten. Von den 2.940 Wegen in Schwerin waren es 1.294, also 44%. Von den 29.110 km, die in Schwerin insgesamt zurückgelegt wurden, waren 16.568 km Bestandteile von Wegeketten, also 57%. In Freiburg lautete der Wert 46%." (Götz et al. 1997, S. 347). Die Vermutung, Frauen würden häufiger Wegeketten organisieren als Männer, hat sich in diesen Untersuchungen nicht bestätigt.

---

[115] Dem Statement „Wer Kinder hat, braucht unbedingt ein Auto" stimmten in einer 1996 durchgeführten Befragung in Freiburg 54% und in Schwerin 72% aller Befragten zu (vgl. Götz et al. 1997, S. 152).

In den analysierten Interviews wird häufig über verknüpfte Wege berichtet. Ein 32-jähriger, mit Partnerin in der Großstadt zusammenlebender Programmierer ohne Auto berichtet, dass sie beide am letzten Werktag zu einem Geburtstag bei einer Freundin eingeladen waren. Auf die Frage, welche Verkehrsmittel dazu benutzt wurden, kommt eine Antwort, die die Komplexität des Verkehrsverhaltens gut belegt:

– „S-Bahn, Bus und zu Fuß. Ich bin von der Arbeit mit dem Bus wieder nach Hause gefahren, etwa fünfzehn Minuten, dann bin ich mit der U-Bahn nach N.K. gefahren, von da mit der U-Bahn nach N. Ich musste da was abholen, was aber noch nicht da war. Dann bin ich mit der U-Bahn ... zur Bank gefahren, das waren fünf Minuten ungefähr ... Dann bin ich wieder weitergefahren, habe jemandem beim Umzug geholfen. Von da bin ich dann wieder mit der U-Bahn gefahren, nach F., da habe ich meine Frau getroffen. Dann sind wir mit der S-Bahn losgefahren und dann irgendwie, dann ist meine Frau für die Wege zuständig gewesen. Dann sind wir mit der Straßenbahn weiter und noch zu Fuß, dann waren wir da (bei der Geburtstagsfeier). Zurück sind wir mitgenommen worden." (B 6)

Eine 29-jährige, ledige Erzieherin, ebenfalls ohne Auto berichtet über ihre Wegeketten des vergangenen Wochenendes:

– „Ich habe mir eine Freundin zum Frühstück eingeladen. Dann sind wir am Rhein in die Stadt gelaufen, das mache ich eher selten. Dann sind wir ein bisschen rumgebummelt in der Stadt. Dann sind wir mit der Bahn zurückgefahren. Sie hat ein Auto, dann sind wir noch zum See gefahren, das ist in der Nähe von B., dann hat sie mir noch ihr Paddelboot gezeigt, dann sind wir wieder weg ... Dann sind wir ins Bürgerzentrum auf die Frauenfete. Da sind wir mit dem Auto hingefahren. Dann war es schon spät, dann hat sie mich heimgefahren." (NRW 2)

In Haushalten ohne Auto wird also deutlich, dass auch bei der Bildung komplexer Wege- und Verkehrsmittelketten Routinen ausgebildet werden können. Was für eingefleischte AutofahrerInnen undurchschaubar und kompliziert wirkt – die Nutzung unterschiedlichster Verkehrsmittel zur Bewältigung der täglich anfallenden Wege – scheint für diejenigen, die mehrere Fortbewegungsformen miteinander kombinieren, kein Problem zu sein.

Aber auch Autofahrer(innen) verknüpfen unterschiedliche Wegzwecke. Ein 52-jähriger, verheirateter Tischler berichtet:

– „Da bin ich zur Bowlingbahn gefahren, meine Frau hat da mit den Jugendlichen Training gemacht, ich war allein im Auto. Ich hab da zugeguckt und kluge Ratschläge gegeben. Dann sind wir von da aus zum Einkaufen gefahren, auch so vier Kilometer. Dann haben wir alles ausgepackt, das war ein Großeinkauf ..." (NiSa 4)

Abbildung 5: Damen bei einer Landfahrt mit einem zweirädrigen Wagen, um 1300–1200 v.Chr. (nach einem Wandgemälde in Tiryns)

In der Verkehrsforschung wird über das Thema des Kindertransports durch Eltern, kurz „Mama-Taxi", diskutiert (vgl. z.B. Heine et al. 2001, S. 68 ff.). Auch im hier analysierten Material wird häufig von Wegen berichtet, die nicht der eigenen, sondern der Freizeit der Kinder dienen:

– „Erst waren wir spielen, Basketball, Fußball, da waren wir zu Fuß unterwegs. Am Strand waren wir dann mit dem Auto. Dann haben wir noch ein Eis gegessen. Abends waren wir dann noch mal am Strand und haben den Sonnenuntergang angeschaut und noch Ball gespielt (...) Ich denke das sind so zwanzig oder fünfundzwanzig Kilometer."

Die Berichte über Freizeitfahrten, die zum einen den Kindern dienen, die aber auch von den Chauffeuren genossen werden, machen deutlich, dass eine klare Abgrenzung zwischen Reproduktionsarbeit und Freizeit häufig nicht sinnvoll ist.

b) Wege- und bewegungsorientierte Freizeitmobilität

Auch wenn das ziellose Umherfahren zum reinen Vergnügen oder in der Hoffnung, etwas zu erleben, aus Sicht einer ökologisch orientierten Verkehrsforschung als bedenklich gilt, handelt es sich dabei keinesfalls um ein neues Phänomen. Es spielt bereits in den historischen Analysen der Automobilität eine hervorragende Rolle[116] – auch in Darstellungen zur Fortbewegung im Altertum gibt es Hinweise dazu. Beispielsweise in der Abbildung zweier mykenischer Frauen, die in einer eleganten Abwandlung des zweirädrigen Streitwagens als leichtem Ausflugswagen um 1200 v.Chr. Vergnügungsausfahrten unternehmen (vgl. Casson 1976, S. 20).

Für die Gegenwart gilt, dass „Spazierfahrten" bzw. „Fahrten ins Blaue" 3,6% aller Freizeitwege und 10,4% des Freizeitverkehrsaufwands aus-

---

[116] Vgl. das Kapitel „Die Motive der frühen Automobilisten" in Möser 2002, S. 79 ff.

machen. Allerdings kann davon ausgegangen werden, dass dieser Anteil in den quantitativen Analysen deutlich unterschätzt wird. Hier wird nämlich allzu klar abgegrenzt zwischen dem reinen Umherfahren und Fahrtzwecken, die einer Aktivität, z. B. dem Restaurantbesuch dienen. Es ist aber bekannt, dass beispielsweise bei Motorradfahrten in der Gruppe immer wieder Zwischenziele gesetzt werden (z. B. Treffpunkte in so genannten Biker-Kneipen), bei denen aber dennoch der Hauptzweck nicht das Kaffeetrinken ist.

Auch im qualitativen Material findet sich das Umherfahren ohne festes Ziel in verschiedenen Varianten, die nachfolgend dargestellt werden.

Kleinräumiges Umherfahren als Gruppenritual

Für einen 20-jährigen, ledigen Kfz-Mechaniker in Ausbildung ist Freizeit klar definiert:

– „Na, Freiheit eben. Das man nicht vom Chef angemacht wird oder so." (B 3)

Der Befragte verbringt drei bis vier Abende der Woche in einem Freizeitzentrum, das er „Club" nennt. Er bezeichnet sich selbst als „tierischen Sporttyp", der Fußball, Volleyball, Tischtennis aktiv betreibt – zudem wird „im Club", zusammen mit der Freundesgruppe Billard, Tischfußball und auch Schlagzeug gespielt. Wenn der Club geschlossen ist, wird Freizeit auch in einer der Wohnungen, aber nie allein, zugebracht:

– „Dann sitzen wir da und trinken ein paar Bier, mit Freunden vom Club. Oder kochen auch mal. Playstation spielen. Wenn Fernsehen, dann gucken wir nur Fußballspiele (…) Ich bin eigentlich selten zu Hause, höchstens das Wetter ist schlecht und das Freizeitheim hat zu (…) Ich bin auch nicht so ein Stubenhocker. Wenn ich zu Hause bin, dann müssen auch meine Freunde dabei sein."

– Auf das letzte Wochenende angesprochen, antwortet er: „Ich war zu Hause mit drei oder vier Freunden, wir haben Playstation gespielt, was getrunken und andere Drogen konsumiert. Nur abends. Den Tag über habe ich die Wohnung aufgeräumt, was man halt so macht am Wochenende. Am Sonntag das gleiche. Ich habe den Rausch ausgeschlafen und dann abends wieder mit den Freunden hingesetzt und gespielt."

Was hier wie Freizeit „zu Hause" erscheint, ist aus Perspektive des sozialen Systems, also der Gruppe, mobile Freizeit. Denn jeweils nur einer bleibt dabei „zu Hause", die anderen fahren zu ihm. Ansonsten wird die meiste Freizeit „im Club" verbracht. Der Weg lässt sich gut zu Fuß gehen, aber der Befragte fährt die Strecke mit dem Auto. Sein künftiges Wunschauto ist ein BMW, das gegenwärtige ist ein roter Renault, der eine klare Differenz zu den Golfs setzt, die die anderen Mitglieder des Clubs fahren.

II. Ergebnisse

- „Dar war sozusagen Liebe auf den ersten Blick. Es sieht einfach gut aus, auch die Form."

In diese Liebe investiert der Befragte viel. Offenbar ist der rote Renault jener Posten im Gesamtbudget, für das es eine klare Präferenz gibt. Auf die Frage, was sein „kleiner Luxus" sei, antwortet er:

- „Mein Auto ist für mich schon Luxus, das frisst mir schon die Haare vom Kopf."

Aber der symbolische Gegenwert ist nicht gering. Auf die Frage, ob Autofahren Spaß macht, antwortet er:

- „Spaß auf jeden Fall. Das gibt eine Menge Ansehen in der Clique. Es haben auch noch fünf oder sechs andere ein Auto. Wir sind ungefähr fünfzehn Leute in der Gruppe."

Nicht der individuelle Autobesitz ist also Bedingung der Zugehörigkeit zur Gruppe, vielmehr sind Autos (im Plural), ebenso wie andere Elemente (Alkohol, Drogen, Musik, Sport, Spiele) notwendige Bestandteile des sozialen Zusammenhangs. Gleichzeitig verbessert aber der Besitz eines Fahrzeugs die Position in der Gruppe. Auch kleinste Strecken werden gefahren:

- „In den Club fahre ich zwei oder drei Minuten mit dem Auto. Das fahre ich zwei-, dreimal die Woche. Manchmal fahren wir auch spontan vom Club aus noch wohin."

Auch für einen 22-jährigen, arbeitslosen Hauptschulabsolventen ist die Gruppe gleichaltriger Männer der primäre soziale Bezugspunkt. Er ist formell arbeitslos, jedoch finanziell abgesichert, weil er vom verstorbenen Vater ein Einfamilienhaus geerbt hat. Zudem tritt er, bezahlt mit einem relativ hohen Tagessatz, als Zauberer, Clown, Feuerschlucker, Kinderunterhalter und Entertainer auf; sein Wunsch ist, sich in diesem Gewerbe selbständig zu machen.

- „Wenn ich meine Freizeit mit meinen Freunden zusammen verlebe, dann wird sich erst mal getroffen und besprochen, was gemacht wird. Oft kommt auch nicht viel dabei raus, oft gucken wir auch mal bei irgendjemand Fernsehen oder ein Video. Oder (wir) fahren einfach eine Runde spazieren oder gehen noch ein Eis essen. Es sind genug Autos vorhanden, dass alle reinpassen. Wenn die Clique voll intakt ist, wenn sich alle treffen, dann sind wir so zwanzig Leute. Aber dann sind auch drei bis vier Autos vorhanden." (BW 10)

Auch hier ist der persönliche Autobesitz nicht für jeden Einzelnen Vorbedingung der Gruppenzugehörigkeit, aber die Autoverfügbarkeit ist ein notwendiger Bestandteil der Gruppenstruktur und -dynamik. Es sind immer genügend Autos vorhanden. Auch hier ist Mobilität – als Potential der Beweglichkeit im Sinne der weiter oben ausgeführten drei Dimensionen – Bedingung des sozialen Zusammenhangs in der Freizeit. Besonders deutlich wird das im Falle des vorübergehenden Führerscheinentzugs wegen Alkohol am Steuer:

– „Vor einem halben Jahr hatte ich den Führerschein weg (...) Das war die Hölle ohne Führerschein (...) Es war ein Horror. Zu Fuß habe ich mich fortbewegt, mit Freunden auch. Ich habe einen guten Freundeskreis. Wenn ich jemand angerufen habe und der hatte Zeit, egal, wo ich hinmusste, der hat mich gefahren. Da ging es auch nicht um Spritgeld; das ist auch so gang und gäbe, dass man sich hilft."

Eine Art freundschaftliche Mobilitätsgarantie kennzeichnet den „guten Freundeskreis". Wie stark automobile Beweglichkeit zum Gruppenritual gehört, zeigt die Antwort auf die Frage: Gibt es Situationen in der Freizeit, in denen Sie aus reinem Spaß mit dem Auto fahren?

– „Ja, das gibt es auch. Sogar öfter. Zusammen und alleine. Da gibt es sogar eine festgelegte Route, die muss mindestens zweimal im Monat gefahren werden. Von K. in die Stadt, hinten herum beim Faulen Pelz, K-Anlage und wieder zurück nach K. Diese kleine Runde muss einfach gefahren werden. Die fahren wir einfach, das gehört dazu. Warum auch immer, das weiß niemand von uns. Aber wir müssen sie einfach fahren. Das passiert, wenn wir einfach ununentschlossen sind und keine Ideen haben, dann fahren wir diese Runde. Bevor wir nach Hause fahren, dann fahren wir lieber noch mal diese Runde. Dann sind wir zufrieden."

Im Zentrum stehen gemeinsame Freizeitorientierungen und habituelle Gemeinsamkeiten der Gruppe, die ein spaßorientiertes, modern-proletarisches Jugendmilieu widerspiegelt (Alkohol, Drogen, Spiele und Sport, Übergangsrituale zur Männlichkeit, leichte Gesetzesverstöße).

Hintergrund ist auch eine gesellschaftliche Individualisierung, die Einbettung in traditionelle Organisationen (Vereine, Gewerkschaft, Kirche) nicht mehr verlangt oder als unmodern sogar ausschließt (ein Befragter berichtet von Konflikten bei seiner kurzen Mitgliedschaft in der freiwilligen Feuerwehr). Dadurch entsteht aber auch ein Zwang zur Bewältigung von Kontingenz, der bedeutet, nicht strukturierte Formen freier Zeit irgendwie „tot zu schlagen" (zum Begriff der Kontingenz vgl. Luhmann 1985, S. 152).

Motorisierte Beweglichkeit ist hier Element einer Gruppenkonstellation im modern-proletarischen Jugendmilieu. Wechselseitige Sicherung der Beweglichkeitsgarantie ist Teil der Gruppensolidarität und des Ehrenkodex. Langsames Herumfahren, „Cruisen", ist Teil des Wochenendrituals und des Flirts. Das „Posing" mit dem Auto gehört zur männlichen Selbstdarstellung.

II. Ergebnisse

Bei diesen Verhaltensweisen handelt es sich *nicht* um neue Phänomene. Ähnliche Formen der öffentlich zelebrierten Peergroup-Mobilität können in unterschiedlicher Intensität auch anderswo erlebt und in vielen amerikanischen Filmen betrachtet werden. Das muss betont werden, weil diese verbreiteten Jugendrituale im Zuge der forschungskonjunkturell bedingten Beunruhigung über jugendliche Freizeitmobilität scheinbar neu entdeckt wurden: „Innere Unruhe und Bewegungsdrang, Angst vor Monotonie und Langeweile, das Bedürfnis, vorübergehend dem Alltag zu entfliehen und der Wunsch nach Abwechslung sind die heimlichen Triebfedern für die unheimliche Lust am Reisen und Unterwegssein." (Opaschowski 1993, S. 2) Dieses Unheimliche soll nun, ähnlich einem biologisch-körperlichen Drang, mit Hilfe von Ersatzhandlungen bekämpft werden: „Bei Männern steht der Bewegungsdrang, der größere Aktivitätsbedarf und der Hauch von Freiheit im Vordergrund. Lassen sich diese Befunde verallgemeinern, zeigen sich interessante Auswege für neue Verkehrspolitik für den Regionalbereich." (Heinze/Kill 1997, S. 51) „Hinter dem Mobilitätsbedürfnis der Männer verbirgt sich eigentlich ein körperlicher Bewegungs- und Aktivitätsdrang, der genauso gut im Freien beim Sport, Wandern und Spazierengehen befriedigt werden könnte." (Opaschowski 1995, S. 21 f.).

Diese Vorschläge, die ein wenig an das Rezept der morgendlichen kalten Dusche gegen den Sexualtrieb erinnern, verkennen die Antriebe für motorisierte Jugend-Freizeitmobilität, wie sie sich aus den Interviews und aus Forschungsergebnissen der Jugendforschung ergeben (vgl. Tully 1998):

- de spezifische und wahrscheinlich nur schwer ersetzbare Lust am Besitz, aber auch an der Beherrschung der Technik;
- die Funktion des Führerscheins und des Herumfahrens als Übergangsritual zum Erwachsenwerden; 18 Jahre alt sein bedeutet Volljährigkeit, Fahrerlaubnis und die Möglichkeit, ein Auto zu besitzen, das eine weiträumige Form der Beweglichkeitsautonomie schafft;
- den Reiz des Wechsels zwischen verschiedenen Sphären und Qualitäten des Raums, zwischen verschiedenen Gruppen, Szenen und „Anmach"-Situationen, die aufgesucht, wieder verlassen und wieder aufgesucht werden können, also um Rituale des Spiels der Geschlechter („... oder ich fahre spazieren und stelle das Auto ein bisschen zur Schau" ... „draußen spazieren fahren, wenn das Wetter jetzt wieder schöner wird; es laufen auch sehr viele hübsche Mädchen draußen herum. Man kann sich die Mädchen anschauen und sein Auto präsentieren");
- eine erste Form des Eigentums („das ist mein kleines Reich, das kann mir keiner nehmen").

Wie schwierig es ist, Formen des Herumfahrens, z.B. Autorennen auf der Straße, zu begrenzen oder zu kontrollieren, kann sowohl an den Videos über illegale Autorennen im Internet als auch an den Diskussionen nach dem Tod eines Fußgängers nach einem illegalen Autorennen in Nürnberg abgelesen werden.[117]

Automobile Freizeitfahrten als Freiheitsmythos

„Zeitsouveränität ist *Handlungsautonomie*, die zu einem zentralen Anspruch des modernen Individuums geworden ist. Wie die freie Wahl des Berufs, des Wohnstandorts, der Art zu leben, der Weltanschauung usw. gehört die Bewegungsfreiheit zu den grundlegenden Versprechen der Gesellschaft des 19. und 20. Jahrhunderts. Auch wenn damit Fremdbestimmung und sozialer Zwang nicht aus der Welt sind, ist es nicht bloßer Schein, dass der Übergang von der traditionell dörflichen zur urbanen Lebensweise als Befreiung erlebt wurde: Zurückdrängung von sozialer Kontrolle und einengenden Bindungen; Freiheit bei der Wahl ökonomischer und beruflicher Aktivitäten; stärkere Unabhängigkeit von Naturzwängen ... und nicht zuletzt mehr räumliche Freizügigkeit. Das Versprechen größerer Handlungsautonomie *durch* Mobilität bedingt den Wunsch nach größtmöglicher Autonomie *der* Mobilität. Seine blechgewordene Erfüllung ist, und dies macht einen erheblichen Teil seiner Attraktivität aus, das Automobil." (Heine et al. 2001, S. 87 f.)[118] Es gibt zahlreiche Belege in der Forschungsliteratur und im hier verwendeten empirischen Material, dass die Verfügung über ein Auto als Freiheit im Sinne von Handlungsautonomie erlebt wird:

Dass der 22-jährige, arbeitslose und sporadisch als Entertainer arbeitende Befragte die Zeit des Führerscheinentzugs als „Hölle" und als „Horror" gekennzeichnet hat, wurde weiter oben schon dargestellt. In dieser Zeit musste er häufig öffentliche Verkehrsmittel nutzen, was ihn zu der Bewertung veranlasst: „Das Freiheitsgefühl ist mit dem Bus auch nicht so da ... Auto ist für mich eben Freiheit." (BW 10)

Auch bei einem Kurzurlaub, verbunden mit legalem Drogengenuss, den er mit Freunden im nahen, europäischen Ausland unternimmt, geben ihm der spontane Entschluss und die gemeinsame Fahrt im Auto dieses „Freiheitsgefühl". Bei der Fahrt mit dem Zug „wäre das bestimmt nicht so positiv gewesen. Das ist das Freiheitspotential". In 11 von 50 der qualitativen Interviews wird dieses Motiv genannt. In der Repräsentativbefragung entscheiden sich bei dem Statement „Mit dem Auto fühle ich mich wirklich unabhängig" 42% der Befragten für die Kategorie „trifft ganz genau zu" und weitere 29% für die Kategorie „trifft eher zu".

---

[117] Vgl. z.B. die Internetseite http://www.xtremesr.com/xtremesr/list.php?c=vids2 und die Diskussion über illegale Autorennen nach einem tödlichen Unfall in Nürnberg in http://www.twingo-board.de/showthread.php?t=7286&highlight=Autorennen.

[118] Hervorhebungen im Original.

Dass das Auto als Medium der Freiheit *erscheint* und Symbol der Freiheit *ist,* und dass diese durch subjektives Bewusstsein der Ware zugeschriebene Freiheitseigenschaft damit zum objektiven Faktor würde, wurde in der Kritik des Automobils als Ware schon in den 1970er Jahren festgestellt (vgl. Krämer-Badoni et al. 1971).[119]

Genossen werden kann das Freiheitserlebnis am intensivsten, wenn das Potential der spontanen, freien Fahrt ab und zu Wirklichkeit wird. Bei dem Statement „Manchmal gefällt es mir, ohne Ziel mit dem Auto durch die Gegend zu fahren" kreuzen 8% einer bundesweiten 1000er-Stichprobe die Kategorie „trifft ganz genau zu" und 21% die Kategorie „trifft eher zu" an (tendenzielle Zustimmung also 29%; Männer 32%, Frauen 25%).

Automobile Freiheit als kleiner Luxus
Neben diesem plausiblen und empirisch in wichtigen Gruppen abgesicherten subjektiven Bewusstsein, das Auto biete Freiheit im Sinne von Handlungsautonomie, gibt es aber ein anderes, spezifischeres Gefühl der Freiheit, das an Bilder vom Reiten in der Prärie, an die unendliche Freiheit in der weiten Natur erinnert, wie sie in dem Alltagsmythos der Marlboro-Werbespots aufgenommen wurde.

Die 36-jährige, verheiratete Betriebswirtin, Abteilungsleiterin und freigestellte Betriebsratsvorsitzende ist beruflich und gewerkschaftlich sehr eingespannt sowie noch in unterschiedlichen Bereichen ehrenamtlich tätig und hat somit wenig Freizeit.

Es gibt zwei schnelle Autos im Haushalt. Neben dem BMW ihres Partners fährt sie selbst einen BMW Z3 Cabrio. Auf die Frage, in welchen Situationen sie aus reinem Spaß Auto fährt, antwortet sie:

– „Es ist einfach schön, Auto zu fahren. Auch wenn man ein schönes Auto hat. Gerade jetzt mit dem Cabrio kann man das Dach aufmachen und sich den Wind um die Nase wehen lassen. Dann wird man auch noch schön braun dabei, zwar nicht überall, aber im Gesicht. Da fährt man dann auch spaßeshalber Auto." (BW 1)

Und auf die Frage, was beim Autofahren Spaß macht, antwortet sie:

– „Bei mir ist das Auto auch schon Entspannung und Freizeit, ich kann da unheimlich abschalten. Musik gehört auch immer dazu. Komischerweise Musik nur im Auto und im Garten. Ansonsten ist es der Fernseher. Richtige totale Ruhe macht mich eher nervös."

---

[119] Sie beziehen sich bei ihrer Analyse auf Adornos Kritik des positivistischen Empirismus in dem erstmals 1962 erschienenen Aufsatz „Soziologie und empirische Forschung", dessen Argumentation an Marx' Analyse des Fetischcharakters der Ware anschließt (Adorno 1973).

Sie selbst zieht eine interessante Verbindung zwischen Freiheit und Kontrollmotiv:

– „Ich bin auch ein Mensch, der immer alles selber beherrschen will ... darum würde ich auch nie auf dem Motorrad hintendrauf sitzen, sondern immer selbst fahren."

Als Fahrzeug, das für sie und ihren Partner zusätzlich noch in Frage kommt, nennt sie außer dem Flugzeug, das sie in den Ferien benutzt, das Motorboot, während ihr zum öffentlichen Verkehr vor allem die mangelnde Handlungsfreiheit einfällt:

– „Der fährt nur in die Richtung, wo die Schienen liegen. Oder der Bus fährt nur da entlang, wo die Haltestellen sind. Ich möchte total flexibel auch mal links oder rechts herum fahren oder durch andere Ortschaften ... Bei dem öffentlichen Nahverkehr, die fahren immer die gleichen Richtungen, natürlich können die nicht anders. Ich bin da nicht mobil genug."

Auch für den beruflich stark engagierten 32-jährigen Besitzer einer gut gehenden Gastwirtschaft in Freiburg, der in der Stadt fast alle Wege mit der Straßenbahn, in der Freizeit aber mit einem Renault Cabrio fährt, scheint Automobilität in der Freizeit eine der seltenen Freiheiten zu sein, die er sich gönnt. Auf die Frage, ob er manchmal auch einfach so zum Spaß mit dem Auto herumfahre, antwortet er:

– „Sogar sehr gerne und sehr häufig. Wenn das Wetter so ist wie heute, strahlend blauer Himmel, dann überlege ich mir, ob ich nicht einfach drauflos fahre. Vielleicht Freunde besuchen. Da genieße ich das Autofahren."

Nach einem Verzicht auf das Auto befragt, antwortet er:

– „Der Gedanke, aufs Auto verzichten zu müssen, wäre schon grausam ... das klaut mir Zeit, mein Privatleben, mein Urlaub, mein freier Tag wäre eingeschränkt."

Dennoch ist für ihn, der auf den ÖPNV in seiner Stadt stolz ist und der für Stadtfahrten häufig den ÖPNV nutzt, eine Einschränkung der Autonutzung denkbar:

– „Das Auto behalten und so wenig wie möglich fahren; und zwar mit Muße Autofahren; eine schöne Überlandfahrt machen. Und das beschränken auf die Freizeit. Aber Dinge, die man mit dem ÖPNV erledigen kann, mit dem ÖPNV erledigen."

Auf die Frage, ob es nicht reiner Luxus sei, mit dem Auto durch die Landschaft zu fahren, antwortet er:

– „Das halte ich nicht für Luxus. Das bisschen Freizeit, das ich habe, nein, das halte ich nicht für Luxus – für mich ist Freizeit Luxus, Auto ist kein Luxus."

Bemerkenswert ist hier die Umkehrung der sonst üblichen Argumentation. Während in der traditionellen Verkehrsforschung Arbeitswege als notwendiger und Freizeitverkehr als mehr oder weniger ersetzbarer „Wunschverkehr" charakterisiert werden, zeigt der Befragte eine andere Auffassung. Arbeitswege können gut mit der Straßenbahn erledigt werden, absolut unersetzlich erscheinen dagegen – im Sinne eines kleinen Luxus – die kleinen Muße-Ausfahrten in die Landschaft.[120] Beachtet werden muss hier der Begriff des Luxus: Luxus hat nicht die klassische Bedeutung des Verschwenderischen, sondern die neue Bedeutung der Knappheit („Man gönnt sich ja sonst nichts"). Der kleine Luxus ist hier, wie auch in anderen Interviews, der Ausgleich für harte Arbeit und Dienstleistung, die die ganze Woche über geleistet wird (BW 19, 32-jähriger Besitzer einer gut gehenden Gastwirtschaft in Freiburg).

Auch ein 31-jähriger, lediger Betriebswirt ist ein Dienstleister, der in seinem Beruf als Großkundenbetreuer für eine Versicherung größte Flexibilität zeigen muss („ein Acht- bis Zehn- bis Zwölfstundentag, je nachdem"). Er definiert Freizeit klar darüber, wann sie zu Ende ist:

– „Meistens dann, wenn ich morgens aufstehe und das Handy anmache, dann hört die Freizeit auf." (MV 2)

Seine Freizeitaktivitäten haben fast alle mit Bewegung und Beweglichkeit zu tun:

– „Fahrradfahren, Inliner, ab und zu mal joggen (...) Im Fitness-Center bin ich noch ein bisschen ... Squash und Badminton da muss ich woanders hin – zehn bis fünfzehn Kilometer mit dem Auto."

Auf die Frage, was beim Autofahren Spaß mache, antwortet er:

– „Rasantes Fahren, Landstraßen, rasant eben, wenn man auf der Landstraße die Kurven ausfahren kann oder auf der Autobahn mal so zweihundert fahren. Oder einfach mal dahingleiten oder sich mal die Natur ansehen. Das kann auch mal mit dem Auto interessant sein. Nebenbei natürlich auch Musik hören, das ist ganz wichtig. Wenn man das natürlich in einer hellhörigen Wohnung nicht machen kann, ist das natürlich schön, wenn man im Auto die Anlage mal aufdrehen kann."

Da er häufig von Kunde zu Kunde fährt, erlaubt ihm das Auto eine Zwischenform zwischen Arbeit und Freizeit:

---

[120] Daraus kann der Schluss gezogen werden: Die sogenannten weichen, sind hier in Wirklichkeit harte Faktoren (vgl. der gleichlautende Aufsatz von Götz/Schubert, 2000).

- „Gut, wenn ich nun weiß, im Büro ist alles erledigt, dann ist vielleicht das Handy noch an, aber nichtsdestotrotz kann man sagen, ich kann jetzt Musik hören, man kann das Schiebedach aufmachen. Man kann dann auch mal, ja vielleicht ist das dann auch Freizeit, wenn man dann gemütlich das Auto rollen lassen kann. Also, jetzt Stadtverkehr ist keine Freizeit, aber so Auto und Überlandfahrt, das kann auch mal entspannt und Freizeit sein."

- „Reiner Spaß ist es dann, wenn ich irgendwohin will zu Freunden und dann eben richtig schnell fahren kann. Überland oder auf der Autobahn mal das Auto richtig schön ausfahren kann. Und dann eben auch im Sommer mal das Schiebedach aufmachen und die Natur genießen, sofern das möglich ist."

Ähnlich klingt es bei einem 26-jährigen, unverheirateten EDV-Spezialisten. Auch er repräsentiert das Muster „Hart arbeiten, aber die kurze Freizeit intensiv genießen". Auf die Frage nach den liebsten Freizeitbeschäftigungen antwortet er:

- „Ich spiele gerne Golf ... Cabrio fahren. Ich habe ausreichend Freizeit. Da kann ich nicht klagen. Gut, ich arbeite manchmal auch sonntags, dafür nehme ich mir unter der Woche mal frei. Urlaub habe ich nicht sehr, dafür intensive Freizeit. Wenn ich ein oder zwei Stunden mit meinem Cabrio durch die Gegend fahre und ich weiß, dieses Ding konnte ich nur kaufen, weil ich viel gearbeitet habe, dann bringt mir diese Zeit mehr, als wenn ich einen Tag frei habe." (BW 14)

Bei den Befragten dieses Verhaltensmusters handelt es sich um aktive und engagierte Personen, die in ihrem Alltag einen sehr hohen Leistungsanspruch an sich selbst haben und die extrem eingespannt sind – als Abteilungsleiterin, als Betriebsrätin, in ehrenamtlicher Tätigkeit, als hyperflexibler Dienstleister mit Verantwortung gegenüber Großkunden oder als Unternehmer. Sie sind hinsichtlich ihrer Arbeitsverpflichtung nicht unzufrieden oder frustriert. Das Freizeitverhalten kann somit *nicht* als „Kompensation" interpretiert werden. Arbeit ist aus ihrer Sicht kein notwendiges Übel, sondern wird „engagiert und leistungswillig angegangen". „Arbeit wird nicht als Anpassung an vorgegebene Rahmenbedingungen und Einverleibung beruflicher Pflichten aufgefasst, sondern als Anreiz, die eigenen Fähigkeiten und Kompetenzen, sowie den eigenen Horizont zu erweitern." Von der Arbeit erwarten sie, „dass sie spannend ist, Spaß macht, dass sie eine Tätigkeit beinhaltet, die sie herausfordert, mit der die sich auseinandersetzen können und müssen" (Hörning et al. 1990, S. 93).

- Alle Befragten haben Berufe und Engagements, die eine hohe Flexibilität, Engagement und Höchstleistungen verlangen;

- alle haben überdurchschnittliche Einkommen und hinsichtlich Wohnungsgröße, Freizeit- und Mobilitätsausstattung gehobene Ansprüche;
- sie alle sind zum Zeitpunkt des Interviews ohne Kinder.

Zusammenfassend wird deutlich, dass es sich um Lebensstile handelt, deren Haltung zur Erwerbsarbeit nicht als traditionell-abhängig und passiv-erfüllend, sondern als aktiv-zupackend, selbständig-gestaltend und vorantreibend-dynamisch beschrieben werden können.

Der Freizeitstil und das Freizeitmobilitätsmuster kann nicht als Kontrastprogramm, sondern als Entsprechung gedeutet werden. Sobald der Zeitstruktur des verpflichtenden Systems eine Auszeit abgerungen ist, wird diese Zeit ebenfalls aktiv kontrolliert, genutzt und gegen Einschränkungen verteidigt.[121]

Das Spannungsschema

Im Folgenden geht es um Formen der Freizeitmobilität, bei denen offenbar die Herstellung und Aufrechterhaltung eines Spannungszustands zentral ist. Diese Spannung wird zum einen durch Entfernungsdifferenzen lebensstilrelevanter Orte, zum anderen durch Fahrten zwischen diesen Orten auf Dauer gegeben. Zwar gibt es in diesen Konstellationen jeweils auch feste Ziele und Ruhepunkte, aber motivationaler Quell ist offenbar das, was Schulze in seinen Ausführungen über die Erlebnisgesellschaft das „Spannungsschema" nennt (Schulze 1993).

Von den drei kollektiven Hauptmustern des persönlichen Stils – Hochkulturschema, Trivialschema und Spannungsschema – sei „das Spannungsschema historisch das jüngste ... Die Einstellung gegenüber dem Spannungsschema hängt deutlich mit der Skala ‚Suche nach Abwechslung' zusammen ... In dieser Skala kommt Neugier zum Ausdruck, Freude am Unerwarteten, Bedürfnis nach immer wieder anderen Reizen" (ebd., S. 153–155).

Typisches Beispiel in den Interviews ist eine 40-jährige Lehrerin, die mit ihrem Lebenspartner in Berlin zusammenwohnt. Die Schule, in der sie unterrichtet, erreicht sie innerhalb einer Minute zu Fuß in dem Stadtteil, in dem sie wohnt. Dieser ist aber nur Schlaf- und Arbeitsort:

– „Alles andere mache ich in der Entfernung, da fahre ich hin. Weil ich Lehrerin bin, möchte ich hier auch den Kindern und den Eltern aus dem Weg gehen ..." (B 2)

Zum Einkaufen fährt sie mit dem Auto fünf Minuten in einen anderen Stadtteil. Sie verlässt ihren Wohnstandort, so oft es geht. Deshalb schätzt

---

[121] Dies zeigt sich im Interview, in dem das Freizeitvergnügen klar gegen eine ökologisch begründete Verzichtsargumentation verteidigt wird.

sie auch den nahen Autobahnanschluss. Auf die Frage, was ihr in ihrem Stadtteil weniger gefällt, antwortet sie:

– „Das einzige wäre das türkische Umfeld, wenn die sich so zusammenrotten, das ist nicht so angenehm, aber ich bin motorisiert, da entgehe ich dem immer schnell. Ich setze mich hier nicht in ein Lokal. Dadurch habe ich damit wenig zu tun, aber angenehm finde ich es nicht. Abends ist es schon bedrohlich. Diese türkischen Cliquen."

Da sie weder den Schulkindern noch den Eltern der Kinder noch dem „türkischen Umfeld" begegnen will, spielt sich nur das Berufsleben im Wohnstadtteil ab – alles andere ist mit Fahrten, Beweglichkeit und mehr oder weniger langen Strecken verbunden. Bezeichnend daran ist die Tatsache, dass diese Raumkonstellation, die eine Dauerspannung des Wegfahrens erzeugt, aufrechterhalten wird.

Die Befragte ist sehr leistungsorientiert und plant ihren gesamten Tagesablauf rigide durch:

– „Das ist wesensbedingt, ich bin ein hektischer Mensch, das wird alles eingeteilt und organisiert und zack, zack, geht hintereinander weg ..."

Mit dem Auto kann sie ihre vielfältigen Aktivitäten „rundum organisieren". Sie fährt einen 3er BMW Kombi – früher hatte sie einen Mazda Roadster, für die Zukunft wünscht sie sich einen 5er BMW. Das Auto erscheint für sie unerlässlich für Einkauf und Freizeit. Ihr Auto ist – symbolisch und materiell – Bestandteil der hyperaktiven, sehr strukturierten und leistungsbetonten Alltagsfreizeit.

Der spezifische Fahrzeugtyp ist zwar notwendiges Element des Lebensstils (das belegt die Aufzählung der besessenen bevorzugten Fahrzeuge), sie ist also stilistisch auf das Auto fixiert, nicht jedoch hinsichtlich seiner Funktion als Verkehrsmittel. Die Verkehrsmittelnutzung wird eher nach Effektivitätskriterien organisiert. Für Ferienreisen benutzt sie „den Flieger" und zu einer Kurzreise mit Freund und Mutter zum Fußballspiel in München die Bahn.

Freizeit ist unmittelbar mit Bewegung, Beweglichkeit und Ortswechseln verbunden und verläuft fast durchweg nach dem Spannungsschema.

Sie betreibt zahlreiche Sportarten, die teilweise zu den typischen Risiko- und Erlebnissportarten zählen:

– „Regelmäßig mache ich Sport, mache Triathlon, jetzt im zweiten Jahr, gehe ins Fitness-Studio, das ist ziemlich aufwendig, Schwimmen, Laufen, Radfahren. Dann bin ich beim Fallschirmspringen, seit vier Jahren, da fahre ich am Wochenende raus; wenn es sich ergibt, trainiere ich auch da. Ich gehe inlineskaten. So mal locker eine Stunde mit Leuten zusam-

II. Ergebnisse

men. Ich gehe auch gern ins Theater, ins Konzert, das ist nur ab und zu. Der Sport, das mache ich jeden Tag. Das verbinde ich, gehe dann laufen, dann noch ins Fitness-Studio, aber bestimmt alles zusammen zwei Stunden am Tag. Am Wochenende (mache ich) mehr, wenn Wettkämpfe sind, in der Sommersaison (...) Fallschirmspringen ist am Wochenende. Zum Sport fahre ich, wenn ich Schwimmen gehe, das mache ich in S., das ist nur fünf Minuten. Radfahren, da fahre ich in den G. raus, irgendwo, wo es sich anbietet. Laufen im Sommer meistens im Wald oder im Winter in der Stadt, wegen des Lichts. Das Fitness-Studio ist in C., das ist so eine Fahrt von fünfzehn bis zwanzig Minuten, da gehe ich schon zwölf Jahre hin, da bin ich aus Tradition. Fallschirmspringen das ist siebzig Kilometer von Berlin entfernt. Da bin ich anfangs auch mal unter der Woche gefahren. Aber das ist zu aufwendig (...) Da fahre ich lieber zwei Stunden Rad. Inliner gehe ich woanders fahren. Da treffe ich mich mit Leuten. Schwimmen gehe ich meist alleine" (...) Sie sagt: „Sport ist eine Art, sich stressend zu entstressen."

Der Körper spielt im Spannungsschema eine zentrale Rolle. „Neben die rezeptive Funktion des Körpers tritt die expressive. Man agiert sich aus (...), verwendet Zeit und Geld für die äußere Erscheinung, zeigt sich her, mustert die anderen." (Schulze 1993, S. 154 f.)

Die Freizeitaktivitäten werden leistungsbetont ausgeübt. Die gesamte Lebensführung ist lückenlos durchrationalisiert, selbst die *Ent*spannungsübungen sind Teil des Spannungsschemas.

– „Progressive Relaxation, es geht darum, dass man die Muskeln anspannt und wieder entspannt."

Man kann hinsichtlich der Fortbewegung nicht behaupten, dass hier der Weg das Ziel sei oder das Umherfahren besonders genossen wird. Aber es fällt auf, dass ein Lebensstilarrangement auch räumlich so angelegt ist, dass Bewegung sich ständig als scheinbare Notwendigkeit ergibt.

Auf den ersten Blick scheint der nächste Befragte, ein 39-jähriger, selbständiger, verheirateter Mountainbike-Händler mit zwei Töchtern, kaum Ähnlichkeiten aufzuweisen. Früher war er Arbeitnehmer und Mitglied im Betriebsrat in einer Maschinenbaufirma, zeitweise auch Lkw-Fahrer. Er hat eine klare Freizeitdefinition: „Freizeit ist die Beschäftigung an sich und für sich selbst." (BW 9) Er unterscheidet drei verschiedene Freizeitformen, die zeigen, dass das Spannungsschema ein wichtiges Element der Alltagsfreizeit ist:

Erstens Entspannung („total relaxen"), zweitens Abenteuer, Erlebnis („verrückte Sachen machen", die einen „gewissen Kick" geben wie Wildwasserfahren, Fallschirmspringen, Motorradrennen fahren) und drittens entspannt mit der Familie zusammen sein.

Der Befragte wirkt unkonventionell, hat Spaß am Risiko, zeigt aber auch soziales Engagement als IG-Metall- und SPD-Mitglied und ist familienorientiert.

Nach einer Zertrümmerung des Schienbeins bei einem Motorradrennen musste er sich als Alternative zum Lauftraining einen neuen Sport suchen. So kam er zum Mountainbike-Fahren. Aus dem Hobby machte er – weil es die passenden Hightech-Räder nur in Kanada gab – den Beruf eines Händlers für spezielle „Full-Suspension-Downhill-Bikes". Er fährt zuweilen immer noch semiprofessionell Motorrad auf abgesperrter Strecke, für das Konditionstraining benutzt er das Rennrad und mit den Töchtern fährt er Inlineskates. Im Schwarzwald betreibt er auf gesperrten Skiabfahrten Downhill-Mountainbike-Fahren, was er mit dem Verkauf der entsprechenden Räder verbindet. Manchmal geht er „Rafting" (Wildwasser-Kanu) und neuerdings springt er Fallschirm. Er will ab und zu „irgendwas total Verrücktes" machen „um dem Alltäglichen zu entrinnen".

In seinem Vier-Personen-Haushalt gibt es – zum Teil beruflich genutzt – vier Autos, 16 Fahrräder, drei Mopeds, fünf Motorräder. Ein bezeichnendes Beispiel für zugleich ziel- und wegorientierte Freizeitmobilität ist sein Bericht, dass es vorkomme, dass er mit Freunden in der Motorradgruppe zum Kaffeetrinken nach Mailand fährt. Aus dem Interview geht hervor, dass das Auto, das Motorrad und alle anderen Individualverkehrsmittel tatsächlich häufig spontan, zuweilen auch zu ungeplanten Trips mit der ganzen Familie genutzt werden.

Das ausgeprägte Technikinteresse und Technikwissen ist übergreifend und bezieht sich sowohl auf Autos und Motorräder, aber auch auf den öffentlichen Personennahverkehr, auf die Computertechnik und auf sein zusätzliches Hobby, Highend-Stereoanlagen („da habe ich auch bestimmt so 100.000 DM zu Hause stehen. Das ist wirklich Luxus ... es ist Freude an der Technik").

Die zusätzliche, teilweise Verknüpfung der Freizeitaktivitäten mit Familie und Beruf lässt ein extrem aufwendiges Mobilitätsmuster entstehen („das Nicht-Vorankommen ist das Schlimmste überhaupt").

In beiden dargestellten Fällen kann – in einer männlichen-familienorientierten und einer weiblichen Double-Income-No-Kids-Variante – das Spannungsschema gesehen werden. Dabei spielen Autos und Motorräder, die spontane Trips bzw. sofortige Beweglichkeit ermöglichen, eine ebenso wichtige Rolle wie Sportarten, mit denen jeweils bis an eine Leistungs- oder Überlebensgrenze gegangen wird.

Bei beiden fällt auf, dass die Herstellung von Eigenzeit ein aktives, zupackendes Handeln ist. Bei dem 39-jährigen, verheirateten Mountainbike-Händler wird das an der Wortwahl deutlich:

– „Dazu schnappe ich mir dann ab und zu mal ein Wochenende". Oder: „Ich versuche mir den Montag als freien Tag festzuhalten ... Ich bin dann den Vormittag zu Hause, die Kinder sind in der Schule. Dann habe ich mit meiner Frau Zeit und mittags unternehmen wir gemeinsam etwas." (BW 9)

Hinsichtlich Haus- und Versorgungsarbeit fällt auf, dass dieser Lebensstil entweder auf eine traditionelle Rollenverteilung angewiesen ist, in denen die Frau dem erlebnisorientierten Mann den Rücken frei hält:

– „Wir waren mal so Rafting machen. Da muss immer jemand dabei sein, der eine Ahnung hat ... Das würde man alleine nicht überleben ... Das mache ich nicht mit der Familie. Eine Tochter, die wagt auch etwas mehr, aber viele Leute sagen, sie machen das nicht mit den Kindern. Meine Frau ist eher die Vorsichtige, die würde das nicht machen. Die schauen mir dann zwar zu, aber sie machen das nicht mit. Ich mache das manchmal im Urlaub, aber recht selten. Wenn ich mir aber angucke, wie viel Zeit ich für die Familie habe, dann muss der Urlaub einfach für die Familie sein ..."

Oder aber – und das gilt für alle anderen Fälle des erlebnis- und spannungsorientierten Typs – es wird auf Kinder und traditionelle Haushaltsführung verzichtet, sodass eine derartige geschlechtsspezifische Arbeitsteilung nicht notwendig wird.

Freies Fahren als psychosoziale Balance

Der 22-jährige, ledige Befragte hat eine Lehre abgebrochen, erlebt hinsichtlich neuer Berufsperspektiven im Moment eine Blockade, er ist arbeitslos gemeldet, wartet auf Telefonate von potentiellen Auftraggebern und lebt manchmal einfach „in den Tag hinein". Auf die Frage, in welchen Situationen er das Auto einfach so zum Spaß benutze, antwortet er:[122]

– „Wenn ich mal ein Problem habe, dann fahre ich auch mal ganz alleine spazieren. Dann fahre ich vielleicht auf den Heiligenberg und gehe spazieren. Ich bin ein sehr emotionaler Mensch, ich muss dann raus, sonst würden ich Sachen durch die Gegend schmeißen. Das kann es auch nicht sein. Ich fahre dann wohin, wo ich den Kopf frei kriege, das brauche ich dann einfach." (BW 10)

Auf die Frage nach dem „letzten Werktag", an dem er seine Freizeit *nicht* zu Hause verbracht hat, berichtet er:

– „Dann bin ich gegen 17 Uhr noch mal zum Aldi gefahren zum Einkaufen, ungefähr 1,5 Kilometer, alleine. Abends zwischen 21 und 23 Uhr bin

---

[122] Das Zitat schließt direkt an das oben zitierte „... festgelegte Route, die muss ... gefahren werden ..." an.

ich noch mal zehn Kilometer spazieren gefahren. Wobei ich fast nur in Kirchheim geblieben bin, im Kreis oder so. Eigentlich immer nur so im Kreis, das war der Tag. Wie gesagt, ein bescheidener Tag."

Ähnliches berichtet er über das vergangene Wochenende: Nachdem er am Sonntag ein berufliches Engagement hatte, ging er zunächst nach Hause ...

- „Dann bin ich spazieren gefahren und zwar ganz alleine. Danach hat erst richtig die Freizeit angefangen. Da bin ich mit dem Auto spazieren gefahren – ohne festes Ziel, fünfzehn bis zwanzig Kilometer bin ich gefahren. Die Strecke fahre ich auch nicht oft, vielleicht fünf- bis sechsmal im Jahr. Die Spazierfahrt hat dann auch zu Hause geendet, ich hab dann nichts mehr gemacht. Ich war sehr schlecht gelaunt, deshalb bin ich spazieren gefahren. Ich habe den ganzen Tag den Clown gemacht und war lustig. Aber die Probleme, die ich vorher schon hatte, habe ich da ganz ausgeschaltet, das kann ich auch. Ich kann das dann bewältigen. Aber in dem Moment, wo das Geschäft vorbei ist, kommen die Sachen wieder. Es ist nicht vergessen, sie sind nur zur Seite gelegt worden. Die Fahrt war nur zum Kopf frei machen. In dem Fall bin ich langsam gefahren, es war schönes Wetter, ich habe die Fenster aufgemacht. Durch Handschuhsheim, Heiligenberg und zurück nach Kirchheim."

Das Fahrterleben als Mittel der Ausbalancierung

Ebenfalls eine mentale Funktion, aber im Rahmen des zielorientierten Berufsweges und vor einem völlig anderen sozialen Hintergrund hat die Fahrt mit dem Auto bei einer 34-jährigen, geschiedenen Sachbearbeiterin, die bei einer Versicherung arbeitet und zwei Kinder hat. Sie nutzt die zielorientierte Fahrt von der Arbeit nach Hause im Auto, einem VW Passat Kombi, als Erholungs- und Stimmungspuffer zwischen den beiden Sphären Arbeit und Familie.[123]

- „An und für sich fahre ich überhaupt gerne Auto, höre gerne Musik beim Fahren. Man kann eigentlich abends dann schon abschalten auf dem Weg. Auch Sachen für sich irgendwo, dass man den Frust nicht an den Kindern auslässt, wie gesagt ich fahre eine Stunde hin und zurück. Da hat man schon genug Zeit, das auch abzulegen, ich entspanne in dem Moment schon im Auto." (MV 3)

Die Funktion des Autofahrens zur Stimmungsbalance, als Frustrationsausgleich und auch einfach nur zur Entspannung ist bereits in frühen Studien analysiert worden[124] und findet sich häufig im empirischen Material:

- „durch die Konzentration auf das Fahren bessert sich meine Laune"

---

[123] Ausführlich zur „Rollenwechsel-Rolle" und zum „Zwischenreich des Transports" Krämer-Badoni et al. 1971, S. 64 f.

II. Ergebnisse

- „schnell fahren macht Spaß, wenn ich stinkwütend bin"
- „Autofahren ist für mich Entspannung … wenn ich den ganzen Tag Stress im Dienst hatte, dann ist das für mich Relaxen, wenn ich mich dann ans Steuer setzen kann und Richtung Heimat fahre, dann entspanne ich – ich setze mich dann ganz gelöst ans Steuer."
- „Wenn ich im Auto sitze, ich werde da ruhig – ich kann noch so gestresst sein; wenn ich drin sitze, mache ich mir Musik an, singe auch mit, das ist dann ganz toll."

Der Autoinnenraum als privater Freiraum
Ebenfalls von Krämer-Badoni et al. bereits analysiert, aber heute durch die Ausrüstung mit hochwertigen Musikanlagen aktueller denn je, ist die Nutzung des Autoinnenraums als intimer Freiraum:

Ein 24-jähriger Zeitsoldat, der mit seiner Freundin in einer Plattenbauwohnung lebt und sein Auto – einen alten Mazda 323 – von der Partnerin übernommen hat, führt aus:

- „Das ist mein kleines Reich, das kann mir keiner nehmen." (MV 8)

Auch ein 23-jähriger, allein lebender Student, hat im Auto mehr akustische Freiheit als in der Mietswohnung:

- „Ich sitze halt gerne im Auto und höre Musik und fahre durch die Landschaft … Als ich mir eine ganz tolle Anlage eingebaut habe, dann bin ich ein paar Kilometer durch die Gegend gefahren, weil ich zu Hause nicht so laut Musik hören durfte" (BW 3).
- „… Dass man eine gewisse Intimsphäre hat, dass man beispielsweise im Auto singen oder Musik hören kann." (MV 9)
- „… ich kann singen und niemand denkt: Mensch, ist die bescheuert." (BW 22)

---

[124] „Die Unabhängigkeit und Freigesetztheit, welche der mobile Zustand und die monadische Abgeschlossenheit im Automobil verschaffen, ist ein Wert, den dieses selbst repräsentiert. Schon jene ‚Erholung', die nach Meinung vieler etwas geübter Automobilisten das bloße Autofahren zu bieten vermag, resultiert aus einer temporären Befreiung von Zwängen und Ansprachen, die durch das bloße Schließen der Autotür und das Losfahren erreicht wird. Auch im Berufsverkehr ist es von Bedeutung, ob man auf der Heimfahrt sich in das öffentliche Milieu der Massenverkehrsmittel begeben muss, um die abgeschlossene Privatexistenz erst zu Hause zu erreichen, oder ob es einem möglich ist, vor der Tür des Arbeitsplatzes im eigenen Auto sozusagen zu sich selbst kommen zu können und damit schon zu Hause, und das heißt unabhängig zu sein. Diese Freisetzungsleistung kann bis in jene Extreme der Autonomie gehen, wo das Automobil als abgeschlossener Freizeitraum dazu dient, auch noch den Zwängen und Normen des alltäglichen Privatlebens zu entgehen." (Kob 1966, S. 187).

Zwei Funktionen müssen hier unterschieden werden. Zum einen die im letzten Zitat deutlich werdende Funktion des Autos als Äquivalent zu ausreichendem privaten Wohnraum, der wegen der baulichen Beschaffenheit, der Knappheit des Raums und der nachbarschaftlichen Normen zur Ruhe zwingt. Insofern ermöglicht das Auto in seiner Bewegtheit, die die Geräuschbelästigung für Außenstehende zu einer vorübergehenden macht, Verhaltensweisen, die sonst nur in einem großräumigen Anwesen möglich wären.

Zum anderen eine spezifische, also kaum ersetzbare Funktion des Autoinnenraums als monadische und zugleich bewegte, als entspannte und zugleich kontrollierte Abgeschlossenheit im intimen und zugleich öffentlichen Raum des Automobils. Es scheint nichts Vergleichbares zu geben, das diese Möglichkeiten bietet. Deshalb gehen die häufig angestellten Überlegungen zur Substitution des Autos hier fehl. Das Auto in seiner Eigenschaft als ein „Zwischenreich" zwischen Arbeit und Freizeit, zwischen Öffentlichkeit und Privatheit, der zugleich geschützter und bewegter Raum ist, kann – für jene, die es so nutzen und denen diese Nutzungen wichtig sind – nicht ersetzt werden und ist somit einzigartig (detailliert zum Autoinnenraum Krämer-Badoni et al. 1971, S. 61–67).

Automobilität und Öffentlichkeit

Die Bedeutung des sich in der Öffentlichkeit bewegenden automobilen Privatraums stellen Heine, Mautz und Rosenbaum (2001) mit Bezug auf Sennets „Fall of Public Man" in den größeren Zusammenhang eines in den letzten 200 Jahren aus den Fugen geratenen Verhältnisses zwischen Öffentlichkeit und Privatheit: Nach Sennet sterbe die öffentliche Sphäre ab. „An die Stelle einer früher in den europäischen Metropolen noch vorhandenen kosmopolitischen Neugier, welche Fremdheit, Unvertrautheit und urbane Vielfalt suchte, trete Erschrecken vor der Anonymität der Stadt und der zunehmend als bedrohlich empfundenen Begegnung mit dem Fremden. Die Stadtbewohner verbarrikadierten sich in ihrer Privatheit und der kleinen Gemeinschaft bewachter und abgeschirmter Stadtquartiere." (Heine et al. 2001, S. 117) Das Auto sei in diesem Prozess Mitspieler eines Circulus vitiosus: „Einerseits als Faktor, der zur fortschreitenden Zerstörung des öffentlichen Raumes beiträgt, andererseits als privater Fluchtpunkt, dem die Menschen aus den Unbilden und Schrecknissen des zerstörten öffentlichen Raumes zugetrieben werden." (Ebd.)

Ob es sich dabei um eine generelle Tendenz handelt, erscheint fraglich. Tatsächlich geht es hier um Handlungen unterschiedlicher Milieus bzw. – wie es die Autoren sehen – Schichten. Auf der einen Seite gibt es immer wieder – sowohl in dem hier verwendeten als auch im Material von Heine et al. – Beispiele von Angst oder Abscheu vor öffentlichen Situationen, die

II. Ergebnisse 183

sich bis zum Ekel und zur Klaustrophobie steigern können. Auf der anderen Seite gibt es in jeder empirischen Untersuchung zur Mobilität Äußerungen, die belegen, dass es auch die exakt gegenteilige Haltung gibt. Jene, die sich neugierig im öffentlichen Raum bewegen und nicht zuletzt die Fahrt im ÖPNV als Gelegenheit für Beobachtung oder Kontakt nutzen. Letztlich vertreten aber Heine et al. den Standpunkt, es gäbe eine übergreifende Tendenz: Das von Sennet behauptete Absterben des öffentlichen Raums sei durchaus real und biete eine Teilerklärung für das Vermeiden öffentlicher Räume und damit auch öffentlicher Verkehrsmittel. Schichtübergreifend gäbe es vor allem das Gefühl, latent oder manifest bedroht zu sein.

Die unterschiedlichen quantitativen Forschungsergebnisse zum Zusammenhang von Lebensstil- und Mobilitätsorientierungen können diesen Befund so nicht stützen. Bedrohungsempfindungen sind in den Lebensstilgruppen äußerst unterschiedlich verteilt – ihre asymmetrische Verteilung ist sogar typkonstituierend: In den Analysen zu Mobilitätsstilen in Freiburg stellte sich heraus, dass die Gruppe der *statusorientierten Automobilen* überdurchschnittliche Werte bei den Faktoren „Nächtliche Bedrohung beim Zu-Fuß-Gehen in der Stadt","Abneigung gegen den ÖPNV" und „Gefährdung beim Radfahren" aufweisen – kurz, bei allen Faktoren, die eine ungeschützte Fortbewegung in der Öffentlichkeit signalisieren. Auf der anderen Seite gibt es die Gruppe der *risikoorientierten Autofans,* die nicht nur gerne schnell Auto fahren, sondern auch keine Unsicherheit beim Fahrradfahren verspüren und besonders hohe Werte beim Faktor „Fahrradfahren als Risikoerlebnis und Technikgenuss" aufweisen. Hinsichtlich des Zu-Fuß-Gehens gilt, dass sie diese Fortbewegungsform zwar nicht schätzen und eher vermeiden, aber dennoch zeigen sie deutlich unterdurchschnittliche Werte bei dem Faktor, der nächtliche Bedrohung beim Zu-Fuß-Gehen in der Stadt misst. Ähnliches gilt für die *ökologisch Entschiedenen:* Sie zeigen eine stark überdurchschnittliche Radfahrbegeisterung und überdurchschnittliche Werte beim Faktor „Genuss des Zu-Fuß-Gehens als Entspannung und Naturerlebnis", dagegen unterdurchschnittliche Werte bei den Faktoren, die Angst und Gefährdung ausdrücken (Götz et al. 1997, S. 79–103).

Aber auch beim Blick in die Daten der bundesweiten Repräsentativuntersuchung im Auftrag des Umweltbundesamts wird deutlich, dass es sich um ein zwar starkes, aber keineswegs mehrheitlich empfundenes Phänomen handelt: Es sind 41%, die bundesweit mehr oder weniger intensiv dem Statement beipflichten, „Es stört mich sehr, dass man im öffentlichen Nahverkehr oft mit unangenehmen Menschen konfrontiert ist"[125] und es sind 48%, die der Aussage „Ich fahre ungern mit öffentlichen Verkehrsmitteln, weil mir das Gedränge zuwider ist" zustimmen.[126]

---

[125] „Trifft ganz genau zu": 15%; „Trifft eher zu": 26%.

Andererseits stimmen 47% der Aussage zu „Das Schöne am Zug- und Straßenbahnfahren ist, dass es viel zu sehen gibt"[127] und 35% sind der Meinung, „Im öffentlichen Verkehr kann ich mich gut entspannen".[128]

Zusätzlich stellt sich die Frage, ob die Gleichsetzung von Öffentlichkeit und öffentlichem Verkehrsmittel berechtigt ist. Denn schließlich kann nicht bestritten werden, dass letztere keine Ausweichmöglichkeit, im Angriffsfall keine Flucht und im Falle der U-Bahn noch nicht einmal freie Sicht oder Ausstiegsmöglichkeit bietet.

Dass diese objektive Situation subjektiv, milieu- und geschlechtsspezifisch zugespitzt wahrgenommen wird und zu Vermeidungsverhalten führt, hat sicherlich mit als unberechenbar erlebten Fremdmilieus zu tun, die insbesondere in den Großstädten am Abend und in der Nacht als bedrohlich empfunden werden. Dieses Alltagserleben kann mit einer Entwicklung in Zusammenhang gebracht werden, in der die „Konfrontation mit den Deklassierten der Zweiten Moderne in Form eines permanenten Vandalismus allgegenwärtig erscheint" (Heine et al. 2001, S. 117). Wenn diese Analyse stimmt, dann ist aber die These nahe liegend, dass es sich nicht um eine generelle Erosion von Öffentlichkeit, auch nicht um den Zerfall einer spezifisch bürgerlichen Öffentlichkeit, vielmehr um das Verschwinden der öffentlichen Bürgerlichkeit handelt.[129] Wenn der bürgerliche und der kleinbürgerliche Habitus[130] auf dem Rückzug ist – und das kann nicht bestritten werden – dann fühlen sich die Angehörigen bisher dominanter Milieus fremd in der Öffentlichkeit. Und Fremdheitsgefühle machen Angst. Im Auto kann dagegen das vertraute Ambiente, die Musik, die Ausstattung mitgeführt und Fremdes draußen gehalten werden.

3. Raumstruktur, Raumwahrnehmung und -nutzung

Das auf das räumliche Wohnumfeld der Befragten bezogene empirische Material der qualitativen Befragung wird im Kontext eines Raumkonzepts interpretiert, wie es weiter oben entwickelt worden ist:

---

[126] „Trifft ganz genau zu": 23%; „Trifft eher zu": 25%.
[127] „Trifft ganz genau zu": 13%; „Trifft eher zu": 34%.
[128] „Trifft ganz genau zu": 8%; „Trifft eher zu": 27%.
[129] Dieser Wandel darf nicht mit dem von Habermas 1962 analysierten Strukturwandel der diskursiven Seite der Öffentlichkeit verwechselt werden (vgl. Habermas 1979).
[130] Der Begriff „kleinbürgerlich" wird hier nicht abwertend, sondern analytisch im Sinne zahlreicher Milieubeschreibungen verstanden (vgl. z.B. das Stichwort Kleinbürger und Kleinbürgertum bei Bourdieu 1987 oder bei Sinus-Sociovision 2000).

- Raumverhältnisse und Raumstrukturen werden als historisch, sozial und politisch hergestellt und veränderbar betrachtet.
- Wenn erst einmal langfristige Entscheidungen der Wohnstandortwahl und des Verkehrsmittelbesitzes gefallen sind, wirken diese Raumkonstellationen handlungsbeeinflussend.
- Orte im Raum werden milieu- und lebensstilspezifisch wahrgenommen, mit unterschiedlichen Bewertungen versehen, was wiederum, auch hinsichtlich des Freizeitverkehrs, zu unterschiedlichem Handeln führt.

Die in den qualitativen Interviews zum Teil explizit abgefragten, zum Teil spontan thematisierten Raumkategorien bzw. räumlichen Sozialstrukturen sind:

- die nahräumliche Sozialstruktur,
- die Versorgungsinfrastruktur,
- die Verkehrsinfrastruktur,
- Naturnähe,
- das Freizeit-, Unterhaltungs- und Kulturangebot,
- Stadt-Land-Unterschiede: Obwohl der Übergang von städtischen zu ländlichen Regionen heute eher fließend ist,[131] gibt es doch zum einen in den Lebensformen, aber auch in der Wahrnehmungen und Bewertungen von Befragten aus dem städtischen und aus dem ländlichen Raum immer noch beträchtliche Unterschiede – das gilt vor allem hinsichtlich der Mobilität. Soweit dieser Unterschied sichtbar wird und soweit es sinnvoll und möglich erscheint, werden Ergebnisse daher entlang der Stadt-Land-Differenz dargestellt.

a) Die nahräumliche Sozialstruktur[132]

In mehreren der qualitativen Interviews werden Affinitäten bzw. Abneigungen gegenüber den nahräumlichen Umfeldmilieus deutlich. Diese hängen stark von der sozialen Position, verstanden als Einheit von sozialer Lage, Lebensform und lebensstilspezifischen Orientierungen ab. Die Sozialstruktur des räumlichen Umfelds, also die Raum-Sozialstruktur, kann sowohl im ländlichen als auch im städtischen Raum mitentscheidend für Freizeitmobilität und Freizeitverkehr sein. Sie kann z.B. Auslöser für das häufige Verlassen des Wohnorts bzw. für die Vorstellung sein, man müsse hinsichtlich der Freizeit ständig individuell beweglich sein.

---

[131] Vgl. dazu Bertram 2000, S. 116.
[132] Nicht nur soziale Lagen und Lebensformen, auch Milieu- und Lebensstildifferenzen werden unter den Strukturbegriff, der mit Giddens als durch Handlungen konstituierte Struktur verstanden wird, subsumiert.

Ausweichbewegungen

Die (bereits an anderer Stelle erwähnte) 40-jährige Lehrerin (Großstadt) hat ihren arbeitsplatznahen Wohnstandort selbst gewählt und ihre Wohnung nach eigenen Vorstellungen umbauen lassen. Sie stellt sich also auf dauerhaftes Wohnen ein. Dennoch ist es für sie selbstverständlich, nahezu ihre gesamte freie Zeit außerhalb des Stadtteils zu verbringen. Zum einen weil sie den Eltern der Kinder, die sie unterrichtet, nicht begegnen will – es geht also um die Trennung der Arbeits- von der Freizeitsphäre. Zum anderen will sie eine Distanz zwischen sich und die Milieustruktur des Wohnstadtteils („das türkische Umfeld") bringen (B 2).

Durch motorisierte Freizeitmobilität wird es möglich, die erwünschten Sozialkontakte an anderen städtischen Orten zu pflegen (Fitness-Zentrum im anderen Stadtteil, Restaurants, Theater, Gelegenheiten für Erlebnissportarten).

Eine 24-jährige Sekretärin in Ausbildung wohnt in einer Kleinstadt und bewertet die Sozialstruktur wegen der Tendenz zur Segregation ebenfalls negativ. Sie sucht für die Zukunft das, was sie für typisch urbane soziale Heterogenität hält:

– „Man hat ja (hier) diese Unterteilung wie in jeder anderen Stadt auch: In der Altstadt wohnen die reichen Leute. Dann gibt es die sozial Schwächeren. Das ist so abgegrenzt. Dann gibt es noch die Normalen. Das gefällt mir überhaupt nicht. In Großstädten ist das nicht so, denke ich." (NRW 11)

Auch sie pflegt ihre gesamten Freizeit-Sozialkontakte an einem anderen Ort – in der nahen Großstadt, wo auch ihr gesamter Freundeskreis wohnt. Sämtliche Wege werden mit dem Auto zurückgelegt. Sie hält die unbefriedigende Situation vorwiegend aus Kostengründen aufrecht:

– „Sobald ich ausgelernt habe und genügend verdiene, habe ich vor, woanders hinzuziehen."

Soziokultureller Bedeutungswandel der Großsiedlungen

Dass es sich bei raumwirksamen Sozialstrukturen[133] nicht um feststehende Eigenschaften des Raums, sondern um Prozesse der Imagebildung, also der allmählichen oder plötzlichen symbolischen Bedeutungsänderung handelt, machen die Ausführungen eines 31-jährigen Versicherungsangestellten deutlich:

– „Jetzt in dem Neubaugebiet hat sich das ein bisschen geändert. Das Klientel hat sich verändert. Das heißt, dadurch dass sehr viel Fluktuation

---

[133] Vgl. die Unterscheidung „Sozialwirksame Raumstruktur" und „Raumwirksame Sozialstruktur" in Keim 1979, zit. nach Herlyn 2000.

ist ... hat es sich so zum Negativen verändert. Insofern, dass man ... um es mal direkt zu sagen, dass es so viele Unterschichten sind. Unterschicht ist ein bisschen übertrieben. Leute, die aus den Plattenbauten kamen, die jetzt aber langsam den Speckgürtel in dem Sinne dann bevölkern ... Aber insgesamt alleine die Fluktuation, dass dementsprechend immer mehr Leute kommen. Es festigt sich nichts, in dem Sinne." (MV 2)

Fast alle seiner Freizeitaktivitäten, mit Ausnahme des parteipolitischen Engagements, finden nicht im eigenen Stadtteil statt. Als größter Vorteil des Wohnorts wird genannt, dass er „schnell wegkommt" und dass es nicht weit zum Strand ist. Der Befragte hat einen mehrere hundert Kilometer entfernten Zweitwohnsitz bei den Eltern, den er als Freizeitwohnung nutzt. Auch bei diesem Befragten spielt sich ein wichtiger Teil des Lebens an einem aus seiner Sicht attraktiveren Ort ab.

Was hier als bedrohliches „Bevölkern" des Speckgürtels durch Unterschichten wahrgenommen wird, ist – wenn Bourdieus Perspektive der Raumanalyse geteilt wird – die Folge von Faktoren, die nicht unmittelbar vor Ort analysiert und die hier nur angedeutet werden können: Einschneidende soziale, ökonomische und gesellschaftliche Veränderungen in der Nachwendegesellschaft mit der Folge von Neuorientierungen, die sich an der Abwanderung der einen und dem Nachrücken der anderen in die jetzt als attraktiv geltenden Wohnlagen ausdrückt.

Sowohl in diesem wie auch im nächsten Beispiel wird der symbolische Wandel deutlich, der durch den Übergang von der sozialistischen Planwirtschaft zur individualistischen Marktwirtschaft hervorgerufen wurde. Die Großsiedlungen galten zu DDR-Zeiten als ostdeutsche Version des modernen, funktionalen Bauens, das in der Nachkriegszeit weltweit den Wohnungsbedarf befriedigen sollte. Die Besonderheit der DDR-Variante war, dass die Verteilung der Wohnungen der sozialistischen Programmatik zur Angleichung der Lebensbedingungen und zur Überwindung des Stadt-Land-Gegensatzes dienen sollte (Hannemann 2000). Die Fortschrittssymbolik der ostdeutschen Großsiedlungen „führte zu einer kulturellen Hochschätzung des Wohnens in der Neubauwohnung im Neubaugebiet und bewirkt bei seinen Bewohnern die Entstehung eines Wohnbewusstseins, das sich mit den Begriffen Fortschrittlichkeit, hoher Wohnstandard und gesellschaftskonforme Wohnform charakterisieren lässt" (ebd., S. 97). Die Plattenbauwohnungen der zweiten Generation galten somit als sozial gehobene Wohnsituation und wurden zu DDR-Zeiten an junge Familien mit überdurchschnittlichem Qualifikationsniveau, also an Personen aus staatlicher Verwaltung, Wissenschaft, Partei und an sonstige Intelligenz vergeben (ebd., S. 100).

Welche Neudefinition nach der Wende stattgefunden hat, zeigt sich im Interview mit einem 37-jährigen Briefverteiler, der mit seiner Familie im nicht sanierten Plattenbauviertel geblieben ist. Zu Beginn des Interviews greift er zunächst noch auf die Sprache und die Bewertungskriterien der Vorwendezeit zurück und beschreibt die Vorzüge der Plattenbauwohnung:

– „Es ist ein typischer DDR-Neubau, sage ich mal so. Wir haben eine Zweiraumwohnung, 52 qm, das ist recht groß für zwei Zimmer. Gebaut sind die Häuser alle Anfang der 1980er Jahre. Dementsprechend sind sie eigentlich recht gut, ich möchte mal nicht sagen modern, obwohl schon einiges gemacht wurde." (MV 1)

Später aber im Interview wird dann die Neu-Etikettierung hörbar, die hinsichtlich des Wohnens in „der Platte" stattgefunden hat:

– „Wenn sie sich mal mit Leuten oder Nachbarn unterhalten, da gibt es viele: bloß raus hier. Da gibt es viele. Aber das ist eine Frage des Geldes. Man kann die hohen Mieten nicht bezahlen. Deshalb müssen wir halt hier bleiben. Die Leute, die Geld haben, die ziehen auch weg in die Stadt oder auf das Land. Man merkt eben innerhalb der Stadtteile die zurückbleiben, die keine Kohle haben, die entweder asozial sind oder irgendwas anderes haben oder eben minderbemittelt sind oder die älteren Leute."

Während also der eine Befragte eine Entwertung seines Wohnviertels durch die aus den Plattenbauten ausziehenden „Unterschichten" erlebt, bezeichnet der andere Befragte genau diese ausziehende Gruppe als wohlhabend und erlebt die Zurückgebliebenen als „asozial" und „minderbemittelt". Tatsächlich handelt es sich um sozial Marginalisierte, für die die Situation im Plattenbau noch einigermaßen erträglich und vor allem bezahlbar ist:

– „Plattenbaugebiet – nach hinten raus ist es schön grün ... ruhig. Schöner Ausblick, wenn die Kinder auf dem Spielplatz sind, kann ich sie sehen. Ich kann sie rufen, wenn es Essen gibt ... Zehn Minuten Weg zum Einkaufen ... Ein Friseur ist hier, Schulzeug, was man so braucht, ist alles in der Nähe." (Thür 2, 39-jährige, arbeitslose allein Erziehende mit drei Kindern, ohne Auto)

Das Plattenbaugebiet als Ort der kurzen Wege, die gut ohne Auto überwunden werden können.

b) „Ruhe" – gemeinsamer Nenner des Wohnens außerhalb der Stadt

Die Wohnwünsche vieler ehemaliger Bewohner der Plattenbauten gehen in Richtung des genauen Gegenteils von Großsiedlungen: Das Häuschen im Grünen. Diejenigen, die dort angekommen sind, äußern sich häufig zufrieden. Lange galt das Einfamilienhaus als das von der großen Mehrheit be-

II. Ergebnisse

vorzugte Modell des Wohnens in der Nachkriegszeit. Heute haben sich die Wohnleitbilder pluralisiert.[134]

Das empirische Material macht deutlich, dass ein zufrieden stellender Lebensmittelpunkt außerhalb der Stadt typischerweise dann entsteht, wenn eine mehrfache Verwurzelung stattgefunden hat. Wenn die Wohnung/das Haus Eigentum ist, wenn viel Arbeit, Geld und Liebe in die Renovierung investiert wurde, wenn es zugleich eine zumindest noch hinreichende Versorgungsinfrastruktur gibt und wenn eine Milieu-Affinität zur Nachbarschaft besteht. In dieser traditionellen Variante wird das, was andere im Interview als „spießig" oder kleinbürgerlich bezeichnen, als beschützende Nachbarschaft interpretiert:

– „Die Menschen hier sind sehr aneinander geschweißt. Der eine hat dem anderen geholfen ... Wenn man wegfährt, es wird immer ein Auge auf das Nachbargrundstück geworfen ... Ich muss sagen, hier ist Nachbarschaftshilfe eine gute Sache. Na ja, über den Zaun und na ja, wir schauen nach dem Rechten gegenseitig, aber engeren Kontakt nicht." (B 8, 67-jähriger Witwer im Ruhestand)

Auch junge Befragte können, wie der 26-jährige, verheiratete Zahntechniker mit einem Kind, die nachbarschaftliche Einbindung durchaus schätzen:

– „Vorteile sind ganz klar, jeder kennt jeden. Die Dorfgemeinschaft ist sehr dominant, da hilft jeder jedem. Da wird auch immer gegrüßt, bestimmt anders als in Köln. Man weiß auch, wenn der Nachbar in Urlaub ist und dann guckt man mehr auf die Wohnung oder das Haus." (NRW 3)

Jedoch wird in mehreren Interviews jüngerer Befragter entweder leicht ironisch oder etwas ambivalent über kleinbürgerliche und hinsichtlich der Kommunikations- und Konfliktlösungsformen etwas verklemmte Wohnmilieus berichtet, was aber zumeist im Tausch gegen andere Vorteile in Kauf genommen wird:

– „Da wohnen zum Großteil Leute drin, die haben das Haus noch mit gebaut ... Mich stört da nichts. Es wird auch gegenseitig auf sich aufgepasst. Die Nachbarn stehen auch mal hinter den Gardinen und gucken, wer mit ins Haus kommt." (Thür 9, 24-jähriger Immobilienfachwirt, ledig)

---

[134] Eine Befragung des Stern und der Bausparkasse Schwäbisch Hall, die 2001 durchgeführt wurde und an der sich 35.000 Leser beteiligt haben, belegt, dass zumindest in diesem Sample (über Repräsentativität finden sich keine Aussagen) das Häuschen im Grünen nicht mehr der Wohnwunsch der Mehrheit ist (vgl. Sternstadt-Forum 2002).

– „Wir wohnen in einem Haus in einer Straße, in der ein relativ kleinbürgerliches Milieu ist ..." (BW 8, 47-jähriger Graphiker, der mit seiner Freundin zusammenlebt)

Da das Haus gekauft wurde, somit eine langfristige Standortentscheidung getroffen wurde und er mit seiner Partnerin allein darin wohnt, also Nachbarschaftskontakte auf ein Minimum reduziert werden können, zugleich die Stadtmitte gut erreichbar ist, kann der Negativfaktor des näräumlichen Wohnmilieus hingenommen werden.

Bei dem 43-jährigen, geschiedenen Fernmeldemeister mit drei Kindern, der als Radfahrer vor allem die Naturnähe hervorhebt, wird hinsichtlich der ihn umgebenden Milieus im Interviewverlauf eine gewisse Unzufriedenheit hörbar:

– „Der Umgang der Leute ist halt auf Grund dessen, dass vieles neu ist, ein bisschen anders. Es sind ja auch immer weniger Leute daran interessiert, Bekanntschaften zu machen oder mit anderen Leuten ständig umzugehen. Der Trend ist mehr zum individuellen Wohnen (...) Es gibt kleine Dinge. Leute, die intolerant sind. Hunde sind an der Leine zu führen, solche Sachen halt. Wenn man mal bei jemand anders auf dem Parkplatz steht, da sind dann Zettel dran. Man könnte die Leute doch auch ansprechen, nein, die machen dann einfach einen Zettel dran. Aber sonst geht es schon." (Thür 6)

– „Ich wohne in einer ruhigen Lage ... in so einer Einliegerwohnung im ersten Stockwerk. So ein bisschen ländliche Gegend, man riecht nicht den Stallmist, aber es ist sehr ruhig. Fast schon so ein bisschen spießig angehaucht, aber ganz nett ..." (MV 7).

Auch bei ihr, der 23-jährigen Studierenden, die nachts als „Bardame" arbeitet, hat die Neubewertung des Wohnens in Ostdeutschland Folgen. Das dörfliche Wohnen wird als beschützende Idylle erlebt:

– „Ich habe jahrelang in so einem Plattenbau gewohnt, jetzt finde ich das richtig erholsam, wieder so in diese Gefilde zurückzufinden. Es kennt sich jeder ... wir haben eine kleine, nette Kirche, ein kleines, nettes Restaurant, so eine kleine Dorfmauer und einen Dorfteich. Man hat freien Blick über die Häuser da und das ist ganz toll."

c) Relative Ruhe – Wohnen in der Stadt

Zumeist (aber nicht immer) positiv gefärbt, jedoch völlig anders klingen die Berichte aus städtischen Wohnlagen. Es wird nur in Einzelfällen von nachbarschaftlichen Kontakten berichtet. Öfter ist die Rede von erfreulichen, zufälligen Treffen auf der Straße von in der Nähe wohnenden Freundinnen oder Freunden. Als erfreulich gilt, wenn der Stadtteil in der Großstadt gerade nicht den typischen Ballungsraumcharakter hat.

– „Ein relativ zivilisierter Stadtteil für Berlin, auch recht ruhig, keine Schießereien auf offener Straße ... es ist einfach ein netter, ruhiger Stadtteil für Berlin." (B 6, 32-jähriger, verheirateter, freischaffender Programmierer)

Es hat den Anschein, dass fast alle eine „ruhige" Wohnsituation suchen. Die einen in der Stadt, die anderen auf dem Land. Städtische Wohnlagen werden häufig von denen, die nicht dort wohnen, mit den Klischees über die Großstadt abgelehnt. Von denen, die in der Stadt wohnen, werden sie erst dann negativ bewertet, wenn Lärmbelästigung zum Problem wird:

– „Nachteil ist auch das städtische Leben insgesamt – da muss man unterscheiden, ob man es mag oder nicht, die Lärmbelästigung ist da. Starker Verkehr. Im Sommer kann ich mir vorstellen, eine starke Wärmeentwicklung durch die Asphaltierung und Betonierung zwischen den Straßen und Häusern. Es kommt auch drauf an, wie man sich mit den Leuten versteht, man wohnt halt ziemlich dicht." (BW 5, 44-jähriger, geschiedener Studienrat mit zwei Kindern)

Auch hier gilt: Erst wenn mehrere Negativfaktoren zusammenkommen, wird der Wohnstandort kritisch betrachtet. Das Thema Nachbarschaft schließt hier direkt an das Thema Lautstärke, Verkehr, Beton und Asphalt an. Offenbar und einleuchtenderweise wird die Wohndichte dann als Problem erlebt, wenn sie sich mit Anonymität verbindet.[135] Es besteht also ein alltagsweltliches Verständnis für die Erkenntnis, dass Dichte der Bebauung keine Dichte der sozialen Kontakte bedeutet (vgl. dazu Spiegel 2000, S. 44).

Viel schwerer zu ertragen als ungeliebte Milieus in der Nachbarschaft ist offenbar die unmittelbare Nähe zu Menschen, deren Lebensweise als fremd und unangenehm erlebt wird. Ein 44-jähriger Student (erlernter Beruf Erzieher), der mit Frau und Kind in einer Großstadt-Mietswohnung lebt, äußert sich positiv über den „Kiez" mit guter Erreichbarkeit, Gartennähe und Verkehrsanbindung. Abfinden könnte er sich mit der Tatsache, dass die ihn umgebenden Milieus „sehr spießig" seien – unerträglich ist es aber für ihn und seine Partnerin, mit unangenehmen Verhaltensweisen Wand an Wand konfrontiert zu sein:

– „Der Bau ist hellhörig, man hört manchmal die Fliege an der Wand. Manche Leute sind auch derartig laut, über uns die Leute, die würfeln

---

[135] Das entspricht dem Ergebnis der Umfrage zu den Wohnwünschen aus dem Jahr 2001: „... die überwiegende Mehrheit möchte citynah wohnen – unter bestimmten Voraussetzungen, etwa wenn die Nachbarschaft stimmt: Mehr als 90% der Befragten wünschen sich aktive Nachbarschaften und die meisten würden sich auch daran beteiligen" (vgl. Sternstadt-Forum 2002).

oft, das stört kolossal. Das Würfeln auf dem Tisch, die würfeln manchmal vier Stunden am Tag, ich weiß nicht, wie man das machen kann. Wir haben auch beschlossen, demnächst auszuziehen." (B 5)

Die Konsequenz ist in einem solchen Fall nicht die Suche nach einer veränderten Wohnlage, sondern nach einer anderen Wohnung in ähnlicher Wohnlage, aber mit passender Hausgemeinschaft.

d) Zwischenresümee

Die Befunde unterstreichen die Brauchbarkeit eines Raumkonzepts, das die Handlungsrelevanz sozialer Symboliken betont. Die nahräumliche Symbolik der Sozial- bzw. Milieustruktur kann Mobilität auslösen, zum Beispiel Umzugspläne. Sie wird zur „raumwirksamen Sozialstruktur" (Keim 1997, zit. nach Herlyn 2000).

Nicht in allen Fällen führt eine Negativbewertung gleich zum Umzug. Abneigung gegenüber oder Distanz zum benachbarten Sozialmilieu lösen erst zusammen mit anderen Faktoren einen Mobilitätsdruck aus, der zunächst zu vermehrten Freizeitfahrten, dann aber zum Wegzug führt. Die Konstellation kann so lange gut ertragen werden, wie die anderen Faktoren „stimmen". Erst eine durchgängige Armuts- oder Proletarisierungstendenz führt zu generellen Standortzweifeln, zur Suche nach Ausweichräumen oder zum Umzug.

Ein schwer erträgliches Sozialmilieu in unmittelbarer Nähe kann, wenn die anderen Faktoren als positiv erlebt werden, zu Umzugsbewegungen im gleichen Stadtteil führen.

Im ländlichen oder suburbanen Raum wird der Kompromiss meistens in Kombination mit der Automobilität gesucht (eigenes Auto in Zusammenhang mit der entsprechenden Verkehrsinfrastruktur). Das individualisierte und jederzeit zur Verfügung stehende Verkehrsmittel hat die Option eröffnet, dass sozusagen unter ständigem Mobilitätsvorbehalt an einem sozial nicht geschätzten Ort gewohnt wird und dass ein wichtiger Teil des lebensweltlichen Aktionszentrums sich weit entfernt vom Wohnort befindet bzw. dass der Aktionsraum zwei, und wenn der Arbeitsort berücksichtigt wird, drei Zentren hat.

e) Versorgungsinfrastruktur

Die Versorgungsinfrastruktur hängt zwar auf den ersten Blick kaum, mittelbar aber doch mit Freizeitmobilität zusammen. Zum einen geht aus den Interviews, insbesondere aus dem ländlichen Raum hervor, dass Freizeitwege häufig mit Einkaufswegen verkoppelt werden – Einkaufs- und Frei-

II. Ergebnisse

zeitwege sind also Bestandteil typischer Wegeketten. Es ist nur rational, dass – je weiter entfernt das nächste Stadtzentrum ist – jede Fahrt dorthin möglichst mehreren Zwecken dienen soll. Zum anderen gibt es einen Zusammenhang zwischen Freizeit und Einkauf distinktionsrelevanter Konsumgüter – Kleidung, Einrichtungsgegenstände, Geschenke. Sie können nur in Stadtlagen mit differenziertem Angebot gekauft werden. Hier befindet sich aber auch ein Teil des Kultur- und Unterhaltungsangebots. Es ist also für die Bewohner[136] der suburbanen oder ländlichen Gebiete selbstverständlich, für den lang- und mittelfristigen Bedarf mit dem Auto in die nächste Stadt zu fahren.

– „Fehlen tut gar nichts eigentlich, zum Einkaufen fährt man sowieso woanders hin, das stört nicht." (Thür 8, 23-jähriger Trockenmaurer, der mit seiner Freundin zusammenlebt)

Für den täglichen Bedarf gilt das nicht. Der Konzentrationsprozess mit der Folge des Verschwindens kleiner Läden wird bitter beklagt:[137]

– „Ohne Auto bin ich aufgeschmissen. Wir haben hier in der Siedlung einen Bäcker und eine Bank, die nicht mal einen Geldautomaten hat." (BW 1, 36-jährige, verheiratete Diplom-Betriebswirtin)

– „Ein Supermarkt fehlt, da muss ich mit dem Auto hinfahren, das mache ich einmal die Woche." (MV 7, 23-jährige Studentin mit Teilzeitjob)

– „Ein kleiner Getränkeladen ist noch hier, wo man einzelne Lebensmittel kaufen kann. Da hole ich mir höchstens mal ein bisschen Selters oder Saft, Bier gibt es da auch. Wie gesagt, es sind keine Läden mehr hier ... Da kommt dienstags immer so ein fliegender Händler, da gehe ich immer hin. Ansonsten fahre ich mit der Schwägerin mit, um einzukaufen, weil hier kein Lebensmittelgeschäft und kein Fleischer mehr besteht ... Früher war auch ein Fleischer, Bäcker und ein Konsum da. Aber das hat sich dann nicht mehr rentiert. Weil eben doch viele ein Auto haben und die fahren dann in die Großmärkte. Das ist schon blöd." (B 7, 63-jährige Witwe im Ruhestand und ohne Auto, ist, wenn sie nicht mitgenommen wird, gezwungen, 20 km mit dem Bus zum nächsten Einkaufszentrum zu fahren)

Bei den Befragten, die zentrumsnah wohnen, fällt hinsichtlich der Bewertung des eigenen Wohnstandorts auf, dass zumeist spontan auf die näumräumliche Vielfalt und Heterogenität der Angebote und Kontakte hingewiesen wird:

---

[136] Ausnahme ist die kleine Gruppe der *ökologisch Engagierten*, die beweist, dass auf dem Land auch mit Familie ohne Auto gelebt werden kann.

[137] Aber nur ein Befragter betont, dass er bereit wäre, kleine Läden durch Bezahlung eines Mehrpreises zu unterstützen (Thür 6).

- „Wenn ich hier aus der Wohnung rausgehe, bin ich innerhalb von drei Minuten in der ersten Kneipe ... drei Reinigungen ... mindestens fünf oder sechs Pizzerien. Zwei Kneipen, in die ich gehe, etliche Kneipen, in die ich nicht gehe. Zwei Kinos, wahrscheinlich zehn Videotheken ... unzählige Ärzte, Papierwarenhandel. S-Bahn, U-Bahnlinie ..." (B 6, 32-jähriger, verheirateter, freischaffender Programmierer ohne Auto)
- „Ich wohne in der Altstadt inmitten von Jubel und Trubel. Es gefällt mir eigentlich ganz gut, es ist immer Leben drin. Aber trotzdem ist es eine dörfliche Atmosphäre. Wenn ich aus der Tür raus gehe, sehe ich den Bäcker, den Metzger, meinen Friseur, den Kneipier, alles ... Manchmal ist es auch ganz schön, mit den Leuten zu plaudern." (BW 7, 54-jährige, geschiedene MTA ohne Auto)
- „Kiez. Dass die Geschäfte gut zu erreichen sind, die Verkehrsmöglichkeiten sind auch gut. Wir haben hier den Bus, die U-Bahn ist nicht weit, die S-Bahn auch nicht. Meine Tochter kann in Nullkommanichts zur Schule fahren, das ist auch wichtig. Das finde ich an dem Umfeld gut." (B 5, 44-jähriger, verheirateter Student, erlernter Beruf Erzieher mit einem Kind)

Die bewusst innenstadtnah wohnende Gruppe zählt offenbar zu jenen, die eine Stadt oder einen Stadtteil der kurzen Wege tatsächlich zu schätzen weiß.

f) Zwischenresümee

Zwar wird eine schlechte Versorgungsinfrastruktur von vielen als gravierender Nachteil von ländlichen und suburbanen Neubaugebieten erlebt, zumeist wird das Problem aber nach dem bekannten Muster des wöchentlichen Großeinkaufs gelöst, kombiniert mit Kleineinkäufen zwischendurch. In wirkliche Schwierigkeiten geraten Ältere, deren Beweglichkeit eingeschränkt ist und die den Wohnort nicht mehr wechseln wollen.

Auch bei diesem Bewertungsfaktor gilt: Erst wenn er sich mit anderen kombiniert, wenn z.B. die schlechte Versorgungsinfrastruktur sich zu einem unbefriedigenden sozialen Umfeld addiert und zudem das gesamte Freizeitmilieu sich an einem anderen Ort befindet, entsteht ein Druck, sich räumlich neu zu orientieren.

g) Verkehrsinfrastruktur

In den oben beschriebenen Fällen des nichtstädtischen (suburbanen) Wohnens ohne positive Bindung an den Ort und in Kombination mit Automobilität wird die Verkehrsanbindung hauptsächlich danach beurteilt, ob das Wohngebiet schnell verlassen werden kann:

- „Man kommt ganz gut weg." (B 6, 32-jähriger, verheirateter freischaffender Programmierer)
- „Das ist ganz zentral, direkt an der Autobahn." (B 2, 40-jährige Lehrerin)
- „Ich bin relativ schnell auf der Autobahn." (MV 8, 24-jähriger Zeitsoldat)
- „Wie gesagt, ich komme schnell auf die Autobahn." (MV 1, 37-jähriger, verheirateter Briefverteiler)

Aber es überwiegen im empirischen Material die Fälle der Zufriedenheit mit Wohnlage und Wohnumfeld.[138] Es scheint für einen bestimmten Typus der modernen Familie eine Art Idealwohnlage zu geben: Einerseits naturnah und ruhig in Verbindung mit den wichtigsten Versorgungseinrichtungen, zugleich aber so stadtnah, dass alles erreicht werden kann, was die Stadt bietet. Dazu Wohnmilieus, die nicht zu dörflich erlebt werden, also für nachbarschaftliche Kontakte geeignet. In diesen Fällen ist die Verkehrsanbindung wichtig. Es entsteht so eine veränderte Definition von Zentralität. Der 26-jährige Zahntechniker, der mit seiner Familie im Vorort einer Großstadt wohnt, betont den Ruhevorteil des ländlichen Wohnens:

- „Vorzüge sind ganz klar die ruhige Gegend, die ruhige Lage ... wir wohnen sehr ruhig in einer Seitenstraße." (NRW 3)

Was wie dörfliche Abgeschiedenheit klingt, gilt dennoch als zentral, weil die Verkehrsanbindung einbezogen wird. Die ruhige Lage ist dann zugleich eine

- „zentrale Lage, das heißt Autobahn etc." (NRW 3)

Die Kombination der ländlichen Positivfaktoren, zusammen mit der Automobilität bewirkt also, wie auch in anderen Interviews deutlich wird, eine andere Definition von Zentralität. „Zentral" ist aus dieser Perspektive eine Wohn- und Verkehrslage, die den „Widerspruch zwischen was Zentralem und Ruhigem" gut löst.

Hinsichtlich der Beurteilung des öffentlichen Nahverkehrs fällt zunächst auf, dass auch die Autofans die Entfernung zur nächsten Haltestelle kennen. Entweder weil die Frau oder Partnerin den ÖV nutzt, oder weil die Kinder darauf angewiesen sind oder weil schließlich auch die eingefleischten Motorfreaks das öffentliche Verkehrsmittel sporadisch benutzen, wenn die

---

[138] Aus der Sozialpsychologie ist bekannt, dass einmal getroffene, langfristig wirksame Entscheidungen zumeist nachträglich zur Reduzierung kognitiver Dissonanzen gerechtfertigt werden. Das gilt insbesondere für Wohnstandortentscheidungen und wird auch in den Interviews deutlich. Hier liegt aber auch die Stärke des Tiefeninterviews. Da es wie ein Gespräch geführt wird, in dem nachgehakt werden kann und da auch Zwischentöne im Transkript analysierbar werden, teilen die Befragten ihre wirkliche Haltung früher oder später mit.

nahe gelegene Stadt eine restriktive Parkraumbewirtschaftung betreibt (was dann zumeist als „Parkplatzproblem" bezeichnet wird). Schließlich gibt es auch die politisch Aufgeschlossenen, die sich aufgrund eines allgemeinen Interesses am Stadtteil dafür interessieren:

– „Von der Infrastruktur her optimal, der ÖPNV könnte ein bisschen besser sein. Da wird sich aber in der nächsten Zeit auch was tun." (NRW 3, 26-jähriger, verheirateter Zahntechniker mit einem Kind)

Wesentlich weniger abstrakt ist das Verhältnis der in den Großstädten wohnenden Befragten, die häufig ohne Auto bzw. ohne Angewiesensein jedes Haushaltsmitglieds auf das Auto leben:

– „Fünf Minuten zum Bus. Zur S-Bahn eine viertel Stunde, aber das ist gut zu machen. Man kann hier auch viel mit dem Fahrrad erledigen." (B 5, 44-jähriger Student, gelernter Erzieher, ein Kind)
– „Bus, direkt vor der Haustür" (B 6, 32-jähriger, verheirateter, freischaffender Programmierer)
– „Das ist sehr gut. Drei Linien fahren drei Minuten von meiner Wohnung entfernt ... ich finde das eigentlich recht günstig." (BW 7, 54-jährige, geschiedene MTA)

Es gibt im Material aber auch die Fälle von Angewiesensein auf die ÖPNV-Verkehrsinfrastruktur und Unzufriedenheit damit. Betroffen sind Kinder und Ältere. Bei Kindern führt diese Situation zu dem bekannten Problem der Chauffeurstätigkeit der Eltern:

– „Es gibt zwei Buslinien, die aber nur von montags bis freitags genutzt werden können. Das heißt am Wochenende ist überhaupt kein Busverkehr ... und die zwei Buslinien fahren auch noch von der Zeit her natürlich nur sehr eingeschränkt. Früh morgens um 5:30 Uhr, ... um 7:30 Uhr fährt ein Bus, um 8:30 Uhr. Dann vielleicht noch mal um 12:30 Uhr, um aus dem Dorf rauszukommen. Genauso gibt es zwei oder drei Busse, um wieder zurückzukommen. Der letzte ... um 17:30 Uhr, ... das war es dann abends ... und am Wochenende eben gar nicht, das ist so der negative Aspekt." (MV 4, 38-jähriger, verheirateter ehemaliger Außendienst-Mitarbeiter einer Holzfirma mit einem Kind, zurzeit arbeitslos)

Das betrifft weniger die Erwachsenen der Familie als vielmehr den Sohn:

– „Er ist eben angewiesen zu den bestimmten Zeiten, wo der Bus fährt. Oder eben durch eigene Aktivität Fahrrad oder Freunde, die ein Moped haben. Oder auf die Zeit, die wir als Eltern aufbringen, um ihn wohin zu fahren oder auch andere Eltern im Dorf, die die Kinder dann fahren oder auch abholen. Oder eben am Wochenende auch mal ein Taxi, dass sie sich dann zusammenschließen und als Fahrgemeinschaft eben zu dritt oder zu viert, um von der Disco wieder nach Hause zu kommen."

II. Ergebnisse

Angesichts der demographischen Entwicklung ebenfalls typisch ist die Situation einer alleinstehenden Frau, die nie einen Führerschein gemacht hat, die einen Umzug aus Altersgründen bzw. weil ihr das Haus gehört nicht mehr erwägt, deren körperliche Beweglichkeit durch Altersgebrechen eingeschränkt ist und deren Auto fahrender Mann verstorben ist. Hier wird die Ausdünnung des ÖPNV-Angebots als katastrophal erlebt:

– „Nun ist es ja sehr teuer geworden. Und abends fährt nichts mehr. Wenn ich mal wohin fahre, dann muss ich schon um 16:30 Uhr losfahren und sonst ging früher noch einer gegen 19:30 Uhr. Abends müsste noch einer fahren ... Ich kann ja nicht zwanzig Kilometer mit dem Rad fahren." (B 7, 63-jährige Witwe im Ruhestand ohne Auto)

Auch an diesem Fall wird deutlich, dass Eigenschaften des Raums von Dynamiken und sich veränderten Bewertungen abhängig sind. Das Erleben und die Bewertung der nahräumlichen Situation hängt sowohl von den Veränderungen der Lebenssituation (Alter, Verwitwung, Gehbehinderung) als auch von frühen, jetzt im Alter aber eher hinderlichen milieutypischen Entscheidungen (eigenes Haus auf dem Land) sowie von politischen Entwicklungen (Ausdünnung des ÖPNV) und ökonomischen Prozessen ab (Verschwinden des Einzelhandels).

h) Naturnähe

Wenn hier von Natur gesprochen wird, dann in dem Bewusstsein, dass es dabei zumeist um planerisch hergestellte Übergänge ins Grün oder um chaotisch gewachsene Stadt-Natur-Landschaften, jedenfalls um gesellschaftlich Hergestelltes geht.[139] In diesem Sinne werden als erholsam erlebte Bepflanzungen, Waldstücke, Wiesen, Felder und Seen bei der Beschreibung der nahräumlichen Qualitäten des eigenen Wohnorts fast durchweg als Qualität hervorgehoben.[140]

– „Ich bin eigentlich zufrieden, wir haben noch viele ländliche Sachen. Wir haben einen unheimlich tollen See, wo die Kinder gerne hingehen. Wir haben noch viel Grün." (BW 6, 30-jährige, verheiratete Floristin mit zwei Kindern)

---

[139] Ipsen (2000) benutzt dafür den Begriff „gesellschaftliche Naturverhältnisse", der aber in einem anderen wissenschaftlichen Kontext, dem der sozial-ökologischen Forschung, eine völlig andere Bedeutung hat (vgl. dazu Jahn/Wehling 1998 und Becker/Jahn 2006).
[140] Die entsprechenden Äußerungen werden mit Vorsicht und im Gesamtkontext des Gesagten interpretiert, denn häufig wird mit der Hervorhebung von Naturnähe die sonstige Unzufriedenheit im ländlichen oder suburbanen Raum kaschiert.

- „Eben dass man auch diese Parkanlagen benutzen kann, um mal abzuschalten, dass man sich mal hinsetzen kann. Da ist auch eine Kunsthalle ..." (MV 5, 61-jährige, geschiedene Buchhändlerin)
- „Es ist eigentlich der Traum vom Wohnen, was sich jeder erträumt. Es ist ein nicht zu großes Häuschen, es liegt an einem See, am Hang und drum herum ist noch viel Wald." (Thür 4, 62-jährige, verheiratete Rentnerin)

Gänzlich zufrieden stellend ist die erstrebte Nähe zur Natur bei den im ländlichen Raum Lebenden nur dann, wenn die Wohnlage mit einer Einkaufsinfrastruktur und nahen sozialen Kontakten verbunden ist. Für die 62-jährige Befragte, die sehr aktiv ist, hat die Abgelegenheit auch Nachteile:

- „Wiederum ist es auch so, dass wir sehr abgeschieden sind von der Stadt ... Nachbarn die sind alle so zweihundert, dreihundert Meter weg, es kann keiner rein gucken. Wir kommen alle gut (miteinander) aus. Aber wenn die Kinder alle weg sind, ist es schon manchmal ein bisschen einsam hier." (Thür 4)

Die Befragte hat mit ihrem Mann in der Zeit nach der Wende sehr darum gekämpft, „das alles unser Eigentum zu nennen", aber es fehlt ihr offenbar die Lebendigkeit eines städtischen Unterhaltungsangebots.

Bei den in der Großstadt lebenden Befragten wird über das Thema Natur anders berichtet. Es geht zumeist um angelegte, gestaltete Reste von Grün, die in den Stadtraum integriert sind und die Städter geben sich im Durchschnitt mit sehr viel weniger Grün zufrieden:

- „Um die Ecke, da haben wir so einen Park, da kann man auch laufen. Alle zwei Wochen gehen wir da hin ... Hinter dem Haus haben wir auch einen großen Baum, wir wohnen nicht in der Betonwüste." (B 6, 32-jähriger, verheirateter, freischaffender Programmierer)
- „Im Hof kann ich ein wenig rumgärtnern." (B 1, 39-jährige, ledige Studentin mit einem Kind)
- „Ich muss nur über die alte Brücke und schon kann ich auf dem Philosophenweg spazieren gehen." (BW 7, 54-jährige, geschiedene MTA)

Zwischen diesen Extremen liegt jene Gruppe, die meint, eine Art Balance zwischen städtischen und ländlichen Faktoren gefunden zu haben. Sie wohnt am Stadtrand in der Einfamilienhaus-Siedlung oder in einer anderen Lage, die von Familien mit Kindern für ideal gehalten wird: Nähe zur ruhigen Natur, aber auch automobil definierte Nähe zur Stadt mit ihren Möglichkeiten sowie ausreichender Distanz zu den unangenehmen Seiten der Stadt.

– „Es ist im ländlichen Bereich und trotzdem in der Nähe zur Stadt, vier Kilometer, was doch nicht so weit weg ist. Man hat trotzdem das Gefühl, auf der einen Seite ein bisschen abgeschieden zu wohnen und durch die Nähe trotzdem am Leben noch teilnehmen zu können." (MV 4, 38-jähriger, verheirateter ehemaliger Außendienstmitarbeiter einer Holzfirma mit einem Kind, zurzeit arbeitslos)

Die Mängel der Versorgungsinfrastruktur und des Unterhaltungsangebots werden durch häufige Einkaufs- und regelmäßige Freizeitfahrten in die Stadt ausgeglichen:

– „Richtige Nachteile sehe ich nicht. Weil man alles, was man zum Leben braucht, sich mitbringen kann. Also, ich vermisse da keinen Supermarkt oder kein Kino. Sondern es ist rein dazu, man lebt dort, man verbringt dort seinen Feierabend. Man genießt es, dass es eben anders ist als in der Großstadt. Und was man braucht, bringt (man) sich halt mit." (MV 4)

i) Zwischenresümee

Etwas verkürzt kann man sagen: Wer sich aus eigenem Antrieb für eine naturnahe Wohnlage entschieden hat – sicherlich steht hier häufig nicht so sehr die Naturidylle, sondern die noch bezahlbaren Miet- und Grundstückspreise im Vordergrund –, nimmt einen erhöhten Freizeitverkehrsaufwand für Veranstaltungen, Vergnügungen und kulturelle Angebote der Stadt in Kauf. Wer dagegen freiwillig mitten in der Stadt wohnt, hat einen erhöhten Freizeitverkehrsaufwand für Wege ins Grüne oder zu den Verwandten, die einen Garten haben oder auf dem Land leben.

Es bleibt die dritte Gruppe, die aus finanziellen Gründen in Großsiedlungen lebt, die heute, im Unterschied zu den 1960er Jahren, negativ bewertet werden. Sie bieten in ihrem Umfeld weder die Lebendigkeit der Innenstadt noch die Kleinfamilienabgeschiedenheit und prestigeträchtige Raumnutzung der Einfamilienhäuser. Für sozial Unterprivilegierte sind sie aber eine gute Möglichkeit, preiswert und ohne großen Verkehrsaufwand zu wohnen.

j) Freizeitangebot

Es wäre verfehlt anzunehmen, dass sich alle Gruppen für alle Aktivitäten räumliche Nähe wünschen. Die Struktur der Wünsche und Vorstellungen ist in dieser Hinsicht komplex. Schon begrifflich ist im „Ausgehen" oder „abends Weggehen" bereits eine Distanzüberwindung enthalten. Und zum Ritual des Ausgehens gehört ja häufig nicht nur die Ausgehkleidung und das Sich-Pflegen, sondern auch die Fahrt oder der Gang zum Ort des Geschehens oder die Fahrt in die nächste Stadt:

- „Es gibt eigentlich in der näheren Umgebung keine Jugendclubs oder so was. Es ist eigentlich, dadurch, dass man schnell nach Rostock reinkommt, würden sie das auch gar nicht unbedingt so wollen oder nutzen." (MV 4, 38-jähriger, verheirateter, ehemaliger Außendienstmitarbeiter einer Holzfirma mit einem Kind, zurzeit arbeitslos)

Kaum jemand wünscht sich die Disco in unmittelbarer Nachbarschaft. Nicht zuletzt wegen der eigenen Kinder:

- „Es ist eigentlich alles da. Die könnten ins Kino gehen. Disco ist von den Örtlichkeiten nicht so gut ... Ich bin eigentlich auch glücklich darüber, dass es nicht so nahe ist, dass man nun innerhalb von einer Minute da wäre. Mit dem Rad sind es fünf Minuten." (Thür 5, 39-jährige, verheiratete Teilzeit-Bürokraft in der Praxis ihres Mannes mit zwei Kindern)

Am einfachsten stellt sich die Situation aus Sicht jener Gruppen dar, die entweder bewusst und mit Vergnügen in das Zentrum einer mittelgroßen Kernstadt oder in eines der Stadtteilzentren von Großstädten bzw. Agglomerationsräumen gezogen sind. In diesen Fällen gibt es nicht nur ein dichtes Netz der Versorgungsinfrastruktur, sondern es befinden sich häufig in der Nähe auch Kinos, Theater, Ausstellungen und Kulturangebote, die mit öffentlichen Verkehrsmitteln schnell erreichbar sind.

Das andere Extrem ist der ländliche oder suburbane Raum; ein großstädtisches Kultur- und Unterhaltungsangebot in unmittelbarer Nähe wird aber auch nicht erwartet. Auf die Frage, was der Ort so biete, ist dann die typische Antwort:

- „Der Ort selbst bietet eigentlich gar nichts. Es ist ein verschlafenes Dorf, in dem eigentlich nichts los ist. Es ist nichts Kulturelles. Highlights sind Straßenfest und Fastnacht – es ist recht wenig." (BW 3, 23-jähriger Student)
- „Gar nichts. Eigentlich gar nichts. Weil es eine reine Wohnstelle, ohne Verkaufsstelle ist. Das einzige was da ist, ist eine Kneipe."

Die Orientierung richtet sich dann in Richtung der nächsten Stadt:

- „Gut, wir haben halt acht Kilometer nach Heidelberg ins Zentrum. Wenn ich ins Kino will, gehe ich nach Heidelberg."
- „Es ist ein bisschen abgelegen von der Stadt, aber die Verkehrsverbindungen sind da. So dass man also ganz schnell auch in Berlin drin ist." (B 8, 67-jähriger Witwer im Ruhestand)

Die Situation im ländlichen Raum ist meist ein Kompromiss im Sinne der Familie. Grundstücke sind bezahlbar. Die Kinder sind auf der Straße nicht gefährdet, es gibt Gelegenheiten zum Spazierengehen und Radfahren in der unmittelbaren Nähe und die eigene Familie ist der soziale Mittelpunkt. Häufig wohnen auch die Eltern oder Schwiegereltern in der Nähe. Automobilität ist Bestandteil dieser Konstellation. Für die Fahrt in die nahe Großstadt wird aber auch der ÖPNV benutzt.

- „Vorzüge hat es, dass wir die Schwiegerleute nebendran haben. Wenn mal was mit den Kindern ist, ist immer jemand da. Die Kinder können alleine in die Schule und in den Kindergarten gehen ... Haltestelle ist in der Nähe, Einkaufsmöglichkeiten (auch) und wir liegen verkehrsberuhigt ... Wir haben eine Gartenwirtschaft. Wir haben das Capri, wo man sich raussetzen und Eis essen kann, draußen am See haben wir das Anglerheim – wir gehen aber selten in Kneipen". Unterhaltungsangebote „gibt es bei uns gar nicht, höchstens in S., das ist aber mit dem Fahrrad nicht weit" (BW 6, 30-jährige, verheiratete Floristin mit zwei Kindern).

Wenn jüngere Singles allein und ohne nahe Familie auf dem Land leben, wird dies zumeist als Übergangssituation betrachtet: Entweder als eine Art erholsamer Ausgleich zur Hektik des Arbeitsalltags oder als kostengünstige Wohnsituation, die sobald wie möglich verändert werden soll:

- „Ehrlich gesagt, gefällt es mir hier nicht so gut ... Meine Freunde wohnen auch nicht hier, die meisten wohnen in Leverkusen ... ich bin immer diejenige, die fahren muss, weil ich die einzige bin, die aus M. kommt (...) Für mich ist das Auto grundsätzlich unentbehrlich." (NRW 11, 24-jährige Sekretärin in Ausbildung)

Die pragmatische Abwägung zwischen Stadt, Stadtnähe und Land führt zu dem Resultat, dass bei den ländlichen Wohnlagen die naturbezogenen Freizeitmöglichkeiten hervorgehoben werden und allenfalls ein Bedarf nach zusätzlichen Kneipen geäußert wird. Die aktive 62-jährige Rentnerin, die sich mitten auf dem Land ein Jugendzentrum mit Disco und alle möglichen Kulturveranstaltungen für unterschiedliche Altersgruppen wünscht, ist sicherlich eine Ausnahme:

- „Fehlen tut an dem Ort ein großes Kulturzentrum, wo öfter auch mal was für junge und alte Leute getan wird. Ein großes Kulturzentrum, wie Disco, Oldtimertreffen oder wie soll ich das erklären. Wo auch mal was geboten wird. Ein großes Zentrum, wo mal Theater gespielt wird, wo mal ein Musical ... wir würden auch gerne mal tanzen gehen ..." (Thür 4)

Aber ihr Wunsch nach etwas mehr Lebendigkeit auf dem Land drückt einen Konflikt aus, der durchaus typisch ist. Durch die Möglichkeit des Eigentumserwerbs auf dem Land scheint zunächst ein großer Wunsch in Erfüllung gegangen zu sein (das Haus sei „eigentlich ein Traum"), aber durch die abgeschiedene Lage fühlt sie sich alsbald isoliert und die Tatsache, dass der Mann nach der Pensionierung nun auch noch zu Hause ist, führt letztlich zu einer konflikthaften Situation, in der sie sich ständig zurücknimmt. Die durch die Verschuldung angespannte finanzielle Situation und ihr Traditionalismus, aber auch die Lage des Hauses hindern sie daran das zu tun, was von „neuen Alten" im Interview häufig berichtet wird: aktiv eine dritte Lebensphase beginnen und nachholen, was man bisher verpasst hat.

4. Fazit

Der Zusammenhang zwischen nahräumlicher Wohnumfeldsituation und Freizeitmobilität ist äußerst komplex. Es spielen dabei sowohl subjektive bzw. verinnerlichte lebensstilspezifische Bewertungen wie auch „sachstrukturelle"[141] Faktoren eine Rolle:

- Mittel-, im Falle des Eigentumserwerbs langfristige Entscheidungen des Wohnstandorts, die zunächst einmal feste Entfernungsrelationen schaffen (die Zeitrelationen hängen von der Verkehrsmittelnutzung und -infrastruktur ab);
- Erreichbarkeiten von Versorgungs- und Freizeitinfrastrukturen sowie deren durch politische und ökonomische Dynamiken einerseits, durch Alterungsprozesse der Individuen andererseits beeinflusste Veränderungen;
- Verkehrsinfrastrukturen und Verkehrsmittel-Ausstattungsentscheidungen im Haushalt;
- Bewertungen, Images, gesellschaftliche Symboliken als „raumwirksame Sozialstruktur";
- soziale Lage, soziale Situation und Lebensphase;
- Mobilitätsorientierungen und Freizeitpräferenzen als Bestandteil des Lebensstils.

Die Komplexität der Einflussfaktoren ist in der Debatte zwischen Sozialwissenschaft und Verkehrsplanung öfter thematisiert worden (vgl. z.B. die unterschiedlichen Modelle in Flade/Bamberg 2001): „Es braucht kaum erwähnt zu werden, dass eine derart komplexe Gesamtproblematik durch empirisch fundierte, wissenschaftliche Methoden heute noch nicht abgedeckt ist." (Kutter 2001, S. 212)

---

[141] Ein Aufsatz, in dem Kutter vor der Vernachlässigung struktureller Faktoren der Verkehrsentwicklung warnt und der sich mit der Frage der Erklärung und Beeinflussung des Mobilitätsverhaltens auseinandersetzt, trägt die Überschrift „Alltäglicher Verkehrsaufwand zwischen Individualität und sachstruktureller Determination" (Kutter 2001).

II. Ergebnisse

Zur Reduktion dieser Komplexität sollen zunächst die aus dem empirischen Material herausdestillierbaren sozial-räumlichen Konstellationen in Gruppen zusammengefasst werden.

a) Sozial-räumliche Konstellationen[142]

Folgende Grundkonstellationen aus Wohnlage, sozialer Situation, Wohnimage, Erreichbarkeit und Infrastruktur können zusammengefasst werden:
- Wohnlage von Benachteiligten, die weitgehend durch die soziale Lage vorgegeben ist. Niedrige Mieten, gute fußläufige Erreichbarkeiten und eine ausreichende Infrastruktur sind kennzeichnend. Ein Leben ohne Auto ist möglich. Gleichzeitig gibt es aber einen Imageverfall durch Wegzug wohlhabenderer ehemaliger Bewohner(innen). Die Freizeit (der Kinder) beschränkt sich überwiegend auf den Nahraum des Wohnblocks. Typische Beispiele sind Großwohnanlagen in West und Ost (z.B. nicht sanierte Plattenbauten oder Satellitenstädte der 1970er Jahre).
- Auf Kleinfamilien zugeschnittene, isolierte Wohnlagen, bei denen für den Vorteil der Finanzierbarkeit und die „ruhige Lage" im Grünen alle sonstigen Nachteile schlechter Erreichbarkeit und mangelnder Infrastruktur in Kauf genommen und mit Automobilität bewältigt werden (suburbane oder ländliche Nachkriegs- und Neubausiedlungen). Nachbarschaftliche Kontakte sind intensiv, können aber wegen kleinbürgerlicher Indiskretion für stärker individualisierte Milieus zum Negativfaktor werden.
- Gehobene Wohnlagen am Stadtrand oder in ländlichen, historisch gewachsenen Siedlungen. Es handelt sich um familientaugliche Wohnlagen mit akzeptabler öffentlicher Verkehrsinfrastruktur. Es gibt Versuche, mit Bezugsmilieus funktionierende, aber nicht zu enge Nachbarschaftskontakte aufzubauen, die sich zum Teil auch auf die Organisation der Freizeitmobilität der Kinder beziehen (häufig am Stadtrand).
- Stadt-Wohnlagen der kurzen Wege („mittendrin" oder „Kiez") in zwei Varianten: Einerseits in der für Einkommensschwache finanzierbaren Variante mit schlechter Bausubstanz und Ausstattung, Verkehrslärmbelästigung und sozial unangenehmer Umgebung (Kontakte werden vermieden), aber mit den Vorteilen der nahe gelegenen Versorgungs- und Freizeitinfrastruktur (für Aufenthalte im Grünen muss allerdings gefahren werden).
- Andererseits in der privilegierten Variante sanierter Altbauten, innerstädtischer Neubauten oder lockerer historischer Bebauung in den Subzen-

---

[142] Die hier holzschnittartig dargestellten Konstellationen erheben aufgrund des begrenzten Materials der qualitativen Untersuchung keinen Anspruch auf Vollständigkeit. Sie dürfen auch nicht mit einer Typologie, die weiter unten entwickelt wird, verwechselt werden.

tren – häufig mit nahe gelegener Grünanlage oder kleinem Garten. Die Versorgungs- und die Freizeitinfrastruktur ist entweder fußläufig oder mit öffentlichen Verkehrsmitteln gut erreichbar. Parkraum ist knapp; es gibt gute Gründe, das Fahrrad oder den ÖPNV zu nutzen. Selektiv werden Kontakte zu Mitgliedern des Bezugsmilieus aufgebaut bzw. gehalten.

Mit den dargestellten Konstellationen soll nicht der Eindruck erweckt werden, Freizeitmobilität und Freizeitverkehr sei eine abhängige Variable dieser Konstellationen, werde also kausal durch bestimmte sozialräumliche Konstellationen ausgelöst. Dies wäre ein Rückfall in eine deterministische Betrachtungsweise.

Tatsächlich ist Freizeitmobilität und -verkehr das Ergebnis von lebenslagen- und lebensstilspezifischen Präferenzen und Handlungen der Akteure, die sich innerhalb der dargestellten Konstellationen entscheiden und bewegen.

5. Typologie

In Betonung der akteursorientierten Sicht der Problematik soll zum Schluss noch einmal ein Perspektivenwechsel mit dem Ziel einer auf Freizeitmobilität bezogenen Typologie stattfinden.

Dabei soll es nicht darum gehen, Analysen, die mit quantitativen Daten längst vorgenommen wurden, nun erneut, gleichsam als „Cluster-Analyse von Hand", zu wiederholen. Vielmehr ist es das Ziel, den Forschungsansatz der Mobilitätsstile explizit um die Dimension der Raumaneignung im Sinne des beschriebenen Raumverständnisses zu erweitern.

Dies zum einen, weil ein soziologisches, lebensstiladäquates und handlungsorientiertes Raumverständnis in der Mobilitätsstilforschung bisher fehlt bzw. auf die falsche Dualität „objektiv vs. subjektiv" zurückgeführt wird. Zum anderen, weil es am Schluss dieser Arbeit auch um Fragen der Intervention und der praktischen Maßnahmen gehen soll.

Bisher wurden Mobilitätsstile in dieser praktischen Zielrichtung zumeist als Zielgruppen verstanden, die auf Basis der Mobilitätsorientierungen und des Verkehrsverhaltens angesprochen werden könnten. Zum Beispiel durch unterschiedliche Angebote des ÖPNV und des Carsharing oder durch Kommunikationsmaßnahmen, die auf die lebensstilspezifische Sprache, Ästhetik oder Mobilitätsorientierung Rücksicht nimmt (vgl. dazu CITY:*mobil* 1999, S. 65 f.; Fliegner 2002, S. 217 ff.; Götz et al. 2003a, S. 187 ff.; Schubert/ Zahl 2004). Wenn nachfolgend versucht wird, die Dimension des wahrgenommenen, angeeigneten und genutzten Raums in die Analyse mit aufzunehmen, dann mit der Absicht, Mobilitätsstile der Freizeit *zusätzlich* danach zu unterscheiden, welche unterschiedlichen „Raumsensibilitäten" Freizeitmobilität beeinflussen.

II. Ergebnisse

a) Lebensstile

Die nachfolgende Typologie hat einen Lebensstilansatz zur Grundlage. Deshalb wird vorab kurz auf die Bedeutung des Lebensstilkonzepts eingegangen.

Die soziologischen Lebensstilkonzepte haben entscheidende Schlüsse aus dem sozialen Wandel gezogen, der in den 1980er Jahren die Gesellschaft grundlegend verändert und wichtige soziologische Schlüsselbegriffe in Frage gestellt hat. Sie haben den sozialen Wandel von zwei Seiten analysiert; erstens als gesellschaftliche Evolution im Kontext der Ausdifferenzierung sozialer Subsysteme; zweitens im Rahmen eines kultursoziologischen Perspektivenwechsels, der Lebenswelten, Alltagswahrnehmung, subjektive Selbstdefinition ernster nimmt als z.B. die Stellung im Arbeitsprozess.

Drei Entwicklungen sind es, die den sozialen Wandel markieren, auf den die Lebensstilkonzepte reagieren:

- Die Diagnose einer objektiven und subjektiven Dezentralisierung von Erwerbsarbeit, vor allem aber eine Relativierung des analytischen Gehalts von abhängiger Arbeit. Arbeit selbst wird zwar nicht gesellschaftlich unwichtig – aber sie ist nicht mehr die Schlüsselkategorie, um die sich alle Sphären der Gesellschaft und auch die Individuen drehen. Sie ist nicht mehr die Kategorie, von der sich die Position in der Gesellschaft ableiten lässt (Hörning et al. 1990, S. 19). Andere Formen sozialer Ungleichheit – „jenseits von Klasse und Schicht" – kommen ins Blickfeld der soziologischen Analyse (vgl. Beck 1986, S. 121 ff. und Hradil 1987, S. 29). Auch wenn gegenwärtig festgestellt werden kann, dass die Relevanz der Erwerbsarbeit im Zusammenhang mit der Arbeitslosigkeit, der Renten- und der Alterungsdiskussion wieder zunimmt, so ändert das wenig an der Tatsache, dass sich die Individuen – und das gilt ganz besonders für die größer werdende Gruppe der Älteren mit viel disponibler Zeit – andere Felder der Selbstverwirklichung gesucht haben als die Erwerbsarbeit.

- Eine Tendenz zur Enttraditionalisierung und Individualisierung: Die traditionellen Formen der Verhaltensdisposition lassen in ihrer Bindewirkung nach – die Kirche, die Organisationen der Arbeiterbewegung, die traditionelle Familie und die mit ihr verbundenen Geschlechterrollen. Sie alle existieren zwar weiter, nicht aber als hegemoniale Institutionen, sondern als Subsysteme unter anderen. Mit steigender Differenzierung verlieren die Systeme die Funktion, generalisierende Werte zur Verfügung zu stellen. Sie müssen zur Steigerung ihrer Leistungsfähigkeit immer stärker ihrer Eigenlogik folgen. Das führt zur Pluralisierung und Relativierung von Werten und aus Sicht der Individuen zur Notwendigkeit und Möglichkeit der subjektiven Auswahl. Individualisierung und Subjektivierung bedeutet in diesem Sinne nicht (notwendig) Vereinzelung oder Atomisierung, sondern Arrangements über stärkere Eigenauswahl. Diese Freiheit und Notwendigkeit zur Wahl und Entscheidung offenbart sich in der disponiblen Zeit besonders deutlich.

- Diese Wahl aus dem Set möglicher Lebensführungsmodelle[143] benötigt zur Überwindung von Beliebigkeit, sozusagen als neue Steuerungsinstanz, Einstellungen und Orientierungen. Sie gewinnen deshalb eine steigende Relevanz als lebensstilspezifische Handlungsorientierungen. Dies gilt besonders für die Freizeit. Wenn es nämlich, wie im Kapitel über die Freizeit ausgeführt, richtig ist, dass disponible Zeit zunächst entscheidungsoffen ist, also Bewältigung von Kontingenz verlangt, weil traditionelle Handlungsprogramme ihre Relevanz eingebüsst haben, dann spielen Handlungsorientierungen eine entscheidende Rolle.

Das Lebensstilkonzept kennzeichnet einen post-traditionellen Vergesellschaftungsmodus, der erklärt, warum Individualisierung nicht zu Atomisierung und zum Zerfall alles Sozialen führt („Beck verstellt sich mit seiner Individualisierungsthese den Blick für zwischengelagerte Vergesellschaftungsformen", schreiben Hörning et al. 1990, S. 17). Lebensstile werden somit als Modus der Sozialintegration verstanden, der es ermöglicht, soziale Integration herzustellen, obwohl die Subjekte in partikularisierten, disparaten Teilwelten leben: „Wenn gesellschaftliche Differenzierungsprozesse die Individuen dazu drängen, die bereitgestellten Gestaltungschancen und Möglichkeitsräume durch eigenverantwortliche Selektion zu nutzen und zu arrangieren, dann ändern sich auch die Vergesellschaftungsmechanismen. Sie werden mehr partikular und selbstbezogen. Es handelt sich um Vergesellschaftung über Teillagen, die sich themenspezifisch präsentieren." (Ebd., S. 20) und sich um Kristallisationskerne gruppieren. Diese Kristallisationskerne sind in den Lebensstilgruppen unterschiedlich. Sie werden für die nachfolgenden Typen jeweils angegeben.

Die Forschung über Mobilitätsstile hat bewiesen, dass es einen inneren Zusammenhang zwischen Lebensstilen, Mobilitätsorientierungen und Verkehrsverhalten gibt (vgl. Götz et al. 1997, S. 80 und Götz et al. 2003a, S. 122). Die typologische Analyse führte zur Abgrenzung von Mobilitätsstilen. Das Konzept baut auf dem weiter oben beschriebenen, mehrdimensionalen Mobilitätskonzept auf, welches die Gleichzeitigkeit einer räumlichen und einer sozial-symbolischen Seite von Mobilität betont. Mobilität als potentielle und realisierte Beweglichkeit wird demnach nicht nur an zurückgelegten Entfernungen bemessen, sondern zugleich daran, ob und wie sym-

---

[143] Zur Einführung der Begriffe Lebensführung und Lebensstil bei der 1920 vorgenommenen Analyse „des kapitalistischen Lebensstils" aus dem asketischen Protestantismus, vgl. Weber 1984, S. 164, 175, 179, 187 und 188.

bolische, d.h. für Lebensstile relevante und durch Präferenzen selektierte Orte aufgesucht werden können.

b) Kriterien, Elemente und Methode der Typologisierung

Bei der Methode des Typologisierens geht es zunächst darum, das Untersuchungsmaterial in einer geeigneten Weise zu strukturieren. Diese Strukturierung erfolgt entlang eines inneren Zusammenhangs, der soziales Handeln auf Grundlage einer „angebbaren Theorie der gesellschaftlichen Wirklichkeit" erklärt (Gerhardt 1995, S. 436), bei der es sich um das eben erwähnte Konzept der Lebens- und Mobilitätsstile handelt.

Ziel der Typologisierung ist nicht die Beschreibung von Individuen oder Personen, sondern die Herausarbeitung abgrenzbarer, alltagsweltlich identifizierbarer, durch Fremd- und Selbsttypisierung hergestellter sozialer Formationen (Hörning/Michailow 1990, S. 502), in die immer auch – und nur deshalb können sie im Interview berichtet werden – die „subjektiven und gruppenbezogenen Konstruktionsleistungen der Akteure" (Berking/Neckel 1990, S. 482) eingehen.

Die Fallbeispiele aus den Interviews werden auf Basis der Transkripte und der Kurzfassungen auf innere Zusammenhänge und thematische „Kristallisationskerne" untersucht (Hörning et al. 1990, S. 20). Kristallisationskern kann dabei durchaus auch eine von der sozialen Lage oder der Lebensphase abhängige Problematik sein, also nicht notwendigerweise Lebensstilorientierungen. Soweit diese aber im Material eine zentrale Rolle spielen, folgt eine erste Gruppierung auf Grundlage von zwei polar angeordneten Dimensionen der Grundorientierung: zum einen entlang der Achse *traditionell* vs. *nicht-traditionell*[144] in den Grundorientierungen der Lebensführung (insbesondere Freizeit), zum anderen entlang der Achse *konventionell* vs. *nicht-konventionell* bei den Mobilitätsorientierungen und dem Verkehrmittelwahlverhalten.

Allerdings wurde hinsichtlich dieser Polarisierungen deutlich, dass eine Kategorisierung *(traditionell/nicht-traditionell),* die sich am Wandel der Orientierungen in Westdeutschland ausrichtet, der Stichprobe nicht gerecht wird. Jenes Teilsample, dessen Erwachsenen-Sozialisation zu DDR-Zeiten

---

[144] Zur gesellschaftlichen Transformation mit der Tendenz zur Enttraditionalisierung vgl. die kontroversen Beiträge von Beck, Giddens, Lash in dem Sammelband „Reflexive Modernisierung" (Beck et al. 1996). Zwar werden hier die Phänomene der Enttraditionalisierung hinsichtlich ihrer Ursachen und Wirkungen unterschiedlich eingeordnet und bewertet – unstrittig ist jedoch, dass es eine große gesellschaftliche Transformation der Enttraditionalisierung gibt. Deshalb ist es auch legitim, vom „Leben in einer post-traditionalen Gesellschaft" zu sprechen (Giddens 1996, S. 113 ff.).

stattfand, passt nicht in diese Polarität. Es wird deutlich, dass hier die Sozialisationsbedingungen einer Gesellschaft wirksam sind, in der ein Enttraditionalisierungsschub nicht in der gleichen Weise stattgefunden hat wie im westlichen Teil der Bundesrepublik. Man würde den Fehler machen, diese Subgruppe überwiegend als *traditionell* einzustufen. Folgende Phänomene kennzeichnen die Differenz zum westlich sozialisierten Teilsample:

- Keine selbstbewusste Betonung des Individualismus, des Anspruchs auf individuelle Selbstverwirklichung – stattdessen verunsicherter Konventionalismus, da die Konventionen der alten Gesellschaft nicht mehr gelten und die pluralen Normalitäten der Westgesellschaft nicht so einfach in das eigene Muster integriert werden können.

- Pragmatische Selbstdefinition über Arbeit, Tätigkeit, Nützlichkeit auch im Alter, nicht jedoch über freizeitbezogene Selbstverwirklichung oder Eigennutz. Das gilt zwar grundsätzlich auch für die im Westen sozialisierten Traditionellen, aber im Vergleich wird deutlich, wie stark der Wandel der Grundorientierungen im Westen auch in die traditionellen Sozialmilieus eingesickert ist. Beispiel: Traditionell orientierte Rentnerinnen und Rentner, die wissen, dass die Kinder abgesichert sind und denen klar wird, dass das Festhalten an Sparsamkeit und Bescheidenheit sie daran hindern würde, eine dritte Lebensphase wirklich zu beginnen, stehen zu ihrem Altershedonismus.

- Hochgradig pragmatisch-nutzenorientierte Rationalisierung, z.B. bei der Verkehrsmittelwahl, auch wenn offenbar emotionale Motive im Spiel sind. Der westliche Sprachduktus hat irgendwann Elemente hedonistischer Selbstverwirklichungsansprüche als legitim zu vertreten gelernt (Tendenz: „Ich habe einfach manchmal Lust, dies oder jenes zu tun und dann nehme ich mir diese Freiheit einfach.").

- Analog zu alternativen oder oppositionellen Westorientierungen gibt es bei Ost-Sozialisierten eine spezielle Form der leisen „Dissidenz"[145] und des kontemplativen Rückzugs in Muße, Literatur, Philosophie, basierend auf humanistisch-bürgerlichen Werten. Sie sind von einer sozialen Lage geprägt, die auf der Abschaffung des Bürgertums in der DDR beruht. Dieser Typus ist historisch „doppelt benachteiligt",[146] was sich in der Sprache als Tendenz zur Melancholie, in den Handlungen jedoch als

---

[145] Zu einer Verallgemeinerung des Begriffs Dissidenz vgl. Interview mit D. Diederichsen in Beermann et al. 1992, S. 91.

[146] In der DDR-Gesellschaft systematisch diskreditiert (vgl. z.B. im Philosophischen Wörterbuch Klaus/Buhr 1972, Bd. 2, S. 488 ff.), in der BRD-Gesellschaft bis zur Unkenntlichkeit transformiert, ziehen sich Milieus des bürgerlichen Humanismus, die ja kein Eigentum mehr haben und in ihren Qualifikationen auch noch durch Arbeitslosigkeit entwertet werden, in Formen der inneren Emigration zurück.

eigensinnige Nichtkonventionalität ausdrückt. Dieser Sozialtypus ist im SINUS-Milieumodell des Jahres 2000 etwas verkürzt als „bürgerlich-humanistisches", und damit als eines der beiden originären DDR-Milieus bezeichnet worden (vgl. Kuchenbuch 2003, S. 3).

Aus den dargestellten Tatsachen kann der Schluss gezogen werden, dass Traditionalität vs. Nichttraditionalität eine typische „West-Kategorie" zur Diagnose enttraditionalisierter Gesellschaften ist. Zur Beschreibung jener ostspezifischen Art der kreativen Unkonventionalität taugt sie nicht (die entscheidende Arbeit zum Thema Enttraditionalisierung und Individualisierung von Beck wurde ja auch 1986, lange vor dem Zusammenbruch des Ostblocks, herausgegeben).

c) Systematik zur Beschreibung des Typus

Die Darstellung des jeweiligen Typus verläuft entlang der inhaltlichen Eckpunkte:
- In Anlehnung Hörning et al. 1990 wird zunächst der thematische Kristallisationskern des Typus benannt;
- danach geht es um Freizeitherstellung, Freizeitabgrenzung sowie um Freizeitaktivitäten;
- im Anschluss werden, als mittlerweile in verschiedenen Projekten bewährter Indikator für Lebensstil im Alltag, die Befunde der Antworten auf die Frage nach dem „kleinen Luxus" dargestellt;
- es folgen die Ergebnisse zur Mobilitätsorientierung (Automobilität, wichtigstes Verkehrsmittel, Freizeitmobilität) und zur
- Raumaneignung des Typus.
- Am Schluss geht es – anhand der sozialen Situation, sozialen Lage und Lebensphase – um Restriktionen und Optionen, die Freizeit und Mobilität ermöglichen bzw. begrenzen.
- Schließlich werden jeweils Hinweise über den quantitativen Umfang gegeben, soweit sich Aussagen dazu aus anderen Studien oder Datenbeständen ableiten lassen.

d) Theoretical Sampling/Hypothetical Sampling

Aus den beschriebenen Arbeitsschritten ergab sich eine 12er-Typologie. Eine solche wäre auf Basis von 50 Tiefeninterviews auch im Rahmen des qualitativen Paradigmas nicht ausreichend abgesichert, wenn dieses Material die einzige Grundlage wäre. Theoretisch befänden sich dann etwa vier Fälle in einer Gruppe. Tatsächlich war die Verteilung im Material aber sehr unterschiedlich. Es gab Gruppen mit bis zu zehn Repräsentanten bzw. Repräsentantinnen und es gab eine einzelne Befragte, deren Profil einen ganzen Typus konstituierte. Deshalb wurde, wenn nur ein oder zwei Fälle auf einen Typus hinwiesen, weiteres empirisches Material zum Thema Freizeitmobilität hinzugezogen. Das war möglich, weil Teile des qualitativen Leitfadens in einem anderen Projekt des Instituts für sozial-ökologische Forschung verwendet wurden.[147] Diese Vorgehensweise entspricht einer verkürzten Form des *theoretical sampling,* wie es Strauss vorschlägt (Strauss 1994, S. 70). Sie darf nicht mit einer quantitativen Absicherung verwechselt werden.

Das beschriebene Verfahren einer hypothesenprüfenden Stichprobenerweiterung wurde in zwei Fällen angewendet. Erstens bei den *Überforderten*: Es lag nahe, dass die Befragte, eine allein erziehende Arbeitslose in schwierigen sozialen Verhältnissen, eine Problemlage repräsentiert, die typisch ist für eine Gesellschaft mit verfestigter Arbeitslosigkeit (vgl. die Ausführungen zur Kategorie der „Überflüssigen" bei Kronauer/Vogel 1998 mit Bezug auf „The truly disadvantaged" und den Begriff „Underclass" bei Wilson 1987).

Zum anderen wurde dieses Verfahren bei den *Abhängigen* gewählt. Auch hier kann – angesichts der gesellschaftlichen Problematik der Alterung – davon ausgegangen werden, dass materiell Unterprivilegierte, Ältere, Verwitwete (Frauen), die keinen Führerschein haben und die ihr Leben in einer traditionellen Beziehung an der Seite des (Auto fahrenden) Mannes verbracht haben, eine typische soziale Konfiguration eingeschränkter sozialer und räumlicher Mobilität darstellen.[148]

Zwar wurden auch die „Fahrradfans" von nur zwei Befragten repräsentiert, aber hier konnte angesichts der quantitativen Ergebnisse in anderen Projekten davon ausgegangen werden, dass die Relevanz dieses Typus abgesichert ist. In der sozialwissenschaftlichen Verkehrsforschung ist hinreichend belegt, dass es eine Gruppe gibt, die sich primär durch ein positives und engagiertes Verhältnis zum Fahrrad auszeichnet – in der aktuellen Studie „Mobilität in Deutschland" hat diese Gruppe einen Anteil von 5% (vgl. Kunert et al. 2004).

e) Freizeitmobilitätsstile

Als eine Art Metakriterium zur Strukturierung der Typologie werden die verschiedenen Freizeitmobilitätsstile entlang des entscheidenden Abgren-

---

[147] Es handelt sich um das Projekt NahVis – Neue Nahverkehrsangebote im Naturpark Südschwarzwald (vgl. Schubert/Zahl 2002); da die Interviews in Baden-Württemberg durchgeführt wurden, erhielten sie die Kennungen BW11 bis BW20.
[148] Vgl. die Gruppe der „Abhängigen" in Schubert/Zahl 2002.

zungskriteriums – den unterschiedlichen Formen des Umgangs mit disponibler Zeit – in eine Reihenfolge gebracht.

Erstens jene Gruppen, die aus sozialen Gründen keine oder fast keine disponible Zeit, also Zeitknappheit haben:
– *Die Überforderten*
– *Die Familienorganisierten*

Zweitens Gruppen, die disponible Zeit aktiv strukturieren, sodass Freizeitaktivitäten möglich werden, die wiederum zu Zeitknappheit oder zum Teil auch zu „Freizeitstress" führen:
– *Die Erlebnisorientierten*
– *Die Flexiblen*

Drittens jene Gruppen, die ein klassisches Freizeitschema der Abgrenzung gegenüber dem in dieser Gruppe noch häufig dominierenden Normalarbeitstag aufweisen:
– *Die Konventionellen*
– *Die Kumpels*
– *Die Modernen*
– *Die Fahrradfans*

Viertens Gruppen, bei denen die Alltagszeiten ineinander übergehen und sich vermischen:
– *Die Abhängigen*
– *Die Traditionellen*
– *Die Kreativen*
– *Die Rastlosen*

Gruppen, die aus Gründen der sozialen Lage oder Situation keine oder fast keine Freizeit haben

Die Überforderten

Es gibt, wie die Sozialberichterstattung zeigt, verschiedene deklassierte Gruppen in der Bundesrepublik. Besonders betroffen sind allein erziehende Mütter. Deshalb repräsentiert die arbeitslose, allein erziehende Mutter aus Ostdeutschland sicherlich eine typische soziale Lage.

Thematischer Kristallisationskern
Alles dreht sich darum, den Alltag gerade noch zu meistern; irgendwie auf einen grünen Zweig zu kommen; sich selbst völlig für die Kinder aufopfern.

Freizeitabgrenzung
Die Ansprüche der Kinder auf der einen Seite und die Notwendigkeit Geld zu verdienen auf der anderen bringen die allein Erziehenden in einen zeitlichen Zangengriff, der keine Auszeit erlaubt. Zu der angespannten Situation trägt bei, dass es keinen verlässlichen Partner gibt oder dieser selbst ein Problemfall ist, der die Lage noch verschärft.

Freizeitaktivitäten
Wirkliche Freizeit im Sinne von Eigenzeit gibt es nur als Wunsch: einmal allein sein dürfen, sich entspannen, einfach auf dem Balkon sitzen und „Beine lang machen". Freizeitaktivitäten finden ausschließlich im Dienst der Kinder statt.

Kleiner Luxus
Luxus gibt es nicht. Essen gehen oder Kinobesuche sind nicht finanzierbar. Als Luxus werden Dinge genannt, die für andere selbstverständliche Gebrauchsgegenstände sind: die neue, auf Raten gekaufte Küche.

Mobilität
Einkäufe werden zu Fuß erledigt, zur Arbeit fährt man mit dem ÖPNV. Bei gutem Wetter – auch für Ausflüge mit den Kindern – wird das Fahrrad benutzt.

Wichtigste Verkehrsmittel
Die öffentlichen Verkehrsmittel sind am wichtigsten, gefolgt vom Zu-Fuß-Gehen und dem Fahrrad.

Automobilität
Es trifft sicherlich nicht auf alle Repräsentanten dieses Typs zu, dennoch erscheint es typisch, dass kein Führerschein vorhanden ist und dass Autofahren angstbesetzt ist.

Freizeitmobilität
Da es im eigentlichen Sinne keine Auszeiten gibt, findet auch keine Freizeitmobilität statt. Ausflugsfahrten mit dem Fahrrad und den öffentlichen Verkehrsmitteln werden ausschließlich für die Kinder veranstaltet. Ansonsten reicht es gerade für „mit den Kindern mal Eis essen im Center da vorne, das sind auch zehn Minuten".

Raumwahrnehmung und -nutzung
Da diese Gruppe damit beschäftigt ist, irgendwie den Alltag und die Kindererziehung zu bewältigen, wird der Nahraum pragmatisch entlang dieser

Funktionen genutzt. In diesem Fall handelt es sich um eine Plattenbausiedlung, die genügend gefahrlose Spielfläche für die Kinder, eine ausreichende Einkaufs- und Gesundheitsinfrastruktur und eine hinreichende ÖPNV-Verkehrsanbindung bietet. Ohne Auto und mit niedrigsten Einkünften muss Raum so beschaffen sein, dass er keine Kosten, vor allem keine Kosten für Kinderfreizeit verursacht.

Der Aktionsradius bewegt sich zwischen Einkauf im Viertel, seltenen Fahrten in die Stadt und den Fahrten mit dem Fahrrad zum Arbeitsamt. Größere Ausflüge, kurze und lange Urlaube gibt es nicht.

Optimal ist es, wenn Sportmöglichkeiten für die Kinder direkt im Stadtteil verfügbar sind. Diese Gruppe ist auf einen Stadtteil der kurzen Wege angewiesen. „Wenn die Kinder auf dem Spielplatz sind, kann ich sie sehen. Ich kann sie rufen, wenn es Essen gibt."

Soziale Lage/soziale Situation
Sie ist gekennzeichnet durch Arbeitslosigkeit in Kombination mit Jobs im grauen Arbeitsmarkt, mehrere Kinder, Krankheiten, Behinderungen, fehlende Unterstützung im Haushalt. Ein Teufelskreis aus Überforderung, Überlastung, häuslicher Aggressivität und erschöpfungsbedingten Krankheiten.

Quantitative Hinweise
Allein erziehende Frauen rutschen in Deutschland überdurchschnittlich oft in die Armut ab. Fehlende Ganztagsbetreuungsmöglichkeiten für Kinder verhindern die Vereinbarkeit von Beruf und Erziehungsarbeit. In der repräsentativen Untersuchung des ISOE vom Jahr 2000 haben allein Erziehende einen Anteil von 12% aller Befragten. Jene, die zugleich unterste Formalbildungsabschlüsse haben, scheinen jedoch eine eher kleine Gruppe zu sein (nach eigenen Berechnungen unter 2%).

Die Familienorganisierten

Thematischer Kristallisationskern
Im Zentrum des Lebens- und Mobilitätsstils dieser Gruppe steht die moderne Organisation und einigermaßen gleichberechtigte Abwicklung des Familienkompromisses, ein Kompromiss zwischen individuellen und familiären Interessen, zwischen den Rollenanforderungen der Frauen und denen der Männer, zwischen den Ansprüchen der Kinder und denen der Erwachsenen und zwischen milieuspezifischen Anforderungen der Begabungsförderung der Kinder und Zeitknappheit.

Freizeitabgrenzung

Die Angehörigen dieser Gruppe haben wegen der Kinder wenig oder überhaupt keine Freizeit. Dabei entstehen ganz unterschiedliche Formen des Freizeitverständnisses. Die erste Variante sind familienorientierte Männer, die dann Freizeit empfinden, wenn sie sich ihrer Familie widmen können.

– „Freizeit habe ich in dem Moment, wo ich das Labor verlasse, in mein Auto einsteige oder in den Bus, dann schalte ich um. Dann vergesse ich meine Arbeit und wenn dann mein Kleiner mir entgegenkrabbelt, dann ist das eine tolle Sache und dann habe ich Freizeit." (NRW 3, 26-jähriger, verheirateter Zahntechniker mit einem Kind)

Die zweite Variante sind Frauen, die wegen der Doppelbelastung eigentlich überhaupt keine Zeit für sich, also keine Eigenzeit haben und die deshalb auch spezifische Formen des Zusammenseins mit den Kindern als entspannende Freizeit für sich definieren (müssen). Sie geben im Interview zunächst nicht zu, dass sie auch gerne einmal Zeit für sich haben würden. Es wird betont, dass das Zusammensein mit den Kindern ebenfalls Freizeit sei („am Morgen schon, gemeinsames Frühstück mit den Kindern"). Gleichwohl wird schließlich in dem Teil des Interviews, in dem über einen konkreten Tag berichtet wird, deutlich, dass eigentlich ein klarer Wunsch nach gelegentlicher vollständiger Entlastung – auch von den Kindern – besteht:

– „Ja, dass Ruhe ist ... Auch Stress von zu Hause mal weglassen. Dass ich eben mal nur auf dem Balkon bin, nichts mache, was lese und entspanne. Eigentlich auch Ruhe, wenn die Kinder dann im Bett sind."

Die dritte Variante sind doppelt belastete Frauen oder Männer, die von vornherein betonen, dass für sie die Eigenzeit erst beginnt, wenn sie einmal allein sein können, wenn sie ohne Kinder ausgehen oder wegfahren oder jedenfalls das Haus, in dem immer Verantwortung lauert, einmal verlassen:

– „Wenn ich das Haus verlasse, im Haus drin, hat man immer wieder Arbeit." (BW 6, 30-jährige, verheiratete Floristin mit zwei Kindern)

– „Mal nichts tun, indem ich meine Wohnung abschließe, mich aufs Rad setze oder mich in den Bus setze. Und wenn ich nur bummeln gehe in K. oder L. und mich anschließend ins Café setze oder nett essen gehe, mich mit einer Freundin treffe oder mit einem Ehepaar; dass ich mit der Wohnung nichts zu tun habe, dass ich mich mal bedienen lasse."

– „Oftmals sind es die Kinder, die alle zwei Minuten ankommen, das ist mit der Zeit nervend. Da ist nicht viel mit Abschalten. Man beschäftigt sich mit den Kindern oder man sagt, schwirrt ab und lasst mich in Ruhe. Kinder sind schon eine große Einschränkung in der Gestaltung der Freizeit, im Schwimmbad muss man auch immer aufpassen ..." (NiSa 5, ver-

II. Ergebnisse

heirateter Radiomoderator mit 4 Kindern, der eine Ausbildung zum Heilpraktiker macht)

Freizeitaktivitäten

In dieser Gruppe muss fast die gesamte berufsfreie Zeit für die Kinder aufgebracht werden. Deshalb bleibt für den einen Teil nur die passive Erholung vor dem Fernseher – vereinzelt verbunden mit sehr traditionellen Beschäftigungen wie „Deckchen sticken", zum Teil aber auch ganz einfach auf dem Sofa – „Füße hoch, Fernseh gucken, Musik hören".

Die meisten schaffen es jedoch, nebenbei noch irgendein Hobby oder einen Sport zu betreiben: Mountainbike fahren, Kegeln/Bowling, sich mit guten Freunden treffen, am PC arbeiten, Lesen, sich um Mode kümmern.

Bei den Männern finden sich auch politische oder Vereins-Engagements: die Arbeit im kommunalpolitischen Arbeitskreis einer Partei oder die Mitarbeit im Rettungsdienst. Einer der Befragten ist in der Freizeit Radiomoderator und möchte sein Hobby zum Beruf machen.

Kleiner Luxus

Es verwundert nicht, dass es in dieser Gruppe mehrmals heißt, der wirkliche Luxus sei, dass man sich viel Zeit für die Familie nehme. Auf der anderen Seite gilt es als Luxus, einmal ohne Kinder zu sein:

– „Was man sich noch so leistet, dass ich mit meiner Frau mal alleine weggehe, da haben wir einen Babysitter, das machen wir alle zwei Monate, um mal rauszukommen, das ist auch ein Luxus, der aber erforderlich ist." (NiSa 5)

Oder aber, einmal ohne Kinder und ohne Mann zu sein:

– „Was ich mir auch nicht nehmen lasse, dass ich alle zwei Monate mal abends mit Freunden weggehe. Gut, da sind wir die ganze Nacht on Tour, aber das brauche ich als Ausgleich. Da gehe ich ohne meinen Mann. Wir haben auch niemanden, der auf die Kinder aufpasst bis morgens um drei Uhr. Das tut aber ganz gut, wenn man mal getrennt weggeht. Das stärkt das Selbstbewusstsein." (BW 6, 30-jährige, verheiratete Floristin mit zwei Kindern)

Ansonsten nennen die Männer leistungsstarke Computer für Spiele (z.B. Flugsimulator), edle Ausrüstungsgegenstände für das Mountainbike; die Frauen: ab und zu ein edles Parfüm.

Mobilität

Typische Antwort auf die Frage, ob man gerne unterwegs sei, ist in dieser Gruppe: „teils, teils". Unterwegs sein und Häuslichkeit stehen in einem

216   E. Ergebnisse der qualitativen Untersuchung zur Freizeitmobilität

ausgeglichenen Verhältnis zueinander. Ein Teil bezeichnet sich sogar als ausgesprochen häuslich. Typisch sind aber Äußerungen, die beide Pole betonen:

- „Ja, doch eigentlich bin ich gerne unterwegs, ich bin aber auch gerne mal faul; auch mal zu Hause. Mehr (neige ich) doch zu aktiv, ich unternehme viel mit den Kindern. Aber ich mache auch mal gerne einen faulen Tag." (MV 3, 34-jährige, geschiedene Sachbearbeiterin mit zwei Kindern)

Wichtigste Verkehrsmittel/Automobilität

In dieser Gruppe haben zwar alle Haushalte ein Auto, aber niemand ist auf das Auto festgelegt. Fast immer wird in den Antworten deutlich, dass keine Fixierung auf ein bestimmtes Verkehrsmittel vorliegt. Eine typische Antwort auf die Frage, was das wichtigste Verkehrsmittel sei, lautet:

- „Das Wichtigste ist für mich, wenn ich zur Arbeit fahre, der Bus. Privat fahren wir gerne mit dem Auto, oder wenn es schön ist mit dem Rad." (NRW 1, 46-jährige, verheiratete, stellvertretende Filialleiterin eines Supermarktes mit einem Kind)
- „Ins Geschäft komme ich im Winter mit dem Auto oder wenn es gar nicht geht, fahre ich auch mit dem Bus. Im Sommer fahre ich mit dem Fahrrad ... Meinen monatlichen Großeinkauf mache ich mit dem Auto. Sonst zu Fuß oder Rad." (BW 6, 30-jährige, verheiratete Floristin mit zwei Kindern)

Das Auto bzw. die Automobilität löst in dieser Gruppe kaum Begeisterung oder Emotionalisierung aus. Es ist Mittel der pragmatischen Organisation des komplexen Zusammenhangs von Familie, Arbeit und Freizeit.

Entsprechend pragmatisch ist auch die Wahl des Autotyps: sichere, praktische Autos, Kombis.

- „Das Auto ist für mich ein Gebrauchsgegenstand, hat vier Räder und einen Lenker." (NiSa 3, 42-jährige, verheiratete Verkäuferin mit einem Kind)

Ebenfalls typisch ist für diese Gruppe, dass durchweg verneint wird, zum Spaß mit dem Auto durch die Gegend zu fahren.

Freizeitmobilität

In der Alltagspraxis verläuft Freizeit meistens nicht in wirklicher Abgrenzung zu all den anderen Aktivitäten, die der Familienhaushalt verlangt. Insofern sind es typische Situationen der Familienfreizeit oder des Packens für den Urlaub, die erinnert werden, wenn es um Mobilität in der Freizeit geht: mit den Kindern in den Tierpark, an einen See, ans Meer oder in den Holiday Park o. Ä. fahren. Auf die Frage, wie eine typische Situation mit dem Auto in der Freizeit aussehe, antwortet der verheiratete Radiomoderator mit vier Kindern:

- „Alle ins Auto rein, sonntags, bisschen was eingepackt, zum Futtern und Trinken, dann losfahren, in den Wildpark oder in den Serengetipark." (NiSa 5)
- „An den See fahren wir im Sommer sechs-, siebenmal bestimmt, mal eben nach Büsum, mit der Lütten durchs Watt laufen ..." (NiSa 3, 42-jährige, verheiratete Verkäuferin mit einem Kind)

Raumwahrnehmung und -nutzung
Die Raumwahrnehmung und -nutzung ist geprägt von einem marktkonformen Kompromiss im Sinne des Wohnungsangebots. Obwohl sich die Wohnungssituation seit den 1990er Jahren deutlich entspannt hat, gibt es für Familien mit durchschnittlichen Einkommen in den Städten immer noch kaum ausreichend große, bezahlbare Wohnungen.[149] Die Folge ist, dass der Typus der modernen Mittelschicht-Familie den Bauplatz für das Eigenheim oder die angemietete große Wohnung entweder im ländlichen Raum oder am Stadtrand sucht. Bei kleinen Großstädten außerhalb der Agglomerationen gibt es passende Einfamilienhäuser auch in der Nähe des Stadtkerns. Bei geringem Haushaltsnettoeinkommen und einer immer noch signifikant differierenden Wohnungsversorgung zwischen West- und Ostdeutschland kann auch das Preis-Leistungs-Verhältnis eines renovierten Mehrfamilienhauses in der Trabantenstadt attraktiv sein.

Egal, welche Wohnungswünsche auf welches Angebot treffen, wichtig für diese Gruppe ist die familienkompatible Ausstattung des Nahraums: ungefährliches Spielen für die Kinder, viel Grün – möglichst ein eigener Garten und rationelle Organisationsmöglichkeit der Einkäufe.

Die Familien-Freizeitfahrten aber auch die Aktivitäten der Kinder verlangen zum Teil erhebliche Verkehrsleistungen:

- „Wenn dann mal Eislaufen kommt oder Schwimmbad, dann muss Papa mit dem Auto ran. Nach H. traut sie sich noch nicht ganz mit dem Umsteigen ... Wenn die Kinder schwimmen gehen, wird ein Sammeltransport gemacht, eine Mutter fährt die Kinder hin, mein Mann holt sie abends wieder ab." (NiSa 3, 42-jährige, verheiratete Verkäuferin mit einem Kind)

Ein relativ hohes Verkehrsaufkommen für Einkäufe und Freizeit der Kinder gilt als selbstverständlich und wird rationell organisiert.

---

[149] Vgl. dazu Ulbrich 2000, S. 291.

Soziale Lage/soziale Situation
Die Befragten dieser Gruppe leben in Drei- bis Sechs-Personen-Haushalten. Sie alle haben mittlere Haushaltsnettoeinkommen. Die Frauen arbeiten – mit einer Ausnahme – in Teilzeit.

Quantitative Hinweise
Bezieht man das Typprofil auf die quantitative Cluster-Analyse, so wird deutlich, dass es sich um eine Schnittmenge unterschiedlicher Gruppen handelt. Insofern können keine quantitativen Hinweise gegeben werden.

Gruppen, die disponible Zeit aktiv strukturieren, sodass Freizeitaktivitäten möglich werden, aber auch Zeitknappheit, zum Teil auch „Freizeitstress" entsteht:

Die Erlebnisorientierten

Auch wenn ein Teil der Erlebnisorientierten Singles sind, in Fitness-Studios gehen und outfitorientiert sind, so entsprechen sie doch nicht durchgängig dem Klischee der hyperindividualistischen Hedonisten. Mehrere Repräsentanten dieser Gruppe sind politisch bzw. in der Gewerkschaft und in Ehrenämtern aktiv. Eine Befragte ist freigestellte Betriebsrätin. Es zeigt sich, dass die Risikoorientierung in ganz unterschiedlichen Feldern ausgelebt werden kann: als Unkonventionalität innerhalb der weiblichen Rolle, als Herausforderungen in einer Unternehmertätigkeit, in Risikosportarten, in politischem Engagement.

Freizeitabgrenzung
Eigene Zeit für die vielfältigen Unternehmungen wird in einem kontrollierenden Zugriff aktiv zeitlich und räumlich abgegrenzt und angeeignet. Freizeit bedeutet nicht Entspannung, sondern Aufrechterhaltung des Spannungszustands und Schaffung weiterer Herausforderungen und Reize; aber diese werden dann lustvoll gemeistert und erlebt.

Freizeitaktivitäten
Die Erlebnisorientierten sind Abenteurer. Sie wollen bei der Arbeit, aber insbesondere in der Freizeit an ihre Grenze gehen. Deshalb sind Sportarten mit einem erhöhten Verletzungs- oder Todesrisiko typisch für diese Gruppe: Gleitschirmfliegen, Fallschirmspringen, Tauchen, Motorradrennen fahren, Downhill-Mountainbike, Rafting; außerdem alles, was rollt und dynamisch ist.

II. Ergebnisse

Kleiner Luxus

Was man sich gönnt, bezieht sich zum einen auf die vielen Kurzreisen, bei denen die Risiko-Sportarten ausgeübt werden können, zum anderen auf weitere Hobbys, bei denen Grenzen ausgetestet werden können: extrem teure Highend-Anlagen, neueste Technik, schnelle Autos und Motorräder. Nicht alle in dieser Gruppe sind in einem äußerlichen Sinne outfit- und modeorientiert, aber für einige ist Mode, sind „Klamotten", „Frustkäufe" Teil des kleinen Luxus.

Mobilität

In dieser Gruppe ist weiträumiges, schnelles Fahren Bestandteil des erwünschten und genossenen Lebensgefühls. Alles, was selbstkontrolliert zum Fahren gebracht werden kann (einschließlich Motorboot), ist Teil dieser Erlebniswelt. Deshalb spielt der öffentliche Verkehr eine untergeordnete Rolle. Entweder er wird vollständig abgelehnt, weil man sich etwas Vorgegebenem unterordnen muss, oder es werden die politisch korrekten Statements zur Wichtigkeit des öffentlichen Verkehrs geäußert, die aber mit der Lebenspraxis nichts zu tun haben. Wichtig ist, selbst die Kontrolle zu haben, sich selbst an die Grenze des Möglichen bewegen zu können.

Wichtigste Verkehrsmittel/Automobilität

Das wichtigste Verkehrsmittel ist das schnelle Auto. Es gibt eine klare Tendenz zu BMWs und zu Cabrios. Auf die Frage, was ihr persönlicher Luxus sei, antwortet eine 36-jährige, verheiratete Diplom-Betriebswirtin:

– „Ein tolles Auto, schon immer. Das hat angefangen mit 18 Jahren. Ich hab da schon immer dafür gespart. Ich bin ganz verrückt auf so ein richtiges Statusobjekt. Ich habe auch schon immer große Autos gefahren mit viel PS – was ja für eine Frau nicht unbedingt das Normale ist; da habe ich schon immer sehr viel investiert." (BW 1)

Aber auch Motorräder, Rennräder, Mountainbikes zählen zu den akzeptierten Fortbewegungsmitteln dieser Gruppe. Die Erlebnisorientierten bewegen auch das Fahrrad so, dass ein Risiko dabei entsteht.

Freizeitmobilität

Freizeit und Mobilität bilden in dieser Gruppe eine Einheit. Zwar gibt es – soweit überhaupt eine Familie gegründet wurde – Phasen der Häuslichkeit und der Familienzusammenkunft, aber Freizeit ist insgesamt geprägt von einer weiträumigen Dauerdynamik. Zum Sport, zum Spaß, als Herausforderung oder unter irgendeinem Vorwand loszufahren, ist wichtiger Teil dieser Spannungs-Entspannungs-Dynamik (sich „stressend zu entstressen", wie eine der Befragten sich ausdrückt).

Raumwahrnehmung und -nutzung

Die Sätze, mit denen die Betriebswirtin und -rätin auf die Frage nach Wohnsituation und Wohnumfeld antwortet, charakterisieren die Haltung dieser Gruppe gut:

- „Wir haben unheimlich viel Platz. Für uns ist es ganz wichtig, in der Stadtnähe zu wohnen, weil wir eigentlich auch Menschen sind, die so einen ganz ruhigen Ort nicht schätzen. Wir haben Autos, wir sind mobil, wir können jederzeit in die Pfalz fahren oder in den Odenwald. Wir können uns die Wochenend-Urlaubsatmosphäre schaffen, aber wir möchten in Stadtnähe (sein). Zehn Kilometer bis zur Stadt ... weil ich auch bei der Wohnsituation viele Menschen um mich herum sehen will und nicht so viel freie Fläche." (BW 1)

Die Wohnlage, die Erreichbarkeiten und das räumlich-soziale Umfeld müssen eine Konstellation bilden, die die vielen Arbeits-, Freizeit- und Verwandtschaftaktivitäten mit den Präferenzen für Risikosportarten und schnelle, motorisierte Fortbewegungsformen zusammenbringen. Die eine Variante und der beste Kompromiss ist das große Haus mit Grundstück am Stadtrand, die andere Variante ist das Wohnen in der Großstadt, das allerdings im hier vorliegenden Fall in einen „Freizeit-Lifestyle" im einen und den Berufs- und Wohnalltag im anderen Stadtteil aufgeteilt ist. So ist garantiert, dass häufig gefahren werden muss.

Die Erlebnisorientierten sind zumeist aus kleinbürgerlichen Verhältnissen aufgestiegen. Die Verbindungen zur Verwandtschaft werden aber gehalten und es ist typisch für diese Gruppe, dass ein Haus in der Nähe oder zusammen mit der Verwandtschaft gebaut wird. Der Hausbau hat den Vorteil, dass – auch wenn man mal zu Hause ist – immer etwas zu tun ist:

- „Ich habe mir da ein Haus gekauft, zusammen mit meiner Tante – ein Zweifamilienhaus, großes Grundstück, es ist praktisch eine Eigentumswohnung mit Grundstück. Das Grundstück ist riesig. Ich habe auch vor, die nächsten zwei Jahre hier zu bauen. Weil das Haus ist schon alt, wir haben jetzt umgebaut. Aber an einem alten Haus ist immer was zu tun. Man ist auch räumlich sehr begrenzt. Wir können jetzt hier noch bebauen. (BW 9, 39-jähriger, verheirateter, selbständiger Fahrradhändler mit zwei Kindern)

- „Ich gärtnere auch in den letzten Jahren sehr gerne. Auch bedingt, wenn man sich dann ein Eigentum schafft und umbaut, dass man dann auch ein bisschen Lust an der Gartenarbeit hat, sonst braucht man es gar nicht anfangen." (BW 1, 36-jährige, verheiratete Diplom-Betriebswirtin)

Der Aktionsraum dieser Gruppe ist – in Relation zu allen anderen – der größte. Raum wird, insbesondere in der Freizeit, aktiv erobert und genutzt.

II. Ergebnisse 221

Das hat auch die quantitative Untersuchung gezeigt.[150] Die zurückgelegten Entfernungen sind etwa doppelt so hoch wie in den anderen Gruppen. Das trifft auch auf das Urlaubsverhalten zu. Fünf von sechs Befragten dieses Typs waren bei ihrem letzten Urlaub mit dem Flugzeug unterwegs.

Thematische Kristallisationskerne
Das Motiv, um das sich alles dreht – in der Arbeit wie auch in der Freizeit – ist, kontrolliert bis an die Grenzen der eigenen Leistungs- und Erlebnisfähigkeit zu gehen.

Soziale Lage/soziale Situation
Die Befragten dieser Gruppe sind entweder selbständig oder in leitender Position oder sie äußern klare Aufstiegswünsche. Die Haushaltseinkommen sind, so wie der gesamte Lebensstandard, überdurchschnittlich. Soweit sich die Angehörigen dieser Gruppe nicht politisch und sozial engagieren, zeigen sie deutliche Abgrenzungsbedürfnisse nach „unten".

Quantitative Hinweise
In zahlreichen Repräsentativuntersuchungen hat sich diese Gruppe immer wieder klar als Cluster abgegrenzt. Sie hat jeweils einen Anteil von ca. 20%.[151]

Die Flexiblen

Freizeitabgrenzung
Freizeit wird in dieser Gruppe, die sich beruflich intensiv im Dienstleistungsbereich engagiert und deshalb ständig auf Kundenbedürfnisse eingehen muss, an der Selbstbestimmung gemessen:
– Freizeit ist, „wenn ich das mache, was ich will und nicht das, was andere wollen. Ob ich nun zu Hause auf dem Sofa liege oder Fahrrad fahre oder mit Freunden Kaffee trinken gehe oder zum Sport – alles, was ich selbst entscheiden kann" (NiSa 2, 25-jährige, ledige Werbekauffrau).

Freizeitaktivitäten
Alle RepräsentantInnen dieser Gruppe betreiben Sport im Fitness-Studio. Außerdem wird gejoggt, Inliner gefahren, Squash gespielt und viel mit

---
[150] Vgl. die Kilometerleistungen der *Fun-Orientierten* in Götz et al. 2003, S. 110.
[151] Das Cluster der *Fun-Orientierten* in der quantitativen Untersuchung zur Freizeitmobilität hat einen Stichprobenanteil von 22%, die *risiko-orientierten Autofahrer* hatten in Freiburg einen Anteil von 20%.

Freunden ausgegangen. In einem Fall gehört zur arbeitsfreien Zeit auch das Engagement in einer Partei.

Kleiner Luxus

„Ich leiste mir Klamotten, Ostern sind wir nach Sylt gefahren". Drei bis vier Kurzurlaube sind typisch für diese Gruppe, auch „mal eine Zigarre rauchen, einen guten Rotwein trinken."

Mobilität

Diese Gruppe ist gerne unterwegs, aber es gibt auch Grenzen. Wer die ganze Woche zum Aufsuchen von Kunden unterwegs war, freut sich auch, wenn er/sie nach Hause kommt. Alle Fortbewegungsformen, die zumindest das Image haben, dass man mit ihnen Ziele „sehr schnell erreichen kann", sind akzeptiert (Autos, Fahrräder, Inliner). Dazu gehört der ÖPNV normalerweise nicht – außer man ist in London oder Paris, wo dann selbstverständlich einmal die *Tube* oder die *Metro* benutzt wird. Am meisten stört diese Gruppe die Unflexibilität und das schlechte Dienstleistungsniveau im öffentlichen Verkehr:

- „Ja, ganz vorne (steht) natürlich Freundlichkeit. Wenn man aus der Dienstleistung kommt, da erwartet man auch Freundlichkeit. Sofern man mit denen überhaupt Kontakt hat." (MV 2, 31-jähriger Versicherungsangestellter, ledig)

Wichtigste Verkehrsmittel/Automobilität

Für diesen Typus ist das Auto nicht nur das wichtigste Fortbewegungsmittel, sondern es gibt in dieser Gruppe auch hartgesottene Autofans, die sich die schnellsten und exotischsten Fahrzeuge leisten oder zumindest wünschen. Auf die Frage, welches Auto er sich wünschen würde, antwortet der 31-jährige Versicherungsangestellte:

- „Entweder Cabrio, um die Natur noch besser genießen zu können, oder ein Coupé ... am besten wäre ein Coupé als Zweitwagen." (MV 2)

Aber es gibt auch die bewusste Distanzierung von dem in diesem Milieu üblichen Kult.

- „Manche stellen sich über das Auto dar. Wenn ich meinen Chef sehe mit seinem Porsche (...) Wir haben welche, die putzen ihre Autos jeden Samstag. Meine Chefs: Jaguar, Porsche, das ist ihr Hobby."

Freizeitmobilität

Das Auto ist zum einen schnelles, flexibles Verkehrsmittel zum Strand, zu den Freunden, ins Fitness-Studio oder auch zum Training einer Sportart, die wettbewerbsmäßig betrieben wird. In dieser Gruppe gibt es Autofahren zum Spaß in mehreren Varianten: wenn die Arbeit vorbei ist, die Fahrt weg vom letzten Kunden mit Musik und offenem Dach; das Auto am Wochenende auf der Autobahn wirklich einmal ausfahren; einen Geländewagen irgendwo tatsächlich durch das Gelände bewegen; oder auch „stilecht cruisen."

– „In Amerika, da sind die Straßen offen, man hört Musik, man hat seine Getränke, man macht den Tempomat an, man kann die Beine hoch legen, man kann sich die Landschaft angucken – wie im Zug." (NiSa 2, 25-jährige, ledige Werbekauffrau)

Raumwahrnehmung und -nutzung

Die RepräsentantInnen dieses Typus wohnen, wenn sie arriviert sind, in den besten Lagen der so genannten Speckgürtel von Großstädten oder Dienstleistungszentren. Diese gelten als ruhig und landschaftlich schön, zugleich aber auch bestens an Schnellstraßen und Autobahnen angebunden. Die jungen Repräsentanten dieser Gruppe wohnen jedoch zum Teil noch im ländlichen Raum und in der Nähe von Milieus, die nicht dem Wunschbild entsprechen. Übergreifend gilt aber: Der Standort muss so sein, dass Kunden und Freizeiteinrichtungen schnell erreicht werden können:

– „Man kommt schnell auf die Bundesstraße – das ist in meinem Job ganz wichtig. Dass ich da nicht irgendwo noch großartig quer durch die Dörfer muss ... Des Weiteren habe ich es nicht weit zum Strand, sodass ich in maximal 15 Minuten am Strand bin."

Die Raumnutzung orientiert sich an der sich als dynamisch und flexibel verstehenden Lebensführung. Sämtliche Urlaubsreisen wurden mit dem Flugzeug unternommen: Florida, San Francisco, Karibik. Eine typische Kurzreise wird so geschildert:

– „Da sind wir nach München geflogen. Zuerst mit dem Auto zum Flughafen, dann nach München (...) in München hatten wir einen Leihwagen. Dadurch, dass es ein Porsche war, sind wir viel mit dem Porsche unterwegs gewesen ... Wenn man so einen Wagen vor der Tür hat, will man den auch nutzen." (MV 2, 31-jähriger Versicherungsangestellter)

Thematische Kristallisationskerne

Es existieren starke berufliche Ambitionen im Sinne gehobener Dienstleistung am Kunden. Die Bezahlung nach Umsatz ermöglicht den milieuspezifischen repräsentativen Konsum, der zugleich Aufstieg und Abgrenzung nach unten bedeutet.

Soziale Lage/soziale Situation:
Die soziale Situation lässt sich über das Netto-Grundgehalt nicht gut bestimmen. Wichtig sind Provisionen, Gewinnbeteiligungen und geldwerte Incentives. Die Einkommensbedürfnisse orientieren sich an der Aufstiegsorientierung und an den milieuspezifischen „Notwendigkeiten" demonstrativen Konsums oder der Distinktion.

Gruppen, die ein klassisches Freizeitschema der Abgrenzung gegen den Normalarbeitstag aufweisen

Die Konventionellen

Thematischer Kristallisationskern
Im Zentrum stehen das mühsame Erreichen von Normalität, von sozialer Integration und das Ankommen in einer vermeintlichen Mitte der Gesellschaft. Für diese Gruppe ist das Auto nicht nur Mittel, sondern Symbol der sozialen Integration und der Zugehörigkeit[152] – der nächste Schritt ist das Eigenheim.

Freizeitabgrenzung
Freizeit wird exakt im Sinne der systemtheoretischen Definition als zeitweise Suspendierung der Ansprüche der Erwerbsarbeit erlebt. Im Erleben der Befragten hat dies eine objektive und eine mentale Seite.

– „Wenn ich mich verabschiede von meinen Kollegen, wenn ich zu Hause bin, dann ist für mich Freizeit. Ich schalte entweder den Fernseher ein, um zu gucken, was es Neues gibt. Oder wenn ich abends nach Hause komme, dann ist er meistens schon eingeschaltet durch meine Frau."
(MV 1, 37-jähriger, verheirateter Briefverteiler)

Typische Antwort auf die Frage, woran sich das Gefühl von Freizeit festmacht, ist die Antwort:

– „Ich setze mich ins Auto und setze mich hinters Steuer und denke: Es ist wieder geschafft. Auf dem Weg hier nach Hause. Sobald ich das Tor hin-

---

[152] Es geht beim System der Automobilität um die Integration in Bezug auf ein reales oder imaginäres Zentrum. Das klingt so, als gäbe es „das" Zentrum der (einen) Gesellschaft, und es stellt sich die Frage, wie das zu den Erkenntnissen der Soziologie passt, dass sich die Gesellschaft lebensweltlich pluralisiert und individualisiert sowie in Subsystemen ausdifferenziert. Offenbar stimmt beides: Es gibt einen gesellschaftlichen Kernbereich, der singulär ist und ein Zentrum hat. Dieser ist eng mit der wirtschaftlichen Aktivität der Gesellschaft und vor allem mit den Technikprodukten, die diese Wirtschaft hervorbringt, verwoben. Zugleich bewegen sich die Individuen aber in Lebenswelten, die ihre eigenen Zentren haben (vgl. auch Götz 2003b).

ter mir habe, habe ich so ein befreites Gefühl. Dann denke ich: Schnell nach Hause, vielleicht weil auch noch Fußball ist ... oder weil Freunde warten oder weil man noch weggeht."

In dieser Gruppe ist Hausarbeit eindeutig entlang des konventionellen Geschlechterschemas verteilt. Das bedeutet, dass die Frauen häufig doppelt belastet sind und dass Freizeit erst beginnen kann, wenn alle Hausarbeit erledigt ist.

- Freizeit „ist für mich, wenn ich nicht arbeiten muss, wenn ich nichts zu Hause zu erledigen habe (...) wenn ich alles drumrum vergessen kann. Wenn halt alles gemacht ist, wenn ich mich entspannt hinsetzen kann, wenn mir nichts mehr im Kopf rumspukt, wenn alles erledigt ist, die Wäsche, Aufwischen, die Hausarbeit, Erledigungen in der Stadt, wenn das alles erledigt ist, dann habe ich meine Ruhe." (Thür 1, 25-jährige, verheiratete Verkäuferin mit einem Kind)

Freizeitaktivitäten

Typische Freizeitaktivitäten sind, dass alle Fußballspiele des Vereins besucht werden, dessen Fan man ist und zudem hinsichtlich der Liga auf dem neuesten Stand ist und dass man mit den Freunden „Bierchen trinkt":

- „Viel Zeit nehme ich mir auch in der Gaststätte, wobei ich keinen Schnaps mehr trinke. Früher zu DDR-Zeiten hat man viel Schnaps getrunken, jetzt kann man es ja gar nicht mehr bezahlen. Man trinkt ein Bier und man geht wieder nach Hause." (MV 1, 37-jähriger, verheirateter Briefverteiler)

Die moderne Freizeitbeschäftigung für den Mann ist außer Fußball und Kneipe der Computer, mit dem sich beispielsweise der 24-jährige Zeitsoldat (MV 8) genau dann beginnt zu beschäftigen, wenn seine Partnerin sich nachmittags vor den Fernseher setzt, weil „Serienzeit" ist.

Die Frauen dieser Gruppe schauen nicht nur Soaps – ihre wirkliche Eigenzeit beginnt dann, wenn potentiell alle geschlechtsspezifische Verpflichtung wegfällt. Das ist z.B. dann, wenn „mit der Freundin ins Kino" gegangen wird. Aber es gibt auch ganz klassische Hobbys:

- „Im Winter finde ich es gemütlich, wenn es um 16 Uhr dunkel wird, ... mich mit einer Kerze hinzusetzen und Handarbeiten, Lesen und Schreibarbeiten zu machen." (Thür 5, 39-jährige, verheiratete Teilzeit-Bürokraft mit zwei Kindern)

Kleiner Luxus

Während für die älteren Traditionellen der DDR-Gesellschaft „Luxus" ein Tabubegriff ist, fällt den jüngeren Konventionellen zu dem Thema das ein, was man sich zusätzlich, über das Grundlegendste hinaus, leistet. Oft geht es dabei um Kleinigkeiten, die für andere alltäglich sind. Die 39-jährige Teilzeit-Bürokraft mit zwei Kindern, der zunächst gar nichts zu dem Thema einfällt, empfindet es als kleinen Luxus ...

- „... weniger vom Finanziellen als von der Gemütlichkeit her, wenn ich jetzt vormittags eher von zu Hause komme und noch mal beim Bäcker anhalte und nur für mich ein Stückchen Kuchen oder Erdbeerstückchen, was man sonst nicht in Massen kauft, nur für mich schön feierlich einpacken lasse, mir zu Hause meinen Kaffee koche, alles schön auf einen Teller, da wird nicht auf Pappe gegessen ... meinen Kaffee dazu und die Zeitung. Das ist für mich ein Ritual, das empfinde ich schon beim Bäcker als Luxus und zu Hause erst recht. Das ist gemütlich und schön und einfach nur für mich. Die anderen wissen nichts davon." (Thür 5)

Das ganz individuelle Vergnügen ist hier eindeutig an Eigenzeit („einfach nur für mich") gebunden, deren Qualität geradezu geheim gehalten wird. Luxus ist hier ein kleines Stück Individualisierung von Zeit und Genuss.

Auch für die 25-jährige, verheiratete Verkäuferin mit einem Kind kann der kleine Luxus als „meine kleine Individualisierung" übersetzt werden:

- „Wenn Geld übrig ist, dann kaufe ich gerne was für die Wohnung, nur für mich, ob das meinem Mann gefällt oder nicht." (Thür 1)

Genannt wird zusätzliche Ausstattung für die Wohnung, etwas zum Anziehen, Parfum – mehrmals genannt werden Fernseh-Soaps:

- „Ich gucke Abends meine Serie, das ist mein Luxus. Die Serie brauche ich jeden Abend – Gute Zeiten Schlechte Zeiten – das brauche ich."

Die Männer nennen den Computer, einen guten Fernseher und auch das kommende Auto, für das schon gespart werden muss („das muss was Seltenes sein"). Aber auch:

- „Meine Zierfische zu Hause" und „wenn es um Geschenke für meine Freundin geht, da bin ich großzügig und gucke nicht so aufs Geld ... Ich möchte, dass meine Freundin in der Öffentlichkeit sehr gepflegt und gut aussieht."

Mobilität
Die folgende Aussage charakterisiert diese eher junge, aber zugleich sehr konventionelle Gruppe am besten:

- „Ich bin gerne unterwegs, ich bin aber auch gerne immer wieder zu Hause." (MV 4, 38-jähriger, verheirateter, ehemaliger Außendienstmitarbeiter einer Holzfirma mit einem Kind, zurzeit arbeitslos)

II. Ergebnisse

Zum Teil müssen oder mussten die Befragten riesige Strecken als Wochenend-Berufspendler zurücklegen wie es aus den neuen Bundesländern bekannt ist. Diese Befragten trennen klar zwischen derartiger erzwungener Fortbewegung und Freizeitbeweglichkeit.

Ansonsten ist in dieser Gruppe Mobilität eindeutig mit Automobilität und diese wiederum mit sozialer Mobilität und soziokultureller Positionierung verknüpft.

Wichtigste Verkehrsmittel/Automobilität
Durchgängig, von Männern wie von Frauen, wird das Auto als das wichtigste Verkehrsmittel genannt. In keiner Gruppe werden so klar und unverblümt auch die emotionalen Dimensionen der Automobilität benannt. Das Auto ist das Ein und Alles. Dennoch können klare Unterschiede zwischen Männern und Frauen, genauer, zwischen der männlichen und der weiblichen Konstruktion von Automobilität ausgemacht werden.

Die 39-jährige Befragte mit zwei Kindern formuliert dabei besonders klar auch die Individualisierungsvorteile des Autos für eine Frau, die ansonsten im Dienste des Mannes steht (in diesem Falle als Sekretärin und Empfangschefin in der Praxis ihres Mannes):

– „Mein Auto ist mir das Wichtigste. Das empfinde ich eigentlich auch als ein Stück, mein eigenes Auto zu haben. Das empfinde ich als großen Vorteil (...). Spaß macht mir eigentlich das Gefühl von Freiheit und Unabhängigkeit im Auto. Das kommt mir immer mal wieder, obwohl ich nun schon seit der Wende mein eigenes Auto habe. Trotzdem finde ich das als meine persönliche Freiheit, damit hin und her fahren zu können, wo ich will, ohne jemanden fragen zu müssen, ob er es braucht." (Thür 5)

Ab und zu können so auch die Beziehungsrollen ein wenig auf den Kopf gestellt werden. Auf die Frage, wozu das Auto wichtig sei, antwortet die 25-jährige, verheiratete Verkäuferin mit einem Kind:

– „Zur Arbeit, zum Einkaufen, zum Mann abholen, den hol ich ab, nachts fährt er Fahrrad ... Ich fahre sehr gerne Auto, man ist ungebunden, man kann ins Auto steigen, wenn man Lust hat, man ist auf niemanden angewiesen, ein Gefühl der Freiheit, da kommt man auch auf andere Gedanken als im Bus." (Thür 1)

Zwar wird auch von den Männern das Unabhängigkeitsmotiv benannt:

– „Die Ruhe – einfach dieses Gefühl, frei zu sein. (Bei) Straßenbahn und Bus (die er für die Fahrt zu den Spielen des Fußballvereins nutzt), bin ich halt angewiesen auf eine bestimmte Uhrzeit ... Mit dem Auto könnte ich losfahren, wann ich will. Wenn ich vom Betrieb losfahre, ich bin allein im Auto. Ich habe schon meine Ruhe, das gefällt mir auch." (MV 1, 37-jähriger, verheirateter Briefverteiler)

Aber es kommen noch weitere wichtige motivationale Dimensionen hinzu. Es ist inmitten der beruflichen und persönlichen Umbrüche, der Nachtschichten, der Umschulungen, der Zeitarbeit und der Arbeitslosigkeit, nach all den Unsicherheiten und Demütigungen der Wende, die im Interview genannt werden, ein Zeichen der Sicherheit:

- „Das Auto gehört uns, es kann uns keiner wegnehmen. Es ist bezahlt, auch wenn es nur ein kleines Auto ist ... und es funktioniert auch." (MV 1, 37-jähriger, verheirateter Briefverteiler)
- „Das ist mein kleines Reich, das kann mir keiner nehmen." (Thür 8, 23-jähriger Trockenmaurer, ledig)

Zwar wird in deutlichem Unterschied zu Gruppen, die eher lustvolle Motive verraten, die praktische, sachliche, rationale Seite des Autos betont. Wenn es um das Traumauto geht, nennt ein Teil tatsächlich Fahrzeuge mit gutem Preis-Leistungs-Verhältnis, der andere Teil wünscht sich eines von der Sorte klein, aber leistungsstark: BMW, VW Golf VR6 (also mit starkem 6-Zylinder-Motor):

- „Ich bin totaler VW-Fanatiker ... ich hätte gerne wieder einen, eine große Maschine sollte es auch sein. Viele Leute sagen, braucht man nicht, kann man nicht ausfahren, das ist Quatsch. Das kann man immer ausfahren, in der Stadt, auf der Landstraße, kann man immer ausfahren." (Thür 8, 23-jähriger Trockenmaurer, ledig)

Freizeitmobilität

Zu ganz seltenen Anlässen werden auch von den Männern öffentliche Verkehrsmittel genutzt. Eine typische Konstellation, die unter Verkehrsplanern als Push-and-pull-Situation bezeichnet würde, bezieht sich auf die Fußballgroßveranstaltungen des Lieblingsclubs. Es wird in diesen Fällen ein ÖPNV-Angebot in Verbindung mit der Eintrittskarte genutzt, was zugleich die Vorteile hat, dass es keine Parkplatzprobleme und keine Fahrzeugbeschädigungen durch Fußballrowdys gibt.

Jenseits dieser ganz speziellen Situation des organisierten „Event-Verkehrs" wird Freizeitmobilität überwiegend mit Automobilität identifiziert:

- „Auto und Freizeit, das kann man eigentlich nicht trennen." (MV 4, 38-jähriger, verheirateter ehemaliger Außendienstmitarbeiter einer Holzfirma mit einem Kind, zurzeit arbeitslos)
- „Das Auto gehört zur Freizeit dazu." (Thür 1, 25-jährige, verheiratete Verkäuferin mit einem Kind)

II. Ergebnisse

Es wird benutzt, um an den Strand, ins Kino, in die Disco, ins Schwimmbad, zur Eislaufbahn usw. zu kommen. Es ist die Kombination aus Spontaneität und Multifunktionalität und sozialer Positionierungsfunktion, die es – jenseits der emotionalen Dimension – so attraktiv macht.

– „Man ist spontan, man kann einsteigen, losfahren, man kann zu jeder Zeit wieder zurück, wenn es einem gefällt oder weiterfahren, man kann Fahrräder mitnehmen, Decken, Zeug."

Die Fahrt zum Strand – ob zu einem See oder ans Meer – scheint angesichts der häufigen Nennungen so etwas wie die Modellsituation von Freuzeitmobilität mit dem Auto zu sein.

Raumwahrnehmung und -nutzung

Obwohl es kein Typologisierungskriterium war, stammen alle Befragten dieser Gruppe aus Ostdeutschland. Mehrere wohnen im Plattenbauviertel, einige sind im neuen Ein- oder Mehrfamilienhaus angekommen. Der Plattenbau gilt dann als Negativkontrast. Deutlich wird, dass es bei der Raumwahrnehmung um Schritte der Individualisierung und des Gewinnens von Distanz als privatem Raum geht:

– „Weil es einmal nicht so dieser, wie soll ich sagen, wir haben vorher in einem anderen Viertel ... gewohnt, was (zwar) nicht diesen Plattenbaucharakter hatte, aber trotzdem eine Ansammlung, Ballung von vielen Häusern und vielen Menschen, vielen Autos, wenig grün und so einfach dieses Schema F, ein Haus neben dem anderen, hinter dem anderen. Und wenn man aus dem Fenster geguckt hat, hat man dem Nachbarn ins Fenster geguckt oder auf die Straße. Um das eigentlich loszuwerden, haben wir damals diesen Schritt getan, raus zu ziehen in den so genannten Speckgürtel." (MV 4, 38-jähriger, verheirateter ehemaliger Außendienstmitarbeiter einer Holzfirma mit einem Kind, zurzeit arbeitslos)

Dass im einen wie im anderen Fall eine Einkaufs- und Freizeitinfrastruktur vor Ort fehlt, wird als Mangel wahrgenommen, gilt jedoch durch eine gute Verkehrsanbindung als kompensiert.

Die Standorte sind jeweils so, dass Einkaufen und Freizeit in der nahe gelegenen Stadt erledigt bzw. erlebt wird. Lässt man die in einem Fall genannten Berufspendler-Fahrten beiseite, so sind die berichteten Aktionsräume eher klein und bewegen sich im einstelligen Kilometer-Radius.

Soziale Lage/soziale Situation

Es gibt in dieser Gruppe viele Arbeiter, untere und mittlere Einkommen, niedrige, vereinzelt höhere Formalbildungsabschlüsse.

Quantitative Hinweise

Es handelt sich um eine Teilgruppe mit ostdeutschem Sozialisationshintergrund, die so in der quantitativen Untersuchung nicht identifiziert wurde. Sie gleicht aber deutlich dem, was in den früheren Sinus-Milieus „traditionelles Arbeitermilieu" genannt wurde und in den 1980er Jahren einen Anteil von 9% hatte (Hradil 1987, S. 131).

Die Kumpels

Bei den Kumpels handelt es sich um ein enttraditionalisiertes, männlich geprägtes, proletarisches Jugendmilieu, die noch keine festen Paarbeziehungen eingegangen sind und die zusammen eine feste Gruppenstruktur in der Freizeit bilden. Sie lassen sich nicht mehr in die traditionellen Institutionen ihrer Väter und Großväter (Vereine, Gewerkschaften) integrieren. Drogenkonsum, illegale Autonutzungen und Ähnliches weisen deutlich auf lebensphasentypisches Experimentieren hin.

Freizeitabgrenzung

Je nachdem, ob ein zeitlich klar abgegrenztes Arbeitsverhältnis (Ausbildung) eingegangen worden ist oder nicht, entsteht entweder eine klare Freizeitgrenze („Wenn ich aus der Dusche komme, um 16:30 Uhr.") oder auch nicht (Arbeitslosigkeit/informelle Beschäftigungsverhältnisse). Im zweiten Fall ist eine klare Abgrenzung kaum möglich, weil die Zeitstrukturierungswirkung der beruflichen Sozialisation nicht wirken.

Freizeitaktivitäten

Freizeit wird, nach lockerer Vorplanung über Handys, weitgehend gemeinsam in der Gruppe verbracht. Dabei wird zwischen drinnen und draußen, Aktivität und Passivität, Drogenkonsum und Phasen der Abstinenz abgewechselt. Cruisen mit den Autos spielt ebenso eine Rolle, wie Treffen in Discos oder Clubs:

- „Dann gehe ich hier in den Club … Dann spiele ich Billard oder quatsche so rum. Darts spielen kann man, Kickern, Schlagzeug spielen."

Im Wechsel werden die Wohnungen der Gruppenmitglieder aufgesucht:

- „Wenn ich zu Hause bin, dann müssen auch meine Freunde dabei sein (…) Dann sitzen wir da und trinken ein paar Bier, mit Freunden vom Club. Oder kochen auch mal. Playstation spielen. Wenn Fernsehen, dann gucken wir nur Fußball." (BW 10, 22-jähriger Arbeitsloser mit Hauptschulabschluss, der nebenbei als Entertainer tätig ist)

II. Ergebnisse

Häufiger noch als der Aufenthalt in einer der Wohnungen ist das Zusammensein draußen: Im Sommer die gemeinsame Fahrt in einen Garten, zu einem See oder zum Sport:

– „Ich bin ein tierischer Sport-Typ. Fußball, Volleyball, Tischtennis spiele ich auch." (B 3, 20-jähriger Auszubildender als Kfz-Mechaniker)

Kleiner Luxus

Das viele Telefonieren mit dem Handy, bei dem nicht auf die Zeit geachtet wird, gilt als Luxus, den man sich einfach leisten muss. Ebenso das Auto. Schließlich teure Alkoholgetränke, die zur Abwechslung manchmal konsumiert werden. Ob der in den Interviews immer wieder genannte Drogenkonsum eher zum kleinen Luxus oder zum Alltagskonsum zählt, bleibt unklar.

Mobilität

Mobilität im Sinne der ständigen Möglichkeit des Unterwegsseins ist ein konstituierendes Merkmal der Gruppenselbstdefinition. Die Gruppe hat zwar sporadisch Ankerpunkte, bewegt sich aber von einem Platz zum anderen. Kurze Fahrten ins benachbarte Ausland sind ebenso Teil dieser Beweglichkeit wie das Herumfahren zum Spaß oder zum Flirt aus der sicheren Distanz.

Wichtigste Verkehrsmittel/Automobilität

Wichtigste Verkehrsmittel und zugleich Elemente des sozialen Gruppensystems sind die Autos. Nicht jeder muss eines haben. Aber es muss so viele geben, dass alle mobil sind. Andere Verkehrsmittel werden nur in Ausnahmefällen benutzt – z. B. bei Führerscheinentzug wegen Alkohol am Steuer, wenn keiner der Kumpels als Chauffeur verfügbar ist.

Freizeitmobilität

Die entscheidende Peergroupaktivität ist, sich in der Freizeit motorisiert zu bewegen. In dieser Hinsicht unterscheiden sich diese Jugendlichen kaum von ihren Altersgenossen in Italien oder den USA. Das Cruisen der (männlichen) Jugendlichen zum Zeitvertreib und zum Mädchen-Kennenlernen ist Vorlage für unzählige Filme geworden.

Raumwahrnehmung und -nutzung

Über das Wohnumfeld wird zunächst berichtet, dass alles zu Fuß erreicht werden könne, aber der Bericht über den konkreten Stichtag und das Wochenende zeigt, dass auch die kürzesten Entfernungen mit dem Auto gefahren wurden. Die Wohnung wird nur zum Schlafen und zum Aufwärmen und Einnehmen von Fertigmahlzeiten genutzt und ist ansonsten Sammelpunkt für die Treffen der Kumpels und Ausgangspunkt für Touren mit dem Auto. Die Nachbarschaft oder das soziale Umfeld interessieren wenig.

Der Aktionsraum der „Kumpels" ist zweigeteilt. Es gibt zum einen die vielen kurzen Fahrten mit den Kumpels in der Freizeit und zum Einkaufen:

– „Dann bin ich noch zum Media Markt gefahren, das sind ungefähr drei bis vier Kilometer ... Dann bin ich wieder zurückgefahren nach Hause ... Dann bin ich mittags noch mal zum Aldi gefahren zum Einkaufen, ungefähr eineinhalb Kilometer ... dann bin ich zurückgefahren nach Hause ...";

zum anderen größere Ausfahrten gemeinsam zu einem See oder ins benachbarte Ausland.

Thematische Kristallisationskerne
Mittelpunkt des Lebens ist das Zusammensein mit den Freunden in der Freizeit.

Soziale Lage/soziale Situation
Die „Kumpels" haben Hauptschulabschlüsse, sind Auszubildende oder haben eine Ausbildung abgebrochen. Die materielle Situation ist unterschiedlich. Entweder sie beziehen ein Azubi-Gehalt von unter fünfhundert Euro, Arbeitslosengeld oder es gibt Einkünfte aus informellen Jobs.

Quantitative Hinweise
Bei den Kumpels handelt es sich um die jugendliche Subgruppe innerhalb der „Benachteiligten", die einen Anteil von 11% hat (das sog. Traditionslose Arbeitermilieu im früheren Sinus-Milieumodell hatte einen Anteil von 9%). Man kann davon ausgehen, dass die junge Untergruppe einen Anteil von 3–5% hat.

Die Modernen

Thematische Kristallisationskerne
Es handelt sich um junge Frauen in einem Alter um die 20, die zupackend und zugleich locker an das Leben herangehen und dies mit viel Sinn für Genuss, moderne Formen der Muße und für die Pflege der eigenen Erscheinung kombinieren. Im Zentrum stehen Individualität, die Freundesgruppe, Trendyness und Gepflegtheit.

II. Ergebnisse   233

Freizeitabgrenzung

Die Modernen gibt es in einer diszipliniert-strukturierten und in einer locker-hedonistischen Variante. Bei den ersteren ist die Freizeit klar von der Erwerbs- und der Hausarbeit abgegrenzt; nach der Arbeit wird sofort und diszipliniert die Hausarbeit erledigt und danach ist Freizeit. Bei der zweiten Variante sind die Grenzen nicht so klar gezogen, aber bei beiden Varianten gibt es ein klares Verständnis von Eigenzeit:

- „Wenn ich das tun kann, wozu ich gerade Lust habe." (NRW 11, 24-jährige, ledige Sekretärin in Ausbildung)
- „Wenn ich mich wohl fühle, wenn ich nicht angestrengt an irgendwas denken muss, wenn ich einfach nur in den Tag oder von Stunde zu Stunde lebe." (MV 7, 23-jährige, ledige Studentin, die nebenbei als Bardame tätig ist)

Freizeitaktivitäten

Das ist zum einen das Zusammensein mit den Freundinnen und Freunden: zusammen in die Disco, ins Kino, an den Strand oder in die Kneipe. Zum anderen die Zeit ...

- „... die ich nur mit mir verbringe ... und dann entweder was für Körper und Geist tue oder was Kulturelles."

Ausgiebige, entspannende Körperpflege ist eine Form von Muße, die für diese Gruppe typisch ist. An den Zeiten, die für den morgendlichen Start investiert werden, kann abgelesen werden, dass auf Outfit großen Wert gelegt wird. In einem Fall liegen zwischen Aufstehen um 5:45 Uhr und Aus-dem-Haus-Gehen zwei Stunden.

Im Internet surfen gehört bei dieser Gruppe ebenso zum Alltag wie mit Freundinnen telefonieren, sich einfach vom Fernsehprogramm berieseln lassen oder ganz ruhig und zurückgezogen ein Buch lesen.

Kleiner Luxus

Typisch sind echte kleine Hobbys wie das Sammeln von teuren Weinen oder das Halten und Pflegen von Tieren und Pflanzen.

Auch kurze Reisen, bei denen beispielsweise mit Freunden ein Auto der Luxusklasse gemietet wird, zählen zu den Dingen, die man sich ab und zu leistet.

Mobilität

Die Repräsentantinnen dieser Gruppe sind gerne, jedoch nicht rastlos unterwegs:

– „Doch, ich bin gerne unterwegs. Nicht nur innerhalb meines Dorfes oder innerhalb R., eigentlich in ganz Europa und sofern es mir möglich ist, auch in der ganzen Welt." (MV 7, 23-jährige, ledige Studentin, die nebenbei als Bardame tätig ist)

Wichtigste Verkehrsmittel
Typisch für diese Frauen ist, dass sie zwar ein Auto haben und dieses auch sehr schätzen, dass sie aber die Bedeutung ihrer Beine als Mittel der Fortbewegung ganz besonders hervorheben:
– „Für mich das wichtigste ist erstmal, dass meine Beine noch funktionstüchtig sind und dann kann man sich auch mit den ganzen anderen Fortbewegungsmitteln von A nach B befördern lassen."
– „Das Auto (ist das Wichtigste). Wenn man es ganz genau nimmt, ist es, dass ich selber laufen kann. Aber da ich faul bin, fahre ich lieber." (NRW 11, 24-jährige, ledige Sekretärin in Ausbildung)

Automobilität
Übereinstimmend betonen diese Frauen, dass das Auto einen „sehr hohen Stellenwert" habe. Zum einen macht das Fahren einfach Spaß:
– „Gasgeben macht Spaß, dann die einzelnen Gänge zu schalten macht Spaß. Dann auf den Verkehr zu achten, weil man dann immer gefordert ist. Auf das ganze Verkehrsgeschehen zu achten, um vielleicht auch Einfluss zu nehmen."

Zum anderen sind die städtischen, öffentlichen Verkehrsmittel äußerst unbeliebt, weil man dicht gedrängt zwischen Menschen steht, die „sehr stark transpirieren"...
– „... ich kriege keine Luft mehr ... dass man eben total gequetscht im Bus ist und alle sämtliche Gerüche um sich hat. Da wird einem übel, das ist der absolute Horror." (NRW 11, 24-jährige, ledige Sekretärin in Ausbildung)

Freizeitmobilität
Das Auto ist das Symbol der Unabhängigkeit, der Freiheit und der Spontaneität in der Freizeit.
– „Gerade für die Freizeit ist das Auto für mich sehr wichtig, weil ich dadurch unabhängiger bin. Wenn ich jetzt das Gefühl habe, ich möchte gerne ins Kino, dann setze ich mich ins Auto und fahre. Auto macht unheimlich mobil, man erreicht die Orte sehr schnell, ich möchte es auch nicht missen."

– „Wenn schönes Wetter ist, einfach mal so eine Spritztour machen. Einfach ohne Zeit, man setzt sich ins Auto und hat nur noch so in etwa das Ziel und setzt sich einfach ins Auto ... über die Autobahn, Landstraßen, irgendwo Halt machen und was essen ..." (NRW 11, 24-jährige, ledige Sekretärin in Ausbildung)

Raumwahrnehmung und -nutzung
Es gibt diesen Typus sowohl in der Stadt als auch auf dem Land. Kennzeichnend ist das Wohnen in einer kleinen Einliegerwohnung, die privates Rückzugsgebiet ist und pfleglich behandelt wird. Hier richten sich die jungen Frauen schön ein und können das Alleinsein mit sich selbst genießen. Zugleich ist es aber Startpunkt für Unternehmungen und deshalb muss der Wohnstandort auch gut mit der Verkehrsinfrastruktur verbunden sein.

Das Wegemuster und die Aktionsräume sind je nach Wochentag sehr unterschiedlich, während der Arbeitswoche eher kleinräumig, an Wochenenden zum Teil sehr großräumig. Innerhalb der Woche geht es außer den Fahrten zur Arbeit oder an die Uni um Fahrten ins Kino, zu den Freunden und Freundinnen und in die Disco. Aber an Wochenenden und vor allem an verlängerten Wochenenden werden Reisen von mehreren hundert Kilometern unternommen. In dieser Gruppe sind vielfältige Freundschafts- und Kennenlern-Kontakte, die – wie das folgende Beispiel zeigt – auch per Internet geschlossen werden, typisch:

– „Da bin ich in die Schweiz gefahren, ich bin nicht selbst Auto gefahren. Ich bin von R. mit dem Zug nach Berlin gefahren, dort haben sich meine Bekannten ein Auto gemietet und von dort sind wir mit dem Auto in die Schweiz gefahren. Das war so ein Internet-Treffen, dort waren wir dann zwei Tage" (...). Das gemietete „war ein größeres Auto ... unsagbar schnell auf der Autobahn, ... ein Audi A8. Man hatte auch sehr viel Platz, es war komfortabel und bequem und billig."

Auch die in diesem Bericht zu Tage tretende Multioptionalität von Verkehrsmittel und Genuss in der Gruppe ist typisch.

Soziale Lage/soziale Situation
Die Befragten dieser Gruppe sind berufstätig oder studierend in Nebenjobs tätig, die zum Teil so viel Einkommen erbringen, dass ein höherer Lebensstandard möglich ist (z. B. Arbeit in der Nacht als „Bardame"). Die Befragten wohnen allein und sind Singles.

Quantitative Hinweise
Diese Gruppe konnte in der – eher grob arbeitenden – Clusteranalyse nicht identifiziert werden. In den aktuellen Sinus-Milieus gleichen sie am

ehesten den „Experimentalisten", die – Frauen und Männer – einen Anteil von 7% aufweisen (vgl. Sinus-sociovision 2006).

Die Fahrradfans

Die Fahrradfans sind die einzige Gruppe, die primär über das Verkehrsmittel, das zugleich Freizeitaktivität und Sportgerät ist, definiert wird. Zwar gibt es nur zwei Fahrradfans im Sample, aber sie sind in mehreren Repräsentativ-Untersuchungen nachgewiesen worden.[153] Sie zeichnen sich durch eine gewisse Unkonventionalität oder zumindest Abgrenzung vom Wohnumfeld aus („die Leute sind sehr spießig"). Die Fahrradbegeisterten gibt es in der gemäßigten und in der hyperaktiven Variante. Vielleicht ist es ein Zufall – aber die Fahrradbegeisterten (Männer) achten darauf, auch der Familie genügend Zeit zu widmen. Sie sind nicht nur im Sport, sondern auch bei allen möglichen Haushaltsaktivitäten höchst aktiv.

Freizeitabgrenzung
Freizeit muss zunächst für das Fahrradfahren selbst abgegrenzt werden: Rennrad, Mountainbike fahren, aber auch das sog. Spinning im Studio gehört dazu (durch einen Trainer angetriebenes, von lauter Musik begleitetes Fahrradfahren im Stand). Daneben gibt es verschiedene Sportarten, die neben dem Radfahren betrieben werden. Schließlich gibt es das Gegengewicht zum Sport, das Relaxen und nicht zuletzt die Familie.

Als „ideale Freizeitsituation" gilt, wenn man einmal allein zu Hause wäre. Es scheint, als würde das erwünschte Alleinsein nur in den Zeiten möglich werden, wenn der geliebte Sport betrieben wird.

Freizeitaktivitäten
Als erstes kommt das Radfahren, dann erst alles andere:
– „Radfahren ist Nummer eins. Dann kommt Joggen, Laufen, Sauna, Schwimmen (…) sagen wir mal Unternehmungen mit der Familie: Wanderungen, Radtouren, Urlaub." (Thür 6, 43-jähriger, geschiedener Fernmeldemeister mit drei Kindern)

Kleiner Luxus
Es verwundert nicht, dass als kleiner Luxus „ein ordentliches Fahrrad … und die entsprechende Kleidung" genannt wird. Sich selbst gönnt man hauptsächlich etwas in den Bereichen Sport, Ausrüstung, aber auch Body/Wellness – z.B. teure Saunagänge.

---
[153] Vgl. CITY:*mobil* 1999, S. 62.

II. Ergebnisse

Mobilität
Die Fahrradfans lieben die Bewegung mit dem Zweirad, lehnen aber andere Fortbewegungsformen nicht ab. Der öffentliche Verkehr wird entweder überhaupt nicht oder aber in Kombination mit dem Rad genutzt („Zur Uni nutze ich den Bus, ich fahre mit dem Rad zur Haltestelle und dann steige ich um.").
Während alle anderen Verkehrsmittel nach rationaler Kosten-Nutzen-Kalkulation eingesetzt werden, ist das Verhältnis zum Fahrrad ein leidenschaftliches:
- „Ich erlebe halt auch die Natur, wenn ich mit dem Fahrrad unterwegs bin. Ich erlebe die Mobilität in der Stadt, da fahre ich mit dem Mountainbike. Ich erlebe auch den Wald intensiv. Mit dem Rennrad ist es eine andere Sache, da hat man so dieses Gleiten. Da ist man erstaunt, wie viel man an Entfernung schafft. Mit dem Rennrad ist es ganz anders, wenn man in der Gruppe fährt, ist es auch ein Geschwindigkeitsgefühl. Das hat so einen Reiz, finde ich. Ein 30er, 40er Schnitt ist schon drin, 90 km/h erlebt man auf dem Rennrad. Den Berg runter ... erlebt man nur Geschwindigkeit. Ich habe drei Fahrräder – ein Mountainbike, ein Tourenrad und ein Rennrad." (Thür 6, 34-jähriger, geschiedener Fernmeldemeister mit drei Kindern)

Wichtigste Verkehrsmittel
Die Liste der beliebtesten Verkehrsmittel weicht deutlich von anderen Befragten ab:
- „Das Fahrrad ist eigentlich für alle Bereiche. Der Bus kommt auch noch vor dem Auto ... Also erst das Rad, dann zu Fuß, dann der Bus und danach erst das Auto." (B 5, 44-jähriger, verheirateter Student, gelernter Erzieher mit einem Kind)

Automobilität
Das Auto spielt eine klar abgegrenzte Rolle – einerseits als Transportmittel für die Familie:
- „Das Auto ist für mich ein Fortbewegungsmittel, das funktionell sein muss, wo die Familie reinpasst";

andererseits – wie könnte es anders sein – Transportmittel für Fahrräder auf dem Dach:
- „Ich habe für beide Autos auch Fahrradständer und Jetbags und solche Dinge (...) Das Auto ist für mich wichtig, aber wenn ich entsprechend

wohnen würde, könnte ich alles mit dem Fahrrad erledigen, außer entfernte Sachen, wo ich mich erstmal mit dem Rad auf dem Dach dorthin bewegen müsste." (Thür 6, 34-jähriger, geschiedener Fernmeldemeister mit drei Kindern)

Freizeitmobilität
Das Fahrrad ist sowohl Mittel der Fortbewegung, z.B. zur Fahrt zum Schwimmen oder zum Fitness-Studio als auch Sportgerät, mit dem die Freizeit verbracht wird. Die Grenze der Fahrradnutzung wird von der Notwendigkeit, die Familie zu transportieren, vorgegeben. Aber auch in diesen Fällen wird das Rad auf dem Dachgepäckträger mitgenommen.

Raumwahrnehmung und -nutzung
Die Fahrradfans gibt es in der Stadt und auf dem Land. Die ländlichen Fahrradfans genießen es, direkt aus dem Haus hinaus in die Natur zu radeln. Sie sind keine Autogegner, aber sie wünschen sich eine Wohnlage, die auf keinen Fall dazu zwingt, ständig das Auto zu benutzen.

Durch die sehr spezifische Verkehrsmittelnutzung ist die Raumaneignung zumindest in der Freizeit immer auch auf den Genuss der Natur bezogen:
– „Dadurch, dass ich berufsmäßig immer drinnen bin, möchte ich in der Freizeit auch den Himmel sehen, die Wolken, den Wind und das Wetter. Deshalb fahre ich auch so viel wie möglich mit dem Rad, weil man ja sonst die Natur kaum noch spürt."

Da sie auf eine spezifische Art unkonventionell sind, leiden sie unter einem aus ihrer Sicht kleinbürgerlichen oder ignorant-proletarischen Umfeld.
– „Nachteil ist eben die Reserviertheit der Leute."

Thematischer Kristallisationskern
Das Fahrrad ist zugleich sportliche Verbindung aus Körperkraft und Technik und bietet den Genuss der Bewegung in der Natur.

Soziale Lage/soziale Situation
Die soziale Lage und Situation ist uneinheitlich. Die Haushaltseinkommen liegen im mittleren bis unteren Bereich, was aber wenig aussagt; aus anderen Studien ist bekannt, dass eine wichtige Teilgruppe der Fahrradfans Studierende sind.

II. Ergebnisse

Quantitative Hinweise
In der aktuellen Untersuchung „Mobilität in Deutschland" hat die Gruppe derer, die täglich/fast täglich das Fahrrad benutzen, eine Größe von 5% (vgl. Kunert et al. 2004, S. 161).

Gruppen, bei denen sich die Alltagszeiten miteinander vermischen

Die Abhängigen

Es handelt sich zumeist um ältere, verwitwete Frauen, die eine kleine Rente beziehen und die – solange der Mann noch lebte – einem traditionellen Beziehungskonzept folgten. Hinsichtlich der eigenen Mobilität bedeutete das: Der Mann bewegte das Auto und war Chauffeur.

Freizeitabgrenzung
Typisch für diese ältere, an traditionellen Tugenden orientierte Gruppe ist, dass sie eigentlich immer gearbeitet hat, sei es im Haushalt oder in einem formellen Beschäftigungsverhältnis. Insofern wird auch im Rentenalter immer weitergearbeitet.
– „Als Rentner hat man ja nun immer Freizeit. Aber trotzdem wird man nie fertig, jedenfalls ich nicht." (B 7, 63-jährige Witwe im Ruhestand ohne Auto)

Typisch ist, dass, wie schon zu Lebzeiten des Mannes, sehr früh aufgestanden wird und der Tag mit den alltäglichen Pflichten der Hausarbeit begonnen wird. Aber deren Verrichtung ist wegen altersbedingter Behinderungen und Krankheiten mühsam geworden.

Freizeitaktivitäten/Freizeitmobilität
Da es keine Erwerbsarbeit, aber auch keine Partnerschaft mehr gibt, fallen die üblichen Zeitstrukturierungsmechanismen aus. Die fehlende Formalbildung und die Folgen eines aufopferungsvollen Lebens an der Seite des Mannes hat einen Mangel an Kompetenz zur befriedigenden Ausfüllung der freien Zeit zur Folge.
– „Ich bin ja meistens zu Hause und da gucke ich Fernsehen. Ein bisschen was mache ich noch dabei, Zeitung lesen tue ich dabei. Bücher lesen tue ich eigentlich nicht so." (B 7, 63-jährige Witwe im Ruhestand ohne Auto)

Soweit die Angehörigen dieser Gruppe körperlich noch ausreichend beweglich sind, werden ab und zu Spaziergänge oder Radausflüge mit den Bekannten unternommen. Wenn altersbedingte Beschwerden die Beweglichkeit einschränken, reduziert sich die Altersfreizeit auf das Fernsehen.

– „Im Moment kann ich wegen meines Beins gar nichts machen. Ich laufe auf Krücken und kann nirgends hin. Hobbys habe ich keine." (BW 16)

Kleiner Luxus

Typisch für stark traditionell geprägte Befragte ist, dass sie sich keinen kleinen Luxus leisten und auch nicht vorstellen können (der Begriff „Luxus" gehört nicht in ihr Repertoire). Nach einigem Zögern wird dann doch irgendetwas genannt, dessen sich die Befragten fast schämen:

– „Jetzt über Pfingsten fahre ich mit meiner Bekannten hier in den Bayerischen Wald. Das ist das erste Mal, dass ich wegkomme ... ich bin kein verschwenderischer Mensch ... Das sind auch nur fünf Tage über Pfingsten, das ist auch das erste Mal, dass ich alleine wegfahre, dass ich mir eine Reise leiste ... Ich hatte aber auch dazu die Mittel nicht, ich musste ja das Dach und die Fenster machen." (B 7, 63-jährige Witwe im Ruhestand ohne Auto)

Mobilität/Automobilität

Dass kein Führerschein gemacht wurde und kein Auto vorhanden ist, wird bedauert.

– „Wie gesagt, ich habe ja nun kein Auto ... wäre schon angenehm, wenn ich fahren könnte und ein Auto hätte, das wäre schon angenehm. Könnte man sich reinsetzen und losfahren, ich wäre auf keinen angewiesen. Zum Arzt und zum Einkaufen könnte ich fahren, das wäre schon eine positive Vorstellung." (B 7, 63-jährige Witwe im Ruhestand ohne Auto)

Nun ist man auf andere angewiesen: auf die Kinder, die Enkel, die Neffen, auf die Nachbarn. Oder auf den ÖPNV, der im ländlichen Raum viel seltener fährt als früher („als es noch das gelbe Postauto gab"). Soweit es körperlich geht, wird dann das Fahrrad – wenn der Gesundheitszustand und das Wetter es zulassen – zum einzigen Verkehrsmittel, mit dem dieser Typus sich unabhängig bewegen kann.

Wichtigste Verkehrsmittel

Entweder ist es das Fahrrad und in der kalten Jahreszeit der Bus oder aber – auch für Frauen – die früher den ÖPNV benutzt haben, das von Verwandten chauffierte Auto:

– „Ich kann gar nicht anders, als mit dem Auto (des Neffen). Auch wenn ich mit dem Bus nach S. fahren würde, der hält da am Bahnhof und ich müsste dann bis in die Stadt laufen, das geht nicht. Auch in den Bus ein- und aussteigen ist ein Problem. Ich kann mit dem Wägelchen (Gehhilfe) hier laufen, aber nicht in der Stadt. Und ich habe Schmerzen im Bein." (BW 16)

II. Ergebnisse

Raumwahrnehmung und -nutzung

Bei dieser Gruppe wird besonders deutlich, dass die Raumwahrnehmung und die Raumnutzung sich im Laufe des Alterungsprozesses und des Alleinseins einschneidend verändert. Das eigene Haus, das in der Ehe gemeinsam angeschafft wurde, ist nun zu groß, der weiträumige Garten kann allein nicht mehr gepflegt werden; was einst Wohlstand symbolisierte, wird nun zur Last. Das gilt auch für die Abgelegenheit des Grundstücks. Die nahräumliche Situation ohne Einkaufsinfrastruktur, die Ausdünnung des ÖPNV und das Angewiesensein auf andere werden zur echten Einschränkung der räumlichen und sozialen Mobilität:

– „Das habe ich auch schon manchmal bereut, dass ich kein Auto fahren kann. Wenn man, ... weil hier keine Läden sind und weil hier nichts ist."
  (B 7, 63-jährige Witwe im Ruhestand ohne Auto)

Die Abhängigen haben ein extrem kleinräumiges Mobilitätsmuster, das sich zwischen Einkauf, Verwandten-, Arzt- und Friedhofsbesuch bewegt. Soweit die Repräsentantinnen dieser Gruppe auf dem Land wohnen, wird die Abhängigkeit besonders drastisch und unangenehm erlebt. Teile der wichtigen Infrastruktur sind in der Stadt. Das gesamte Verkehrssystem ist auf das private Auto zugeschnitten, der öffentliche Verkehr ist auf ein Minimum reduziert. Man kann sagen: Es entstehen räumlich-soziale Problemlagen der Desintegration durch Immobilität.

Thematische Kristallisationskerne

Im Alltag geht es um die altersbedingten Einschränkungen, Behinderungen und Krankheiten und um die Abhängigkeit und das Ausgeliefertsein.

Soziale Lage/soziale Situation

Diese Frauen haben eine niedrige Rente, aber zumeist auch Erspartes. Sie könnten sich also das Leben leichter machen. Ihre traditionell-sparsame Haltung zwingt sie aber dazu, das Ersparte zusammenzuhalten und nicht auszugeben. Gleichzeitig haben sie als ehemalige Arbeiterinnen oder hauptberufliche Hausfrauen nur niedrige Bildungsabschlüsse. So bleiben ihnen die Altershobbys der Gebildeten verschlossen.

Quantitative Hinweise

In der Repräsentativuntersuchung beträgt der Anteil der verwitweten Frauen ca. 9%. Der Anteil der verwitweten Frauen über 65 Jahre mit niedrigen Formalbildungsabschlüssen beträgt ca. 4%.

Die Traditionellen

Freizeitabgrenzung

Die Traditionellen sind überwiegend Rentnerinnen und Rentner. Als sie in Pension gingen, mussten sie erst einmal lernen, mit der vielen freien Zeit umzugehen:

– „Erst fand ich das ganz furchtbar, weil ich gern gearbeitet habe. Aber jetzt finde ich es von Tag zu Tag schöner." (BW 2, 57-jährige, verheiratete Frührentnerin)

Da es keine Erwerbsarbeit mehr gibt, können sie die freie Zeit nicht von der Erwerbsarbeit abgrenzen („ich habe ja immer Freizeit"). Aber es gibt auch im Rentnerstatus Mechanismen der Zeitstrukturierung zur Herstellung von Eigenzeit. Zum einen gelingt dies durch einen Rhythmus von Aktivität und Passivität:

– „Nicht nur müßig zu sitzen, bis der Abend kommt. Am Tag wird kein ferngesehen, sondern nur abends (...) Am Haus arbeiten machen ist auch Freizeit. In allen Bereichen ... ob das nun Holzarbeiten sind oder Metallarbeiten ... was hier im Grundstück und im Haus zu machen ist, das mache ich alles selbst." (B 8, 67-jähriger Witwer im Ruhestand)

Zum anderen steht die Frage der Gesundheit im Mittelpunkt. Mit sanfteren Formen des Sports (Wandern, Walken, Fahrradfahren, Langlauf) wird versucht, sich beweglich und gesund zu halten.

Freizeitaktivitäten

Dies sind handwerkliche Aktivitäten im Haus, die zum Hobby werden. Auch die Besuche der Verwandtschaft, der Kinder, der Enkel und schließlich Sport:

– „Radfahren und im Winter machen wir Skilanglauf. Wenn genügend Schnee ist, dann können wir mit den Skiern in den Wald fahren. Oder man kann den Skibus nehmen. Schwimmen, Radfahren und Langlauf sind unsere Sportarten."

Man kann sich jetzt auch – zu einem frei gewählten Zeitpunkt jenseits der Urlaubszeiten – eine kleine Reise leisten, die dann als organisierte Busfahrt unternommen wird.

Kleiner Luxus

Der Begriff „kleiner Luxus" ist für dieses äußerst pragmatisch orientierte Milieu zunächst irritierend, löst dann aber doch Assoziationen aus:

– „Ich liebe Blumen und bekomme es fertig, für das letzte Geld mir noch Blumen zu kaufen."

II. Ergebnisse

Mobilität

Mobilität wird pragmatisch mit allen Verkehrsmitteln gesichert. Es gibt selbstverständlich ein Auto im Haus, dessen Nutzcharakter betont wird. Aber es wird wenig benutzt:

– „Nicht dass ich fahre, damit das Auto in Bewegung bleibt, so ist es nicht – ich würde sagen, einen Durchschnitt von jede Woche zweimal."

Für Fahrten in die Stadt setzt man sich lieber „keinem Stress" aus und benutzt öffentliche Verkehrsmittel. Im Urlaub wird auch mal mit dem Auto in die Nähe eines Stadtzentrums gefahren, um dann mit U- oder S-Bahn hineinzufahren. Nachts wird der öffentliche Verkehr gemieden, denn zumindest hat man schon gehört, „dass man belästigt wird".

Zum Einkaufen in der Nähe, aber auch für kleine Ausflüge wird das Rad genutzt.

Wichtigste Verkehrsmittel

Je nach Geschlecht wird diese Frage unterschiedlich beantwortet. Männer nennen das Auto, Frauen das Fahrrad oder die eigenen Füße als wichtigste Mittel der Fortbewegung.

Automobilität

Auch wenn diese Gruppe Mittelklasseautos besitzt, die zum Teil sehr gemocht werden („ich liebe dieses Auto"), so wird deren Nutzung doch ausschließlich in pragmatischen Kategorien beschrieben:

– „Ich kann jetzt witterungsunabhängig mit dem Auto in wenigen Minuten überall hinkommen."

Fahrten zum Spaß oder reines Herumfahren gibt es nicht oder wird zumindest bestritten:

– „Es hat eigentlich immer einen Zweck, wenn wir Auto fahren oder ein Ziel."

Freizeitmobilität

Die verschiedenen Verkehrsmittel werden für die unterschiedlichen Zwecke jeweils pragmatisch eingesetzt. Zum entfernteren Einkaufen in der Stadt wird mit Straßen-, U- und S-Bahn gefahren. Wenn der Mann etwas trinken will, wird mit dem öffentlichen Verkehr hin- und mit dem Taxi zurückgefahren. Zum Einkaufen in der Nähe geht es mit dem Fahrrad. Fußwege werden hauptsächlich als ausgedehnte Spaziergänge oder Wanderungen unternommen. Das Auto hat einen genau umschriebenen Zweck: Es dient den mittelweiten Fahrten innerhalb des ländlichen Raums und dem Urlaub.

Raumwahrnehmung und -nutzung
Für diese Gruppe ist Eigentumserwerb im ländlichen Raum oder in einer Kleinstadt typisch.

- „Wir wohnen hier in einer schönen, ländlichen Gegend. Man kann sagen, also, sehr ruhig hier." (B 8, 67-jähriger Witwer im Ruhestand)

Eigentum bedeutete – als noch Familie im Haus war – Kleinfamilien-Intimität. Heute wird das eigene Haus als Betätigungsfeld für vielfältige Heimwerker-Aktivitäten genutzt.

- „... dass sie schon bezahlt ist ... dass wir verschönern können, was und wann wir wollen." (BW 2, 57-jährige, verheiratete Frührentnerin)

Diese Gruppe sucht sich eine Nachbarschaft, die die eigenen Werte teilt und bildet so abgrenzbare Milieu-Quartiere.

- „Wir schauen nach dem Rechten gegenseitig." (B 8, 67-jähriger Witwer im Ruhestand)

Im Ort gibt es das Notwendigste an Infrastruktur wie Läden, Ärzte, Apotheken. Die meisten der wichtigen Orte können zu Fuß erreicht werden. Die Arbeitsleitung zwischen Stadt und Land und die damit notwendigen Fahrten für größere Anschaffungen werden akzeptiert, aber es wird unterschiedlich bewertet, wenn am eigenen Wohnort kulturell „nichts los" ist.

- „Nachteil insofern ... ich sehe das allerdings nicht als Nachteil an – das Schauspielhaus oder Opernhaus kann nicht direkt vor der Haustür sein." (B 8, 67-jähriger Witwer im Ruhestand)

- Es gefällt „weniger, dass halt nichts los ist. Wir haben hier so ein Nachbarschaftshaus und einmal im Jahr ist ein Fest, da gibt es nur Fressbuden und sonst nichts" (BW 2, 57-jährige, verheiratete Frührentnerin).

Das Bewegungsmuster für den täglichen Bedarf ist überwiegend kleinräumlich. Das Kulturangebot in der Stadt liegt wenige Kilometer entfernt in der Stadt und wird – trotz Auto – mit dem ÖPNV erreicht.

Kurzurlaube und Urlaube werden im Schwarzwald, in Bayern, am Bodensee oder in im deutschsprachigen Ausland verbracht. Das Flugzeug wird nicht benutzt.

Thematische Kristallisationskerne
Im Zentrum der alltäglichen Lebensführung stehen das Haus, die Kinder, die Enkel und die eigene Gesundheit.

Soziale Lage/soziale Situation
Die Traditionellen wohnen in Wohnungen oder Häusern, die ihnen selbst gehören und in die sie viel Arbeit gesteckt haben. Sie haben gute Ersparnisse und können sich in ihrem Lebensabend auch mal etwas leisten.

Quantitative Hinweise
Die traditionell-häuslichen Lebens- oder Mobilitätsstilgruppen haben in den entsprechenden Repräsentativuntersuchungen eine Größenordnung von ca. 25% (vgl. CITY:*mobil* 1999, S. 61 und Götz et al. 2003a, S. 80).

Die Kreativen

Im Falle der Kreativen handelt es sich – wenn man die älteren und die neueren Sinus-Milieus zusammen zugrunde legt[154] – um Angehörige mindestens drei sozialer Milieus: dem „alternativen"[155], dem aus der DDR-Gesellschaft entstandenen „bürgerlich-humanistischen" und dem „postmodernen".

Auffallend an dieser Gruppe sind die Kreativität und eine gewisse Unkonventionalität der Alltags- und Freizeitgestaltung. Diese Gruppe leistet sich am ehesten das, was in der Freizeitforschung Muße genannt wird. Der Antrieb kommt aber nicht aus einer bildungsbürgerlichen Idealisierung der klassischen Vorbilder, sondern es handelt sich um intrinsische Motive. Kreativität bedeutet hier nicht nur aktive Beschäftigung mit oder Versunkenheit in Musik, Kunst und Literatur, sondern auch Kreativität mit moderner Technik, also mit dem Computer.

Diese innengeleitete Motivation hin zu den eigenen, kreativen Ausdrucksmöglichkeiten hat zur Folge, dass äußere Bewegung und Beweglichkeit nicht Selbstzweck, sondern Mittel ist, sich zum Ort des eigentlichen Interesses zu bewegen. Das bedeutet nicht, dass dieser Typus den äußeren Dingen abgewandt ist. Das Interesse an materiellen Gegenständen konzentriert sich stärker auf das, was als Werkzeug benutzt wird: auf den Computer, mit dem entworfen, das Musikinstrument, mit dem gespielt, auf das Studio, in dem gemalt wird.

---

[154] Vgl. die unterschiedlichen SINUS-Milieumodelle in Hradil (1987), Flaig et al. (1993), Vester et al. (1993), Sinus-Sociovision (2003).

[155] Das „alternative Milieu" ist aus den neueren Milieumodellen der Sinus-Marktforschung verschwunden weil es mit unter 5% Anteil nicht mehr genug Marktpotential bot – nichtsdestotrotz ist es in verschiedenen Großstädten und in manchen ländlichen Räumen immer noch präsent (z.B. im Raum Freiburg und in Bremen).

Freizeitabgrenzung

Freizeit wird in dieser Gruppe nicht sehr klar von Arbeit getrennt, weil Arbeit Tätigkeit und nicht unbedingt Erwerbsarbeit ist. Zeiten der Reflexion, der künstlerischen Arbeit, der Erwerbsarbeit gehen ineinander über. Das hat zum einen damit zu tun, dass ohnehin schon in kreativen Berufen gearbeitet wird und „der Kopf" nach Feierabend „nicht einfach abgeschaltet wird", wie sich einer der Befragten ausdrückt. Zum anderen damit, dass eines der wichtigsten kreativen Werkzeuge der Gegenwart, der Computer, für ganz unterschiedliche Tätigkeiten benutzt werden kann – zuweilen eben auch für kreative Tätigkeiten nach Beendigung der formellen Erwerbsarbeit. Ein Teil der Kreativen hat die einstige Muße zum Nebenberuf gemacht und verdient damit Geld. So verwundert es nicht, dass ein 32-jähriger, wissenschaftlicher Programmierer auf die Frage, was Freizeit für ihn sei, antwortet: „Wenn mich keiner bei der Arbeit stört." (B 6)

Freizeitaktivitäten

Typische Freizeitaktivitäten sind kreative Tätigkeiten am Computer (Designs entwerfen, wissenschaftliches, problemlösendes Programmieren), aber auch andere Tätigkeiten, die neben dem Hauptberuf ausgeübt werden, wie Tai Chi-Unterricht geben, oder als Radio-Journalist tätig sein; außerdem Musisches wie Literatur, Musik und Kunst:

– „Am liebsten verbringe ich meine freie Zeit zu Hause, indem ich male oder Musik mache. Ich spiele Klavier und Gitarre, aber mehr Klavier. Malen ... etwa zweimal die Woche, Klavier spiele ich fast jeden Tag ... ich mache Yoga einmal die Woche." (BW 8, 47-jähriger Graphiker, der mit seiner Freundin zusammenlebt)

– „Ich lese sehr viel."

– „Ich kann mich auch im Internet-Raum entspannen." (BW 3, 23-jähriger Student)

Typische Sport- und Bewegungsarten sind: Badminton, Schwimmen, Volleyball, Yoga, Tai Chi.

Kleiner Luxus

Typisch für den „kleinen Luxus" dieser Gruppe ist

– eine große Wohnung (z.B. 3-Zimmer-Wohnung für eine Person),

– ein eigenes Haus für zwei Personen mit Studio zum Malen oder Klavierzimmer,

– eine Gründerzeit-Altbauwohnung mit Flügeltüren und Stuck,

– „dass ich mir jedes Buch kaufe, das mir gefällt",

II. Ergebnisse

- die Möglichkeit, Arbeits- und Mußezeit frei wählen zu können,
- dass der Computer ein Macintosh ist und viel leistungsfähiger, als man ihn eigentlich braucht.

Mobilität

Etwas verkürzt kann man – ohne damit irgendeine Bewertung zu verbinden – sagen: Räumliche Beweglichkeit ist Mittel zum Zweck, Mobilität in einem allgemeinen Sinne findet stärker mental statt und ist nicht unbedingt mit Bewegung im Raum verbunden. Fortbewegung wird pragmatisch als Mittel zur Überwindung von Distanzen praktiziert.

Wichtigste Verkehrsmittel

Zumeist ist es der ÖPNV, das Fahrrad, der Zug – überwiegend werden kombinierte oder wechselnde Fortbewegungsarten praktiziert.

Diese Gruppe ist am ehesten an multimodale Fortbewegungsformen bzw. an Kombinationen und Wegeketten ohne oder auch mit Auto gewöhnt.

Automobilität

Autos spielen insgesamt eine untergeordnete Rolle: z.B. als mehrmals im Jahr genutzter Mietwagen, als Carsharing-Fahrzeug, als sporadisch benutztes Fahrzeug der Partnerin oder auch als Traumwagen in der Phantasie („ich wünsche mir einen Volvo"). Insgesamt überwiegt eine rationale bis kritische Haltung:

- „Ich glaube, dass das Auto in der Gesellschaft einen viel zu großen Stellenwert hat ... Als ich das erste Mal in Berlin gewohnt habe, habe ich auch festgestellt, dass es einfach zu viele Autos gibt. Deswegen bin ich auch nicht scharf drauf, die Anzahl der Autos noch zu erhöhen, wenn es nicht notwendig ist." (B 6, 32-jähriger, verheirateter, freischaffender Programmierer)
- „Ich brauche kein Auto. Der Verkehr nervt mich auch, es stinkt und es ist laut. Jeder sitzt alleine in seinem Auto, das gefällt mir einfach nicht." (NRW 2, 29-jährige, ledige Erzieherin)

Freizeitmobilität

Zum Stichwort „Auto und Freizeit" äußert sich der 32-jährige, freischaffende Programmierer folgendermaßen:

- „Die erste Assoziation wäre: Wahnsinn ... Ich finde nichts kurioser als Leute, die ihre Freizeit damit beginnen, dass sie sich mit dem Auto in den Stau stellen ... Das finde ich sehr erheiternd auf eine gewisse Weise

248   E. Ergebnisse der qualitativen Untersuchung zur Freizeitmobilität

... Leute, die ins Grüne fahren für die Freizeit. Wir haben das auch schon mal mit den Schwiegereltern gemacht. Ich stelle fest, dass man fast die ganze Zeit im Auto sitzt und nie im Grünen. Eigentlich neigt man dazu, einfach blind von hierhin nach dahin zu fahren, ohne dass man irgendwo ankommt." (B 6)

Für ausgewählte Zwecke wird ein Auto gemietet oder ausgeliehen:
- „Ostern hatten wir einen kleinen Ausflug nach Mannheim ins Museum. Wir hatten Besuch aus Stuttgart, da sind wir mit dem Carsharing-Auto gefahren. Da fand ich es sehr gut, dass wir ein Auto hatten ... Wir konnten die alte Dame bis zum Museum ran fahren, sie kann nicht mehr so gut laufen." (BW 7, 48-jährige, allein lebende MTA)

Raumwahrnehmung und -nutzung

Die sozialen Lagen der Kreativen sind so unterschiedlich, dass sich dies auch in den Wohnlagen widerspiegelt: Auf der einen Seite diejenigen, die bereits ihre Traumwohnlage gefunden haben und diese auch finanzieren können (renovierter Altbau in ruhiger, aber zentrumsnaher Lage), auf der anderen Seite diejenigen, die ironisch berichten, wie sie mit den unbeliebtesten Stadtlagen, ärmlichsten Quartieren oder ungemütlichsten Milieumischungen zurechtkommen.

- „Mit Plumpsklo über dem Hof. Strom gibt es, fließendes Wasser auch. Bad, na ja, es gibt zwar eines, aber es würde wohl nicht jeder als Bad erkennen ... Es ist halt Altbau, es geht immer was flöten ... Es ist schon deprimierend, wenn man zugucken muss, wie alles so den Bach runter geht." (Thür 3, 34-jähriger Arbeitsloser, ledig)

- „Wir haben merkwürdige Leute dort, die Bundeswehr ist in der Nähe, die Asylanten sind in der Nähe, es gibt halt Sprayer, die sprühen mit der Flasche über die Scheiben an der Hauswand entlang. Es passiert immer wieder. Keiner bemerkt was ... Wir haben auch Aussiedler da, die können kein Deutsch."

Charakteristisch für diese Gruppe ist, dass sie nichts beschönigt und zur räumlich-sozialen Situation eher eine beobachtend-sarkastische Haltung einnimmt. Zwischen diesen Extremen können diejenigen eingeordnet werden, die eine befriedigende Wohn- und Lebenssituation gefunden haben, diese aber als Kompromiss empfinden, der bewusst eingegangen wird. Zum Beispiel das Wohnen in einem kleinbürgerlichen Umfeld, weil es in diesem Stadtteil möglich war, ein Haus zu kaufen, was den Vorteil bietet, ungestört den kreativen Aktivitäten nachgehen zu können.

Zu den alltäglichen Freizeitzielen wird sich, wenn es die Infrastruktur zulässt, zu Fuß, mit dem Fahrrad oder dem ÖV bewegt. Mehrere Repräsentanten dieser Gruppe wohnen im Zentrum einer Großstadt oder in einem Unterzentrum. Eine dichte Infrastruktur wird genossen und genutzt, kleinräumige Fortbewegung ist Normalität im Alltag.

Einige RepräsentantInnen dieser Gruppe belegen, dass soziale Integration, soziale Teilhabe und Mobilität nicht notwendig mit weiten und schnell zurückgelegten Wegen verbunden ist, sondern dass die Stadt oder der Stadtteil der kurzen Wege durchaus attraktiv sein kann.

Thematische Kristallisationskerne
Im Zentrum steht die kreative, künstlerische, wissenschaftliche, journalistische, schriftstellerische Selbstverwirklichung bzw. Problemlösung. Es geht um die Schaffung von Werken, um meditative Selbstfindung, Kunst und Literatur.

Soziale Lage/soziale Situation
Es gibt keine übergreifenden Gemeinsamkeiten der sozialen Lage in dieser Gruppe. Die Haushaltseinkommen sind breit gestreut, die berufliche Stellung reicht von gut verdienenden Wissenschaftlern bis zu Arbeitslosen am Rande des Existenzminimums. Unter den Formalbildungsabschlüssen dominieren zwar die Hochschulabschlüsse, aber es gibt auch Repräsentanten dieser Gruppe, die einen mittleren oder unteren Abschluss haben. Es fällt aber auf, dass sich gerade diejenigen mit einem niedrigeren Formalbildungsabschluss um Weiterbildung bemühen oder z.B. auf der Abendschule gerade ihr Abitur nachholen.

Niemand innerhalb dieser Gruppe befindet sich in einer klassischen Kleinfamiliensituation. Es gibt eine allein erziehende Mutter, die in einer Wohngemeinschaft lebt.

Die Rastlosen

Thematische Kristallisationskerne
Es gibt einen großen Erfindungsreichtum in der Übernahme von Verantwortung und im Auffinden von Freizeitbetätigungen und -engagements, die leicht zu professionalisierten Fulltime-Hobbys ausarten können. Insofern dreht sich alles um die eigene Daueraktivität, die zum Teil als selbstproduzierter Zwang erlebt wird.

Freizeitabgrenzung
Typisch für diese Gruppe ist, dass eine Trennung von Arbeit und Freizeit entweder nicht gelingt, nicht erwünscht oder sogar überhaupt nicht bekannt

ist. In der einen Variante fließen Erwerbsarbeit, Haus- und Erziehungsarbeit und Hobbys ineinander (der Typus des überlasteten allein Erziehenden wird in diesem Teilsample von einem Mann repräsentiert).

In der anderen Variante werden sportliche Hobbys neben der Erwerbsarbeit professionalisiert und führen zu einem ständigen Unterwegssein zu Meisterschaften, Trainingseinheiten oder Funktionärstätigkeiten, die dann auch noch Folgearbeiten zu Hause am Computer auslösen.

– „Ich habe das Gefühl, dass sich Freizeit nicht stark von meinem direkten Arbeitsleben trennt. Es geht alles fließend ineinander über. Erziehung, die mein Berufsleben ausmacht und Erziehung von meinen eigenen Kindern oder Miterziehung und sich kümmern darum, das geht alles fließend ineinander über ... es fällt mir schwer, das zu trennen, Freizeit und Beruf. Weil ich überall auf irgendeine Weise so verantwortungsbewusst ... selbst in meiner sportlichen Freizeit habe ich Verantwortung als Trainer, auch hier muss ich wieder Leistung zeigen ... und dann ist es wieder ein kleiner Beruf." (BW 5, 44-jähriger, allein erziehender, geschiedener Studienrat mit zwei Kindern)

Die Befragten dieser Gruppe sehen ihre eigene Rastlosigkeit zum Teil selbstkritisch und bei einigen löst die Frage danach, was Freizeit für sie ist, Verlegenheit oder Ratlosigkeit aus:

– „Das ist Entspannung, tun und lassen, ... weiß ich auch nicht." (NiSa 4, 52-jähriger, verheirateter Tischler)

– „Das ist fast nahtlos, ich kann das gar nicht ... Sicher, ich könnte auch sagen, na gut, nun habe ich das erledigt und jetzt widme ich mich meinem Garten oder so ... ich grenze das nicht ab ..." (MV 5, 61-jährige, geschiedene Buchhändlerin)

Freizeitaktivitäten
Da Freizeit nicht als Eigenzeit organisiert, hergestellt oder abgegrenzt wird, kann hier eher so etwas wie „Freizeitarbeit" entdeckt werden: Typisch ist eine Trainertätigkeit im Leistungssport, die sich nahtlos mit der Kindererziehung und der Berufsarbeit verbindet. Zu derartigen Formen von Rastlosigkeit können aber auch Varianten prekärer Selbständigkeit auf der Basis von Franchise-Verträgen, in Kombination mit Haus- und Versorgungsarbeit und mehreren Kindern führen:

– „Freizeit ist immer, was ich daraus mache ... das ergibt sich immer, da ist Flexibilität angesagt." (NRW 10, 42-jährige, verheiratete, selbständige Kosmetikrepräsentantin mit zwei Kindern)

II. Ergebnisse

Kleiner Luxus
Obwohl es zum Teil sehr hochwertige Investitionsgüter gibt (Ferienwohnung in Spanien), ist es typisch, dass auf die Frage nach dem kleinen Luxus geantwortet wird:
- „Persönlicher Luxus ist für mich und meinen Mann, einfach mal ein Wochenende allein zu genießen. Wegzufahren und sich verwöhnen zu lassen. Den kleinen Luxus nehmen wir dann schon mal in Anspruch. Oftmals fahren wir dann weg und suchen uns ein Hotel, genießen die Sauna, die Massage, das gute Essen. Einfach nur verwöhnen lassen." (NRW 10, 42-jährige, verheiratete, selbständige Kosmetikrepräsentantin mit zwei Kindern)

Bei einem Teil der Repräsentantinnen dieses Typus kann davon ausgegangen werden, dass für standesgemäßes Outfit – Selbstverständnis als Selbständige – relativ viel Geld ausgegeben wird:
- „Ich ziehe mich gerne schön an, wenn ich weg gehe. Ich liebe nur schicke, teure Markenkleidung ... Kosmetik: Ich gehe regelmäßig zur Kosmetikerin ... mein Kosmetik-Tick." (Thür 4, 62-jährige, verheiratete Rentnerin)

Mobilität
Diese Gruppe muss oder will fast zu jeder Zeit beweglich sein. Alle Befragten dieser Gruppe sagen, dass sie gerne unterwegs sind, aber ein Teil leidet auch an diesem ständigen „Auf-Achse-Sein". Das hängt davon ab, wie viel davon beruflich bedingt ist:
- „Die Fahrerei gefällt mir manchmal nicht so ... Ich muss viel fahren, weil viele Kunden auch außerhalb wohnen."

Wichtigstes Verkehrsmittel/Automobilität
Der Besitz und das Fahren eines Autos erscheinen geradezu als zwingende Notwendigkeit:
- „Weil dadurch die Dinge überhaupt erst möglich werden, die ich so den ganzen Tag mache ... es bringt mich dorthin, wo ich in diesem dichten Terminkalender sein will."

In dieser Gruppe wird die wichtige These aus der systemtheoretischen Techniksoziologie belegt, dass Technik und deren Infrastruktur nicht etwa Werkzeug für geplante soziale Handlungen ist, sondern dass soziale Zusammenhänge erst konstituiert werden, weil die Technik sie als Möglichkeit anbietet (Kuhm 1997 und Böhme 1987).

Es gibt nur sehr vereinzelte Erfahrungen mit öffentlichen Verkehrsmitteln. Sie werden dann auch ausschließlich als negativ bewertet.

Die Befragten aus Westdeutschland fahren europäische Autos, die Dynamik oder zusätzlichen Luxus symbolisieren (BMW, Peugeot); die Befragten mit ostdeutscher Sozialisation fahren die sportliche Variante japanischer Autos, die bekanntlich die höchste Haltbarkeit und das beste Preis-Leistungs-Verhältnis garantieren.

Freizeitmobilität

Das Mobilsein-Müssen bezieht sich auf die vernetzte Erledigung der zahlreichen Aktivitäten, zu denen man sich verpflichtet hat. Das kann bedeuten, dass Wegeketten gebildet werden, die sich auf Erwerbsarbeit, Haushalt und Hobby beziehen, aber auch, dass der „Freizeitberuf" nur noch mit dem Auto gemanagt werden kann:

– „Nach Hamburg, nach Berlin, nach Holland, Wilhelmshaven. Turniere, zum Training ... Das ist unsere Freizeit, da bleibt nicht viel über. Zu den Eltern fahren wir auch zweimal im Jahr." (NiSa 4, 52-jähriger, verheirateter Tischler)

Das Autofahren ist nicht nur routinisiert und damit selbstverständlich, sondern es ist auch als Transportmittel multifunktional: Das Auto sei unentbehrlich „durch das Gepäck, die Kinder mitnehmen, wir müssen ja auch die Kugeln mitnehmen."

Raumwahrnehmung und -nutzung

Diese Gruppe mit überdurchschnittlichem Einkommen strebt einen Wohnstandort an, der mehrere Bedürfnisse in Einklang bringen muss. Er muss einerseits eine gute räumliche Startposition hinsichtlich der Fahrten für die zahlreichen Aktivitäten sein – zugleich muss der Nahraum Erholungs- und Ausruhmöglichkeiten für die gestressten Repräsentanten dieser Gruppe anbieten, wenn sie auch selten genutzt werden. Angestrebt wird somit ein Wohnstandort, bei dem alle für die hyperaktive Lebensführung wichtigen Funktionen gut erreicht sind.

– „Vorzug ist sicherlich die zentrale Lage, man ist unwahrscheinlich schnell in der Innenstadt. Die Infrastruktur außen herum ist sehr gut, Bank, Bäcker, Einkaufen, alles Drum und Dran ist sehr gut gemacht. Die Straße ist breit, man kann auch mit dem Auto parken ... Es hat städtischen Charakter, ist aber nicht diese totale Verdichtung ... Man ist schnell überall. Es hat immer noch von der Lebensart so einen dörflichen Touch, Gemeindetouch. Aber die Anbindung ist doch sehr städtisch." (BW 5, 44-jähriger, geschiedener Studienrat mit zwei Kindern)

II. Ergebnisse

Ein abgelegener Wohnstandort, der eine solche Erreichbarkeitskombination nicht erlaubt, wird aus Perspektive der Rastlosen als frustrierend erlebt:

- „... es ist schon manchmal ein bisschen sehr einsam hier." (Thür 4, 62-jährige, verheiratete Rentnerin)

Der Aktionsraum dieser Gruppe bewegt sich in der nahräumlich-traditionellen Variante im zweistelligen Kilometerbereich. In der großräumigen Variante wird – bezüglich des Stichtages bzw. des berichteten Wochenendes – von mehreren hundert Kilometern berichtet.

Soziale Lage/soziale Situation

Die Repräsentanten und Repräsentantinnen dieser Gruppe haben durchweg überdurchschnittliche Einkommen und pflegen einen gehobenen Lebensstandard. Alle sind oder waren verheiratet. In allen Haushalten gibt es Kinder.

Quantitative Hinweise

In der Repräsentativuntersuchung im Auftrag des Umweltbundesamts ist versucht worden, einen rastlosen, gestressten, familienorientierten Typus zu operationalisieren. In der Clusteranalyse hatte dieser Typus einen Anteil von bundesweit 24%.

F. Schluss

I. Disponible Zeit, Eigenzeit, Freizeit

Disponible, als von Erwerbs-, Haus- und Versorgungsarbeit freie Zeit, die privat und individuell auch von den Lohnabhängigen genutzt werden kann, entsteht erst im frühen zwanzigsten Jahrhundert.

Diese moderne Freizeit hat wenig mit dem Bild der Muße oder den mit ihr verbundenen Freiheitsvorstellungen zu tun, die noch bis in die 1980er Jahre die Freizeitdiskussion bestimmten. Das Vorhandensein disponibler Zeit bedeutet zunächst einmal nur „Auszeit", also Bewältigung von Kontingenz – es handelt sich somit um entscheidungsoffene, also nicht determinierte Zeit, die beliebig genutzt werden kann (zum Begriff der Auszeit vgl. Bardmann 1986, S. 152 ff.; zum Begriff der Kontingenz vgl. Luhmann 1985, Kapitel 3). Ob aktiv oder passiv, ob sinnvoll oder sinnlos, ob in Muße oder nicht, kann am Begriff von Freizeit nicht festgemacht werden.

Damit aber überhaupt eine zusammenhängende Nutzung zu selbstbestimmten Zwecken daraus werden kann, muss disponible Zeit aktiv strukturiert, in nutzbare Zeiteinheiten gebracht und gebündelt werden. Dann erst kann sie zu „Eigenzeit" werden. Ob das im Alltag gelingt oder gewünscht wird, hängt zum einen davon ab, welche Flexibilitätsanforderungen die Erwerbsarbeit hat und ob überhaupt eine klare Grenze zu ihr bzw. zu anderen Formen der Nichtbeschäftigung (Arbeitslosigkeit, Rentenstatus) gezogen werden kann und soll. Schließlich gibt es auch Lebensweisen, das zeigen die empirischen Befunde, in denen verschiedene Phasen kreativer Tätigkeit ineinander fließen und eine Abgrenzung zwischen Tätigsein und Freizeit nicht gewollt ist. Freizeit in der klaren Abgegrenztheit durch den Feierabend ist nur in Normalarbeitsverhältnissen mit ihren Vor- und Nachteilen möglich. Diese Arbeitsverhältnisse scheinen, angesichts der beobachtbaren Flexibilisierung und „Entgrenzung von Arbeit", eher auf dem Rückzug zu sein (Voß 1998).

Zum anderen muss disponible Zeit mit Hilfe von Zeitstrukturierungsmechanismen auch gegenüber der Haus- und Versorgungsarbeit abgegrenzt und gebündelt werden, wenn Eigenzeit gewonnen und hergestellt werden soll. Insbesondere in Haushalten mit Kindern verlangt dies Managementfähigkeiten oder/und das Aushalten eines Dauerkonflikts. Bei zunehmendem Anspruch der Frauen auf Erwerbsarbeit und Freizeit führt dies, sowohl in neuen als auch in traditionellen Geschlechter-Arrangements, zu verschiedenen Formen der „Reproduktionsarbeitskrise" (Rodenstein et al. 1996). Diese kann innerhalb einer Beziehung als manifeste Krise bzw. Dauerkonflikt oder aber latent als neue Lebensform (Singles, DINKS, Living-aparttogether ...) auftreten: Dann wird sie gesellschaftlich als Krise der Sozialsysteme, Alterung der Gesellschaft, bis hin zur Heterogenisierung unterschiedlicher Regionen wahrgenommen (vgl. Kröhnert et al. 2004).

II. Freizeitmobilität als Verräumlichung von Zeit

Freizeitmobilität ist Verräumlichung disponibler Zeit – also das Verlegen der Freizeitabgrenzung in den Außenraum. Dies konnte empirisch zunächst als spezielle Strategie gegen den ökonomischen Charakter des Haushalts, der (für bestimmte soziale Gruppen) immer Verantwortlichkeit und Arbeit bedeutet, aber keinen Feierabend bietet, herausgearbeitet werden – die Abgrenzung eigener Zeit gelingt erst dann, wenn dieser Ort verlassen, eine Auszeit genommen und damit die Strukturierung eigener Zeit möglich wird. Dieser spezifische Befund hat jedoch auch eine allgemeine Seite im Hinblick auf Lebensstile: Zwar gibt es Freizeitaktivitäten und Muße auch im eigenen Zuhause. Aber erst das Verlassen desselben konstituiert jene Differenz, die es möglich macht, andere Lebensstile im Kontrast wahrzunehmen, sie zu beobachten, Elemente von ihnen aufzunehmen, sie zu transformieren oder auch sich von ihnen abzugrenzen – also das Anderssein in der Pluralität zu erleben. Erst die Außer-Haus-Öffentlichkeit macht den averbalen Diskurs der Symbole möglich, die – gewollt oder ungewollt – Bestandteil der Distinktion sind (vgl. dazu Bourdieu 1985). Zwar werden Lebensstile auch als nicht reflektierte, selbstverständliche Alltagspraxis daheim gepflegt, aber in ihrem Wert auf dem Markt des kulturellen Kapitals werden sie erst in der Öffentlichkeit des Austauschs erfahrbar. Insofern ist eine Voraussetzung der Konstituierung von Lebensstildifferenzierung, sich in der freien Zeit nach draußen zu bewegen.

III. Bewegungs- und zielorientierte Freizeitmobilität

Freizeitmobilität als potentielle oder realisierte Bewegung im Raum kann zielorientiert sein – dann geht es um das Erreichen und die Erreichbarkeit von Orten der Freizeitaktivität und der Wunscherfüllung. Die unterschiedlichen damit verbundenen Aktivitäten sind aus dem empirischen Material rekonstruiert worden.

Freizeitmobilität kann aber auch – das ist historisch kein neues Phänomen – bewegungs- oder erlebnisorientiert sein. In diesen Fällen geht es nicht so sehr um das Erreichen eines Ziels zur Durchführung einer Aktivität als vielmehr um den Weg oder die Bewegung selbst – das Fahren oder Laufen als Wettbewerb, Sport, Entspannung, den Genuss der Technik, der Natur oder der Technik in der Natur. Dabei kann das „Spannungsschema" Teil der auslösenden Lebensstilkonfiguration sein (Schulze 1993).

Wichtig und in der quantitativen Forschung wahrscheinlich unterschätzt sind kombinierte Formen von ziel- und wegorientierter Freizeitmobilität: Zum einen in der Variante, bei der ein Ort und die dort mögliche Aktivität – z. B. ein Getränk zu sich nehmen oder etwas einkaufen – die Funktion hat, dem Bewegungs- oder Wegerlebnis einen Zielpunkt zu geben; andererseits die Variante der psychosozialen Ausbalancierung, bei der eine zielorientierte Fahrt (z. B. der Heimweg von der Arbeit) dazu genutzt und möglicherweise ausgedehnt wird, um einen Stimmungswechsel herbeizuführen.

IV. Soziale Erreichbarkeit – soziokulturelles Distanzverhalten

Erst die aufeinander bezogene Betrachtung von sowohl materiell als auch symbolisch relevanten Orten im Raum auf der einen und der sozialen Situation bzw. der soziokulturellen Positionierung der Akteure auf der anderen Seite eröffnet einen neuen Blick auf die Wechselwirkung von Sozialem und Räumlichem.

Die soziale Situation wird repräsentiert durch soziale Lage, Lebensphase, Beziehungs- und Familiensituation – Faktoren, die einen ermöglichenden bzw. begrenzenden Einfluss auf Freizeitmobilität und Erreichbarkeit haben. Dies wurde empirisch durch zwei Lebens- und Mobilitätsstiltypen belegt: Die *Überforderten,* bei denen materielle Lage und Familiensituation keine disponible Zeit ermöglicht und damit Formen der Freizeitmobilität verhindert; die *Abhängigen,* bei denen Verwitwung, altersbedingte Behinderung und räumliche Lage schrittweise zu einer partiellen Immobilität führt, obwohl sich an den messbaren räumlichen Relationen nichts geändert hat. Es kann in diesem Fall von einer Verschlechterung der *sozialen Erreichbarkeit* gesprochen werden.

Dass sich umgekehrt, bei gleich bleibenden Distanzen und Verkehrsmitteln, auch die *soziale Erreichbarkeit* verbessern kann, zeigen die Beispiele der Billigflüge oder auch der beim Discounter vertriebenen Bahntickets, die nunmehr Ziele ermöglichen, die bisher außerhalb der sozialen Reichweite waren. Soziale Faktoren haben somit, ebenso wie Gebäude oder Infrastrukturen, determinierende Wirkung. Es geht also nicht um so genannte harte oder weiche, auch nicht um subjektive oder objektive Faktoren – sondern um Optionen und Grenzen, die das Soziale setzt – flexible Grenzen allerdings, innerhalb derer wiederum Präferenzentscheidungen des Lebensstils – für das eine gegen das andere – getroffen werden.

IV. Soziale Erreichbarkeit – soziokulturelles Distanzverhalten

Während also die soziale Situation als Lebensphase, Beziehungssituation und soziale Lage einen ermöglichenden und beschränkenden Rahmen bildet, sind es soziokulturelle Affinitäten und Distanzen, die die inhaltliche Ausprägung – oder wie Giddens formuliert: Handlungsprogramme (Giddens 1995, S. 57) – der Freizeit und der Freizeitmobilität steuern. Wie die qualitative und quantitative Empirie deutlich macht, konstituiert sich das scheinbar Individuelle in der Form soziokultureller Zugehörigkeiten, die sich in Lebensstilorientierungen und Handlungspräferenzen ausdrücken.

Auch diese haben, das hat die Forschung über Mobilitätsstile nachgewiesen, hinsichtlich der Verkehrshandlungen im Raum objektive Wirkungen. Diese Wirkungen können – analog zu Bourdieus „Feldern", Simmels „Kreuzungspunkten" oder den Gravitationsmodellen der Verkehrsforschung – als anziehende oder abstoßende Wirkung von Freizeit-Orten verstanden werden. Tatsächlich werden diese Anziehungen und Abstoßungen in Form von Handlungen der soziokulturell bedingten Distanzeinnahme umgesetzt: Eine alltagsästhetisch und für das Bezugsmilieu unpassende Kneipe wird niemals besucht, obwohl sie direkt vor der Haustür liegt. Eine andere ist dagegen so „angesagt", dass weite Wege dorthin in Kauf genommen werden. Auch für diese, in den Ingenieurswissenschaften häufig fälschlicherweise als „weiche Faktoren" bezeichneten Orientierungen gilt, dass sie Verhaltensentscheidungen im Raum bewirken, die im Ergebnis Nähe oder Entfernung herstellen. Es erscheint sinnvoll, in diesem Zusammenhang – ebenfalls in Anlehnung, aber auch Abwandlung eines Begriffs aus den Verkehrswissenschaften – von *soziokulturellem Distanzverhalten* zu sprechen.

Die beiden genannten sozialen Einflussfaktoren, die Beweglichkeit, Erreichbarkeit und Distanzeinnahme ermöglichen, begrenzen oder variieren nämlich die soziale Situation und die soziokulturelle Orientierung, stehen in einer Wechselwirkung mit der Erreichbarkeit, wie sie die Verkehrsplanung definiert (vgl. Michael 1993).

Versucht man diese Interdependenz analytisch zu zerlegen, kann man sagen: Die räumliche Erreichbarkeit eines lebensstilspezifisch wünschbaren Freizeitziels wird zum einen im Rahmen der sozialen Situation bemessen (Kosten, Einpassung in die Beziehungs- und Familiensituation, Lebensphasen-Angemessenheit), zum anderen mit Hilfe soziokultureller Orientierungen bewertet[156] (wie wichtig das Ziel bzw. die Aktivität im Rahmen der lebensstilspezifischen Wunscherfüllung ist).

Die sozialstrukturellen und soziokulturellen Bewertungen haben also eine relativierende und Präferenzen setzende Funktion hinsichtlich der räumlichen

---
[156] Zur subjektiven Bewertung und Wahrnehmung objektiver raumstruktureller Merkmale aus psychologischer Perspektive vgl. Bamberg 2001, S. 127.

Erreichbarkeit. Die Maßverhältnisse, von denen hier die Rede ist, sind noch kaum bekannt – sie funktionieren nicht unbedingt nach dem Prinzip der niedrigsten Kosten und der kürzesten Wege – es ist im Rahmen lebensstilspezifischer Präferenzen durchaus möglich, dass eine besonders weite Entfernung oder auch die Langsamkeit einer Reise als attraktiv eingeschätzt werden.

Diese Bewertungsinterdependenz sozialer und räumlicher Erreichbarkeiten ist bisher in der Debatte über die Entstehung von (Freizeit-)Verkehr zu wenig berücksichtigt worden. Offenbar geht es hier nicht um „sachstrukturelle Determinierung" auf der einen und um „Verhaltensverursachung" auf der anderen Seite – oder um die Frage „wieviel Individualität" bei der Analyse der Verkehrsentstehung einbezogen werden müsse (Kutter 2001). Die Herausforderung ist vielmehr, die Objektivität der räumlichen Gegebenheiten und die Objektivität der sozialen Faktoren so aufeinander zu beziehen, dass ein neues, integriertes Erklärungsmodell von sozial bemessener und soziokulturell bewerteter Distanzeinnahme möglich wird.

V. Praktische Folgerungen: Sozial und soziokulturell unterschiedliche Raumsensibilitäten und Verhaltensvariabilitäten

Für praktische Intervention – z.B. eine sozialwissenschaftlich angeleitete Verkehrs- und Raumplanung – können nun einige Hinweise gegeben werden. Wer Freizeitmobilität und -verkehr beeinflussen will, sollte berücksichtigen, dass alle vier Kriterien der Erreichbarkeit in Betracht zu ziehen sind: die räumliche, die zeitliche, die soziale und die soziokulturelle. Das bedeutet zum einen die Erweiterung des Planungsinstrumentariums um die Lebensstildimension, aber es bedeutet auch, jedenfalls im Feld der Freizeitmobilität, eine Komplizierung – denn die verschiedenen Erreichbarkeiten und Distanzaktivitäten müssen in ihrer, zum Teil sogar gegenläufigen, Interdependenz betrachtet werden.

Interdependenz bedeutet, dass die Wirksamkeit einer auf Freizeit-Orte bezogenen Raum- und Verkehrsplanung immer unter dem Aspekt der sozialen und soziokulturellen Bewertung betrachtet werden muss. Für die in der empirischen Analyse gewonnenen Mobilitätsstilgruppen lässt sich daraus der Schluss ziehen, dass hinsichtlich des Einflusses möglicher raumplanerischer und verkehrsinfrastruktureller Maßnahmen unterschiedliche *Raumsensibilitäten* bestehen. Die dargestellte Typologie kann unter diesem Aspekt noch einmal verdichtet werden:

V. Praktische Folgerungen

1. Nahräumlich-benachteiligt

Erstes Segment sind diejenigen, für die die Erreichbarkeit erwünschter Freizeitziele durch die soziale Situation (z.B. Verwitwung, Alter, soziale Isolation, Armut, Familien-, Beziehungssituation) eingeschränkt ist. Eine preiswerte Wohnlage mit kurzen Wegen einerseits (also eine andere Siedlungsstruktur) und/oder – als soziale Maßnahme – Mobilitätsdienstleistungen, würden Mobilität sichern, erhöhen und bestimmte Freizeitziele erreichbar machen. Das gilt für

– *Die Überforderten*
– *Die Abhängigen*

2. Nahräumlich-pragmatisch

Zweites Segment sind jene Freizeitmobilitätsstile, bei denen die Familiensituation in Kombination mit der Freizeitorientierung zu einer pragmatischen Haltung bezüglich Mobilität führt. Sie sind bestrebt, die auf Freizeit bezogenen Raumdifferenzen aus ganz unterschiedlichen Beweggründen (z.B. Zeitknappheit) möglichst rational bzw. kostensparend zu überwinden. Kurze Wege, eine gute, öffentliche Verkehrsinfrastruktur und die Nähe zu Orten der Freizeitaktivität werden geschätzt und genutzt. Zu diesem Segment zählen

– *Die Kreativen*
– *Die Familienorganisierten*
– *Die Traditionellen*
– *Die Fahrradfans*

3. Nahräumlich-autofixiert

Das dritte Segment ist hinsichtlich der Freizeit – mit wenigen Ausnahmen weiträumiger Ausflüge – auf den Nahraum des Wohnorts und der Nachbarschaftsgemeinden orientiert. Da aber das eigene Auto zentrales Symbol der sozialen Integration und des Dazugehörens und damit zugleich eine nutzungsfördernde Rentabilitätsrechnung verbunden ist, werden auch kürzeste Wege mit dem Auto zurückgelegt. Da sich aber die anderen Haushaltsmitglieder durchaus zu Fuß oder mit dem ÖPNV fortbewegen, werden nahräumige Siedlungsstrukturen und eine gute ÖPNV-Infrastruktur durchaus genutzt. Zu diesem Segment gehören

– *Die Konventionellen*
– *Die Kumpels*

4. Raumheterogen-individualisiert

Das vierte Segment zeichnet sich durch einen heterogenen Aktionsraum aus, der einerseits nahe und andererseits sehr weite Ziele einbezieht. Im nächsten Umkreis gibt es einen auf wichtigste Funktionen und Kontakte bezogenen Nahraum, der spontan genutzt und befahren wird. Kurze Entfernungen werden dann zurückgelegt, wenn die Ziele zufällig zum Set der lebensstilrelevanten Orte passen, was eher selten der Fall ist – jedenfalls ist Nahräumlichkeit kein entscheidendes Auswahlkriterium. Typisch ist eine Art Grundbedürfnis-Befriedigung von Freizeit im Nahraum, darüber hinaus aber auch weiträumige Ausflüge. Eine multioptionale Verkehrsmittelnutzung einschließlich schneller Mietwagen, Hochgeschwindigkeitszügen und Flugzeugen zählt bei diesem Typus zum Set der zumeist per Internet ausgewählten Optionen. Zu dieser Gruppe können gezählt werden

– *Die Flexiblen*
– *Die Modernen*

5. Weiträumig-spannungsorientiert

Fünftes Segment sind jene Freizeitmobilitätsstile, die ihre Freizeitaktivitäten aus eigenem Antrieb bewusst weiträumig und dynamisch anlegen. Die Lebensstilorientierungen und die Affinität zu schnellen, motorisierten Fahrzeugen lässt sie für räumliche, siedlungs- und infrastrukturelle Maßnahmen relativ unempfindlich sein. Das bedeutet nicht, dass eine zufällig vor der Haustür liegende gute Gelegenheit nicht auch genutzt wird. Das gilt für

– *Die Erlebnisorientierten*
– *Die Rastlosen*

VI. Ausblick

- Die in der Arbeit entwickelten Kategorien *soziale Erreichbarkeit* und *soziokulturelles Distanzverhalten* könnten Titel eines empirischen Forschungsprogramms sein: Zwar ist der Einfluss sozialer und soziokultureller Faktoren auf Verkehrsmittelwahl, Entfernungen und Wegezwecke durch die quantitative Forschung über Mobilitätsstile belegt – was aber aussteht ist die empirische Untersuchung typischer räumlicher Muster, die – wenn man die Annahmen über aktive Nutzung und Aneignung des Raums zugrunde legt – durch ein solches Distanzverhalten entstehen. Auch der Begriff *Raumsensibilität,* also die Interdependenz zwischen Distanzverhalten und räumlicher Gestaltung, müsste empirisch „geerdet"

VI. Ausblick   261

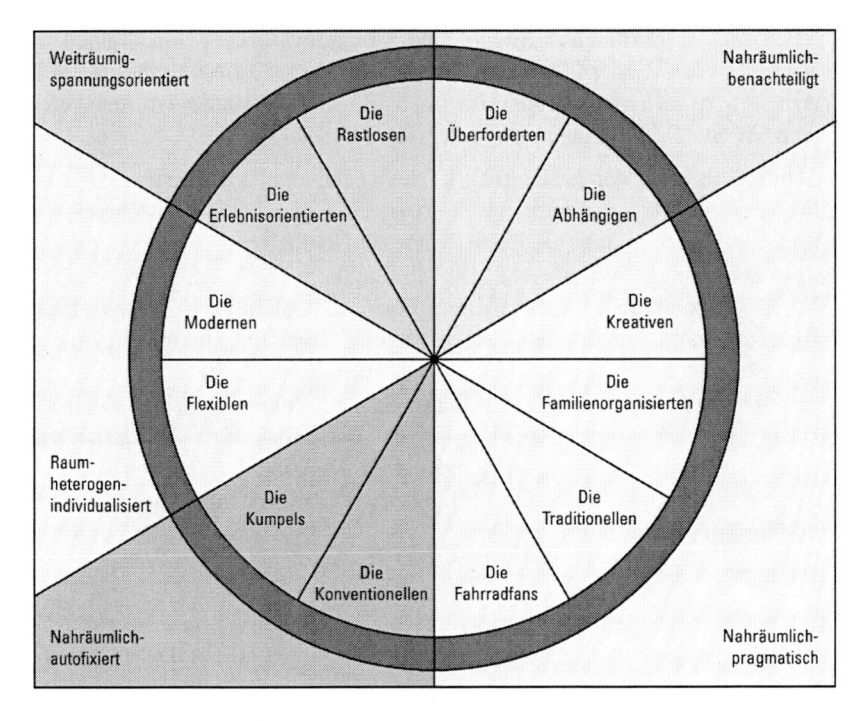

Abbildung 6: Freizeitmobilitätsstile und Raumnutzung

werden. Entsprechende empirische Untersuchungen müssten sich stärker, als es in der vorliegenden Arbeit möglich war, auf Theorien und Ergebnisse der Stadt-, Regional- und Raumsoziologie[157] beziehen.

- Die gesamtgesellschaftlichen Transformationsprozesse der jüngsten Zeit, die neuerlichen, einschneidenden Veränderungen der Erwerbsarbeit, die Wirkungen der verschiedenen Stufen der Globalisierung und der damit zusammenhängenden Regulationsformen, die erstmals seit dem „Kampf um den Normalarbeitstag" (Marx) in der Mitte des 19. Jahrhunderts nun wieder zu einer Verlängerung der Arbeitszeit führen, sind in der Arbeit nur punktuell in den Blick genommen worden. Aber es stellt sich die Frage, wie sich diese aktuellen, fast sprunghaften Prozesse auf die Grundannahmen über Lebensstilpluralisierung und Individualisierung auswirken – und daran anschließend: wie die Verbindung zwischen einer adäquaten, auf die aktuellen Transformationen bezogenen Gesellschaftstheorie mit einer „Meso-Ebene" von Lebensstilen, Lebensformen, Lebensweisen und Zeitverwendungsformen beschrieben werden kann. Es müss-

---
[157] Vgl. Löw 2001.

ten dann die zahlreichen Misch- und Übergangsformen von „Leben und Arbeit" (Voss/Rieder 2005), aber auch jene Fragen, die von den aktuellen Arbeiten zu reflexiver Modernisierung und Mobilität aufgeworfen worden sind, in den Erkenntnisprozess integriert werden[158].

- Schließlich steht der Freizeitbegriff selbst auf dem Prüfstand: Der Untertitel der Arbeit – disponible Zeit, Auszeit, Eigenzeit – weist bereits darauf hin, dass es um die begriffliche Differenzierung unterschiedlicher Zeitverwendungsformen geht. Der Freizeitbegriff in seiner ursprünglich für die Erziehung[159] entwickelten Form, hat sicher im pädagogischen Kontext noch immer seine Berechtigung, aber in einem allgemeinen Sinne ist er durch seine alltägliche Verwendung zu stark abgeschliffen. Andererseits ist gerade diese Alltagsverständlichkeit, z.B. für die in den Interviews Befragten, auch seine Stärke. Dies, und seine Anschlussfähigkeit an einen verkehrswissenschaftlichen Diskurs, hat zu der Entscheidung geführt, dass „Freizeitmobilität" als Überschrift im Titel der Arbeit nun doch erhalten blieb.

---

[158] Vgl. die Beiträge von Beck 2004, Bonss/Kesselring 2004, Urry 2004 in dem Workshop-Reader: Sonderforschungsbereich Reflexive Modernisierung (2004) und unter www.cosmobilities.net.
[159] Vgl. Fröbel 1826, S. 128.

Anhang: Qualitativer Leitfaden

Liebe Interviewerinnen, liebe Interviewer,

Zu den Zielen des Projekts

Es geht in diesem – vom Umweltbundesamt finanzierten Projekt – um Freizeit und um den Freizeitverkehr. Ziel des Projekts sollen Maßnahmen sein, die dazu führen, dass der Freizeitverkehr umweltfreundlicher, wo möglich, ohne Nutzung des Autos bewältigt wird. Wie immer gilt: Halten Sie das Thema Ökologie/Umwelt dezent im Hintergrund sonst könnte eine moralisierende Atmosphäre entstehen, die den Gesprächsverlauf negativ beeinflusst.

Die Exploration hat folgenden Ablauf

1. Lebensstil/Lebenssituation (ca. 20 Min.)

- Haushalt und Alltagsleben
- Arbeit/hauptsächliche Tätigkeit
- Wohnsituation/Wohnumfeld

2. Freizeitorientierung (ca. 20 Min.)

- Freizeitverständnis
- Freizeitaktivitäten
- Typische Freizeit im Alltag

3. Mobilitätsorientierungen (ca. 25 Min.)

- Einstellung zu unterschiedlichen Verkehrsmitteln
- Bedeutung in der Freizeit

4. Freizeitmobilität (ca. 25 Min.)

- Beispielhafte Freizeitfahrten im Alltag und am Wochenende
- Letzter Kurzurlaub
- Letzter Urlaub
- Einsparung von Freizeitwegen

Zur Erinnerung hier noch einmal die **Grundregeln des Explorierens:**

- Nach jeder Frage, die Sie stellen, Spontanantwort abwarten! Auch wenn es diesmal nicht ausdrücklich in der Intervieweranweisung steht!
- Gehen Sie vor dem ersten Gespräch den gesamten Leitfaden unbedingt einmal intensiv für sich durch.

- Unterhalten Sie sich vor dem Interview möglichst wenig über die Ziele des Forschungsprojekts mit Ihrem/Ihrer GP. Ihr Gegenüber könnte dadurch in der Meinungsäußerung beeinflusst werden.
- Bemühen Sie sich um eine Gesprächsatmosphäre, in der sich Ihr Gegenüber öffnen kann und die es erlaubt, unbefangen und frei zu erzählen.
- Wenden Sie sich der Gesprächspartnerin, dem Gesprächspartner zu.
- Öffnen Sie sich auch für Meinungen und Einstellungen, die Ihnen fremd sind.
- Bleiben Sie freundlich-neugierig, auch wenn Sie mit dem Gesagten nicht einverstanden sind.
- Aber auch umgekehrt gilt: Explorieren Sie auch dann gründlich und ausführlich weiter, wenn Ihnen die Meinung der/des GP vertraut erscheint: Wir müssen uns ein Bild machen können. Sorgen Sie dafür, dass dieses Bild möglichst plastisch auf Tonband festgehalten wird.
- Stellen Sie jeweils eine kurze und eindeutige Frage.
- Keine Suggestiv-Fragen, die den Gesprächspartner in eine vorbestimmte Richtung locken.
- Spulen Sie auf keinen Fall ein Fragenprogramm ab. Bringen Sie Ihr Gegenüber nicht in einen Antwortstress.
- Fragen Sie nach, wenn die Antwort zu kurz, zu allgemein oder unverständlich war („Können Sie mir das etwas genauer erklären?"/„Wie meinen Sie das?"/„Ich habe das noch nicht genau verstanden …").
- Greifen Sie behutsam ein, wenn sich Ihr GP in objektiven Erörterungen verfängt („mich interessiert ihre ganz persönliche Meinung"/„welche Einstellung haben Sie ganz persönlich zu diesem Thema").
- Geben Sie Ihrer Gesprächspartnerin, Ihrem Gesprächspartner Signale der Aufmerksamkeit, suchen Sie ab und zu Blickkontakt. Zeigen Sie, dass Sie verstanden haben.
- Führen Sie mit der Gesprächspartnerin, dem Gesprächspartner ein möglichst natürliches Gespräch, das Sie fast unmerklich steuern.
- Stellen Sie sich auf die sprachliche Ebene Ihres Gegenübers ein.
- 90 Minuten sind eine lange Zeit. Wechseln Sie manchmal den Ton, die Lautstärke, die Sitzhaltung – sorgen Sie für Abwechslung!
- Greifen Sie aber auch behutsam ein, wenn Ihr/Ihre Gesprächspartner/in vom Thema abkommt und führen Sie sie/ihn wieder zum Thema zurück.
- Für jedes Thema haben wir eine Einstiegsfrage vorformuliert, die Sie wörtlich übernehmen können. Sie ist jeweils kursiv gedruckt und mit einem Kasten umrahmt. Auch die anderen Fragen sind meist so formuliert, dass Sie – wenn Ihnen nichts besseres einfällt – das „GP" durch ein „Sie" ersetzen können. Es entsteht dann eine brauchbare Fragestellung. Im Normalfall bitten wir Sie jedoch, eine eigene Formulierung zu finden

Anhang: Qualitativer Leitfaden

- Am Schluss können Sie ausführlich über die Ziele des Projekts und über den Auftraggeber berichten. Klären Sie Ihre/n Gesprächspartner darüber auf,
  – dass es sich um ein Forschungsprojekt handelt, das vom Umweltbundesamt (Berlin) gefördert wird,
  – dass es aus Mitteln des Umweltministeriums finanziert wird,
  – dass die Ergebnisse veröffentlicht werden.

Formalia
- Testen Sie vor Beginn des Gesprächs Ihr Tonbandgerät (technisch unbrauchbare Interviews werden nicht vergütet).
- Benutzen Sie unbedingt für jede/n GP ein neues Band!
- Nummerieren Sie nach dem Gespräch Ihre Tonbänder durch. Wenn das Gespräch z.B. drei Tonbandseiten lang gedauert hat, lautet die Nummerierung so: Auf der ersten Seite des ersten Bandes steht: „S. 1 v. 3". Auf der zweiten Seite des ersten Bandes steht: „S. 2 v. 3". Auf der ersten Seite des zweiten Band steht somit: „S. 3 v. 3".
- Schreiben Sie auf jedes Band die GP-Nr. und Ihr Namenskürzel.
- Schreiben Sie die GP-Nr. auch auf die Statistik und auf das Wegeprotokoll.
- Und nun viel Spaß bei Ihren Explorationen!

1. Haushalt

> *Zu Beginn möchte ich Sie bitten, mir kurz sozusagen alle Personen vorzustellen, die zu Ihrem Haushalt gehören.*

- Alle Personen des Haushalts nacheinander durchgehen.
- Geschlecht, Alter
- Was machen die verschiedenen Personen zur Zeit? (Art der Arbeit? Hausfrau? Art der Schule? Welche Klasse? Arbeitslos? etc.)

> *Wer trägt alles zum Haushaltseinkommen bei?*

- Wie viele Personen haben ein eigenes Einkommen?
- Gibt es Haushaltsmitglieder, die staatliche Unterstützung bekommen? (Wer? Welche Art der Unterstützung ist das?)

2. Alltagsleben

> *Nun möchte ich Sie bitten, mir zu schildern, wie bei Ihnen persönlich ein typischer Werktag verläuft.*

- Lassen Sie die GP einen Werktag von morgens bis abends schildern
- Haupttätigkeiten schildern lassen (Beruf, Haushalt, Kinderversorgung ...)

⇨ **Falls Kinder im Haushalt**

> *Werden im Laufe des Tages die Kinder irgendwo hingebracht oder müssen sie abgeholt werden?*

- Wohin? Von wo?
- Wer macht das?
- Mit welchem Verkehrsmittel?
- Wie oft in der Woche? (Wochenende nicht vergessen!)

3. Arbeit/hauptsächliche Tätigkeiten
⇨ **Die folgenden Fragen je nach Art der aktuellen Tätigkeit differenzieren.**
⇨ **Nur an Berufstätige:**

> *Bitte beschreiben Sie mir genau, was Sie in Ihrem Beruf machen.*

- Was ist das für eine Tätigkeit?
- Seit wann arbeitet GP in diesem Beruf?
- Hat GP schon andere Berufe ausgeübt? Welche?
- Was gefällt GP an dieser Tätigkeit? Was gefällt nicht?
- Welche Wünsche hat GP hinsichtlich des Berufs? Was sollte sich verändern?
- Hat GP auch schon einmal daran gedacht, für eine Weile aus dem Beruf auszusteigen? (Warum?)

⇨ **Nur an Vollzeit-Hausfrauen/Hausmänner:**

> *Bitte erzählen Sie mir, wie Sie die Situation als Hausfrau erleben.*

- Seit wann ist GP Vollzeit-Hausfrau/Hausmann? Warum?
- Wie empfindet GP die Arbeit als Hausfrau/Hausmann?
- Was macht GP gerne? Was macht GP ungern?
- Wie viel Zeit nimmt der Haushalt/nehmen die Kinder ein?
- Bleibt noch Zeit für anderes? Was ist das?

⇨ **Nur an Azubis, Schüler, Studenten:**

> *Bitte erzählen Sie mir, was Ihnen an Ihrer Ausbildung gefällt und was Ihnen nicht gefällt.*

- Welche Schule? Was für eine Ausbildung/Studiengang?
- Wie erlebt GP die Situation als Schüler(in), Student(in), Azubi?

- Macht GP Schule, Ausbildung, Uni Spaß? (Was gefällt, was nicht?)
- Warum hat GP diese Ausbildung/Studienrichtung gewählt?
- Was will GP später einmal werden? Welche Berufsziele hat GP?

⇨ **Nur an Arbeitslose:**

> *Bitte schildern Sie mir, wie Sie mit der Situation der Arbeitslosigkeit zurechtkommen.*

- Wie erlebt GP die Situation der Arbeitslosigkeit?
- Seit wann ist GP arbeitslos?
- Womit verbringt GP hauptsächlich seine/ihre Zeit?
- Kann GP die Nichtarbeitszeit sinnvoll für sich nutzen? Wie?
- In welchem Beruf hat GP zuletzt gearbeitet?
- Was wünscht sich GP für die Zukunft?

⇨ **Nur an GP im Ruhestand, Rentner/Rentnerinnen:**

> *Bitte schildern Sie mir, wie Sie das Leben im Ruhestand empfinden.*

- Seit wann ist GP im Ruhestand?
- Womit verbringt GP seine Zeit?
- Was gefällt GP am Rentner-Dasein? Was gefällt nicht?
- Kann GP die Zeit sinnvoll für sich nutzen? Wie?

⇨ **An alle:**

4. Wohnsituation/Wohnumfeld

> *Bitte versuchen Sie jetzt einmal, Ihre Wohnung und das Haus zu beschreiben, in dem Sie wohnen.*

- Lassen Sie GP in eigenen Worten die Vorzüge und die Nachteile der Wohnung/ des Hauses schildern.
- Miete oder Eigentum?
- Art des Hauses (Einfamilien, Mehrfamilien, wie viele Stockwerke?)

> *Was gefällt Ihnen an dem Stadtteil/Ortsteil in dem Sie wohnen?*

- Fühlt sich GP insgesamt in seinem/ihrem Stadtteil wohl? (Warum?)
- Was bietet der Stadtteil/Ortsteil? Was kann man hier unternehmen?

- Was sind die Vorteile des Stadtteils/Ortsteils?
- Ist die Verkehrsanbindung gut?
- Gibt es Leute, mit denen sich GP trifft, mit denen GP etwas unternimmt?

Und was gefällt Ihnen weniger?

- Welche Probleme gibt es? (auch Verkehrsprobleme?)
- Was fehlt GP im Stadtteil/Ortsteil? Wofür muss man wegfahren?
- Was sind die Nachteile?
- Sind die Leute, die im Stadtteil wohnen eine Ursache von Unzufriedenheit?

Was bietet Ihnen die unmittelbare Umgebung Ihrer Wohnung (was ist zu Fuß erreichbar)?

- Was gibt es da an Zielen und Möglichkeiten? (Wie weit entfernt?)
- Einkauf, Erledigungen? (Wie weit entfernt?)
- Verkehrsanbindung? (Wie weit entfernt sind Haltestellen?)
- Erreichbarkeit anderer Stadtteile/Ortsteile/der Innenstadt?

⇨ **Falls Kinder im Haushalt:**
- Wie ist die Situation für die Kinder?

⇨ **Falls nicht schon erörtert, thematisieren**

Was bietet Ihnen der Stadtteil/Ortsteil in dem Sie wohnen, für die Freizeit?

- Wohnen Bekannte/Freunde/Verwandte in der Nähe, mit denen GP sich trifft?
- Besucht GP Kneipen, Restaurants?
- Gibt es ein Unterhaltungsangebot, das GP nutzt? (Kinos ...)
- Ist GP in irgendeiner Form im Ort/Stadtteil engagiert?
- Geht GP in der Nähe der Wohnung spazieren?
- Welche Möglichkeiten gibt es für die eigenen Kinder? Was können sie in der näheren Umgebung machen?

Wie gefällt Ihnen die weitere Umgebung Ihres Wohnorts/ihres Stadtteils?

- Natur/Landschaft?
- Benachbarte Stadtteile?
- Innenstadt?

> *Haben Sie einen Garten?*

⇨ **Falls Garten vorhanden:**
- Wie weit entfernt ist der Garten?
- Welche Art von Garten ist das? (Wie groß?)
- Wozu nutzt GP den Garten hauptsächlich?
- Wie oft arbeitet GP im Garten?
- Gibt es ein Gartenhaus?

> *Haben Sie eine Zweitwohnung, einen Zweitwohnsitz, eine Ferienwohnung?*

- Zu welchem Zweck hat GP den Zweitwohnsitz?
- Wo? Wie weit entfernt?
- Wie oft ist der GP dort?
- Mit welchem Verkehrsmittel?

5. Freizeitverständnis/Freizeitaktivitäten

> *Was ist das für Sie: Freizeit?*

⇨ Explorieren, was GP ganz persönlich unter Freizeit versteht.
- Hat GP überhaupt Freizeit?
- Woran merkt GP, dass die Freizeit begonnen hat?
- Wann/wo beginnt für GP Freizeit? Wo hört sie auf?
- Woran macht sich das Gefühl von Freizeit fest?
  (An Orten, an Personen, an Aktivitäten?)
- Lässt sich das überhaupt genau abgrenzen?

> *Wie verbringen Sie am liebsten Ihre Freizeit?*

⇨ verschiedene Möglichkeiten nennen lassen!
- Eher aktiv/eher passiv? (Welche Aktivitäten?)

> *Gibt es irgendwelche Hobbys, Aktivitäten, die Sie regelmäßig in der Freizeit ausüben? Welche?*

- Mit wem zusammen? Freunde, Kinder, Partner/Partnerin?
- Wie oft? (An welchen Tagen in der Woche?)
- Wo werden diese ausgeübt?
- Wie weit ist das jeweils von zu Hause entfernt? (in km)
- Wie kommt GP dahin? (Zu Fuß, Fahrrad, Auto ...)

⇨ **Falls nicht schon genannt:**

> *Treiben Sie Sport?*

- Welchen Sport/welche Sportarten?
- Wie oft? (An welchen Tagen in der Woche?)
- Wo? (Im Freien? In der Halle? Im Studio? etc.)
- Entfernung von der Wohnung?
- Wie kommt GP dort hin?
- Warum wird dieses Verkehrsmittel benutzt?

> *Sind Sie in irgendwelchen Organisationen, Vereinen aktiv?*

- Engagiert sich GP in der Freizeit ehrenamtlich?
- In einem Verein, Partei, Gewerkschaft, Bürgerinitiative ...?
- In sozialen humanitären Organisationen?
- In der Kirche, in kirchlichen Organisationen?

⇨ **Falls ja:**
- Wie weit entfernt von der Wohnung finden diese Aktivitäten statt?
- Im gleichen Ort/Stadtteil oder in einem anderen?
- Wie kommt GP dorthin?
- Warum wird dieses Verkehrsmittel gewählt?

> *Viele Menschen leisten sich ja – im Rahmen ihrer Möglichkeiten – irgendeinen kleinen Luxus. Was ist Ihr persönlicher Luxus?*

⇨ Zeit zum Nachdenken lassen. Falls GP nichts einfällt:
- In welchen Bereichen ist GP gerne einmal großzügig?
- Wofür gibt GP etwas mehr Geld aus?
- Wofür nimmt sich GP besonders viel Zeit?
- In welchem Bereich leistet sich GP diesen Luxus?

6. Freizeit im Alltag

> *Bitte denken Sie jetzt einmal an die vergangenen Tage zurück. Vielleicht erinnern Sie sich an einen Werktag, an dem Sie (nach der Arbeit/nach der Schule/nach der Uni/nach der Ausbildung) (abends) zu Hause geblieben sind.*

⇨ **Zeit zum nachdenken lassen.**

Wie haben Sie ihre Zeit zu Hause verbracht?

⇨ Lassen Sie GP ausführlich beschreiben, wie die freie Zeit genutzt wurde, ggfs. nachhaken:
- Hat GP ferngesehen? Gelesen? Ausgeruht? Relaxt?
- Ist GP mit der Familie/mit Verwandten/mit Freunden zusammen gewesen?
- Mit dem Computer beschäftigt? (Was macht GP am Computer?)
- Wurden mehrere Dinge gleichzeitig gemacht? (z.B. Hausarbeit und fernsehen?)

Wie muss die ideale Situation sein, damit Sie ihre Freizeit zu Hause richtig genießen können?

⇨ Lassen Sie GP die optimale Freizeitsituation zu Hause schildern.
- Was ist die Voraussetzung?
- Wie muss die Gesamtsituation sein?
- Was/wer stört?

Wenn Sie an Ihre Arbeit denken und an Ihre Art die Freizeit zu verbringen – hat das irgendetwas miteinander zu tun?

⇨ **Zeit zum Nachdenken lassen.**
- Ist Arbeit und Freizeit eher ein Kontrastprogramm? Oder gibt es Gemeinsamkeiten? (Inwiefern?)
- Was bietet die Freizeit im Unterschied zur Arbeit?
- Gibt es auch Gemeinsamkeiten?

7. Mobilität

Thema Fortbewegung, Mobilität. Sind Sie ein Mensch, der gerne unterwegs ist oder eher nicht?

- Ist GP eher ein häuslicher oder ein mobiler Typ?

Welche Art der Fortbewegung ist für Sie persönlich die wichtigste?

- Welche Art von Fortbewegung ist für GP *subjektiv* die wichtigste?
- Beruflich/in der Freizeit/für Einkäufe

7a) Auto

> *Welchen Stellenwert hat für Sie das Auto?*

- Ist es eher wichtig? (für welche Fahrten?)
- Ist es eher unwichtig? (warum?)
- Was macht beim Autofahren (Mitfahren) Spaß? (Beispiele!)
- Was ist unangenehm, was nervt? (Beispiele!)

⇨ **Nur an Haushalte mit Auto**

> *Was für ein Auto haben Sie?*

- Warum dieses Auto?
- Was gefällt GP an diesem Auto?
- Was unterscheidet es von anderen Autos?
- Würde GP gerne ein anderes Auto haben? (Was für eins?)

⇨ **An alle:**

> *Wie oft fahren Sie mit dem Auto?*

⇨ auch *Mit*fahrten berücksichtigen!
- Zur Arbeit?
- Zum Einkaufen/Dinge erledigen?
- In der Freizeit?
- Kinder transportieren?

> *Was geht Ihnen beim Stichwort Auto und Freizeit durch den Kopf?*

⇨ **Lassen Sie GP genügend Zeit!**
⇨ vertiefen Sie das Thema anschließend:
- Fallen GP typische Freizeitsituationen mit dem Auto ein? (z.B. im Urlaub)
- Sind das eher angenehme oder eher unangenehme Situationen?

> *Für welche Fahrten in der Freizeit benutzen Sie das Auto?*

- Wohin gehen diese Fahrten? (Anhand von Beispielen beschreiben lassen!)
- Zu welchen Freizeitaktivitäten wird mit dem Auto gefahren? (Veranstaltungen, Spaziergänge, Ausflüge, Freunde, Verwandte, Kneipen, Kino, Disco, ...)
- An welchen Wochentagen?

> *Gibt es Situationen in der Freizeit, in denen für Sie das Auto unentbehrlich ist?*

- Situation genau beschreiben lassen!
- Warum ist das Auto in dieser Situation so wichtig?

> *Gibt es Situationen in der Freizeit oder im Urlaub, in denen Sie aus reinem Spaß mit dem Auto fahren (weil es so schön ist, Auto zu fahren)?*

- Was sind das für Situationen? (Das Typische beschreiben lassen!)
- Was gefällt daran besonders?
- Kann GP einen ähnlichen Spaß auch mit einem anderen Verkehrsmittel haben?

> *Gibt es Freizeitsituationen, in denen Sie lieber andere Verkehrsmittel als das Auto benutzen?*

- Welche Situationen sind das?
- Welche Art von Fortbewegung wird dann vorgezogen?
- Warum bevorzugt GP diese Art der Fortbewegung?
  – Was sind die Vorteile?
  – Gibt es auch Nachteile?

7b) ÖPNV

> *Für welche Fahrten benutzen Sie öffentliche Verkehrsmittel, also Straßenbahn, Bus, U-Bahn, S-Bahn, Zug?*

⇨ **Falls keine Fahrten mit dem ÖPNV: Warum nicht?**
- Arbeit? Ausbildung?
- Einkauf? Erledigungen?
- Freizeit?
- Wohin gehen die Freizeitfahrten üblicherweise? (genau beschreiben lassen!)
- Um welche Freizeitaktivitäten handelt es sich? (Veranstaltungen, Freunde, Verwandte, Kneipen, Kino, Disco, Sport, Spazierengehen ...)
- Welche öffentlichen Verkehrsmittel benutzt GP in diesen Fällen?

> *Welche Erfahrungen haben Sie mit dem öffentlichen Verkehr in der Freizeit gemacht?*

⇨ **Spontanantwort abwarten, dann explorieren!**
- Straßenbahn, U-Bahn, S-Bahn, Bus, Zug
- Was waren positive Erfahrungen? Was waren negative Erfahrungen?

> *Gibt es Situationen, in denen Sie öffentliche Verkehrsmittel vermeiden?*

- In welchen Situationen? Warum?
- Wodurch fühlt sich GP gestört, belästigt, unangenehm berührt, bedroht ...?
- Wie ist es am Abend? Nachts?

> *Was ist aus Ihrer Sicht wichtig, damit Sie sich im öffentlichen Nahverkehr wohlfühlen?*

- Bezüglich der Haltestellen/Bahnhöfe
- der Fahrzeuge
- des Personals
- der anderen Fahrgäste
- der Information
- Sonstiges

7c) Fahrrad

> *Für welche Fahrten benutzen Sie das Fahrrad?*

⇨ **Falls GP kein Fahrrad verwendet: Warum?**

- Arbeit/Ausbildung? (Wie weit?)
- Einkauf? Erledigungen? (Wie weit?)
- Freizeit? Wohin gehen die Freizeitfahrten üblicherweise? (Genau beschreiben lassen!)
- Um welche Freizeitaktivitäten handelt es sich?

> *Wie muss der Weg, die Straße, wie muss die Umgebung sein, damit Sie das Fahrrad gerne benutzen?*

⇨ **Anhand konkreter Beispiele beschreiben lassen:**

- Qualität des Weges, der Straße
- Was ist mit dem übrigen Verkehr?
- Welche Umgebung wünscht sich GP?

> *In welchen Situationen vermeiden Sie es, mit dem Fahrrad zu fahren?*

- Warum benutzt GP das Fahrrad in diesen Situationen nicht?
- Fährt GP auch abends und nachts?

7d) Zu-Fuß-Gehen

> *Welche Wege gehen Sie normalerweise zu Fuß?*

- Arbeit/Ausbildung? (Wie weit?)
- Einkauf? Erledigungen? (Wie weit?)
- Freizeit? Welche Aktivitäten?
- Wohin geht GP zu Fuß in der Freizeit (genau beschreiben lassen!)
- Um welche Freizeitaktivitäten handelt es sich?

> *Wie muss der Weg, wie muss die Umgebung sein, damit Sie gerne zu Fuß gehen?*

⇨ **Anhand konkreter Beispiele beschreiben lassen:**
- Qualität des Weges, der Straße?
- Welche Umgebung?
- Welche Tageszeit?

> *In welchen Situationen vermeiden Sie das Zu-Fuß-Gehen?*

- Warum geht GP in diesen Situationen nicht zu Fuß?
- Was ist daran unangenehm ... etc.?

7e) Car-Sharing

> *Vielleicht haben Sie schon einmal vom sogenannten Car-Sharing gehört. Wenn Sie ab und zu ein Auto benutzen wollen, ohne eines selbst zu besitzen, können Sie Mitglied in einem Verein werden und – wann immer sie wollen – gegen Gebühr ein Fahrzeug ausleihen. Was halten Sie davon?*

⇨ **Falls nötig erläutern Sie das Konzept:**
  - die Fahrzeuge stehen an verschiedenen Plätzen in der Stadt,
  - die Mitglieder erhalten einen Schlüssel mit dem sie sich – nach telefonischer Voranmeldung – ein Auto ausleihen können,
  - es stehen ganz unterschiedliche Fahrzeuge zur Verfügung,
  - der Kilometer kostet einschließlich Benzin je nach Autotyp 35 bis 45 Pfennig plus eine Zeitgebühr von 3,– pro Stunde.
- Ist das Konzept für GP attraktiv? Sympathisch? Unsympathisch?
- Welche Vorteile sieht GP? Welche Nachteile?
- Unter welchen Umständen käme car sharing in Frage?
- Für welche Fahrten könnte GP sich vorstellen Carsharing-Autos zu benutzen?

8. Freizeitmobilität
8a) Werktag

> *Bitte denken Sie jetzt an den letzten Werktag, an dem Sie ihre Freizeit oder ihren Feierabend nicht zu Hause verbracht haben. Was haben Sie unternommen?*

⇨ **Lassen Sie GP beschreiben, wie die Freizeit außer Haus verbracht wurde.**

- Was hat GP alles unternommen?
- Mit wem war GP zusammen?
- Was hat GP erlebt/erwartet?
- Wo, in was für Gegenden/Landschaften war das (Innenstadt, Stadtrand, im Grünen, …)?
- Verbringt GP die Freizeit regelmäßig an diesen Orten?
- Wie weit entfernt waren diese Ziele?

> *Welche Verkehrsmittel haben Sie benutzt?*

⇨ **Für jedes Freizeitziel das Verkehrsmittel explorieren (einschließlich zu Fuß).**

⇨ **Nur Wege mit dem Auto in Liste 1 eintragen.**

8b) Wochenende

> *Wenn Sie jetzt einmal an das vergangene Wochenende denken: Wie haben Sie Ihre Freizeit verbracht?*

⇨ Lassen Sie GP ausführlich beschreiben, wie die freie Zeit genutzt wurde.

⇨ ggfs. nachhaken:

- Hat GP etwas unternommen?
- Wie hat GP den Samstag, wie hat GP den Sonntag verbracht?
- Was waren die hauptsächlichen Aktivitäten?
- Hat sich GP auch ausgeruht, gefaulenzt? Relaxt?
- Hat GP sich angestrengt, gestresst, Sport gemacht?
- Mit wem war GP zusammen? (Familie, Verwandte, Freunde, Bekannte)?
- War GP mit dem Wochenende alles in allem zufrieden? (Begründung)

> *Wo haben Sie die Freizeit am Wochenende verbracht?*

- Im Haus? Außer Haus?
- Im eigenen Ort/Stadtteil? In der Stadt?
- Außerhalb? In einer anderen Stadt? In der Natur?

> *Welche Verkehrsmittel haben Sie benutzt?*

⇨ Verkehrsmittel für jedes Freizeitziel explorieren (einschließlich zu Fuß).
⇨ **Nur Wege mit dem Auto in Liste 2 eintragen.**

8c) Kurzurlaub

> *Bitte erzählen Sie mir von Ihrem letzten größeren Ausflug bzw. Kurzurlaub.*

⇨ Gemeint sind Ausflüge/Kurzurlaube in eine andere Stadt, eine andere Region, in ein anderes Land – Ausflüge, die mindestens einen halben Tag, höchstens eine Woche gedauert haben.
- Wann war das? (Ostern nicht vergessen!)
- Wohin ging die Reise? Wie weit? (km)
- Mit wem war GP unterwegs?
- Worum ging es dabei? (Erholung, Besichtigung, Familienausflug, Erlebnis, ...)
- Hat sich der Ausflug gelohnt? War GP zufrieden?

> *Welche Verkehrsmittel haben Sie benutzt?*

- Was waren die Vorteile dieser Verkehrsmittel?
- Was waren die Nachteile?
- Was hat Spaß gemacht? Was hat genervt?

⇨ **Falls das Auto benutzt wurde**
- Welches andere Verkehrsmittel hätte benutzt werden können?
- Warum wurde das alternative Verkehrsmittel nicht benutzt?
- Was wären dabei die Vorteile/Nachteile gewesen?
- Welche Wege mit dem Auto hätten ganz eingespart werden können?

8d) Urlaub

> *Bitte beschreiben Sie mir jetzt Ihren letzten größeren Urlaub – egal ob Sie weggefahren oder zu Hause geblieben sind.*

⇨ Gemeint ist ein Urlaub, der länger als eine Woche dauerte.
- Wo hat GP Urlaub gemacht? (Wie weit entfernt von zu Hause?)
- Mit wem?
- Welche Art von Urlaub war das?
  – Hauptsächlich erholen/abschalten/relaxen?
  – Andere Länder/Menschen/Kulturen kennen lernen?
  – Abends weggehen/einen draufmachen?

- Sport treiben?
- Natur erleben?
- Mit der Familie zusammen sein?
⇨ Sonstiges? Beschreiben lassen!

Wie sind Sie an den Urlaubsort gekommen? Welche Verkehrsmittel wurden genutzt?

- Würde GP das/die gleiche/n Verkehrsmittel wieder wählen?
- Was waren die Vorteile dieser Verkehrsmittel? Was waren die Nachteile?
- Was hat Spaß gemacht? Was hat genervt?
- Welche anderen Verkehrsmittel hätten auch benutzt werden können?
- Was wären die Vorteile/Nachteile gewesen?

Wie haben Sie sich am Urlaubsort hauptsächlich fortbewegt?

⇨ **Einschließlich zu Fuß**
- Wie oft wurde dieses Verkehrsmittel benutzt?
- Wurden auch noch andere Verkehrsmittel benutzt?
- Für welche Zwecke? (Einkauf, Spazierfahrt, Ausflüge, immer wieder an bestimmte Plätze fahren ...)
- Was waren die Vorteile/Nachteile dieser Verkehrsmittel?
- Was hat Spaß gemacht? Was nicht? Was hat genervt?

⇨ **Falls das Auto benutzt wurde**
- Welche anderen Verkehrsmittel hätten benutzt werden können?
- Was wären die Vorteile/Nachteile gewesen?

9. Wege einsparen

In unserem Projekt geht es auch darum, herauszufinden, welche Freizeitfahrten mit dem Auto eingespart bzw. durch ein anderes Verkehrsmittel ersetzt werden können. Ich möchte Sie deshalb bitten, zusammen mit mir möglichst viele Wege mit dem Auto, die Sie mir vorhin genannt haben, einzusparen.

⇨ **In Liste 1 für jeden Freizeitweg mit dem Auto explorieren:**

Benutzen Sie für diesen Weg regelmäßig das Auto?

- Ist für GP die Autonutzung selbstverständlich oder entscheidet GP immer wieder neu?

| *Aus welchem Grund benutzen Sie das Auto für diese Fahrt?* |

- Gibt es spezifische Gründe? Was ist der Vorteil?
- Oder nutzt es GP automatisch, weil eines zur Verfügung steht?

| *Welches andere Verkehrsmittel hätten Sie am ehesten benutzen können?* |

- Straßenbahn, U-Bahn, S-Bahn, Zug, Fahrrad, zu Fuß
- Mitfahrmöglichkeit mit dem Auto?
- Was wären die Nachteile gegenüber dem Auto gewesen?
- Was wären die Vorteile gewesen?
- Was wäre die Bedingung, dass GP ein anderes Verkehrsmittel nutzt? (Kosten? Bequemlichkeit? Sonstiges?)

| *Welche Fahrten hätten Sie problemlos ganz einsparen können?* |

- Was hätte das für GP bedeutet? Welche Folgen?
- Was wäre die Bedingung?

⇨ Danach Liste 2 durchgehen und für jeden Freizeitweg mit dem Auto explorieren:

| *Benutzen Sie für diesen Weg regelmäßig das Auto?* |

- Ist für die GP die Autonutzung selbstverständlich oder entscheidet GP immer wieder neu?

| *Aus welchem Grund benutzen Sie das Auto für diese Fahrt?* |

- Gibt es spezifische Gründe?
- Oder nutzt es GP automatisch, weil eines zur Verfügung steht?
- Wird das Auto genutzt, weil es Spaß macht?

| *Welches andere Verkehrsmittel hätten Sie am ehesten benutzen können?* |

- Straßenbahn, U-Bahn, S-Bahn, Zug, Fahrrad, zu Fuß?
- Mitfahrmöglichkeit mit dem Auto?
- Was wären die Nachteile gegenüber dem Auto gewesen?
- Was wären die Vorteile gewesen?
- Was wäre die Bedingung, dass GP ein anderes Verkehrsmittel nutzt? (Kosten? Bequemlichkeit? Sonstiges?)

> *Welche Fahrten hätten Sie problemlos ganz einsparen können?*

- Was hätte das für GP bedeutet? Welche Folgen?
- Was wäre die Bedingung?

⇨ **Falls noch Zeit**

> *Welches Angebot, welcher Service könnte Ihnen dabei behilflich sein, das Auto seltener zu benutzen?*

- Unter welchen Umständen wäre es für GP praktikabel, kein Auto zu benutzen?

> *Zum Schluss möchte ich Sie noch bitten, unsere Statistik auszufüllen*

⇨ **Ende des Interviews**
⇨ **Falls vereinbart, Incentive übergeben**

Literaturverzeichnis

Adorno, Th. W. (1973): Soziologie und empirische Forschung. In: Horkheimer/ Adorno S. 205-222

- (1982): Studien zum autoritären Charakter. Frankfurt am Main
- (1997): Freizeit. In: Th. W. Adorno: Gesammelte Schriften. Darmstadt

Ajzen, I. (1991): The Theory of Planned Behaviour. Some Unresolved Issues. In: Organizational Behaviour and Human Decision Processes, 50, 179-211: zit. nach Bamberg/Schmidt (1993)

- (2002): Theory of Planned Behavior. Homepage der University of Massachusets: http://www-unix.oit.umass.edu/aizen/

Akademie für Raumforschung und Landesplanung (1996): Agglomerationsräume in Deutschland. Ansichten, Einsichten, Aussichten

Anders, G. (1983): Die Antiquiertheit des Menschen. Band 1, München

Apel, D./*Bräuer*, D./*Buchwald*, K./*Dittrich*, A./*Draeger*, W./*Hartmann*, G./*Heckenroth*, H./*Hesse*, M./*Holzapfel*, H./*Klewe*, H./*Kurnol*, J./*Niederle*, W./*Röhrleef*, M./ *Streubing*, L. (1999): Verkehr und Umwelt. Wege zu einem Umwelt-, Raum- und Sozialverträglichen Verkehr. Bonn

Apel, D./*Ernst*, K. (1980): Stadtverkehrsplanung. Teil 1: Mobilität – Grunddaten zur Entwicklung des städtischen Personenverkehrs. Berlin

Arendt, H. (1981): Vita activa oder Vom tätigen Leben, München

Ariès, Ph./*Duby*, G. (Hg.) (1990): Geschichte des privaten Lebens. Band 1 und 2, Frankfurt am Main

Axhausen, K. (1996): Travel Diaries: An Annotated Catalogue. In: 4th International Conference on Survey Methods in Transport. Vol. 2, Oxford 1996

Bachmann, Th./*Gawronski*, B./*Scholl*, W. (1999): Werthaltungen und Freizeitmobilität. In: Brannolte et al. (Hg.): Freizeitverkehr – Innovative Analysen und Lösungsansätze in einem multidisziplinären Handlungsfeld. Berlin

Bamberg, S. (2001): Alltagsmobilität zwischen objektiven Zwängen und subjektiven Wünschen. Entwicklung und Test eines Erklärungsmodells aktionsräumlichen Verhaltens. In: Flade, A./S. Bamberg: Ansätze zur Erklärung und Beeinflussung des Mobilitätsverhaltens. Darmstadt, S. 117-159

Bamberg, S./*Schmidt*, P. (1993): Verkehrsmittelwahl – eine Anwendung der Theorie geplantes Verhalten. In: Zeitschrift für Sozialpsychologie. Heft 1, 1993, S. 25-37

- (o. J.): Determinanten der Verkehrsmittelwahl – eine Anwendung der Theorie of Planned Behaviour. Universität Gießen

Bardmann, Th. M. (1986): Die missverstandene Freizeit. Freizeit als soziales Zeitarrangement in der modernen Organisationsgesellschaft. Stuttgart

Bartels, D. (1974): Schwierigkeiten mit dem Raumbegriff in der Geographie. In: Geographica Helvetica, Beiheft Nr. 2/3, S. 7–21, zit. nach Werlen 1997

Barthes, R. (1964): Mythen des Alltags. Frankfurt am Main

Barz, H.*/Kampik,* W.*/Singer,* Th.*/Teuber,* St. (2001): Neue Werte – neue Wünsche. Future Values. Wie sich Konsummotive auf Produktentwicklung und Marketing auswirken. Düsseldorf

BAT-Freizeitforschungsinstitut (1996): Daten zur Freizeitforschung. Freizeitaktivitäten 1996. Hamburg

– (1999): Daten zur Freizeitforschung. Freizeit-Monitor 1999. Hamburg

– (2002): Freizeitmonitor 2002. Daten zur Freizeitforschung. Repräsentativbefragungen in Deutschland. Hamburg

Baumgärtel, T. (2003): Partymusik für alle, http://www.taz.de vom 11.1.2003

Becher, U. (1990): Geschichte des modernen Lebensstils. München

Beck, U. (1986): Die Risikogesellschaft. Frankfurt am Main

– (1997): Was ist Globalisierung? Frankfurt am Main

– (Hg.) (2000): Die Zukunft von Arbeit und Demokratie. Frankfurt am Main

– (Hg.) (1998): Perspektiven der Weltgesellschaft. Frankfurt am Main

– (2004): Mobility and the Cosmopolitan Society. In: Sonderforschungsbereich Reflexive Modernisierung (2004)

Beck, U.*/Giddens,* A.*/Lash,* S. (1996): Reflexive Modernisierung. Frankfurt am Main

Becker, E. (1996): Risiko Gesellschaft. In: Universitas. Zeitschrift für interdisziplinäre Wissenschaft. Februar 1996, S. 166–179

– (2002): Transformations of Social and Ecological Issues into Transdisciplinary Research. In: UNESCO/EOLSS-Publishers: Knowledge for Sustainable Development. Volume 3

Becker, E.*/Jahn,* Th. (2003): Umrisse einer kritischen Theorie gesellschaftlicher Naturverhältnisse. In: G. Böhme/A. Manzei (Hg.): Kritische Theorie der Technik und der Natur. München: Wilhelm Fink Verlag, S. 91–112

– (Hg.) (2006): Soziale Ökologie. Grundzüge einer Wissenschaft von den gesellschaftlichen Naturverhältnissen. Frankfurt/New York: Campus

Becker, E.*/Jahn,* Th.*/Schramm,* E.*/Hummel,* D.*/Stieß,* I. (1999): Sozial-ökologische Forschung – Rahmenkonzept für einen neuen Förderschwerpunkt. Institut für sozial-ökologische Forschung (ISOE). ISOE-Studientexte, Nr. 6. Frankfurt am Main

Becker, E.*/Keil,* F. (2006): Transdisziplinäre Integration. In: E. Becker/Th. Jahn (Hg.): Soziale Ökologie. Grundzüge einer Wissenschaft von den gesellschaftlichen Naturverhältnissen. Frankfurt/New York: Campus

Beermann, W./*Dreyer*, M./*Hoffmann*, K. (Hg.) (1992): 5 Interviews zur Veränderung des Sozialen. Stuttgart

Beik, U./*Spitzner*, M. (1995): Reproduktionsarbeitsmobilität. Wuppertal

Berger, P./*Hradil*, S. (1990): Lebenslagen, Lebensläufe, Lebensstile. Soziale Welt, Sonderband 7. Göttingen

Berger, P. A./*Vester*, M. (Hg.) (1998): Alte Ungleichheiten – Neue Spaltungen, Opladen

Berking, H./*Neckel*, S. (1990): Die Politik der Lebensstile in einem Berliner Bezirk. In: P. A. Berger/S. Hradil (Hg.): Lebenslagen, Lebensläufe, Lebensstile. Soziale Welt. Sonderband 7, S. 481–500. Göttingen: Schwartz

Berns, J. J. (1996): Die Herkunft des Automobils aus Himmelstrionfo und Höllenmaschine. Berlin

Bernsdorf, W. (1969): Wörterbuch der Soziologie. Berlin

Bertram, H. (2000): Lebensformen, städtische und ländliche. In: H. Häußermann (Hg.): Großstadt. Soziologische Stichworte, Opladen, S. 116–123

Billing, K./*Weise*, P. (1999): Die Kosten-Nutzen-Betrachtung als Methode zur Bewertung von Flächennutzungskonkurrenzen. In: J. Friedrichs/K. Holländer (Hg.): Stadtökologische Forschung. Theorien und Anwendungen. Stadtökologie, Band 6, Berlin: Analytica, S. 35–59

Blanke, K./*Ehling*, M./*Schwarz*, N. (1996): Zeit im Blickfeld – Ergebnisse einer repräsentativen Zeitbudgeterhebung. Stuttgart/Berlin/Köln

Blasias, J. (1994): Empirische Lebensstilforschung. In: J. S. Dangschat/J. Blasius (Hg.): Lebensstile in den Städten. Konzepte und Methoden. Opladen: Leske + Budrich

Blinde, J./*Schlich*, R. (2002): Freizeitmobilität und Wohnsituation. In: M. Gather/ A. Kagermeier (Hg.): Freizeitverkehr, Hintergründe, Probleme Perspektiven. Studien zur Mobilitäts- und Verkehrsforschung 1. Mannheim, S. 35–53

Blomert, R./*Kuzmics*, H./*Treibel*, A. (Hg.) (1993): Transformationen des Wir-Gefühls. Frankfurt am Main

Blücher, V. G. (1969): Freizeit. In: W. Bernsdorf (Hg.): Wörterbuch der Soziologie. Stuttgart

BMV (1997): Verkehr in Zahlen 1997. Bonn

BMVBW (1999): Verkehr in Zahlen 1999. Hamburg

– (2001): Verkehr in Zahlen 2001. Hamburg

Bode, P. M./*Hamberger*, S./*Zängl*, W. (1986): Alptraum Auto. Eine hundertjährige Erfindung und ihre Folgen. Katalog der gleichnamigen Ausstellung im Münchner Stadtmuseum, 23. Januar bis 27. April 1986

Böhme, G. (1987): Die Technostrukturen in der Gesellschaft. In: B. Lutz (Hg.): Technik und Sozialer Wandel. Frankfurt am Main: Campus

Böhme, G./Manzei, A. (2003): Kritische Theorie der Technik und der Natur. München

Bonß, W. (1999): Jenseits der Vollbeschäftigungsgesellschaft. Zur Evolution der Arbeit in globalisierten Gesellschaften. In: G. Schmidt (Hg.): Kein Ende der Arbeitsgesellschaft. Arbeit, Gesellschaft und Subjekt im Globalisierungsprozeß. Berlin, S. 145–176

– (2000): Was wird aus der Erwerbsgesellschaft? In: U. Beck (Hg.): Die Zukunft von Arbeit und Demokratie. Frankfurt am Main

Bonß, W./Kesselring, S./Vogl, G. (2004): Mobility and the Cosmopolitan Perspective: Documentation of a Workshop at the Munich Reflexivve Modernization Research Centre, (SFB 536). 29–30 January, 2004

Borst, A. (1988): Lebensformen im Mittelalter. Frankfurt am Main/Berlin

Bourdieu, P. (1985): Sozialer Raum und „Klassen". Leçon sur la leçon. Frankfurt am Main

– (1987): Sozialer Sinn. Frankfurt am Main

– (1991): Die feinen Unterschiede. Frankfurt am Main (erstmals auf Deutsch 1982)

– (1997): Ortseffekte. In: Bourdieu et al. (Hg.): Das Elend der Welt. Konstanz, S. 159–167

– et al. (1997): Das Elend der Welt. Konstanz

Bracher, T./Holzapfel, H./Kiepe, F./Lembrock, M./Reutter, U. (1992–2004): Handbuch der kommunalen Verkehrsplanung. Heidelberg

Brand, K.-W. (1998) (Hg.): Soziologie und Natur. Opladen

Brannolte, U./Axhausen, K./Dienel, H.-L./Rade, A. (Hg.) (1999): Freizeitverkehr. Innovative Analysen und Lösungsansätze in einem multidisziplinären Handlungsfeld. Dokumentation eines interdisziplinären Workshops des Bundesministeriums für Bildung und Forschung am 10./11.12.1998 in Bonn. Berlin

Brauchle, A. (1971): Zur Geschichte der Physiotherapie. Heidelberg

Braun, I. (1991): Geflügelte Saurier. Zur intersystemischen Vernetzung großer technischer Systeme. Neu gedruckt in: I. Braun, I./B. Joerges (Hg.) (1994): Technik ohne Grenzen. Frankfurt am Main: Suhrkamp

– (1993): Technik-Spiralen. Vergleichende Studien zur Technik im Alltag. Berlin: edition sigma

Braun, I./Bernward, J. (Hg.) (1994): Technik ohne Grenzen. Frankfurt am Main. Zit. nach Kuhm 1997

Breuste, J./Feldmann, H./Uhlmann, O. (Hg.) (1998): Urban Ecology. Berlin/Heidelberg

Brög, W. (1996): The New KONTIV Design. 4. International Conference on Survey Methods in Transport. Oxford. September 1996

Brög, W./Schädler, M. (1999): Verkehrspolitische Einstellungen und Mobilität. In: Internationales Verkehrswesen 1 + 2/99, S. 41–43

Buchholz, W. (1976): Die nationalsozialistische Gemeinschaft „Kraft durch Freude". Freizeitgestaltung und Arbeiterschaft im Dritten Reich. Diss. München. Zit. nach Dussel/Freese (1989)

Canzler, W. (1996): Das Zauberlehrlings-Syndrom. Entstehung und Stabilität des Automobil-Leitbildes. Berlin

Casson, L. (1976): Reisen in der alten Welt. Passau

Castel, R. (2000): Die Metamorphosen der sozialen Frage. Eine Chronik der Lohnarbeit. Konstanz

Cavan, S. (1966): Liquor License: An Ethnography of Bar Behaviour. Chicago (zitiert nach Bardmann 1986)

CITY:*mobil* (Hg.) (1997): Verkehrsgeneseforschung. Ein innovativer Ansatz zur Untersuchung der Verkehrsursachen. Forschungsbericht Stadtverträgliche Mobilität, Band 11. Institut für sozial-ökologische Forschung (ISOE). Frankfurt am Main

– (Hg.) (1999): Stadtverträgliche Mobilität. Handlungsstrategien für eine nachhaltige Verkehrsentwicklung in Stadtregionen. Stadtökologie. Band 3. Berlin: Analytica

Claessens, D. (1966): Angst, Furcht und gesellschaftlicher Druck und andere Aufsätze. Darin: Zur Soziologie des Straßenverkehrs (1959), Verkehr auf der Straße als Anpassungsproblem in der modernen Gesellschaft (1965), Soziologische und sozialpsychologische Aspekte des Fahrens im Verkehrsfluss (1965). Zit. nach Kuhm 1997

Dahrendorf, R. (1983): Wenn der Arbeitsgesellschaft die Arbeit ausgeht. In: Krise der Arbeitsgesellschaft? Verhandlungen des 21. Deutschen Soziologentages in Bamberg 1982. Frankfurt am Main

Dangschat, J. S. (1998): Warum ziehen sich Gegensätze nicht an? Zu einer Mehrebenen-Theorie ethnischer und rassistischer Konflikte um den städtischen Raum. In: Heitmeyer et al. (Hg.): Die Krise der Städte. Analysen zu den Folgen desintegrativer Stadtentwicklung für das ethnisch-kulturelle Zusammenleben. Frankfurt am Main, S. 21–96

Dangschat, J./Blasius, J. (1994): Lebensstile in den Städten. Konzepte und Methoden. Opladen

Dangschat, J./Droth, W./Friedrichs, J./Kiehl, K. (1982): Aktionsräume von Stadtbewohnern

Das Alte Testament. Einheitsübersetzung der Heiligen Schrift. Stuttgart, 1974

Deutsche Verkehrswissenschaftliche Gesellschaft (1996): Freizeitverkehr im Zeichen wachsender Freizeitmobilität – Schriftenreihe der DVWG, B 192. Goslar

– (2002): Mobilitätsdaten besser nutzen: Methodische und informationstechnologische Ansätze. Schriftenreihe der DVWG, B 255. Bergisch Gladbach

Deutscher Bundestag (1998): Konzept Nachhaltigkeit. Vom Leitbild zur Umsetzung. Abschlussbericht der Enquete-Kommission „Schutz des Menschen und der Umwelt" des 13. Deutschen Bundestages

Die Glücklichen Arbeitslosen (2000): ... und was machen Sie so im Leben? In: Beck (Hg.): Die Zukunft von Arbeit und Demokratie. Frankfurt am Main, S. 108–120

Dienel, H.-L. (Hg.) (2004): Handbuch Eventverkehr. Berlin

Dörr, G. (1996): Der technisierte Rückzug ins Private. Zum Wandel der Hausarbeit. Frankfurt am Main/New York: Campus

Duby, G. (1986): Wirklichkeit und höfischer Traum. Zur Kultur des Mittelalters. Berlin: Wagenbach

– (1990): Private Macht, öffentliche Macht. In: P. Ariès/G. Duby (Hg.): Geschichte des privaten Lebens. Frankfurt am Main

Dussel, K./*Frese*, M. (1989): Freizeit in Weinheim. Studien zur Geschichte der Freizeit 1919–1939. Weinheimer Geschichtsblatt Nr. 35. Weinheim

Edelmann, H. (1989): Vom Luxusgut zum Gebrauchsgegenstand. Die Geschichte der Verbreitung von Personenkraftwagen in Deutschland. Frankfurt am Main

Elias, N. (1983): Die höfische Gesellschaft. Frankfurt am Main

– (1984): Über die Zeit. Arbeiten zur Wissenssoziologie. Frankfurt am Main (zit. nach Läpple 1992)

Emnid (1989): KONTIV 1989. Bielefeld. 3 Bände

Esser, H. (1996): Soziologie. Allgemeine Grundlagen. Frankfurt am Main

Europaforum Wien/ÖÖI (Österreichisches Ökologie Institut) (1998) (Hg.): Zukunft der Freizeit – Gestaltungsspielräume für Stadtentwicklung und Kommunalpolitik – Internationale Fachtagung – Thesenpapiere. Wien

Fastenmeier, W./*Gstalter*, H./*Lehning*, U. (2001): Subjektiver Freizeitbegriff und Mobilitätsmuster. Bericht aus dem Institut für mensch-verkehr-umwelt. München

Fetscher, I. (1977): „Arbeit" und „Freizeit". In: H. W. Opaschowski (Hg.): Freizeitpädagogik in der Leistungsgesellschaft. Bad Heilbrunn

– (1998): Arbeit wozu? In: Gewerkschaftliche Monatshefte 7/1998

Flade, A./*Bamberg*, S. (Hg.) (2001): Ansätze zur Erklärung und Beeinflussung des Mobilitätsverhaltens. Institut Wohnen und Umwelt. Darmstadt

Flaig, B./*Meyer*, Th./*Ueltzhöffer*, J. (1993): Alltagsästhetik und politische Kultur. Zur ästhetischen Dimension politischer Bildung und politischer Kommunikation. Bonn

Flick, U./*Kardoff*, E. v./*Keupp*, H./*Rosenstiel*, L. v./*Wolff*, S. (1995): Handbuch qualitative Sozialforschung. Weinheim

Fliegner, St. (2002): Car Sharing als Alternative? Mobilitätsstilbasierte Potenziale zur Autoabschaffung. Mannheim

Foucault, M. (1973): Wahnsinn und Gesellschaft. Frankfurt am Main

– (1977): Überwachen und Strafen. Frankfurt am Main

Franck, J. (1998): Vortrag auf der Internationalen Fachtagung „Zukunft der Freizeit" am 15. Oktober 1998 in Wien. In: Europaforum/ÖÖI (1998)

Franz, P. (1984): Soziologie der räumlichen Mobilität. Eine Einführung. Frankfurt am Main/New York

– (Hg.) (1985): Zweiundzwanzigster Deutscher Soziologentag 1984. Beiträge der Sections- und Ad-hoc-Gruppen. Opladen

Friedrichs, J. (1985): Methoden empirischer Sozialforschung. Opladen

– (1995): Das Kollektivgut-Problem als integrativer Ansatz in der Umweltforschung. Köln (Vortragsmanuskript)

– (Hg.) (1998): Die Individualisierungs-These. Opladen

Friedrichs, J./*Holländer*, K. (Hg.) (1999): Stadtökologische Forschung. Theorien und Anwendungen. Berlin

Fröbel, F. W. A. (1826): Die Menschenerziehung. Die Erziehungs-, Unterrichts- und Lehrkunst, angestrebt in der allgemeinen deutschen Erziehungsanstalt zu Keilhau. Leipzig (Download von http://www.religio.de/froebel/werke/mensch.html, 1. Juli 2006)

FSÖ Forschungsgruppe Soziale Ökologie (1987): Soziale Ökologie. Gutachten zur Förderung der Sozial-Ökologischen Forschung in Hessen. Frankfurt am Main

Fuchs, W./*Klima*, R./*Lautermann*, R./*Rammstedt*, O./*Wienold*, H. (Hg.) (1978): Lexikon zur Soziologie. Opladen

Fuchs-Heinritz, W./*Lautmann*, R./*Rammstedt*, O./*Wienold*, H. (Hg.) (1995): Lexikon zur Soziologie. Opladen

Funke, G. (1958): Konkrete Vernunft. Festschrift für Erich Rothacker

Füsser, K. (1997): Stadt, Straße und Verkehr. Ein Einstieg in die Verkehrsplanung. Braunschweig/Wiesbaden

Gather, M./*Kagermeier*, A. (Hg.) (2002): Freizeitverkehr. Mannheim

Gerhardt, U. (1995): Typenbildung. In: U. Flick et al. (Hg.): Handbuch qualitative Sozialforschung. Weinheim

Gewerkschaftliche Monatshefte Nr. 6/7 (1998): Wo bleibt die Arbeit? Frankfurt

Giddens, A. (1984): Interpretative Soziologie. Frankfurt am Main

– (1995): Die Konstitution der Gesellschaft. Frankfurt am Main

– (1996): Konsequenzen der Moderne. Frankfurt am Main

Gloor, D./*Fierz*, G./*Schumacher*, B. (1993): Freizeit, Mobilität, Tourismus aus soziologischer Sicht. Bern

Görg, Ch. (1999): Gesellschaftliche Naturverhältnisse. Münster

Gorr, H. (1997): Die Logik der individuellen Verkehrsmittelwahl. Theorie und Entscheidungsverhalten im Personenverkehr. Gießen

Gorz, A. (2000): Arbeit zwischen Misere und Utopie. Frankfurt am Main

Gottschall, K./*Voß,* G. G. (2003) (Hg.): Entgrenzung von Arbeit und Leben. Mering

Götz, K. (1986): Auto-Erotik: Hundert Jahre Lust. In: Psychologie Heute, Juni 1986

- (1995): Leitbilder der Mobilität in Schwerin und Freiburg. In: Stadtwege Nr. 1/1995, S. 22–26. Freiburg

- (1996a): Freizeitmobilität und Natur. In: Stadtwege Nr. 2/1996 S. 18–21. Freiburg

- (1996b): Bedingungen und Chancen von Mobilität ohne Auto. In: Universität Bremen. ZWE Arbeit und Region. Arbeitsgruppe Personenverkehr im Forschungsverbund Ökologisch verträgliche Mobilität: Die Mobilität von autolosen Haushalten. Bremen, S. 41–49

- (1996c): Mobility models and traffic behaviour – an empiric social-ecological research project. In: 4th International Conference on Survey Methods in Transport. Conference Proceedings. Oxford

- (1997a): Welche Kluft? In: Die Tageszeitung (taz) vom 15./16. Februar 1997, S. 6

- (1997b): Zielgruppenspezifische Kommunikationsmaßnahmen und neue Angebote für eine stadtverträgliche Mobilität. In: Stadtwege Nr. 4/1997, S. 42–45. Freiburg

- (1997c): Mobilitätsstile – Ergebnisse aus dem sozialempirischen Projekt Mobilitätsleitbilder und Verkehrsverhalten. In: Evangelische Akademie Bad Boll Protokolldienst 35/97. Bad Boll, S. 67–77

- (1998a): Mobile Erlebnisorientierte und Traditionell Häusliche – Mobilitätsstile in der Stadt. In: Hochschule für Bildende Künste Braunschweig: Reson

- (1998b): Vom Marketing das Richtige lernen! In: Bündnis 90/Die Grünen Baden-Württemberg. Grüne Blätter Juli/August 1998, S. 7

- (1999a): Mobilitätsstile – Folgerungen für ein zielgruppenspezifisches Marketing. In: K. Holländer/J. Friedrichs (Hg.): Stadtökologische Forschung. Theorie und Anwendungen. Stadtökologie Band 6. Berlin, S. 299–326

- (2000a): Risikoorientierte Autofans und verunsicherte Statusorientierte. Mobilitätsstile in der Stadt. In: C. Günther et al. (Hg.): Neue Wege zum nachhaltigen Konsumverhalten. Eine Veranstaltung der Deutschen Bundesstiftung Umwelt zur EXPO 2000. Initiativen zum Umweltschutz Band 22. Berlin, S. 91–101

- (2000b): Mobilitätsstile als Konflikt-Generatoren. In: H. Lange (Hg.): Ökologisches Handeln als sozialer Konflikt. Opladen, S. 81–99

- (2001b): Multimodale Mobilität. In: Barz et al. (Hg.): Neue Werte – neue Wünsche. Future Values. Wie sich Konsummotive auf Produktentwicklung und Marketing auswirken. Düsseldorf, S. 238–240

- (2001c): Sozial-ökologische Typologisierung zwischen Zielgruppensegmentation und Sozialstrukturanalyse. In: de Haan et al. (Hg.): Typenbildung in der sozialwissenschaftlichen Umweltforschung. Opladen

- (2003a): Intermodal und multimobil: Neue Mobilitätsleitbilder in Sicht? In: Institut für Landes- und Stadtentwicklungsforschung und Bauwesen des Landes Nordrhein-Westfalen (ILS NRW) (Hg.): Mieterticket & Co. Erfolgsfaktoren siedlungsbezogener Mobilitätsdienstleistungen. Dortmund

- (2003b): „Jawohl, ich habe kein Auto, fertig, Schluss" – Wunschtraum und Lebensstil: Gerade für randständige Gruppen ist Mobilität ein Symbol der sozialen Integration. In: Frankfurter Rundschau vom 22.9.2003

Götz, K./*Canzler*, W./*Heine*, H./*Knie*, A./*Loose*, W./*Schubert*, S./*Tully*, C. J. (2003): Das Auto im richtigen Leben. Mobilität verstehen, Verkehr bewältigen: Memorandum für die Förderung einer sozialwissenschaftlichen Verkehrsforschung. In: Frankfurter Rundschau vom 29. Oktober 2003, S. 9

Götz, K./*Jahn*, Th. (1998): Mobility Models and Traffic Behaviour – An Empirical Socio-Ecological Research Project. In: J. Breuste et al (Hg.): Urban Ecology. Berlin/Heidelberg

Götz, K./*Jahn*, Th./*Schultz*, I. (1997): Mobilitätsstile – ein sozial-ökologischer Untersuchungsansatz. Forschungsbericht Stadtverträgliche Mobilität, Band 7. Frankfurt am Main

Götz, K./*Loose*, W./*Schmied*, M./*Schubert*, St. (2003): Mobilitätsstile in der Freizeit. Minderung der Umweltbelastungen des Freizeit- und Tourismusverkehr. Berlin

Götz, K./*Loose*, W./*Schubert*, St. (2001a): Forschungsergebnisse zur Freizeitmobilität. Institut für sozial-ökologische Forschung (ISOE). ISOE-Diskussionspapiere, Nr. 7. Frankfurt am Main

Götz, K./*Schubert*, St. (2000): Die weichen Faktoren sind in Wirklichkeit die harten Faktoren. In: PlanerIn, Heft 1/2000, S. 5–8

- (2003): Freizeitmobilitätstypen. In: ifmo – Institut für Mobilitätsforschung (Hg.): Motive und Handlungsansätze im Freizeitverkehr. Berlin/Heidelberg/New York, S. 31–49

Götz, K./*Schubert*, St./*Deffner*, J. (2006): Mobilität. In: E. Becker/Th. Jahn (Hg.): Soziale Ökologie. Grundzüge einer Wissenschaft von den gesellschaftlichen Naturverhältnissen. Frankfurt/New York: Campus

Götz, K./*Schubert*, St./*Zahl*, B. (2002): Mobi-Harz – Mobilitätsmanagement und -service für einen umweltfreundlichen Ausflugs- und Kurzurlaubsverkehr im Landkreis Wernigerode. Frankfurt am Main (unveröffentlichter Zwischenbericht)

Götz, K./*Seltmann*, G. (2005): Urlaubs- und Reisestile – ein Zielgruppenmodell für nachhaltige Tourismusangebote. Ergebnisse einer Repräsentativbefragung zu Urlaubsorientierungen und Reiseverhalten im Rahmen des Forschungsprojekts INVENT (Innovative Vermarktungskonzepte nachhaltiger Reiseangebote). Unter Mitarbeit von B. Birzle-Harder und B. Holzhauer. Institut für sozial-ökologische Forschung (ISOE). ISOE-Studientexte, Nr. 12. Frankfurt am Main

Götz, K./*Wehling*, P. (1998): Verkehrswissenschaft Soziologie. In: M. Nehring/ M. Steierwald (Hg.): Modellvorstellungen in den verkehrswissenschaftlichen Disziplinen. Arbeitsbericht der Akademie für Technikfolgenabschätzung. Arbeitsbericht 115, Stuttgart

Graham, A. (1998): Vortragsmanuskript: European Conference of Ministers of Transport. Round Table 111: Transport and Leisure

Grass, G. (2002): Im Krebsgang. Göttingen

Gstalter, H. (2003): Thesen und Argumente zu den häufigsten Behauptungen zur Freizeitmobilität. In: H. Hautzinger (Hg.): Freizeitmobilitätsforschung. Mannheim

Haan, G. de/*Lantermann*, E.-D./*Linneweber*, V./*Reusswig*, F. (2001): Typenbildung in der sozialwissenschaftlichen Umweltforschung. Opladen

Habermas, J. (1958): Soziologische Notizen zum Verhältnis von Arbeit und Freizeit. In: G. Funke (Hg.): Konkrete Vernunft. Festschrift für Erich Rothacker

– (1979): Strukturwandel der Öffentlichkeit. Darmstadt/Neuwied

Hammer, A./*Scheiner*, J. (2002): Lebensstile, Milieus und räumliche Mobilität. Zwischenbericht aus dem Projekt „Stadtleben": Integrierte Betrachtung von Lebensstilen, Wohnmilieus und Raum-Zeitstrukturen für die zukünftige Gestaltung von Mobilität und Stadt. Aachen/Berlin/Bochum/Dortmund/Frankfurt

Hannemann, Ch. (2000): Großsiedlungen – Ost. In: H. Häußermann (Hg.): Großstadt – Soziologische Stichworte. Opladen, S. 91–102

Hauck, G. (1984): Geschichte der soziologischen Theorie. Eine ideologiekritische Einführung. Reinbek

– (1992): Einführung in die Ideologiekritik. Hamburg

Häußermann, H. (Hg.) (2000): Großstadt – Soziologische Stichworte. Opladen

Häußermann, H./*Ipsen*, D./*Krämer-Badoni*, Th./*Läpple*, D./*Rodenstein*, M./*Siebel*, W. (1992): Stadt und Raum. Soziologische Analysen. Pfaffenweiler

Hautzinger, H. (1993): Freizeitverkehr. Basisdaten und Prognosen. Schriftliche Stellungnahme zur Vorbereitung eines Fachgesprächs in Bonn am 5. Mai 1993 auf Einladung der Enquete-Kommission „Schutz der Erdatmosphäre". Heilbronn

– (2003): Freizeitmobilitätsforschung. Mannheim

Hayn, D. (1992): Weibliche Identität und Hausarbeit. Gießen (Diplomarbeit)

Heine, H./*Mautz*, R./*Rosenbaum*, W. (2001): Mobilität im Alltag. Warum wir nicht vom Auto lassen. Frankfurt/New York

Heinze, W./*Kill*, H. (1997): Freizeit und Mobilität – Neue Lösungen im Freizeitverkehr. Hannover

Heitmeyer, W. (Hg.) (1997): Was hält die Gesellschaft zusammen? Frankfurt am Main

Heitmeyer, W./*Dollase*, R./*Backes*, O. (Hg.) (1998): Die Krise der Städte. Analysen zu den Folgen desintegrativer Stadtentwicklung für das ethnisch-kulturelle Zusammenleben. Frankfurt am Main

Herlyn, U. (2000): Milieus. In: H. Häußermann (Hg.): Großstadt – Soziologische Stichworte. Opladen, S. 152–162

Herzog, St./*Schäfli*, B./*Rapp*, P./*Gros*, D. (1994): Freizeit – Freizeitverkehr – Umwelt. Zürich

Hesse, M. (1996): Verkehrswende. Marburg

Hilgers, M. (1997): Ozonloch und Saumagen. Motivationsfragen der Umweltpolitik. Leipzig

– (1992): Total abgefahren. Psychoanalyse des Autofahrens. Freiburg

Hilsch, P. (1989): Mittelalter. Frankfurt am Main

Hirsch, J. (2002): Herrschaft, Hegemonie und politische alternativen. Hamburg

Hochschule für Bildende Künste Braunschweig/Reson (1998): Transportation Design. Braunschweig

Hoffmann-Dietrich, Th. (1997): Die Entkonfessionalisierung einer Gesellschaft. Über den Wandel der gesellschaftlichen Integration religiöser Organisationen in der ehemaligen DDR und in den neuen Bundesländern. Tübingen

Holländer, K./*Friedrichs*, J. (Hg.) (1999): Stadtökologische Forschung. Theorie und Anwendungen. Stadtökologie, Band 6. Berlin

Holzapfel, H. (1999): Lebensstil, räumlich-ökologisches Problembewusstsein und Verkehr – zum Umgang mit Zeit, Raum, Natur. In: D. Apel et al. (Hg.): Verkehr und Umwelt. Wege zu einem Umwelt-, Raum- und Sozialverträglichen Verkehr. Bonn

Holz-Rau, Chr. (1990): Bestimmungsfaktoren des Verkehrsverhaltens. Berlin

– (1997): Siedlungsstrukturen und Verkehr. BfLR: Materialien zur Raumentwicklung, Heft 84. Bonn

Horkheimer, M./*Adorno*, Th. W. (1973): Sociologica II. Reden und Vorträge. Frankfurt am Main

Hörning, K.-H./*Gerhardt*, A./*Michailow*, M. (1990): Zeitpioniere. Flexible Arbeitszeiten – neuer Lebensstil. Frankfurt am Main

Hörning, K.-H./*Michailow*, M. (1990): Lebensstil als Vergesellschaftungsform. In: P. Berger/S. Hradil (Hg.): Lebenslagen, Lebensläufe, Lebensstile. Soziale Welt, Sonderband 7. Göttingen

Hradil, Stefan (1987): Sozialstrukturanalyse in einer fortgeschrittenen Gesellschaft. Opladen

Hunecke, M. (1999): Lebensstile, Mobilitätsstile und mobilitätsbezogene Handlungsmodelle. In: ILS U.MOVE – Jugend und Mobilität, ILS-Schriften 150. Dortmund

– (2000): Ökologische Verantwortung, Lebensstile und Umweltverhalten. Dissertation. Bochum

Hunecke, M./*Preißner*, C. L. (2001): Mobilitätsbedürfnisse und Mobilitätsverhalten in der Alltagswelt von Frauen. In: A. Flade/S. Bamberg (Hg.): Ansätze zur Erklärung und Beeinflussung des Mobilitätsverhaltens. Institut Wohnen und Umwelt. Darmstadt

IATBR – International Association for Travel Behaviour Research (2003): Moving through Nets – the Physical and Social Dimension of Travel. CD-Konferenzbericht der ETH-Rürich

ifmo – Institut für Mobilitätsforschung (2003): Motive und Handlungsansätze im Freizeitverkehr. Berlin/Heidelberg/New York

Institute of Transport Studies (1995): 4th International Conference on Survey Methods in Transport (Conference Proceedings). Leeds

Ipsen, D. (2000): Ökologie, Naturverhältnis. In: H. Häußermann (Hg.): Großstadt – Soziologische Stichwort. Opladen

Jahn, Th. (1991): Krise als gesellschaftliche Erfahrungsform – Umrisse eines sozialökologischen Gesellschaftskonzepts. Frankfurt am Main

Jahn, Th./*Wehling*, P. (1996): A Multi-Dimensional Concept of Mobility – A New Approach to Urban Transportation Research and Planning. Paper presented at the Conference on Urban Ecology. 25.–29. Juni 1997. Leipzig

– (1998): Gesellschaftliche Naturverhältnisse – Konturen eines theoretischen Konzepts. In: K.-W. Brand (Hg.): Soziologie und Natur. Opladen

Jahn-Reuster, U. (2002): Erzählte Kultur und Erzählkultur bei den Mwera in Südost-Tansania. Köln

Jansen, Ch. (1993): „Deutsches Wesen", „deutsche Seele", „deutscher Geist". Der Volkscharakter als nationales Identifikationsmuster im Gelehrtenmilieu. In: R. Blomert et al. (Hg.): Transformationen des Wir-Gefühls. Frankfurt am Main

Kaspar, Cl. (1997): Freizeitverkehr im Zeichen wachsender Freizeitmobilität. Schriftenreihe der Deutschen Verkehrswissenschaftlichen Gesellschaft e.V. (DVWG), Reihe B, Heft B 192

Keim, K.-D. (1979): Milieu in der Stadt. Ein Konzept zur Analyse älterer Wohnquartiere. Stuttgart. Zit. nach Herlyn 2000

Kesselring, S./*Vogl*, G. (2004): Mobility Pioneers. Networks, scapes and flows between first and second modernity. In: W. Bonß et al. (Hg.): Mobility and the Cosmopolitan Perspective: Documentation of a Workshop at the Munich Reflexive Modernization Research Centre (SFB 536). 29–30 January, 2004

Klaus, G./*Buhr*, M. (Hg.) (1972): Marxistisches Wörterbuch der Philosophie. Reinbek

Kloas, J./*Kunert*, U. (1993): Vergleichende Auswertungen von Haushaltsbefragungen zum Personennahverkehr (KONTIV 1976, 1982, 1989). Gutachten des DIW im Auftrage des BMV. Berlin

Kluge, F. (1967): Etymologisches Wörterbuch der deutschen Sprache. Berlin

Kluge, Th. (2000): Wasser und Gesellschaft. Opladen

Knoflacher H. (1998): Vortragsmanuskript: European Conference of Ministers of Transport. Round Table 111: Transport and Leisure

Kob, J. (1966): Werkzeug, Konsumgut, Machtsymbol. In: Hamburger Jahrbuch für Wirtschafts- und Gesellschaftswissenschaften. Tübingen. Zit. nach Krämer-Badoni et al. 1971

Kocka, J./*Offe*, C. (Hg.) (2000): Geschichte und Zukunft der Arbeit. Frankfurt am Main

Kohli, M. (2000): Arbeit im Lebenslauf: Alte und neue Paradoxien. In: J. Kocka/ C. Offe (Hg.): Geschichte und Zukunft der Arbeit. Frankfurt am Main, S. 362–382

Kommission für Zukunftsfragen der Freistaaten Bayern und Sachsen (1997): Erwerbstätigkeit und Arbeitslosigkeit in Deutschland. Entwicklung, Ursachen Maßnahmen. Bonn

Konietzka, D. (1995): Lebensstile im sozialstrukturellen Kontext. Opladen

König, R. (1977) (Hg.): Handbuch der empirischen Sozialforschung. Stuttgart

Krämer-Badoni, Th./*Grymer*, H./*Rodenstein*, M. (1971): Zur sozio-ökonomischen Bedeutung des Automobils. Frankfurt am Main

Krämer-Badoni, Th./*Kuhm*, K. (2000): Mobilität. In: H. Häußermann (Hg.): Großstadt – Soziologische Stichworte. Opladen

Kröhnert, St./*Olst*, N. v./*Klingholz*, R. (2004): Deutschland 2020 – die demographische Zukunft der Nation. Berlin

Kronauer, M./*Vogel*, B. (1998): Spaltet Arbeitslosigkeit die Gesellschaft? In: P. A. Berger/M. Vester (Hg.): Alte Ungleichheiten – Neue Spaltungen. Opladen

Kuchenbuch, K. (2003): Die Fernsehnutzung von Kindern aus verschiedenen Herkunftsmilieus. In: Media Perspektiven 1/2003

Kuckartz, U. (2001): Aggregation und Dis-Aggregation in der sozialwissenschaftlichen Umweltforschung. Methodische Anmerkungen zum Revival der Typenbildung. In de Haan et al. (2001)

Kuhm, K. (1997): Moderne und Asphalt. Die Automobilisierung als Prozess technologischer Integration und sozialer Vernetzung. Pfaffenweiler

Kunert, U./*Kloas*, J./*Kuhfeld*, H. (2002): Mobilität in Deutschland. KONTIV 2002. Neue Nutzungsperspektiven und erweiterte Analysemöglichkeiten. In: Deutsche Verkehrswissenschaftliche Gesellschaft DVWG (Hg.): Mobilitätsdaten besser nutzen: Methodische und informationstechnologische Ansätze. Schriftenreihe der DVWG, B 255. Bergisch Gladbach

– (2004): Mobilität in Deutschland. Ergebnisbericht. Berlin

Kutter, E. (1973): Aktionsbereiche des Stadtbewohner. In: Archiv für Kommunalwissenschaften, 12. Jahrgang

– (2001): Alltäglicher Verkehrsaufwand zwischen Individualität und sachstruktureller Determination. In: A. Flade/S. Bamberg (Hg.): Ansätze zur Erklärung und Beeinflussung des Mobilitätsverhaltens. Institut Wohnen und Umwelt. Darmstadt

Ladurie, E. L. (1983): Montaillou. Ein Dorf vor dem Inquisitor. Frankfurt/Berlin

Lamnek, S. (1993): Qualitative Sozialforschung. 2 Bände. Weinheim

Lange, H. (Hg.) (2000): Ökologisches Handeln als sozialer Konflikt. Opladen

Lanzendorf, M. (1995): Quantitative Aspekte des Freizeitverkehrs. Wuppertal

– (2001): Freizeitmobilität. Unterwegs in Sachen sozial-ökologischer Mobilitätsforschung. Trier

Läpple, D. (1992): Essay über den Raum. In: H. Häußermann et al. (Hg.): Stadt und Raum. Pfaffenweiler

Lash, S. (1996): Expertenwissen oder Situationsdeutung? Kultur und Institutionen im desorganisierten Kapitalismus. In: U. Beck et al. (Hg.): Reflexive Modernisierung. Frankfurt am Main

Lavater, J. C. (1776): Physiognomische Fragmente zur Beförderung der Menschenkenntnis und Menschenliebe. 4 Bände. Leipzig/Winterthur

Löw, M. (2001): Raumsoziologie. Frankfurt am Main

Lücking, J. (1996): Perspektiven des Freizeitverkehrs – Ausprägungen und Entwicklung. In: Deutsche Verkehrswissenschaftliche Gesellschaft (DVWG) (Hg.): Freizeitverkehr im Zeichen wachsender Freizeitmobilität. Schriftenreihe der DVWG, B 192. Goslar

Lüdtke, H./Agricola, S./Karst, U. V. (1986): Methoden der Freizeitforschung. Opladen

Luhmann, N. (1985): Soziale Systeme. Grundriss einer allgemeinen Theorie. Frankfurt am Main

– (1998): Die Gesellschaft der Gesellschaft. Frankfurt am Main

Lutz, B. (1987): Technik und sozialer Wandel. Verhandlungen des 23. Deutschen Soziologentages in Hamburg 1986. Frankfurt/New York

Mackensen, R. et al. (1975): Probleme regionaler Mobilität. Göttingen. Zit. nach Franz 1984

Marcuse, H. (1967): Der eindimensionale Mensch. Neuwied/Berlin

Marten, F. (1997): Kaputtgeplant. Das Elend der Raum- und Stadtplanung. Frankfurt am Main

Marx, K. (1971): Das Kapital. Kritik der politischen Ökonomie. Marx/Engels Werke Bd. 23. Berlin (erstmals erschienen 1890)

Mayntz, R. (1988): Zur Entwicklung technischer Infrastruktursysteme. In: R. Mayntz et al. (Hg.): Differenzierung und Verselbständigung. Zur Entwicklung gesellschaftlicher Teilsysteme. Frankfurt am Main

Mayntz, R./Nedelmann, B. (1987): Eigendynamische soziale Prozesse. Anmerkungen zu einem analytischen Paradigma. In: Kölner Zeitschrift für Soziologie und Sozialpsychologie, Jg. 39, Heft 4/87. Opladen. Zitiert nach Kuhm 1987

Mayntz, R./Rodewitz, B./Schimank, U./Stichweh, R. (Hg.) (1988): Differenzierung und Verselbständigung. Zur Entwicklung gesellschaftlicher Teilsysteme. Frankfurt am Main. Zit. nach Kuhm 1997

Meier, R. (2000): Freizeitverkehr. Analysen und Strategien. Bern

Meurs, H./*Kalfs*, N. (1998): Vortragsmanuskript: European Conference of Ministers of Transport. Round Table 111: Transport and Leisure

Michael, R. (1993): Erreichbarkeitsanalysen für öffentlichen und privaten Verkehr in Stadt und Region. In: T. Bracher et al. (1992–2004): Handbuch der kommunalen Verkehrsplanung. Heidelberg

Monheim, H./*Monheim-Dandorfer*, R. (1990): Straßen für alle. Analysen und Konzepte zum Stadtverkehr der Zukunft

Möser, K. (2002): Geschichte des Autos. Frankfurt am Main

Müller, H.-P. (1992): Sozialstruktur und Lebensstile. Frankfurt am Main

Müller-Wichmann, Ch. (1984): Zeitnot. Untersuchungen zum „Freizeitproblem" und seiner pädagogischen Zugänglichkeit. Weinheim/Basel

Mundt, J. W. (1998): Einführung in den Tourismus. München/Wien

Nahrstedt, W. (1974): Freizeitpädagogik in der nachindustriellen Gesellschaft. 2 Bände. Neuwied

– (1980): Lernziel „Arbeitslosigkeit": Organisierte Langeweile oder Demokratisierung der Gesamtzeit. In: Freizeitpädagogik (FZP 2/1980), S. 12–16. Zit. nach Müller-Wichmann 1984

Negt, O. (1984): Lebendige Arbeit, enteignete Zeit. Politische und kulturelle Dimensionen des Kampfes um die Arbeitszeit. Frankfurt am Main

Nehring, M./*Steierwald*, M. (1998): Modellvorstellungen in den verkehrswissenschaftlichen Disziplinen. Arbeitsbericht der Akademie für Technikfolgenabschätzung. Arbeitsbericht 115. Stuttgart

Nowotny, H. (1993): Eigenzeit. Frankfurt am Main

Offe, C./*Wiesenthal*, H. (Hg.) (1983): Arbeitszeitpolitik. Frankfurt am Main

Opaschowski, H. W. (Hg.) (1970): Freizeitpädagogik. Bad Heilbrunn

– (1977): Freizeitpädagogik in der Leistungsgesellschaft. Bad Heilbrunn

– (1991): Ökologie von Freizeit und Tourismus. Leske und Budrich, Opladen

– (1993): Auto und Freizeit. Hamburg

– (1994): Einführung in die Freizeitwissenschaft. Opladen

– (1995): Freizeit und Mobilität. BAT Freizeit-Forschungsinstitut. Hamburg

– (1996): Tourismus – eine systematische Einführung. Opladen

– (1999): Umwelt. Freizeit. Mobilität – Konflikte und Konzepte. Opladen

Piaget, J. (1971): Die Entwicklung des räumlichen Denkens beim Kinde. Stuttgart

Pott, A. (2002): Ethnizität und Raum im Aufstiegsprozess. Eine Untersuchung zum Bildungsaufstieg in der zweiten türkischen Migrantengeneration. Opladen

Rammler, St. (2000): Die Wahlverwandtschaft von Moderne und Mobilität. Berlin

Ravn, I. (1997): Chaos, Quarks und schwarze Löcher. Das ABC der neuen Wissenschaften. München

Reinhold, G. (Hg.) (1991): Soziologie-Lexikon. München

Reuster-Jahn, U. (2002): Erzählte Kultur und Erzählkultur bei den Mwera in Südost-Tansania. Köln

Rifkin, J. (1996): Das Ende der Arbeit und ihre Zukunft. Frankfurt/New York: Campus

Rink, D. (Hg.) (2000): Lebensstile und Nachhaltigkeit. Opladen

Ritter, J./*Gründer*, K. (Hg.) (1971–2001): Historisches Wörterbuch der Philosophie, 10 Bände. Basel

Rodenstein, M./*Bock*, St./*Heeg*, S. (1996): Reproduktionsarbeitskrise und Stadtstruktur. Zur Entwicklung von Agglomerationsräumen aus feministischer Sicht. In: Akademie für Raumforschung und Landesplanung (Hg.): Agglomerationsräume in Deutschland. Ansichten, Einsichten, Aussichten, S. 26–50

Roth, W. (Hg.) (1971): Kommunlapolitik für wen? Arbeitsprogramm der Jungsozialisten. Frankfurt am Main

Rouche, Michel (1989): Abendländisches Frühmittelalter. In Ph. Ariés/G. Duby (Hg.): Geschichte des privaten Lebens. Frankfurt am Main

Rybczynski, W. (1993): Am Freitag fängt das Leben an. Eine kleine Geschichte der Freizeit. Reinbek

Sachs, W. (1984): Die Liebe zum Automobil. Ein Rückblick in die Geschichte unserer Wünsche. Hamburg

Scheuch, E.-K. (1977): Soziologie der Freizeit. In: R. König (Hg.): Handbuch der empirischen Sozialforschung. Stuttgart

Scheuch, E.-K./*Meyersohn*, R. (1972): Soziologie der Freizeit. Köln

Schiefelbusch, M. (Hg.) (2004): Erfolgreiche Eventverkehre: Analysen und Fallstudien. Mannheim

Schmidt, A./*Kuhn*, F./*Hustedt*, M. (2004): Von der Verkehrswende zur nachhaltigen Mobilität. Positionspapier der Bundestagsfraktion von Bündnis 90/Die Grünen vom 23. April 2004. http://www.mathiaswagner.de/cms/files/dokbin/40/40359.pdf

Schmidt, G. (Hg.) (1999): Kein Ende der Arbeitsgesellschaft. Arbeit, Gesellschaft, Subjekt im Globalisierungsprozess. Berlin

Schnabel, W./*Lohse*, D. (1997): Grundlagen der Straßenverkehrstechnik und der Verkehrsplanung. Band 2: Verkehrsplanung. Berlin

Schubert, St./*Zahl*, B. (2002): Verbundprojekt NahVis – Neue Nahverkehrsangebote im Naturpark Südschwarzwald. Frankfurt am Main (unveröffentlichter Zwischenbericht)

- (2003): Der Weg zum Ziel – wie aus Mobilitätstypen Zielgruppen für innovative Nahverkehrsangebote im Südschwarzwald werden. In: Landauf landab, Mobil im Südschwarzwald Nr. 1/2003. Öko-Institut, Freiburg
- (2004): Mobil im südlichen Schwarzwald. Zielgruppenspezifische Empfehlungen und Umsetzungsstrategien – Was Kunden wünschen. In: Landauf landab Mobil im Südschwarzwald Nr. 2/2004. Öko-Institut, Freiburg

Schülerduden (1987): Wortgeschichte. Mannheim

Schulze, G. (1993): Die Erlebnisgesellschaft. Kultursoziologie der Gegenwart. Frankfurt/New York

Sennett, R. (2000): Der flexible Mensch. Die Kultur des neuen Kapitalismus. Berlin

Simmel, G. (1992): Soziologie. Untersuchungen über die Formen der Vergesellschaftung. Frankfurt am Main

Sinus-Sociovision (2000): Kurzinformation zu den Sinus-Milieus 2000. Heidelberg
- (2003): http://www.sinus-milieus.de
- (2006): Die Sinus-Milieus in Deutschland 2006. http://www.sinus-sociovision.de (11.6.2006)

Socialdata (1993): Verkehr in Schwerin – Verhalten. Magistrat der Landeshauptstadt Schwerin
- (1998): Das neue KONTIV-Design. München

Sonderforschungsbereich Reflexive Modernisierung (2004): Mobility and the Cosmopolitan Perspective. A Workshop at the Munich Reflexive Modernization Research Centre (SFB 536). 29–30 January, 2004

Spellerberg, A. (1992): Freizeitverhalten – Werte – Orientierungen. Empirische Analysen zu Elementen von Lebensstilen. Wissenschaftszentrum Berlin, WZB paper P 92–101. Berlin
- (1994): Alltagskulturen in Ost- und Westdeutschland. Unterschiede und Gemeinsamkeiten. Wissenschaftszentrum Berlin. WZB paper P 94–101. Berlin

Spiegel, B. (2003): Die obere Hälfte des Motorrads. Stuttgart

Spiegel, E. (1976): Zur gegenwärtigen Situation der Verkehrssoziologie in der Bundesrepublik. In: Stadt, Region, Land. Schriftenreihe des Instituts für Stadtbauwesen der Rheinisch-Westfälischen Technischen Hochschule, Heft 36. Aachen
- (2000): Dichte. In: H. Häußermann (Hg.): Großstadt – Soziologische Stichworte. Opladen, S. 39–47

Spiegel-Verlag (1993): Auto, Verkehr und Umwelt. Hamburg
- (1994): Outfit 3. Hamburg
- (1997): Outfit 4. Hamburg
- (1998): Soll und Haben. Hamburg

Sternstadt-Forum (2002): „Wie wollen wir wohnen?". Umfrage des stern und der Bausparkasse Schwäbisch Hall. http://www.sternstadt-forum.de/data/wett bewerb2002/index.php

Stete, G. (1996): Mobilität von Frauen in unterschiedlichen Lebenssituationen. Forschungsbericht. Darmstadt

Stete, G./*Klinkhart*, St. (1997): Mobilität von Frauen in der Region Stuttgart. Folgerungen für den Regionalverkehrsplan. Schriftenreihe Verband Region Stuttgart. Darmstadt/Stuttgart

Stöver, H.-J. (1979): Von der Inselbahn und den Bäderschiffen Sylts. Schleswig

Strauss, A. L. (1994): Grundlagen qualitativer Sozialforschung. München

Sturm, G. (2000): Wege zum Raum. Methodologische Annäherungen an ein Basiskonzept raumbezogener Wissenschaften. Opladen

Sunderer, G. (2003): Der Einfluss von Raum auf Lebensstile. Frankfurt am Main (unveröffentlichter Praktikumsbericht am Institut für sozial-ökologische Forschung)

Timm, A. (1970): Verlust der Muße. Der historische Weg zur Freizeitgesellschaft. In: H. W. Opaschowski (Hg.): Freizeitpädagogik. Bad Heilbrunn

Tokarski, W. (1985): Zur gegenwärtigen Situation der Freizeitforschung. In: P. Franz (Hg.): Zweiundzwanzigster Deutscher Soziologentag 1984. Beiträge der Sections- und Ad-hoc-Gruppen. Opladen

Tully, C. J. (1998): Rot, cool und was unter der Haube. München

Ulbrich, R. (2000): Wohnungsversorgung. In: H. Häußermann (Hg.): Großstadt – Soziologische Stichworte. Opladen, S. 290–312

Umweltbundesamt (2001): Perspektiven für die Verankerung des Nachhaltigkeitsleitbildes in der Umweltkommunikation. Berlin

– (2002): Nachhaltige Konsummuster. Berlin

UNESCO/EOLSS-Publishers (2002): Knowledge for Sustainable Development, Volume 3. Paris/Oxford.

Urry, J. (2004): The new mobilities paradigm. In: W. Bonß et al. (Hg.): Mobility and the Cosmopolitan Perspective. A Workshop at the Munich Reflexive Modernization Research Centre (SFB 536). 29–30 January, 2004

Vahrenholt, F. (Hg.) (1984): Tempo 100. Soforthilfe für den Wald. Hamburg

Vasek, Th. (2004): Wird das Auto zu komplex? In: Technology-Review Nr. 7

VCD – Verkehrsclub Deutschland e. V. (1999): Morgen ein König in Bus & Bahn. Reader zu der VCD-Tagung: „König Kunde in Bus & Bahn". Bonn

Vester, M./*Oertzen*, P. v./*Geiting*, H./*Hermann*, Th./*Müller*, D. (1993): Soziale Milieus im gesellschaftlichen Strukturwandel. Köln

Veyne, P. (1989): Das römische Reich. In: Ph. Ariés/G. Duby (Hg.).: Geschichte des privaten Lebens. Band 1. Frankfurt am Main

Voß, G. G. (1998): Die Entgrenzung von Arbeit und Arbeitskraft. Eine subjektorientierte Interpretation des Wandels der Arbeit. Rohtext zum Aufsatz gleichen Titels in den Mitteilungen aus der Arbeitsmarkt- und Berufsforschung, 31. Jhg. (Heft 3), S. 473–487

– (2004): Das Konzept der alltäglichen Lebensführung. Unveröffentlichte Folien zu einem Vortrag anlässlich des Workshops des Instituts für Ökologische Wirtschaftsforschung (IÖW) „Lebensstile, Lebensführung und Nachhaltigkeit" am 26.2.2004 in Berlin

Voß, G. G./*Rieder*, K. (2005): Der arbeitende Kunde. Wenn Konsumenten zu unbezahlten Mitarbeitern werden. Frankfurt/New York: Campus

Weber, M. (1922): Die protestantische Ethik I. Eine Aufsatzsammlung, hg. von J. Winckelmann. Gütersloh 1984

Wehler, H.-U. (1987): Deutsche Gesellschaftsgeschichte. 1700–1815. München

– (1995): Deutsche Gesellschaftsgeschichte. 1849–1914. München

Wehling, P. (1998): Sozial-ökologische Mobilitätsforschung und Strategisches Mobilitätsmanagement – Neue Ansätze für Verkehrswissenschaft und -planung. Forschungsberichte Stadtverträgliche Mobilität, Band 12. Frankfurt am Main

Wells, C. (1985): Das römische Reich. München

Werlen, B. (1997): Gesellschaft, Handlung und Raum. Stuttgart

Wiesenthal, H. (1987): Rational Choice. Ein Überblick über Grundlinien, Theoriefelder und neuere Themenakquisition eines sozialwissenschaftlichen Paradigmas. In: Zeitschrift für Soziologie, Heft 6, Dezember 1987, S. 434–449

Willke, G. (1999): Die Zukunft unserer Arbeit. Frankfurt am Main: Campus

Wilson, W. J. (1987): The Truly Disadvantaged. Chicago. Zit. nach Lash 1996, S. 227

Zahl, B. (2001): Zielgruppenspezifische Freizeitmobilität. Institut für sozial-ökologische Forschung (ISOE). ISOE-Diskussionspapiere, Nr. 18. Frankfurt am Main

Zaimoglu, F. (1999): Kanak Sprak – 24 Mißtöne vom Rande der Gesellschaft

Zängler, Th. W. (2000): Mikroanalyse des Mobilitätsverhaltens in Alltag und Freizeit. Berlin/Heidelberg/New York

Sachwortverzeichnis

Abstoßung 126
Aktivitätspräferenzen 92
Altertum 155
amoenitas 153
Arbeitender Konsument 49
Arbeits- und Tätigkeitstabus 19
Arbeitsgesellschaft 22
Arbeitslosigkeit 24, 39, 43, 45, 48, 51, 64, 130, 142–144, 147–148, 205, 208, 210, 213, 228, 230, 254, 267
Arbeitsproduktivität 46
Arbeitszeitbegrenzung 31
Arbeitszeitverkürzung 31
Auszeit 60, 62, 129, 134, 136, 144, 146–147, 150, 175, 212, 254–255, 262
Autoabhängigkeit 159
Autobahnnetz 100
Autofaszination 97
Autofixiertheit 159
Autoinnenraum 181–182
Automobilfixierung 151
Automobilisierung 102
Automobilismus 101
Automobilität 67, 96

Behälter-Raumkonzept 117, 120
Beweglichkeitsautonomie 169
Bewegungsfreiheit 170
Binnenverkehr 117
BRD 208
Bundesverkehrswegeplan 74

DDR 187–188, 207–208, 225, 245
Disponible Zeit 7, 12, 14, 32, 35, 43, 49–50, 60–61, 129, 143–144, 147, 206, 211, 218, 254, 256, 262
Durchgangsverkehr 117

Ehrenamt 158
Eigentums-Automobilität 96
Eigenzeit 17, 44, 48, 50, 62, 64, 85, 129, 134, 138, 141, 143, 146–148, 178, 212, 214, 225–226, 233, 242, 250, 254, 262
Energiekrise 66
Entfernung 116
Entfremdung 48
Erlebnismobilität 77
Erreichbarkeit 14, 117, 124–128, 191, 203, 255–260, 268
Erwerbsarbeit 15, 18, 27, 35, 41–49, 51, 58–59, 61, 63–64, 78, 129, 132, 134, 136, 140, 143, 147–148, 175, 205, 223, 239, 242, 246, 250, 252, 254, 261
Erziehungsarbeit 42

Faktorenanalyse 78
Familienaktivitäten 162
Feier- und Tabutage 19
Ferne 126
Feudalgesellschaft 24
Flächenkonkurrenzen 123
Flächennutzung 72
Frankfurter Schule 36
Freiheit 135, 171
Freizeit-Ort 126, 146, 258
Freizeitaktivitäten 51
Freizeitanlagen 146, 150

Sachwortverzeichnis

Freizeitforschung 63
Freizeitkritik 37
Freizeitmobilitätsstile 210 ff.
- Die Abhängigen 211, 239
- Die Erlebnisorientierten 211, 218
- Die Fahrradfans 211, 236
- Die Familienorganisierten 211, 213
- Die Flexiblen 211, 221
- Die Konventionellen 211, 224
- Die Kreativen 211, 245
- Die Kumpels 211, 230
- Die Modernen 211, 232
- Die Rastlosen 211, 249
- Die Traditionellen 211, 242
- Die Überforderten 211
Freizeitpädagogik 63
Freizeitunfähigkeit 40
Freizeitverkehr 78
Freizeitverkehrsaufwand 199
Freizeitverkehrsleistung 77, 113, 150, 158–160
Freizeitverkehrsmarkt 154
Freizeitverlängerung 32
Freizeitwege 77
Freizeitwissenschaft 34
freyzeyt 17

Gebrauchswert 95, 121
Geschlechterbeziehungen 162
Geschlechterdifferenzen 83
Globalisierung 46

Handlungsfreiheit 172
Handlungsperspektive 134
Haus- und Versorgungsarbeit 24, 32, 40, 44, 58, 63, 86, 130, 136, 139–141, 147–148, 159, 179, 250, 254
Hypothetical Sampling 209

Identität 94
Individualisierung 99

Industrialisierung 98
Internet 102

Jugendforschung 169
Jugendmilieu 168, 230

Kommunikationstechnik 102
Konsumkritik 36
KontiV 73, 114
Kritische Theorie 35
Kulturkritik 37

Lebens- und Freizeitstile 56
Lebensstilanalyse 106
Lebensstile 13, 38, 42, 51, 114, 123–124, 175, 205–207, 255
Lebensstilforschung 94, 106, 127
Lebensstilkonzept 206
Lebensstilorientierungen 110, 114, 127, 207, 257, 260
Lebensweisen 23
Luxus 171–173

Masse 34
Massenmotorisierung 66, 97
Mittelalter 98, 155
Mobilität 71, 127
Mobilitätsforschung 114
Mobilitätsorientierungen 107, 110, 114, 130, 133, 154, 183, 202, 204, 206–207, 263
Mobilitätsstilanalyse 110
Mobilitätsstile 75, 127
Mobilitätsstile in der Freizeit 109 ff.
- Belastete-Familienorientierte 111
- Benachteiligte 110
- Fun-Orientierte 111
- Modern-Exklusive 111
- Traditionell-Häusliche 112
Mobilitätsstile in der Stadt 106 ff.
- Die aggressiven Autofahrerinnen und Autofahrer 108

- Die mobilen Erlebnisorientierten 108
- Die ökologisch Entschiedenen 108
- Die risikoorientierten Autofans 107
- Die statusorientierten Automobilen 107
- Die traditionell Häuslichen 107
- Die traditionell Naturorientierten 108
- Die unauffälligen Umweltbesorgten 108
- Die verunsicherten Statusorientierten 108

Mobilitätsstilforschung 204
Moderne 98
Muße 17

Nähe 126
Nationalsozialismus 100
Natur 153, 197
Naturnähe 197

Öffentlichkeit 182
Ökologische Krise 67
ÖPNV 68
Orts-Exklusivität 149

Prestige 97
Privatraum 182
Psychoanalytik 93

Qualitative Empirie 131

Rational-Choice-Theorie 86
Rationalisierung 46, 144
Rationalität 87
Raum 13–14, 64–65, 71–72, 78–79, 93, 102, 104–105, 114–123, 125–128, 142, 148–149, 154, 158, 182–183, 185, 192, 197–198, 200, 213, 217, 220, 223, 229, 240, 244–247, 255–258

Raum-Gesellschaftsverhältnis 121
Raumordnung 72
Raumpositionen 124
Raumproblem 119
Raumsoziologie 120
Raumstruktur 119
Raumverständnis 115, 117, 122, 204
Raumwiderstand 116
reality testing 39
Relativierung der Arbeitsgesellschaft 24
Renaissance 98
Repressive Entsublimierung 94
Reproduktion 41
Reproduktionsarbeit 41–42
Reproduktionsarbeitsmobilität 85, 160
Risikogesellschaft 61

Sachsysteme 79
Selbstbeweglichkeit 98
Soziale Erreichbarkeit 127
Soziale Integration 99, 158, 206, 249
Sozialgeographie 122
Sozialmilieu 208
Sozialraum 122
Sozialstruktur 105, 185–186, 192, 202
Sozio-technische Systeme 103
Spannungsschema 175–178, 256
Sport 155
Stadt- und Siedlungssoziologie 120
Status 97
Systemperspektive 134

Tätigkeitsmuster 78
Tauschwert 95, 121
Techniksoziologie 101
Theoretical Sampling 209
Theory of Planned Behaviour 91
Tiefenpsychologie 93

Umwelt- und Sozialpsychologie 92
Umweltbewusstsein 91
Umweltbewusstseinsforschung 91

Verhaltenshomogenität 79
Verkehr 69
Verkehrsaufkommen 65
Verkehrsentstehung 103
Verkehrserreichbarkeit 126
Verkehrserzeugung 72
Verkehrsinfarkt 103
Verkehrsinfrastruktur 65, 100, 153, 185, 192, 194, 196, 203, 235, 259
Verkehrsplanung 96, 104
Verkehrspolitik 66, 95
Verkehrsströme 66
Verkehrssystem 66
Verkehrsumlegung 117
Verkehrsverhalten 66
Verkehrsverhaltensforschung 106, 114
Verkehrsverteilung 117
Verkehrswende 68

Verräumlichung von Freizeit 142
Versorgungsarbeit 40, 42–43, 45, 85, 129, 147, 150
Versorgungsinfrastruktur 185, 189, 192, 194, 199–200
Vollbeschäftigung 46

Warengesellschaft 97
Wegekette 74
Wegemuster 104
Wegezwecke 75–78, 80–81, 115, 130, 148, 152, 163–164, 260
Wissens- und Informationsgesellschaft 39
Wohnleitbilder 189
Wohnstandorte 126

Zeit 117–118
Zeitautonomie 41
Zeitknappheit 43
Zeitnot 41
Zumutbarkeit 144

Soziologische Schriften

54 Josef Düllings
Systemtheoretische und empirische Analyse der Krankenhausinanspruchnahme. Tab., Abb.; 219 S. 1991 ⟨3-428-07174-3⟩ € 32,–

55 Bernd Martens
Explorative Analysen zeitlicher Verläufe. Berufliche Entwicklung von Akademikergruppen. Tab., Abb.; 201 S. 1991 ⟨3-428-07221-9⟩ € 40,–

56 Klaus Rodax
Thoedor Geiger – Soziologie der Erziehung. Braunschweiger Schriften 1929-1933. Frontispiz, Abb.; 578 S. 1991 ⟨3-428-07291-X⟩ € 128,–

57 Rainer E. Wiedenmann
Ritual und Sinntransformation. Ein Beitrag zur Semiotik soziokultureller Interpenetrationsprozesse. 329 S. 1991 ⟨3-428-07327-4⟩ € 52,–

58 Dieter Claessens
Freude an soziologischem Denken. Die Entdeckung zweier Wirklichkeiten Aufsätze 1957 - 1987. Abb.; 234 S. 1993 ⟨3-428-07672-9⟩ € 52,–

59 Petra Hiller
Der Zeitkonflikt in der Risikogesellschaft. Risiko und Zeitorientierung in rechtsförmigen Verwaltungsentscheidungen. Tab.; 191 S. 1993 ⟨3-428-07828-4⟩ € 40,–

60 Gerhard Wagner
Gesellschaftstheorie als politische Theologie? Zur Kritik und Überwindung der Theorien normativer Integration. Abb.; X, 510 S. 1993 ⟨3-428-07756-3⟩ € 72,–

61 Helmut Staubmann
Die Kommunikation von Gefühlen. Ein Beitrag zur Soziologie der Ästhetik auf der Grundlage von Talcott Parsons' Allgemeiner Theorie des Handelns. Abb.; 318 S. 1995 ⟨3-428-08339-3⟩ € 72,–

62 Elke M. Geenen
Soziologie der Prognose von Erdbeben. Katastrophensoziologisches Technology Assessment am Beispiel der Türkei. Tab., Abb.; 395 S. 1995 ⟨3-428-08376-8⟩ € 88,–

63 Rongfen Wang
Cäsarismus und Machtpolitik. Eine historisch-biobibliographische Analyse von Max Webers Charismakonzept. 214 S. 1997 ⟨3-428-09079-9⟩ € 48,–

64 Duan Lin
Konfuzianische Ethik und Legitimation der Herrschaft im alten China. Eine Auseinandersetzung mit der vergleichenden Soziologie Max Webers. Tab.; XII, 196 S. 1997 ⟨3-428-09158-2⟩ € 52,–

65 Rafael Llano Sánchez
Max Webers Kulturphilosophie der Moderne. Eine Untersuchung des Berufsmenschentums. 538 S. 1997 ⟨3-428-08970-7⟩ € 88,–

66 Richard Utz
Soziologie der Intrige. Der geheime Streit in der Triade, empirisch untersucht an drei historischen Fällen. 289 S. 1997 ⟨3-428-08956-1⟩ € 52,–